＼＼ きょうみを広げる・深める！ ／／

都道府県

4年

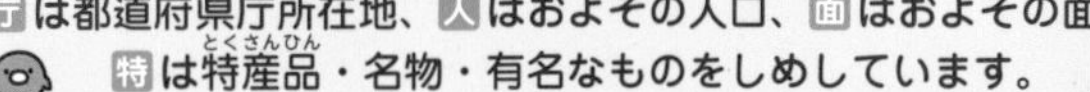

庁は都道府県庁所在地、人はおよその人口、面はおよその面積、特は特産品・名物・有名なものをしめしています。

★各県の大きさの比率は同じではありません。★人口、面積、特産品は令和5年度の総務省、国土地理院、農林水産省のデータをもとにしています。

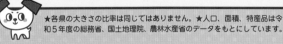

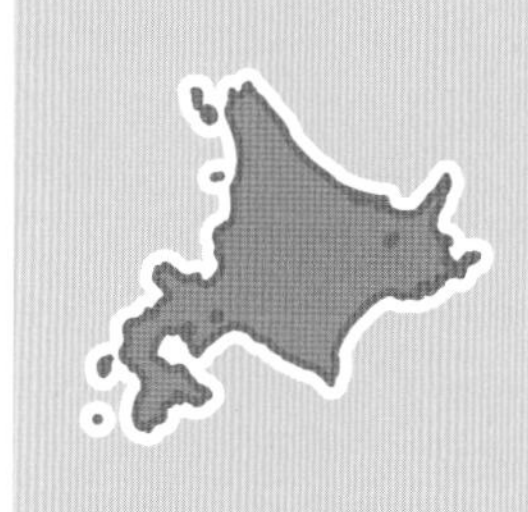

北海道

北海道地方

庁 札幌市
人 514万人
面 83,422km²
特 じゃがいも、生乳、ほたて貝、流氷、さっぽろ雪まつり

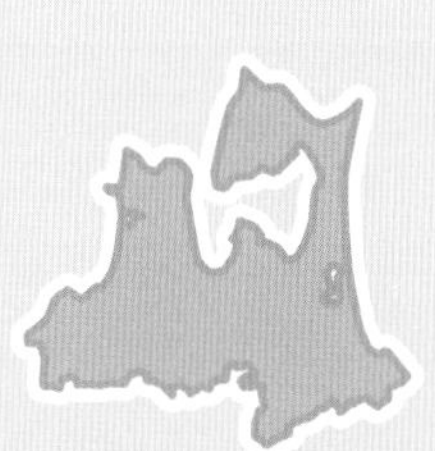

青森県

東北地方

庁 青森市
人 123万人
面 9,645km²
特 りんご、にんにく、青森ねぶた祭、三内丸山遺跡

岩手県

東北地方

庁 盛岡市
人 119万人
面 15,275km²
特 わかめ、ホップ、木炭、りんどう、南部鉄器、わんこそば

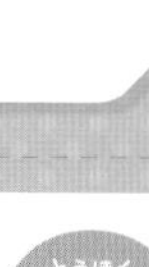

宮城県

東北地方

庁 仙台市
人 226万人
面 7,282km²
特 大豆、銀ざけ、牛タン、ずんだもち、仙台七夕まつり

秋田県

東北地方

庁 秋田市
人 94万人
面 11,638km²
特 杉材、きりたんぽ、秋田竿燈まつり、なまはげ、秋田犬

山形県

東北地方

庁 山形市
人 104万人
面 9,323km²
特 さくらんぼ、西洋なし、米沢牛、天童将棋駒、山形花笠まつり

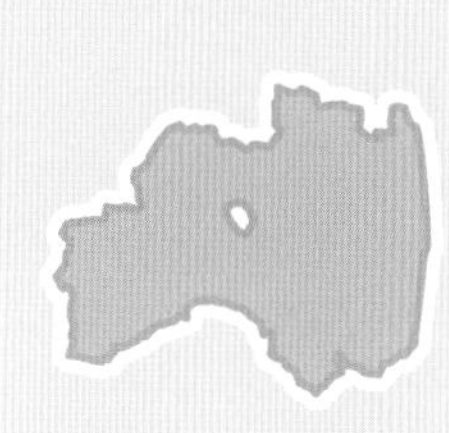

福島県

東北地方

庁 福島市
人 182万人
面 13,784km²
特 もも、会津塗、わっぱめし、猪苗代湖

茨城県

関東地方

庁 水戸市
人 288万人
面 6,098km²
特 はくさい、れんこん、メロン、たまご、納豆、偕楽園

栃木県

関東地方

庁 宇都宮市
人 193万人
面 6,408km²
特 いちご、かんぴょう、生乳、益子焼、ぎょうざ

群馬県

関東地方

庁 前橋市
人 193万人
面 6,362km²
特 こんにゃくいも、キャベツ、まゆ、富岡製糸場

埼玉県

関東地方

庁 さいたま市
人 738万人
面 3,798km²
特 ねぎ、ほうれんそう、さといも、ひな人形、草加せんべい

千葉県

関東地方

庁 千葉市
人 631万人
面 5,157km²
特 かぶ、ねぎ、らっかせい、日本なし、東京ディズニーランド

東京都

関東地方

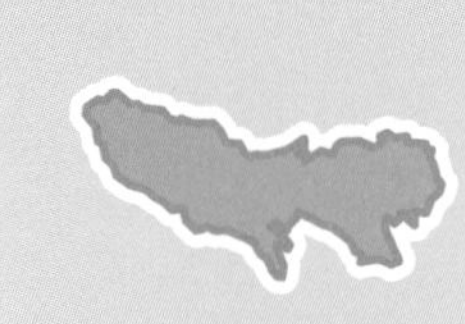

庁 東京
人 1384万人
面 2,200km²
特 くさや、村山大島つむぎ、江戸前ずし、国会議事堂

神奈川県

関東地方

庁 横浜市
人 921万人
面 2,416km²
特 まぐろ、パンジー、しゅうまい、箱根寄木細工

新潟県

中部地方

庁 新潟市
人 216万人
面 12,584km²
特 米、西洋なし、小千谷ちぢみ、佐渡金銀山

富山県

中部地方

庁 富山市
人 103万人
面 4,248km²
特 はとむぎ、チューリップ、しろえび、ほたるいか、五箇山の合掌造り集落

石川県

中部地方

庁 金沢市
人 112万人
面 4,186km²
特 金箔、輪島塗、加賀友禅、九谷焼、兼六園

福井県

中部地方

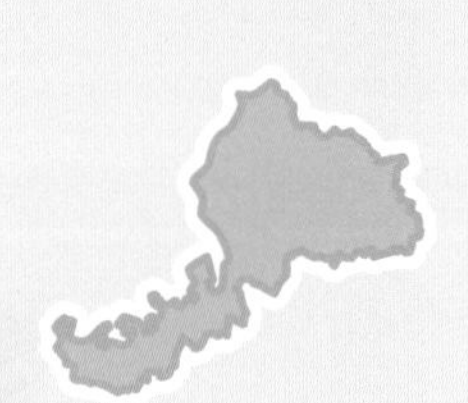

庁 福井市
人 76万人
面 4,191km²
特 六条大麦、越前がに、めがねフレーム、きょうりゅう博物館

山梨県

中部地方

庁 甲府市
人 81万人
面 4,465km²
特 ぶどう、もも、ワイン、ほうとう、富士五湖

長野県

中部地方

庁 長野市
人 204万人
面 13,562km²
特 レタス、りんご、ぶどう、ぶなしめじ、信州そば

岐阜県

中部地方

庁 岐阜市
人 198万人
面 10,621km²
特 あゆ、美濃和紙、白川郷の合掌造り集落、下呂温泉

静岡県

中部地方

庁 静岡市
人 363万人
面 7,777km²
特 茶、温室メロン、かつお、まぐろ、さくらえび

愛知県

中部地方

庁 名古屋市
人 751万人
面 5,173km²
特 キャベツ、うなぎ、きく（切り花）、洋らん、名古屋城

教科書ぴったりトレーニング

社会4年 がんばり表

いつも見えるところに、この「がんばり表」をはっておこう。
この「ぴたトレ」を学習したら、シールをはろう！
どこまでがんばったかわかるよ。

せんたく がついているところでは、教科書の選択教材を扱っています。学校での学習状況に応じて、ご利用ください。

2. 健康なくらしとまちづくり せんたく

26～27ページ	24～25ページ	22～23ページ	20～21ページ	18～19ページ	16～17ページ	14～15ページ	12～13ページ
ぴったり3	ぴったり12	ぴったり12	ぴったり12	ぴったり3	ぴったり12	ぴったり12	ぴったり12
できたらシールをはろう	できたらシールをはろう	できたらシールをはろう	できたらシールをはろう	できたらシールをはろう	できたらシールをはろう	できたらシールをはろう	できたらシールをはろう

28～29ページ	30～31ページ	32ページ	33ページ
ぴったり12	ぴったり12	ぴったり3	ぴったり3
できたらシールをはろう	できたらシールをはろう	できたらシールをはろう	できたらシールをはろう

3. 自然災害

34～35ページ
ぴったり12
できたらシールをはろう

5. 昔から今へと続くまちづくり せんたく

66～67ページ	64～65ページ	62～63ページ	60～61ページ	58～59ページ	56～57ページ	54～55ページ
ぴったり3	ぴったり12	ぴったり12	ぴったり3	ぴったり12	ぴったり12	ぴったり12
できたらシールをはろう	できたらシールをはろう	できたらシールをはろう	できたらシールをはろう	できたらシールをはろう	できたらシールをはろう	できたらシールをはろう

6. わたしたちの県のまちづくり せんたく

68～69ページ	70～71ページ	72～73ページ	74～75ページ	76～77ページ	78～79ページ	80～81ページ	82～83ページ
ぴったり12	ぴったり12	ぴったり3	ぴったり12	ぴったり12	ぴったり3	ぴったり12	ぴったり3
できたらシールをはろう	できたらシールをはろう	できたらシールをはろう	できたらシールをはろう	できたらシールをはろう	できたらシールをはろう	できたらシールをはろう	できたらシールをはろう

おうちのかたへ

本書『教科書ぴったりトレーニング』は、教科書の要点や重要事項をつかむ「ぴったり１ じゅんび」、おさらいをしながら問題に慣れる「ぴったり２ 練習」、テスト形式で学習事項が定着したか確認する「ぴったり３ たしかめのテスト」の３段階構成になっています。教科書の学習順序やねらいに完全対応していますので、日々の学習（トレーニング）にぴったりです。

「観点別学習状況の評価」について

学校の通知表は、「知識・技能」「思考・判断・表現」「主体的に学習に取り組む態度」の３つの観点による評価がもとになっています。

問題集やドリルでは、一般に知識を問う問題が中心になりますが、本書『教科書ぴったりトレーニング』では、次のように、観点別学習状況の評価に基づく問題を取り入れて、成績アップに結びつくことをねらいました。

ぴったり３ たしかめのテスト

●「知識・技能」のうち、特に技能（資料の読み取りや表・グラフの作図など）を取り上げた問題には「技能」と表示しています。

●社会的事象について考え、選択・判断し、文章で説明することなどを取り上げた問題には「思考・判断・表現」と表示しています。

チャレンジテスト

●主に「知識・技能」を問う問題か、「思考・判断・表現」を問う問題かで、それぞれに分類して出題しています。

別冊『丸つけラクラクかいとう』について

おうちのかたへ では、次のようなものを示しています。

- **学習のねらいやポイント**
- **他の学年や他の単元の学習内容とのつながり**
- **まちがいやすいことやつまずきやすいところ**

お子様への説明や、学習内容の把握などにご活用ください。

内容の例

> **おうちのかたへ**
> 地図記号は教科書に掲載されているもの以外にも、多くの種類があります。国土地理院のキッズページでは地図記号の一覧や由来などを見ることができますので、お子様と一緒に確認してみるとよいでしょう。

『ぴたトレ』は教科書にぴった
できるよ。教科書も見ながら
ぴた犬たちが勉強をサポート

教科書ぴったりトレーニングの使い方

ふだんの学習

ぴったり1 じゅんび

教科書のだいじなところをまとめていくよ。
めあて でどんなことを勉強するかわかるよ。
問題に答えながら、わかっているかかくにん
QR コードから「3 分でまとめ動画」が見られ

※QR コードは株式会社デンソーウェー

ぴったり2 練習

「ぴったり1」で勉強したこと、おぼえてい
かくにんしながら、問題に答える練習をしよ

ぴったり3 たしかめのテスト

「ぴったり1」「ぴったり2」が終わったら取り組
学校のテストの前にやってもいいね。
わからない問題は、ふりかえり を見て前に
くにんしよう。

ふだん
たら、
にシー

実力チェック

- 夏のチャレンジテスト
- 冬のチャレンジテスト
- 春のチャレンジテスト
- 4年 社会のまとめ 学力しんだんテスト

夏休み、冬休み、春休み前に
使いましょう。
学期の終わりや学年の終わりの
テストの前にやってもいいね。

別冊

丸つけ ラクラクかいとう

問題と同じ紙面に赤字で「答え」が書いて
取り組んだ問題の答え合わせをしてみよう。
問題やわからなかった問題は、右の「てびき」
教科書を読み返したりして、もう一度見直

シールの中からすきなぴた犬をえらぼう。

おうちのかたへ

がんばり表のデジタル版「デジタルがんばり表」では、デジタル端末でも学習の進捗記録をつけることができます。1冊やり終えると、抽選でプレゼントが当たります。「ぴたサポシステム」にご登録いただき、「デジタルがんばり表」をお使いください。LINE または PC・ブラウザを利用する方法があります。

ぴたサポシステムご利用ガイドはこちら
https://www.shinko-keirin.co.jp/shinko/news/pittari-support-system

スタート

1. 県の地図を広げて

2〜3ページ	4〜5ページ	6〜7ページ	8〜9ページ	10〜11ページ
ぴったり1 2	ぴったり3	ぴったり1 2	ぴったり1 2	ぴったり3
できたらシールをはろう	できたらシールをはろう	できたらシールをはろう	できたらシールをはろう	できたらシールをはろう

にそなえるまちづくり　せんたく

36〜37ページ	38〜39ページ	40〜41ページ	42〜43ページ	44〜45ページ	46ページ	47ページ
ぴったり1 2	ぴったり3	ぴったり1 2	ぴったり1 2	ぴったり1 2	ぴったり3	ぴったり3
できたらシールをはろう	できたらシールをはろう	できたらシールをはろう	できたらシールをはろう	できたらシールをはろう	できたらシールをはろう	できたらシールをはろう

4. 地域で受けつがれてきたもの

48〜49ページ	50〜51ページ	52〜53ページ
ぴったり1 2	ぴったり1 2	ぴったり3
できたらシールをはろう	できたらシールをはろう	できたらシールをはろう

84〜85ページ	86〜87ページ
ぴったり1 2	ぴったり3
できたらシールをはろう	できたらシールをはろう

ゴール

さいごまでがんばったキミは
「ごほうびシール」をはろう！

ごほうび
シールを
はろう

教科書ぴったりトレーニング 社会4年 バッチリポスター

日本のすがた

都道府県名と
都道府県庁の所在地
異なる都道府県を確

■日本列島と周辺の国々

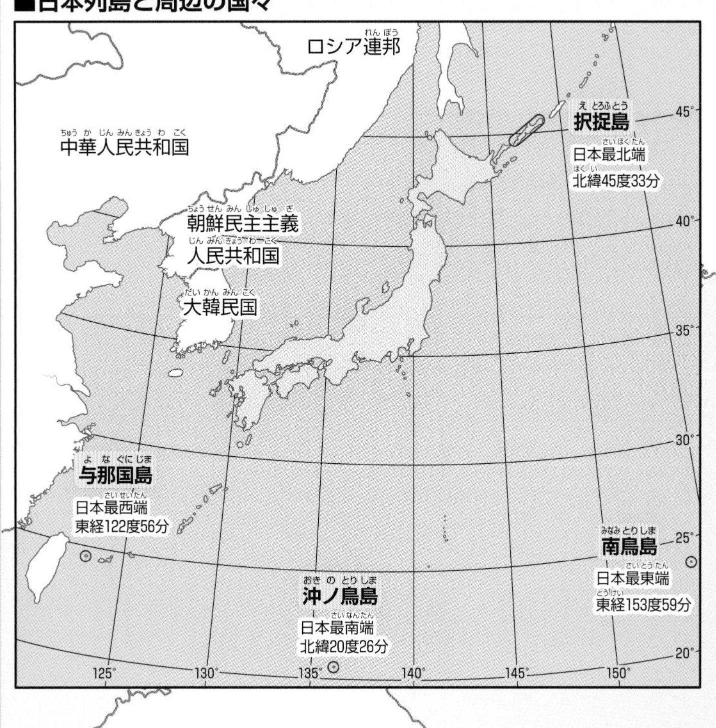

■日本列島の都道府県

都道府県名	都道府県庁の所在地	都道府県名	都道府県庁の所在地
北海道	札幌	三重県	津
青森県	青森	滋賀県	大津
岩手県	盛岡	京都府	京都
宮城県	仙台	大阪府	大阪
秋田県	秋田	兵庫県	神戸
山形県	山形	奈良県	奈良
福島県	福島	和歌山県	和歌山
茨城県	水戸	鳥取県	鳥取
栃木県	宇都宮	島根県	松江
群馬県	前橋	岡山県	岡山
埼玉県	さいたま	広島県	広島
千葉県	千葉	山口県	山口
東京都	東京(新宿区)	徳島県	徳島
神奈川県	横浜	香川県	高松
新潟県	新潟	愛媛県	松山
富山県	富山	高知県	高知
石川県	金沢	福岡県	福岡
福井県	福井	佐賀県	佐賀
山梨県	甲府	長崎県	長崎
長野県	長野	熊本県	熊本
岐阜県	岐阜	大分県	大分
静岡県	静岡	宮崎県	宮崎
愛知県	名古屋	鹿児島県	鹿児島
		沖縄県	那覇

竹島
中部地方
石川県
富山県
富山
金沢
隠岐諸島
福井県
中国地方
滋賀県
岐阜県
福井
京都府
鳥取県
松江
鳥取
岐阜
島根県
兵庫県
京都
名古屋
岡山県
大津
愛知県
津
広島県
神戸
静岡
岡山
大阪
奈良
三重県
山口県
広島
高松
山口
対馬
松山
徳島
和歌山
壱岐
徳島県
奈良県
福岡県
高知
和歌山県
佐賀県
福岡
大分県
愛媛県
佐賀
大阪府
高知県
近畿地方
五島列島
大分
香川県
熊本
長崎
長崎県
熊本県
宮崎県
四国地方
九州地方
鹿児島県
宮崎
鹿児島
大隅諸島
種子島
屋久島
与那国

都道府県

- • 都・道・府・県庁の所在地
- 地方の境
- 都道府県の境
- 外国との境

(2023年11月現在)

名が
認しよう!
北海道地方
礼文島
利尻島
択捉島
国後島
色丹島
歯舞群島
北海道
札幌
奥尻島
青森県
青森
秋田県
岩手県
秋田
盛岡
東北地方
山形県
宮城県
山形
仙台
佐渡島
新潟
福島
福島県
新潟県
群馬県
栃木県
茨城県
前橋
宇都宮
水戸
さいたま
埼玉県
東京(新宿区)
千葉
東京都
甲府
山梨県
横浜
千葉県
関東地方
静岡
神奈川県
大島
三宅島
伊豆諸島
東京都
八丈島
伊豆諸島、
小笠原諸島
新宿区
大島
新島
神津島
三宅島
御蔵島
伊豆諸島
八丈島
青ケ島
東京都
鳥島
鹿児島
大隅諸島
種子島
屋久島
九州地方
鹿児島県
奄美群島
大島
(奄美大島)
沖縄諸島
那覇
沖縄島
南西諸島
大東諸島
尖閣諸島
沖縄県
先島諸島
八重山列島
宮古島
石垣島
西表島
南西諸島
小笠原諸島
西之島
父島
母島
火山列島
北硫黄島
硫黄島
南硫黄島

三重県
近畿地方

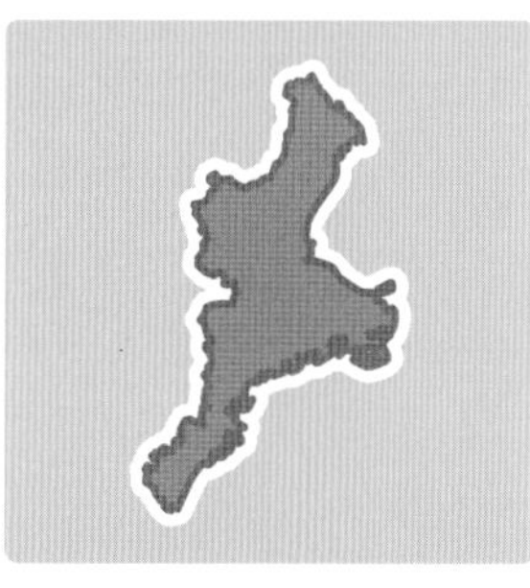

- 庁 津市
- 人 177万人
- 面 5,774km²
- 特 茶、いせえび、真珠、松阪牛、伊勢神宮

滋賀県
近畿地方

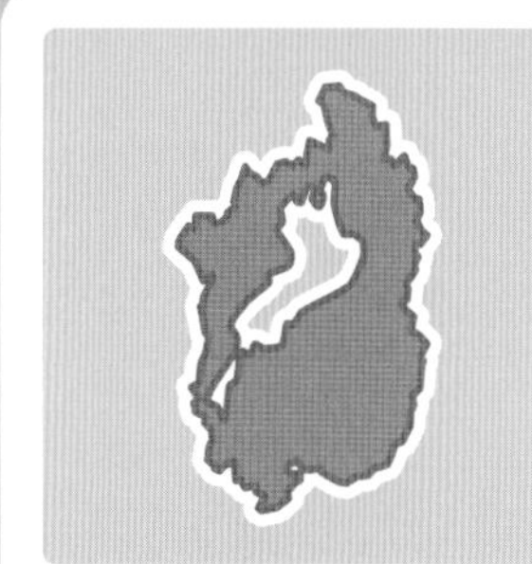

- 庁 大津市
- 人 141万人
- 面 4,017km²
- 特 近江牛、信楽焼、比叡山延暦寺、琵琶湖

京都府
近畿地方

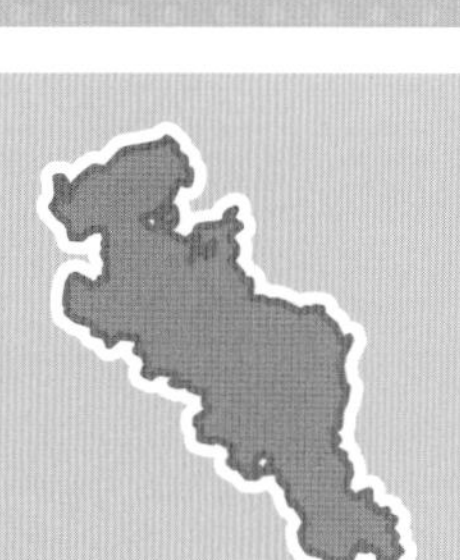

- 庁 京都市
- 人 250万人
- 面 4,612km²
- 特 みずな、宇治茶、西陣織、丹後ちりめん、天橋立、祇園祭

大阪府
近畿地方

- 庁 大阪市
- 人 878万人
- 面 1,905km²
- 特 しゅんぎく、堺打刃物、たこ焼き、天神祭、大仙古墳

兵庫県
近畿地方

- 庁 神戸市
- 人 546万人
- 面 8,401km²
- 特 たまねぎ、ずわいがに、清酒、姫路城、明石海峡大橋

奈良県
近畿地方

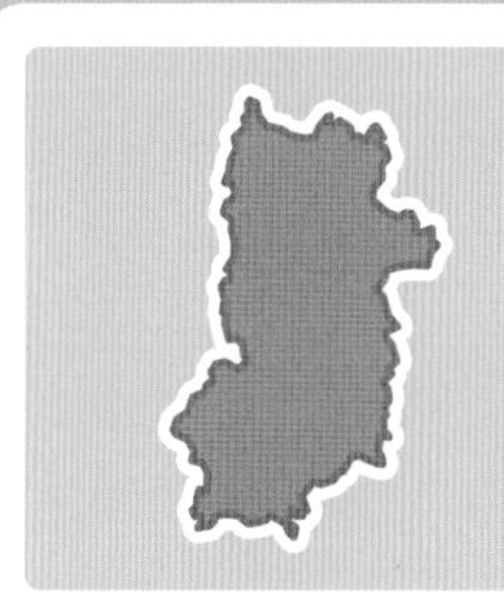

- 庁 奈良市
- 人 133万人
- 面 3,691km²
- 特 柿、金魚、吉野杉、東大寺、法隆寺

和歌山県
近畿地方

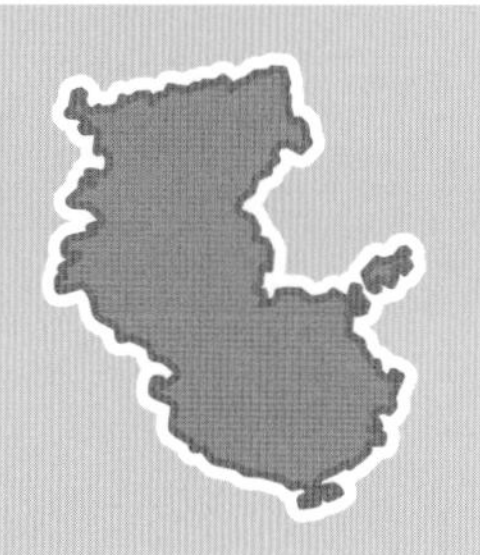

- 庁 和歌山市
- 人 92万人
- 面 4,725km²
- 特 みかん、うめ、柿、高野山金剛峯寺、熊野那智大社

鳥取県
中国地方

- 庁 鳥取市
- 人 55万人
- 面 3,507km²
- 特 らっきょう、ずわいがに、因州和紙、鳥取砂丘

島根県
中国地方

- 庁 松江市
- 人 66万人
- 面 6,708km²
- 特 しじみ、雲州そろばん、出雲大社、石見銀山遺跡

岡山県

中国地方

- 庁 岡山市
- 人 187万人
- 面 7,115km²
- 特 ぶどう、もも、かき、備前焼、後楽園

広島県
中国地方

- 庁 広島市
- 人 277万人
- 面 8,479km²
- 特 レモン、かき、熊野筆、原爆ドーム、厳島神社

山口県

中国地方

- 庁 山口市
- 人 133万人
- 面 6,113km²
- 特 ふぐ、あんこう、萩焼、秋芳洞、松下村塾

徳島（とくしま）県
四国（しこく）地方

- 庁 徳島（とくしま）市
- 人 72万人
- 面 4,147km²
- 特 すだち、生しいたけ、ゆず、阿波（あわ）おどり

香川（かがわ）県
四国（しこく）地方

- 庁 高松（たかまつ）市
- 人 96万人
- 面 1,877km²
- 特 オリーブ、にんにく、讃岐（さぬき）うどん、金刀比羅宮（ことひらぐう）

愛媛（えひめ）県
四国（しこく）地方

- 庁 松山（まつやま）市
- 人 133万人
- 面 5,676km²
- 特 みかん、いよかん、まだい、タオル、道後温泉（どうごおんせん）

高知（こうち）県
四国（しこく）地方

- 庁 高知（こうち）市
- 人 68万人
- 面 7,102km²
- 特 なす、にら、しょうが、ゆず、かつお、よさこい祭り

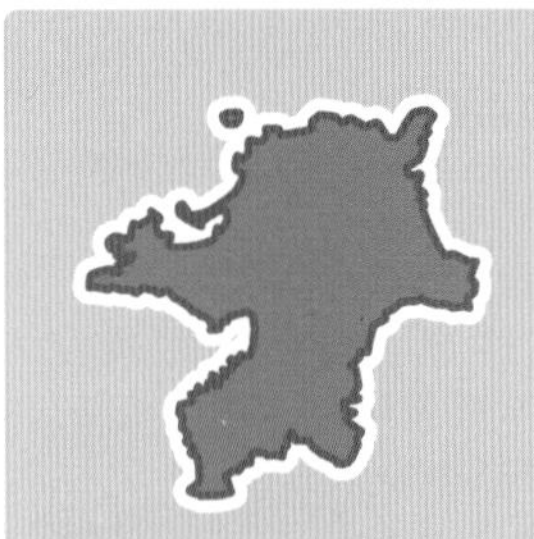

福岡（ふくおか）県
九州（きゅうしゅう）地方

- 庁 福岡（ふくおか）市
- 人 510万人
- 面 4,988km²
- 特 いちご、小麦、たけのこ、博多（はかた）人形、太宰府天満宮（だざいふてんまんぐう）

佐賀（さが）県
九州（きゅうしゅう）地方

- 庁 佐賀（さが）市
- 人 81万人
- 面 2,441km²
- 特 二条（にじょう）大麦、たまねぎ、のり、有田焼（ありたやき）、唐津焼（からつやき）、吉野ヶ里遺跡（よしのがりいせき）

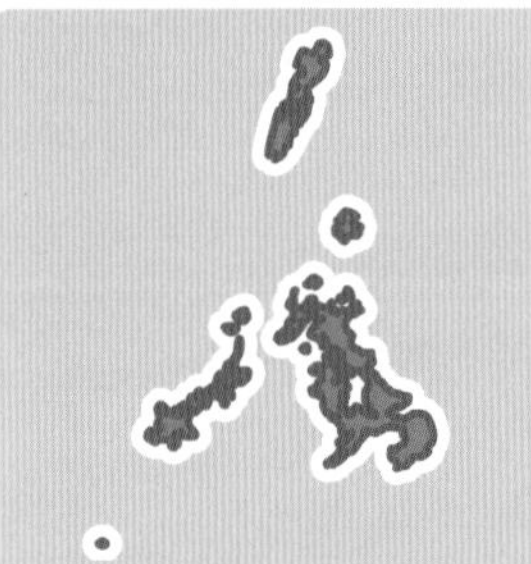

長崎（ながさき）県
九州（きゅうしゅう）地方

- 庁 長崎（ながさき）市
- 人 131万人
- 面 4,131km²
- 特 じゃがいも、びわ、あじ、さば、カステラ、グラバー園

熊本（くまもと）県
九州（きゅうしゅう）地方

- 庁 熊本（くまもと）市
- 人 174万人
- 面 7,409km²
- 特 トマト、すいか、い草（くさ）、天草陶磁器（あまくさとうじき）、阿蘇山（あそさん）

大分（おおいた）県
九州（きゅうしゅう）地方

- 庁 大分（おおいた）市
- 人 112万人
- 面 6,341km²
- 特 かぼす、ほししいたけ、関（せき）さば、別府温泉（べっぷおんせん）、湯布院温泉（ゆふいんおんせん）

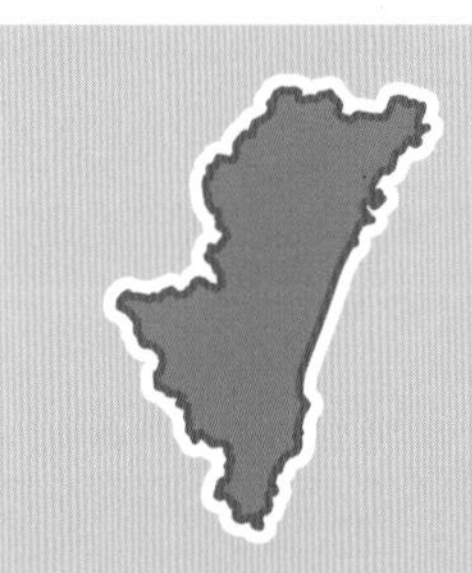

宮崎（みやざき）県
九州（きゅうしゅう）地方

- 庁 宮崎（みやざき）市
- 人 107万人
- 面 7,734km²
- 特 きゅうり、マンゴー、肉用にわとり、宮崎（みやざき）牛、高千穂峡（たかちほきょう）

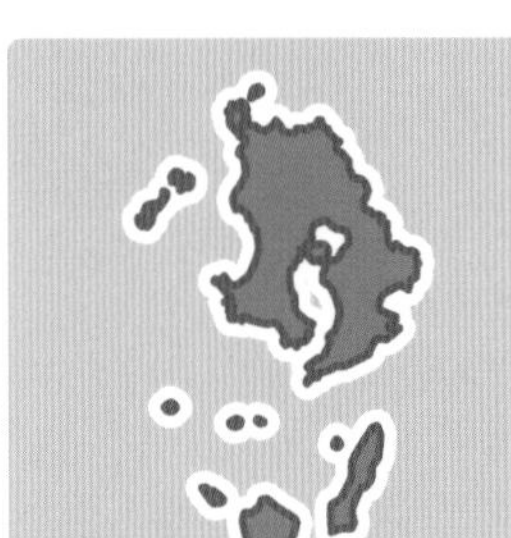

鹿児島（かごしま）県
九州（きゅうしゅう）地方

- 庁 鹿児島（かごしま）市
- 人 159万人
- 面 9,186km²
- 特 さつまいも、茶、肉用にわとり、ぶた、屋久島（やくしま）

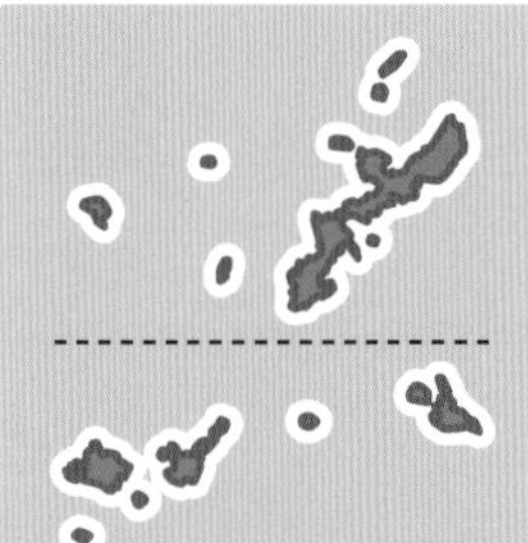

沖縄（おきなわ）県
九州（きゅうしゅう）地方

- 庁 那覇（なは）市
- 人 149万人
- 面 2,282km²
- 特 パイナップル、さとうきび、ゴーヤー、琉球紅型（りゅうきゅうびんがた）

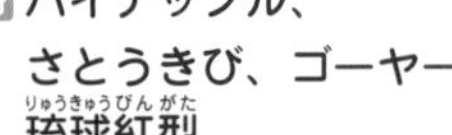

社会4年

教育出版版
小学社会

教科書ぴったりトレーニング

▶ 3分でまとめ動画

		教科書ページ	ぴったり1 じゅんび	ぴったり2 練習	ぴったり3 たしかめのテスト
広げてみよう、市から県へ みりょくがいっぱい!知りたいな、47都道府県		8～13	▶ 2	3	4～5
1.県の地図を広げて	県の地図を広げて①	14～19	▶ 6	7	10～11
	県の地図を広げて②	20～27	8	9	
2.健康なくらしと まちづくり	1 ごみはどこへ①	28～35	▶ 12	13	18～19
	1 ごみはどこへ②	36～43	14	15	
	1 ごみはどこへ③	44～49	16	17	
	2 水はどこから① せんたく	50～55	▶ 20	21	26～27
	2 水はどこから② せんたく	56～61	22	23	
	2 水はどこから③ せんたく	62～71	24	25	
	2 くらしと電気 せんたく	72～77	▶ 28	29	32
	2 ガスはどこから せんたく	78～79	30	31	33
3.自然災害にそなえる まちづくり	地震にそなえるまちづくり① せんたく	80～87	▶ 34	35	38～39
	地震にそなえるまちづくり② せんたく	88～97	36	37	
	水害にそなえるまちづくり① せんたく	98～103	▶ 40	41	46
	水害にそなえるまちづくり② せんたく	104～109	42	43	
	火山の噴火にそなえて／雪の災害にそなえて せんたく	110～113	▶ 44	45	47
4.地域で 受けつがれてきたもの	地域で受けつがれてきたもの①	114～123	▶ 48	49	52～53
	地域で受けつがれてきたもの②	124～129	50	51	
5.昔から今へと続く まちづくり	昔から今へと続くまちづくり① せんたく	130～137	▶ 54	55	60～61
	昔から今へと続くまちづくり② せんたく	138～143	56	57	
	昔から今へと続くまちづくり③ せんたく	144～151	58	59	
	地域に学校をひらく／地域の人々を病気から救う せんたく	152～155	▶ 62	63	66～67
	沖縄の文化のよさを伝える／北海道で、いねを実らせる せんたく	156～159	▶ 64	65	
6.わたしたちの県の まちづくり	1 焼き物を生かしたまちづくり①	160～165	▶ 68	69	72～73
	1 焼き物を生かしたまちづくり②	166～171	70	71	
	2 昔のよさを未来に伝えるまちづくり① せんたく	176～181	▶ 74	75	78～79
	2 昔のよさを未来に伝えるまちづくり② せんたく	182～187	76	77	
	2 自然を生かしたまちづくり せんたく	188～197	▶ 80	81	82～83
	3 国際交流がさかんなまちづくり	200～211	▶ 84	85	86～87
★4年のふく習			88		

巻末	夏のチャレンジテスト／冬のチャレンジテスト／春のチャレンジテスト／学力しんだんテスト	とりはずして お使いください
別冊	丸つけラクラクかいとう	

せんたく がついているところでは、教科書の選択教材を扱っています。学校での学習状況に応じて、ご利用ください。

【写真提供】
PIXTA／アフロ／徳島市／柳川市

3分でまとめ

学習日　　月　　日

広げてみよう、市から県へ
みりょくがいっぱい！知りたいな、47都道府県

めあて
全国にはどのような都道府県があるのか、また、地方区分についてたしかめよう。

教科書　8～13ページ　　答え　2ページ

次の（　　）に入る言葉や数字を、下から選びましょう。

1 広げてみよう、市から県へ／みりょくがいっぱい！知りたいな、47都道府県　教科書　8～13ページ

ワンポイント　都道府県

● 日本には（①　　　　）都、北海道、京都府、（②　　　　）府と（③　　　　）の県があり、全部を合わせて（④　　　　）**都道府県**とよぶことがある。

✪ 地方

● 全国は８つの**地方**に分けることができる。北から順に北海道地方、東北地方、日本の首都である東京都がある（⑤　　　　）地方、中部地方、京都府や大阪府のある（⑥　　　　）地方、中国地方、四国地方、沖縄県をふくむ（⑦　　　　）地方である。

✪ 都道府県クイズ

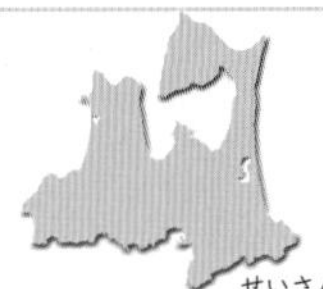

ヒント１　りんごの生産がさかんです。
ヒント２　県名の中に色の名前が入っています。
ヒント３　東北地方にあります。

● 答えは（⑧　　　　）

ヒント１　自動車などの工業生産がさかんです。
ヒント２　２つの半島がカニのはさみの形ににています。
ヒント３　中部地方にあります。

● 答えは（⑨　　　　）

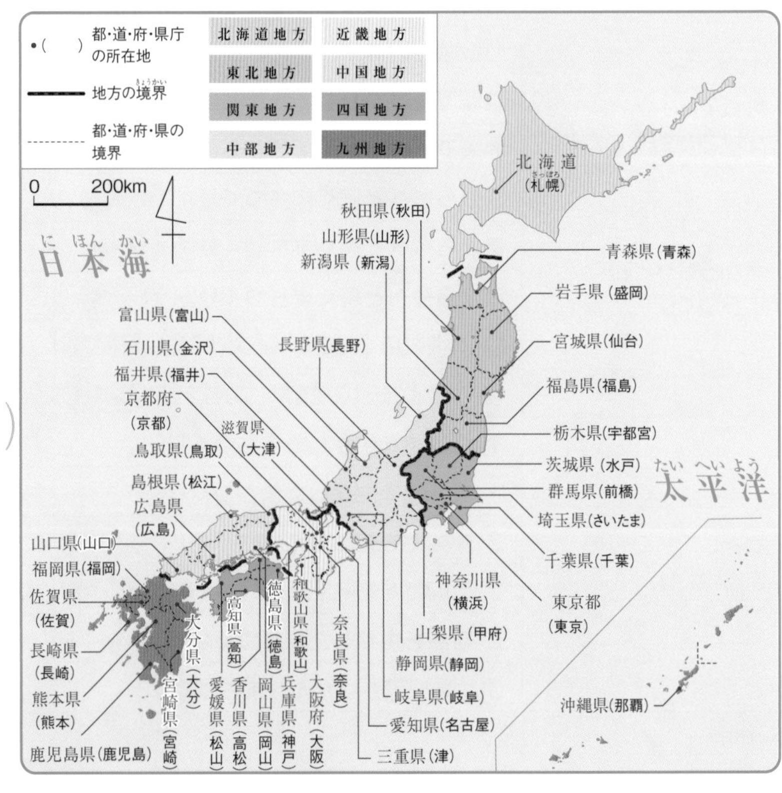

都道府県を表した地図

選んだ言葉に✓
□大阪　□九州　□東京　□愛知県　□47
□近畿　□関東　□青森県　□43

ぴたトリビア

今から約150年前、明治時代の初めに府と県がつくられました。その数は府が3つ、県は302もありました。

教科書 8～13ページ　答え 2ページ

1 次の地図を見て、問いに答えましょう。

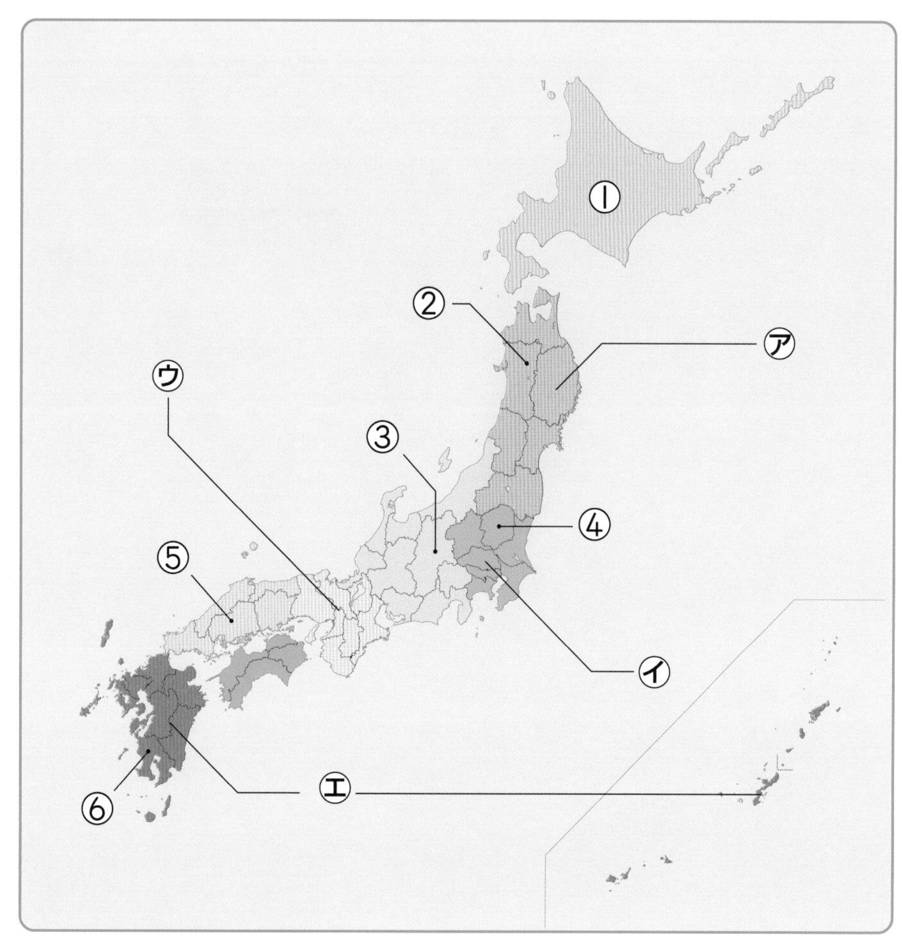

都道府県を表した地図

(1) 上の地図の①～⑥にあてはまる都道府県の名前を書きましょう。

①(　　　) ②(　　　) ③(　　　)

④(　　　) ⑤(　　　) ⑥(　　　)

(2) 上の地図のア～エにあてはまる地方の名前を書きましょう。

ア(　　　)地方　イ(　　　)地方

ウ(　　　)地方　エ(　　　)地方

(3) 「高知県」の説明として正しいものを、あ～えから選びましょう。

あ 四国地方の北部にある。

い 太平洋に面していて、「へ」の字の形ににている。

う 四国地方にあって、日本海に面している。

え 九州地方にあって、太平洋に面している。

(　　　)

ヒント 1 (3) 都道府県の位置をしめすには、太平洋側なのか日本海側なのか、海に面していないのか、また、どのような形をしているのかをたしかめるようにしましょう。

広げてみよう、市から県へ
みりょくがいっぱい！知りたいな、47都道府県

教科書 8 ～13ページ　答え 3 ページ

1 次の地図は、たかしさんの考えた旅行のルートを表しています。この地図を見て、問いに答えましょう。　技能 1つ５点（40点）

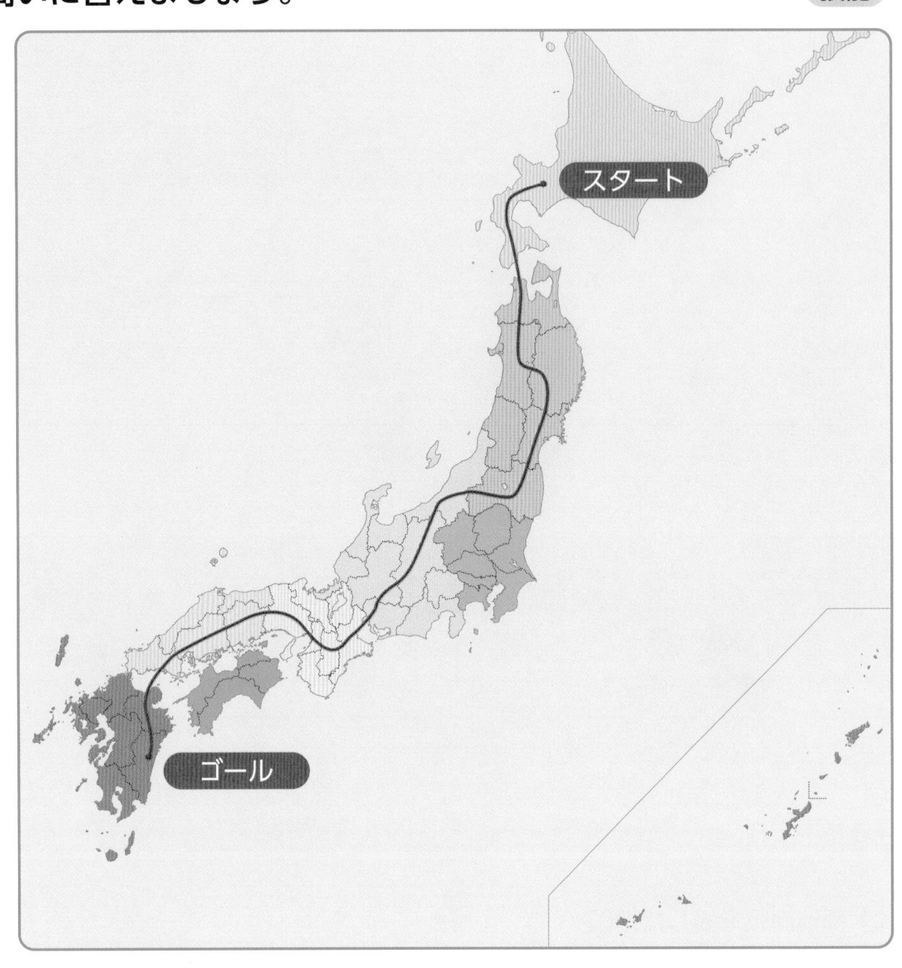

⑴　スタートの北海道を１番目とすると、３番目と６番目に通る都道府県の名前を答えましょう。

３番目（　　　　　　）　６番目（　　　　　　）

⑵　旅行ルートの中で、海に面していない都道府県は３つあります。それらの名前をすべて答えましょう。

（　　　　　　）（　　　　　　）（　　　　　　）

⑶　８つの地方のうち、旅行ルートの中で、通らない地方が２つあります。それらの名前をすべて答えましょう。

（　　　　　　）地方　（　　　　　　）地方

⑷　ゴールの都道府県の名前を答えましょう。

（　　　　　　）

2 よく出る 次の都道府県クイズの答えとなる都道府県の名前を答えましょう。

技能　1つ5点（30点）

①

ヒント1　寺や神社が多く、世界的な観光地です。
ヒント2　名前の中に「都」の字が入っています。
ヒント3　近畿地方にあります。

（　　　　　）

②

ヒント1　海に面してない都道府県です。
ヒント2　名前の中に動物の名前が入っています。
ヒント3　関東地方にあります。

（　　　　　）

③

ヒント1　本州で最も北にあります。
ヒント2　りんごの生産がさかんです。
ヒント3　東北地方にあります。

（　　　　　）

④

ヒント1　日本一大きな湖があります。
ヒント2　海に面していない都道府県です。
ヒント3　近畿地方にあります。

（　　　　　）

⑤

ヒント1　日本一大きな砂丘があります。
ヒント2　日本海に面しています。
ヒント3　中国地方にあります。

（　　　　　）

⑥

ヒント1　日本一島の数が多い県です。
ヒント2　カステラが初めて伝わった場所です。
ヒント3　九州地方にあります。

（　　　　　）

記述 3 できたらスゴイ！ 右の地図を見て、山形県を答えとする都道府県クイズのヒントを3つつくりましょう。

技能　思考・判断・表現　ヒント1つ10点（30点）

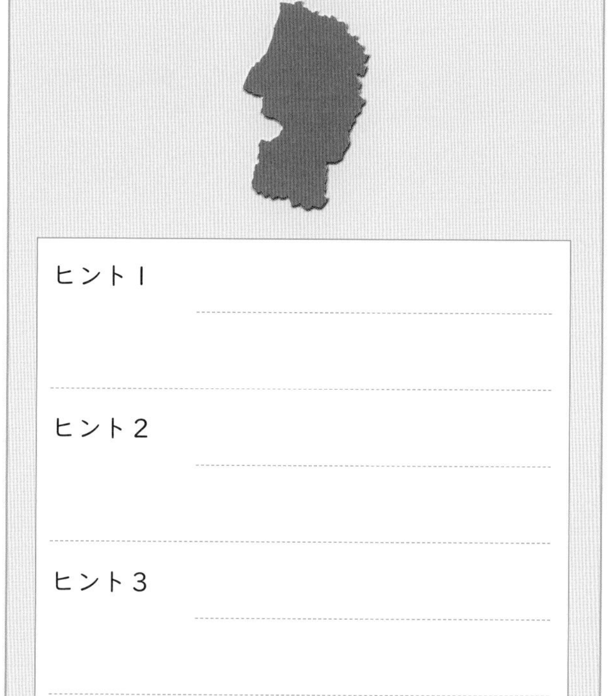

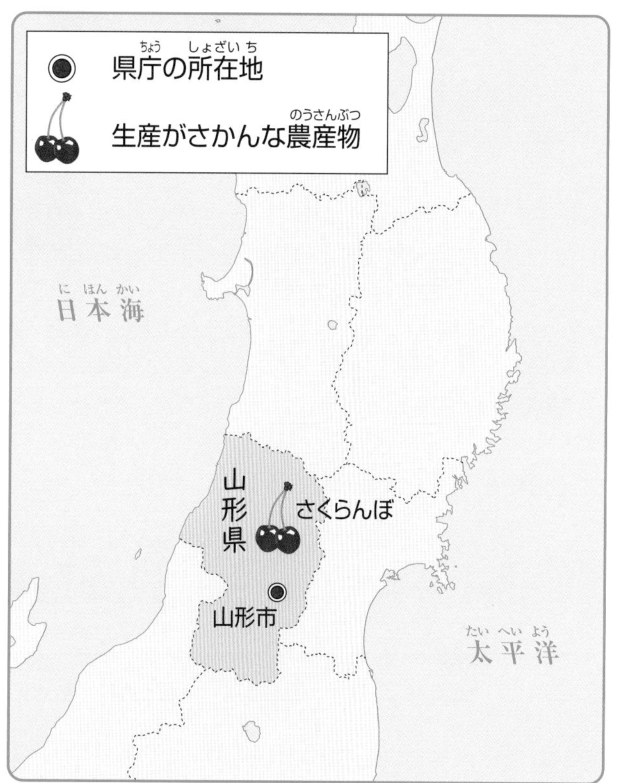

ふりかえり　3がわからないときは、2ページの1にもどってかくにんしてみよう。

3分でまとめ

学習日　　月　　日

1. 県の地図を広げて

県の地図を広げて①

◎めあて
県の様子についての学習問題をつくり、調べることをたしかめよう。

教科書　14～19ページ　答え　4ページ

次の(　　)に入る言葉を、下から選びましょう。

1 県の様子を調べる学習計画

教科書　14～15ページ

学習問題と学習計画

学習問題	わたしたちの住んでいる県の地形、産業や交通は、どのような様子なのだろう。
調べること	●県の(①　　　　) ●県の**土地利用** ●県の主な産業 ●県の(②　　　　)の広がり
調べ方	●地形図で調べる。 ●(③　　　　)で調べる。 ●**産業**の様子を(④　　　　)で調べる。 ●**交通**の様子をしめした地図で調べる。

学習問題の答えは、地図や資料で調べればわかるね。

2 県の地図を見てみよう／県の土地の使われ方

教科書　16～19ページ

県の地形と土地利用

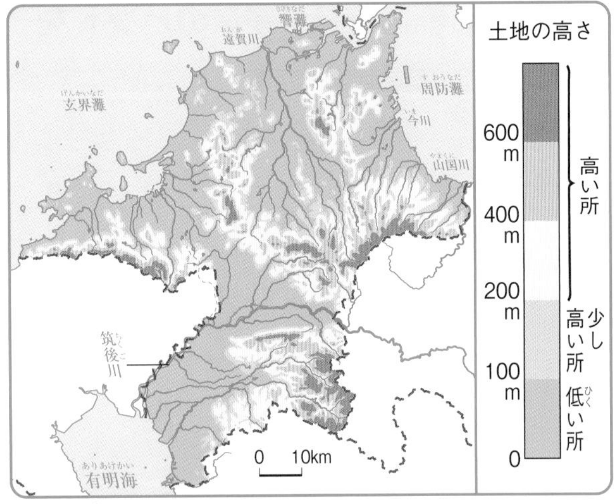

福岡県の地形

山口県
北九州市
福岡県
福岡市
東峰村
佐賀県
大分県
柳川市
熊本県
0 10km
工場や住宅、商店
田
畑
果樹園
茶畑
森林
その他
県のさかい

福岡県の主な土地利用

●大きな川のまわりには(⑤　　　　)が多い。

●工場や住宅、商店、田の多くは土地の(⑥　　　　)に多く集まっている。

●果樹園は、県の(⑦　　　　)の(⑧　　　　)の近くに多く集まっている。

選んだ言葉に✓

□土地利用図　□田　□低い所　□熊本県
□南西側　□交通　□地形　□資料

ぴったり２

練習

学習日　　月　　日

ぴたトリビア

田が大きな川のまわりに多いのは、いねの生長には大量の水が必要だからです。川の水は用水路で田まで運ばれます。

教科書　14～19ページ　　答え　4ページ

1 次の２つの地図からわかることとして正しいものには○を、まちがっているものには×をつけましょう。

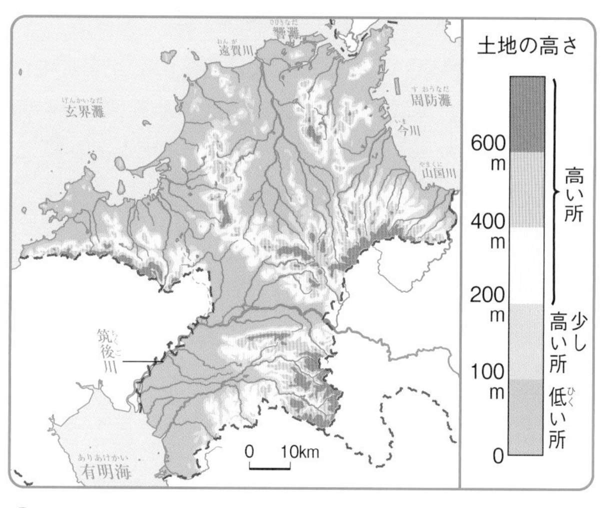

福岡県の地形

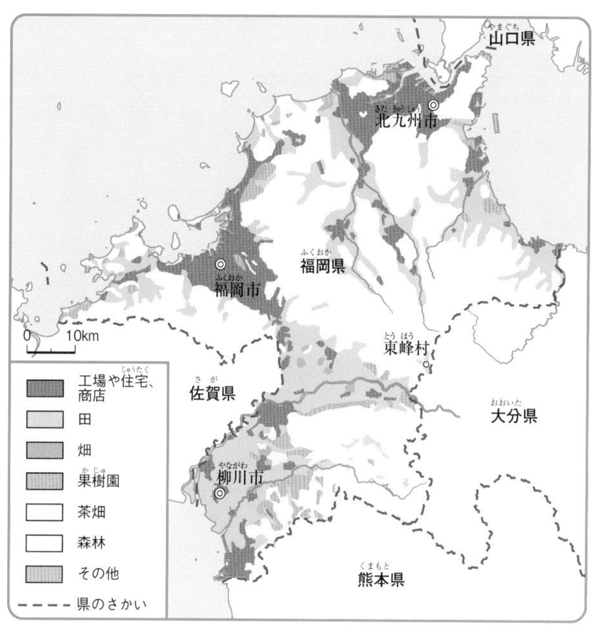

福岡県の主な土地利用

①（　　　）福岡県の工場や住宅は、土地の高い所に多く集まっている。

②（　　　）福岡県で最も多く広がっているのは、森林である。

③（　　　）福岡県の大きな川のまわりには、田が広がっている。

④（　　　）筑後川は、福岡県を南から北に流れている。

2 右の地図は、同じ高さの土地を結んだ等高線で、土地の高さを表しています。この地図を見て、問いに答えましょう。

(1) ㋐～㋒を土地の高い順にならべて記号で答えましょう。

（　　　→　　　→　　　）

(2) あ・いでは、どちらの土地のほうが、かたむきが急ですか。

（　　　）

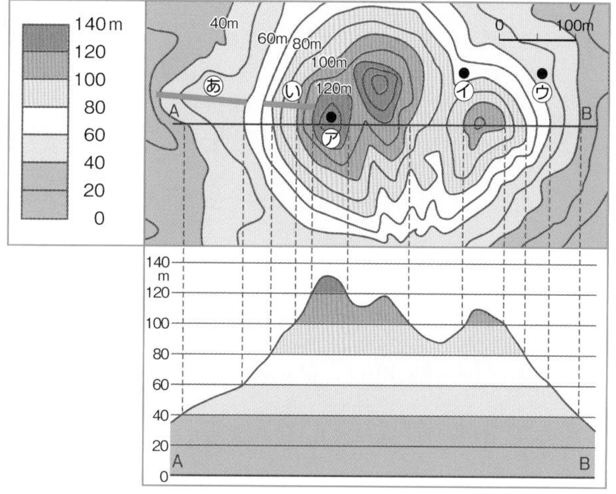

ヒント 2 (2) 等高線は間かくが広いところは、土地のかたむきがゆるやかで、間かくがせまいところは、土地のかたむきが急です。

1. 県の地図を広げて

県の地図を広げて②

学習日　月　日

めあて
県の産業や交通の様子を、たしかめよう。

教科書 20～27ページ　答え 5ページ

次の（　）に入る言葉を、下から選びましょう。

1 農業や漁業がさかんな地域／工業がさかんな地域　教科書 20～23ページ

福岡県の農業や漁業

- 県の南側に広がる（①　　　　）では、農業がさかんである。
- 最も多くつくられているのは（②　　　　）で、筑紫平野の八女茶や（③　　　　）は県の有名な農産物である。
- 有明海では、（④　　　　）やあさりの生産がさかんである。

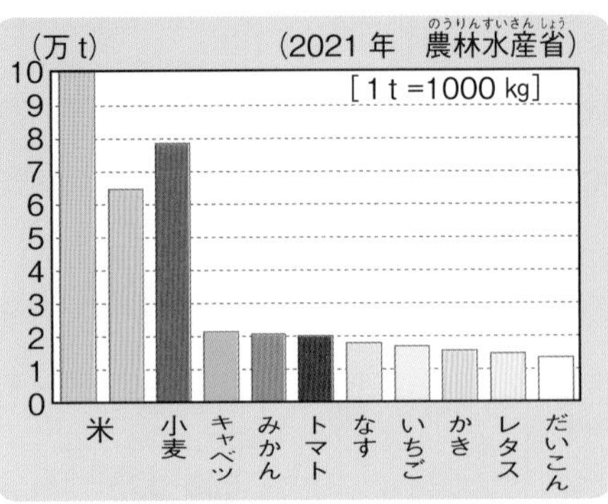

福岡県でつくられている主な農産物

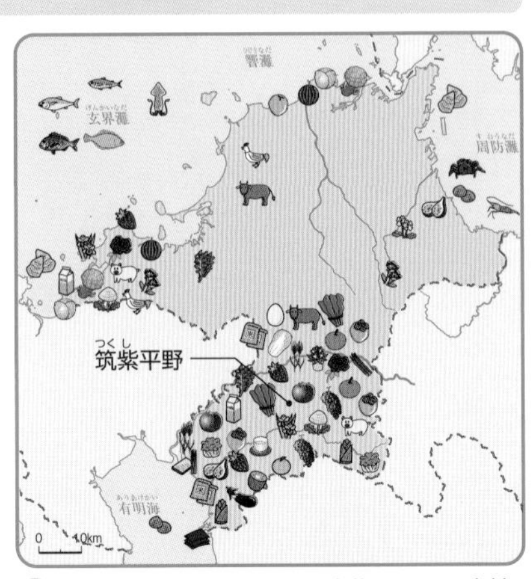

福岡県の主な農産物や海産物と、その産地

福岡県の工業

- 北九州市では、大量の**原料**を船で運びこみ、（⑤　　　　）を多く生産している。
- 苅田町や宮若市では、（⑥　　　　）など輸送機械の生産がさかんである。

山口県　北九州空港　鉄鋼　北九州市　苅田町　食料品　古賀市　輸送機械　宮若市　化学　飯塚市　食料品　福岡市　飲料　筑紫野市　福岡県　飲料　朝倉市　佐賀県　久留米市　ゴム　大分県　化学　大牟田市　熊本県

福岡県の工業がさかんな市や町と、主な工業製品

2 県の交通の様子／県の様子について調べたことを整理しよう　教科書 24～27ページ

陸、空、海の交通

- 県庁所在地の（⑦　　　　）には、道路や鉄道が集まっている。
- 県には北九州空港や福岡空港があり、また、北九州港や博多港もある。空や海で（⑧　　　　）とつながっている。

地形と交通

- 道路や鉄道の多くは、（⑨　　　　）を通って市や町を結んでいて、山地には少ない。

福岡県の主な交通

選んだ言葉に ✓				
□福岡市	□いちご	□自動車	□筑紫平野	□外国
□米	□平野	□のり	□鉄鋼製品	

ぴったり2

練習

ぴたトリビア

九州には九州新幹線の他に、佐賀県と長崎県を結ぶ西九州新幹線があり、博多から長崎までの所要時間が短くなりました。

教科書　20～27ページ　　答え　5ページ

1 右のグラフを見て、問いに答えましょう。

(1) 福岡県で最も多く生産している農産物を答えましょう。（　　　　）

(2) 福岡県で有名な農産物であるいちごの生産量を、㋐～㋓から選びましょう。

㋐ 約1万t　　㋑ 約1.7万t

㋒ 約17万t　　㋓ 約20万t

（　　　）

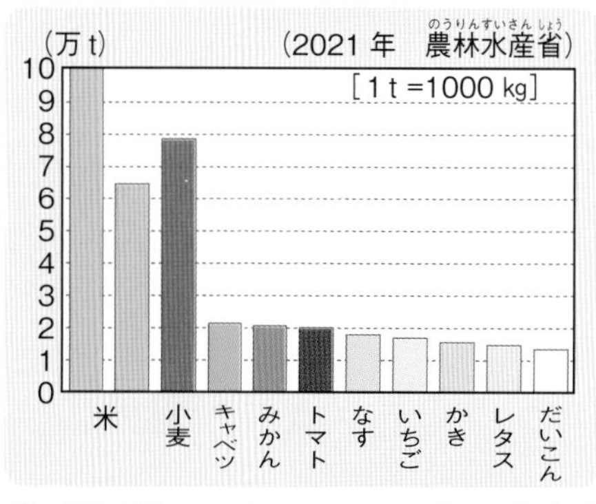

福岡県でつくられている主な農産物

2 右の地図を見て、次の文の①～④にあてはまる言葉を、㋐～㋓から選びましょう。

・北九州市は海に面していて、①（　　　）で大量の原料や製品を運ぶのに便利なため、②（　　　）が多く生産されている。

・自動車は③（　　　）や宮若市で、また、タイヤに使うゴムは④（　　　）で多く生産されている。

㋐ 苅田町　　㋑ 船

㋒ 久留米市　　㋓ 鉄鋼製品

福岡県の工業がさかんな市や町と、主な工業製品

3 右の地図からわかることとして、正しいものには○を、まちがっているものには×をつけましょう。

①（　　　）福岡県には、新幹線が通っていて、他の県と結ばれている。

②（　　　）福岡県の東側と西側に空港があり、飛行機で他の地域や国と結ばれている。

③（　　　）鉄道や道路は、内陸部に多く集まっている。

④（　　　）玄界灘に面した所には港があるが、有明海に面した所には港がない。

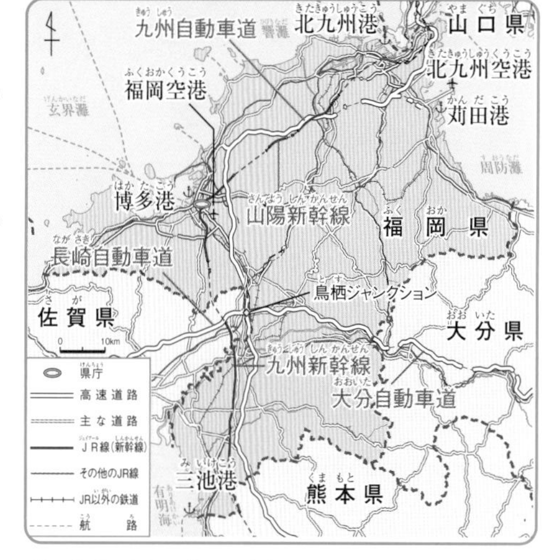

福岡県の主な交通

ヒント

1 (2) グラフのたてじくの単位に注意して、ぼうの長さを読み取りましょう。また、おおよその数字で読み取るようにしましょう。

県の地図を広げて

教科書 14～27ページ　答え 6 ページ

1 よく出る 右の地図を見て、問いに答えましょう。

技能 1つ10点（20点）

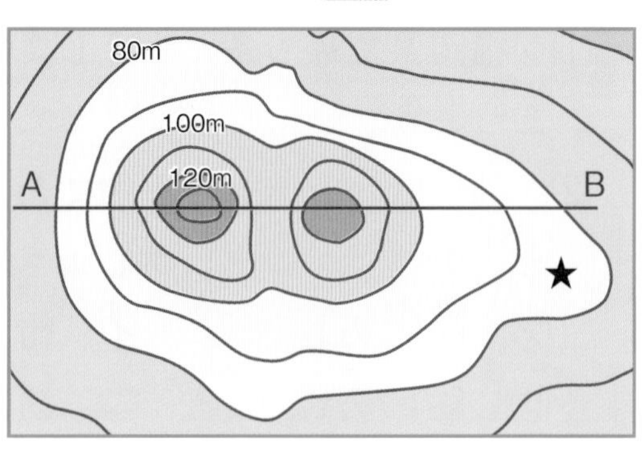

(1) 地図中の★の土地の高さを、㋐～㋒から選びましょう。

㋐ 約65m　㋑ 約75m　㋒ 約85m

（　　　）

(2) 地図のA－Bの線にそって切り、断面を横から見た図として正しいものを、㋐～㋒から選びましょう。

（　　　）

㋐

㋑

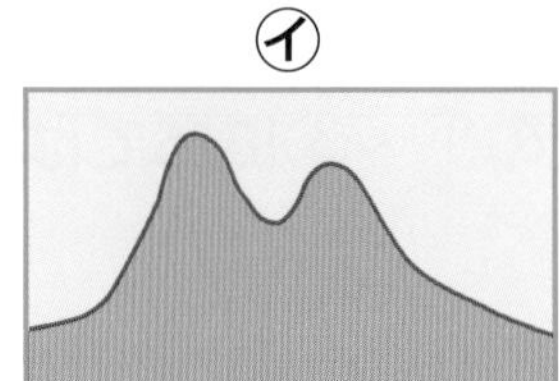

㋒

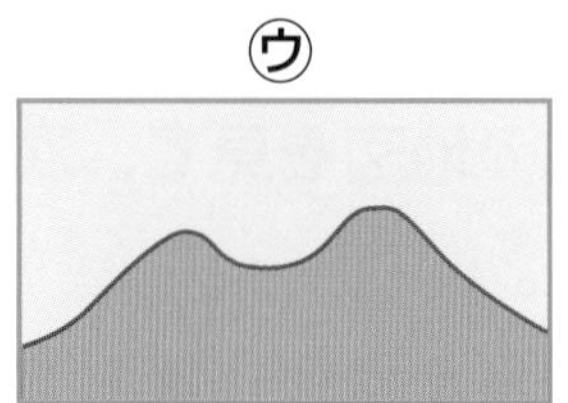

2 次の 2 つの地図を見て、①～④にあてはまる場所を、地図の㋐～㋓から選びましょう。

技能 1つ5点（20点）

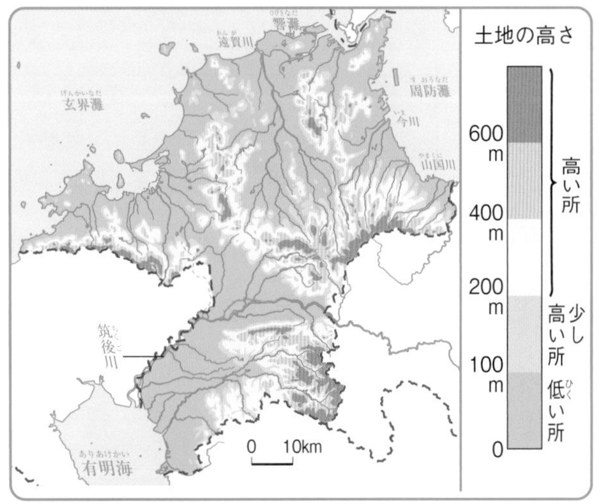

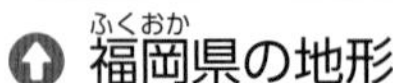
福岡県の地形

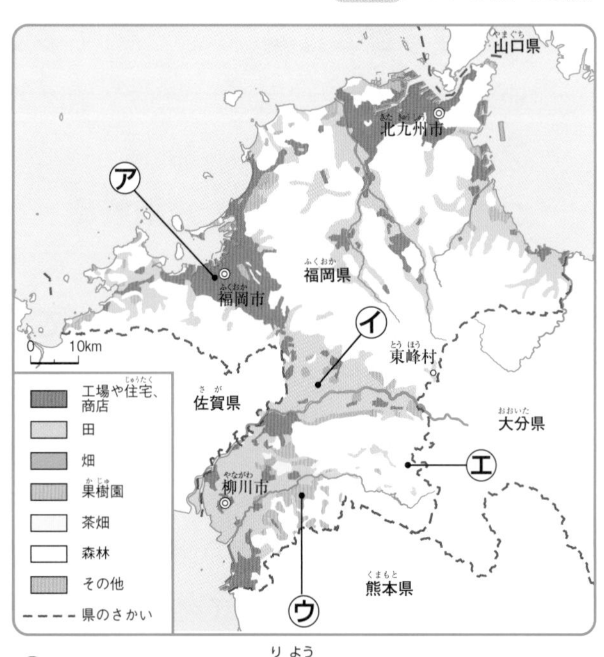

福岡県の主な土地利用

① 熊本県に近い地域に、果樹園が広がっている。

② 土地の低い所で、工場や住宅、商店が集まっている。

③ 土地の高い所で、森林が広がっている。

④ 大きな川のまわりで、田が広がっている。

①（　　　）②（　　　）

③（　　　）④（　　　）

3 右の地図から福岡県の交通についてわかることとして、正しいものには○を、まちがっているものには×をつけましょう。 技能 1つ5点（30点）

①（　　　）新幹線は県の北部と西部を通っている。

②（　　　）福岡県には港がない。

③（　　　）福岡県から本州に自動車では行くことができない。

④（　　　）新幹線は、福岡県から南へ大分県にのびている。

⑤（　　　）福岡県と熊本県を結ぶ高速道路はない。

⑥（　　　）東部と西部に空港がある。

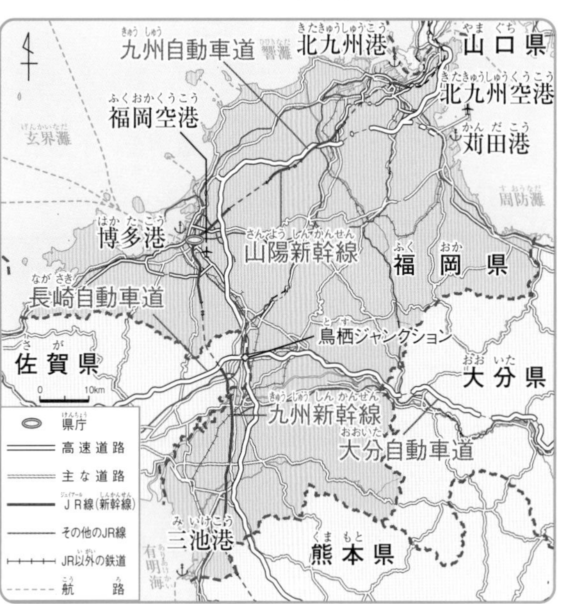

4 次の地図とグラフを見て、問いに答えましょう。 (1)(2)1つ5点、(3)15点（30点）

福岡県の工業がさかんな市や町と、主な工業製品

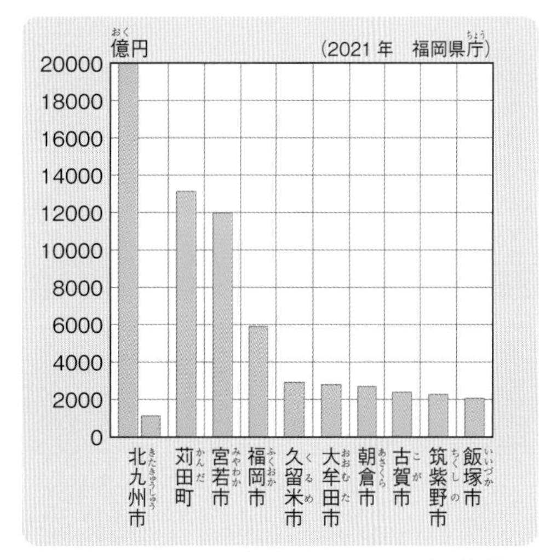

福岡県の市や町の工業製品の出荷額

(1) 北九州市の工業製品の出荷額を答えましょう。 技能

約（　　　　　）億円

(2) 福岡県で2番目に工業製品の出荷額が多い市、または町の名前と、その町の主な工業製品を地図中の言葉で答えましょう。 技能

市町の名前（　　　　　）　主な工業製品（　　　　　）

記述 (3) できたらスゴイ！ 北九州市は鉄鋼製品の生産がさかんです。その理由として、海に面していることがあげられます。海に面していると鉄鋼業がさかんになる理由を「原料」という言葉を使って書きましょう。

思考・判断・表現

（　　　　　　　　　　　　　　　　　　　　）

4(3)がわからないときは、8ページの1にもどってかくにんしてみよう。

2. 健康なくらしとまちづくり

1 ごみはどこへ①

学習日 月 日

めあて
ごみについての学習問題をつくり、調べることをたしかめよう。

教科書 28～35ページ　答え 7ページ

次の（　）に入る言葉や数字を、下から選びましょう。

1 家のごみを調べて／学習問題をつくり、学習の見通しを立てよう　教科書 30～33ページ

家のごみ

- 生ごみ、（①　　　）、ビニール、雑誌・新聞紙、食品トレイのごみは、毎日出ている。
- びん・かん・ペットボトルのごみは１週間に（②　　　）回、プラスチックのごみは１週間に（③　　　）回出ている。
- ごみの分別
…ごみを（④　　　）ごとに分けて収集に出すこと。

ごみの種類＼6月	7日（日）	8日（月）	9日（火）	10日（水）	11日（木）	12日（金）	13日（土）
生ごみ	●	●	●	●	●	●	●
紙くず	●	●	●	●	●	●	●
ビニール	●	●	●	●	●	●	●
びん・かん・ペットボトル	●			●			●
雑誌・新聞紙	●	●	●	●	●	●	●
牛乳パック	●			●			
食品トレイ	●	●	●	●	●	●	●
ぬの					●		
大きなごみ							
プラスチック	●		●				
１週間に収集に出したごみのふくろの数	5 ふくろ						

●生ごみの量がいちばん多かった。
●牛乳パックと（⑤　　　）は、スーパーマーケットの回収箱に入れに行く。

家から出たごみの種類とごみが出た日（ひろとさんの記録）

学習問題と学習計画

学習問題	わたしたちのくらしから出たごみは、どのようにして集められ、処理されるのだろう。
調べること	●ごみを（⑥　　　）する様子 ●ごみを（⑦　　　）したり、収集に出したりするときにきまりがある理由 ●ごみを処理する（⑧　　　）の役割と処理のしかた
調べ方	●収集の様子を観察する。 ●ごみ処理にかかわる仕事をしている人から話を聞く。 ●ごみを処理するしせつを訪問して、処理のしかたを見学する。

市や町によって、ごみ収集のしかたはちがうよ。でも、調べ方は同じなので、この表にもとづいて、学習問題をかい決しよう！

2 ごみの収集の様子を調べよう　教科書 34～35ページ

- 市では、ごみを早く、残さず集めるため、（⑨　　　）が毎回通る道や収集を行う時間、（⑩　　　）を決めている。
- ごみの種類によって処理のしかたがちがうため、分別をしている。

選んだ言葉に☑
□収集　□種類　□紙くず　□収集車　□2
□分別　□しせつ　□食品トレイ　□回数　□3

学習日　月　日

ぴたトリビア

60年くらい前までは、分別という考え方があまりなく、家のごみは家の前に置かれたごみ箱に自由に出していました。

教科書 28〜35ページ　答え 7ページ

1 ひろとさんの住む市では、「紙類・衣類」、「びん・かん・ペットボトル」、「食品トレイ・発泡スチロール」が資源と決められています。次の絵で、資源になるものには○を、そうでないものには×をつけましょう。

①(　　)　②(　　)　③(　　)　④(　　)

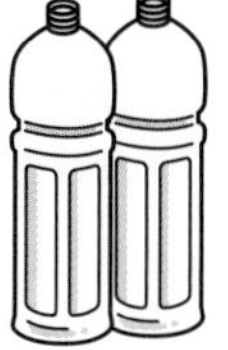
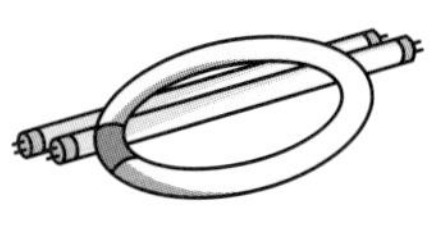

2 ごみの収集や処理のしかたについて、問いに答えましょう。

(1) 右の資料を見て、東京都(23区)のごみの量についてわかることを2つ選びましょう。

㋐ 1990年が最も多い。

㋑ 2021年のごみの量は、約25万tである。

㋒ 1950年から1970年にかけて、急げきにふえている。

㋓ 1990年のごみの量は、1950年の約5倍である。

㋔ 1990年から、ごみの量はふえつづけている。

(　　)(　　)

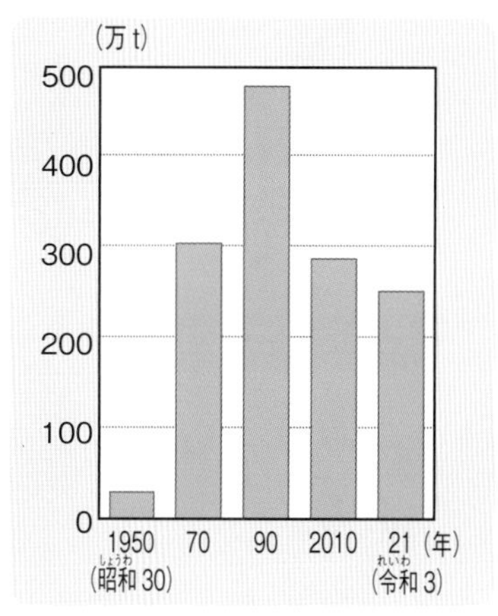

東京都(23区)のごみの量の変化

(2) 次のごみ処理のしかたを、古いものから順にならべて記号で答えましょう。

㋐

ごみを細かく分別し、資源として再利用している。

㋑

ごみを、庭や空き地でもやしたり、あなをほってうめたりする。

㋒

分別していないごみを、トラックなどで集めて処理する。

(　　→　　→　　)

(3) ごみを分別して出す理由を、㋐〜㋒から選びましょう。

㋐ ごみの種類によって、収集する人の数がちがうから。

㋑ ごみの種類によって、処理のしかたがちがうから。

㋒ ごみの種類によって、収集する曜日がちがうから。

(　　)

ヒント　**2** (2) ごみの量がふえていくにつれて、収集や処理のしかたが、どのように変わっていったかを考えるようにしましょう。

2. 健康なくらしとまちづくり

1 ごみはどこへ②

学習日　月　日

めあて
収集されたごみの処理のしかたをたしかめよう。

教科書 36〜43ページ　答え 8ページ

次の(　)に入る言葉を、下から選びましょう。

1 清掃工場を見学しよう

教科書 36〜37ページ

ワンポイント 清掃工場

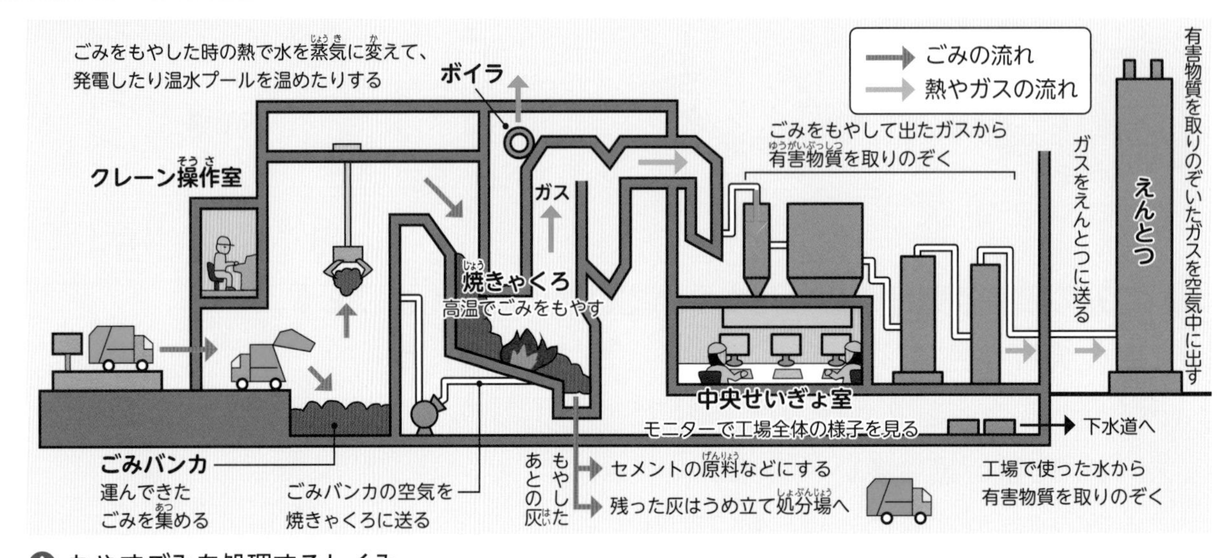

ごみをもやした時の熱で水を蒸気に変えて、
発電したり温水プールを温めたりする
ボイラ
ごみの流れ
熱やガスの流れ
ごみをもやして出たガスから
有害物質を取りのぞく
クレーン操作室
ガス
焼きゃくろ
高温でごみをもやす
ガスをえんとつに送る
えんとつ
有害物質を取りのぞいたガスを空気中に出す
中央せいぎょ室
モニターで工場全体の様子を見る
下水道へ
ごみバンカ
運んできた
ごみを集める
ごみバンカの空気を
焼きゃくろに送る
もやしたあとの灰
セメントの原料などにする
残った灰はうめ立て処分場へ
工場で使った水から
有害物質を取りのぞく

もやすごみを処理するしくみ

- ごみは、もやして(①　　　)にするとかさがへり、また、衛生的である。
- ごみをもやす熱は(②　　　)などに利用される。
- ごみをもやす時に出るガスは、(③　　　)を取りのぞいて、えんとつから外に出す。

2 もやしたごみの灰のゆくえ／資源になるもののゆくえ

教科書 38〜41ページ

もやしたごみの灰の処理

- もやしたごみの灰は、(④　　　)に運ばれ、うめられる。
- 東京都では、清掃工場の処理する(⑤　　　)を高めて、**うめ立て処分場**にうめる量をへらすようにしている。

資源になるものの処理

- **リサイクル**…材料ごとに仕分け、新たな製品をつくる原料を取り出して再利用すること。

資源になるもの		新たな製品
びん		びん・ガラス製品
かん	アルミかん	アルミかん
	スチールかん	(⑥　　　)
ペットボトル		(⑦　　　)
紙パック		(⑧　　　)

選んだ言葉に✔

□ぎじゅつ　□うめ立て処分場　□灰　□トイレットペーパー
□有害物質　□鉄製品　□発電　□プラスチック製品

学習日　月　日

ぴたトリビア

1950年代、人口増加でごみがふえた東京都は、大量のごみの処分場として東京湾のうめ立て地を選び、そこは「夢の島」とよばれました。

教科書 36～43ページ　答え 8ページ

1 次のひろとさんたちがつくった清掃工場の見学ノートについて、（　）にあてはまる言葉を、[　]から選びましょう。

①

ごみは（　　　）に運びこまれる。

②

（　　　）でごみを運び、その後、くだかれる。

③

（　　　）で24時間、工場全体の様子を見守っている。

中央せいぎょ室　ごみバンカ　クレーン

2 資源になるものについて、問いに答えましょう。

(1) 次の資源になるものは、どのような製品になるか、絵を見て答えましょう。

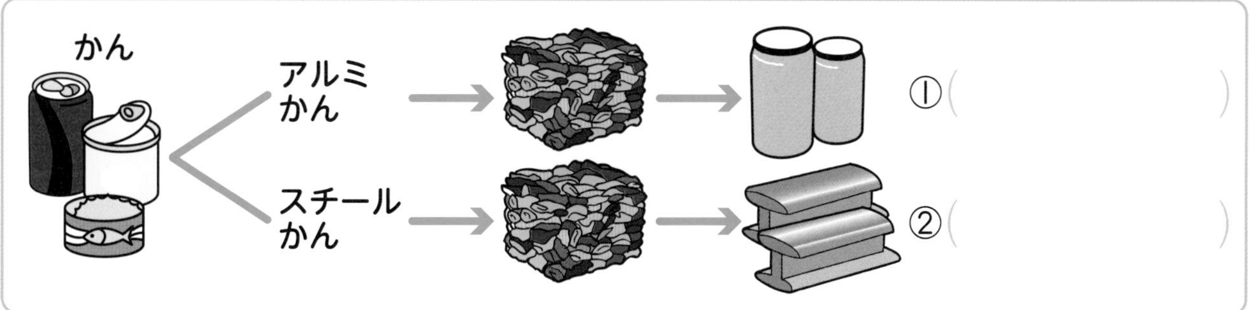

①（　　　）
②（　　　）

(2) 回収した資源から、新しい製品をつくることを何というか答えましょう。

（　　　）

(3) 大型ごみの処理について、正しいものを、㋐～㋓から２つ選びましょう。

㋐ すべて清掃工場でもやされる。
㋑ そ大ごみはさい処理しせつに運ばれ、機械で細かくくだいて分別される。
㋒ 鉄やアルミなどの資源となるものは、回収しせつに運ばれる。
㋓ もやすものは、最終処分場へ運ばれる。

（　　　）（　　　）

ヒント　**2** (1) 「スチール」とは、英語で「鋼鉄、はがね」という意味です。

2. 健康なくらしとまちづくり

1 ごみはどこへ③

学習日　月　日

めあて　ごみの量とごみ処理にかかる費用の関連をたしかめよう。

教科書 44～49ページ　答え 9ページ

次の（　）に入る言葉を、下から選びましょう。

1 ごみの問題と向き合って　教科書 44～45ページ

区のごみの量とごみ処理にかかる費用の変化

- 大田区のごみの量は、2006年からは（①　　　）いる。また、区民一人当たりのごみの処理にかかる費用もへっている。

ワンポイント　3R

- ごみをへらすための取り組みをするときの考え方の一つに、3つの英語の頭文字をとった（②　　　）がある。

Reduce	Reuse	Recycle
リデュース ごみそのものをへらすこと。	リユース くり返し使うこと。	リサイクル 資源を原料にして、ふたたび利用すること。

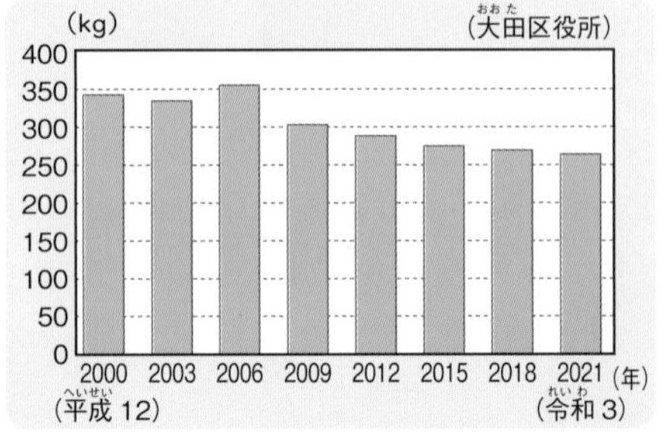

区民一人当たりが1年間に出すごみの量

区民一人当たりのごみの処理にかかる費用

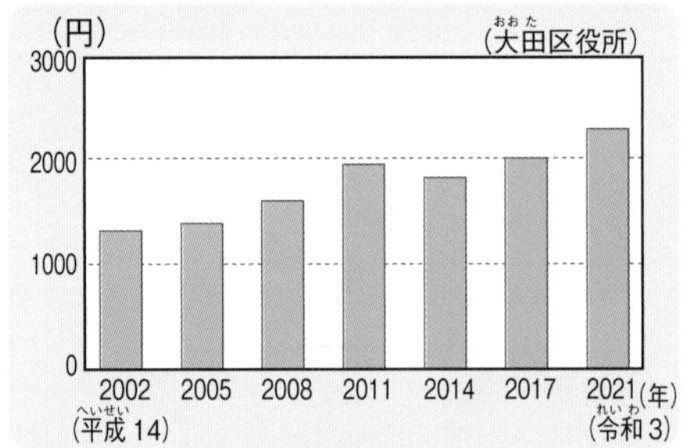

区民一人当たりの資源の処理にかかる費用

- 大田区の資源の種類がふえて、資源の処理にかかる費用は（③　　　）いる。
- これからは、ごみそのものをへらす（④　　　）や、くり返し使う（⑤　　　）を大切に考えることが重要。

2 地域の人々の取り組み　教科書 46～47ページ

スーパーマーケットの取り組み

- スーパーマーケットでは、資源の（⑥　　　）を置いたり、お客さんに（⑦　　　）の使用をよびかけたりしている。

自治会の取り組み

- 月に一度、資源を自治会で集めて、せん門の業者に引きわたす（⑧　　　）を行っている。

選んだ言葉に ✔

□ふえて　□へって　□マイバッグ　□3R
□回収箱　□リデュース　□集団回収　□リユース

ぴたトリビア

新潟県十日町市では、使用ずみの紙おむつをねん料としてリサイクルする工夫が進められています。

教科書 44〜49ページ　答え 9ページ

1 次の2つのグラフを見て、問いに答えましょう。

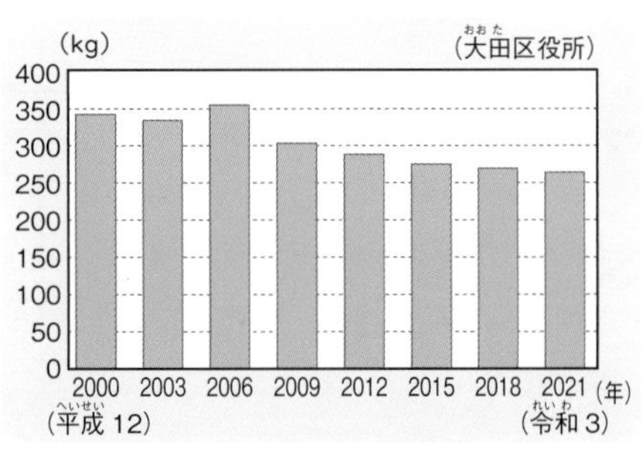

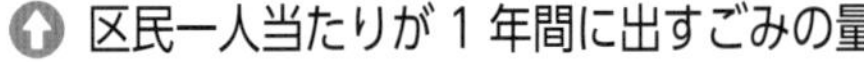

区民一人当たりが1年間に出すごみの量

区民一人当たりのごみの処理にかかる費用

(1)　2つのグラフを見て、読み取れることとして正しいものには○を、まちがっているものには×をつけましょう。

①(　　　)区民一人当たりが1年間に出すごみの量はふえている。

②(　　　)区民一人当たりのごみの処理にかかる費用はへっている。

③(　　　)2021年の区民一人当たりが1年間に出すごみの量は、約250kgより多い。

(2)　2つのグラフからわかることを、㋐・㋑から選びましょう。

㋐　ごみの量がへっているので、ごみ処理にかかる費用もへっている。

㋑　ごみの量がふえているので、ごみ処理にかかる費用もふえている。

(　　　)

2 次の2人のふき出しに当てはまる言葉を、㋐〜㋓から2つずつ選んで①〜④に書きましょう。

スーパーマーケットの店員

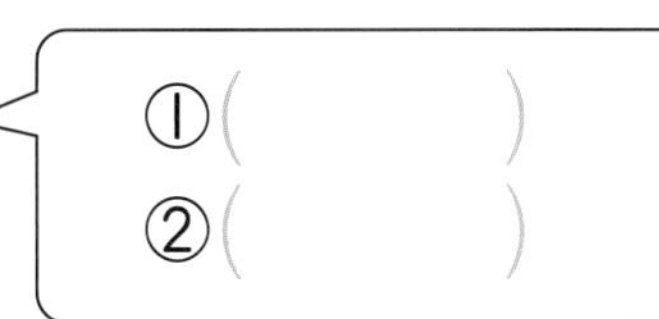

自治会長

③(　　　)
④(　　　)

㋐　資源を集めて、せん門の業者に引きわたす集団回収を行っています。

㋑　レジぶくろを有料にして、お客さんにマイバッグの使用をよびかけています。

㋒　店の入り口に資源の回収箱を置いています。

㋓　未利用のあまった食品をきふしてもらい、しえんの必要な人にとどけるフードドライブの取り組みを行っています。

ヒント　1 (1)③　このグラフでは、たてじくはごみの量が単位kgでしめされています。2021年のぼうの長さは、250kgと300kgの間にあります。

2. 健康なくらしとまちづくり

1 ごみはどこへ

教科書 28～49ページ　答え 10ページ

1 次の図は、ごみを資源として新たな製品をつくる流れを表しています。これを見て、問いに答えましょう。　1つ10点（20点）

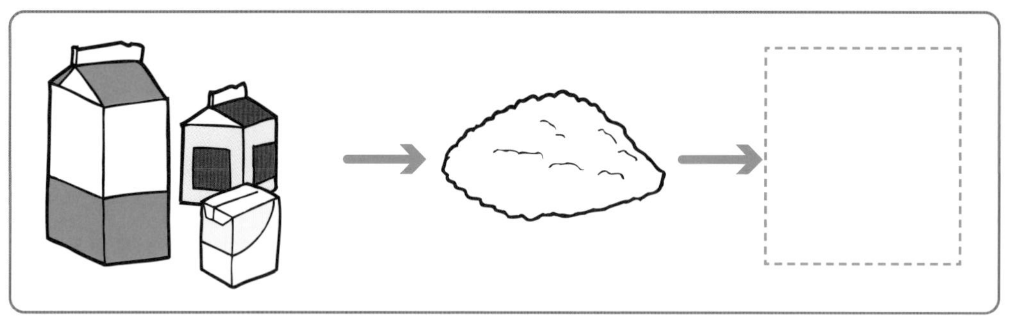

(1) 上の図の□にあてはまる製品を、㋐～㋓から選びましょう。

㋐ 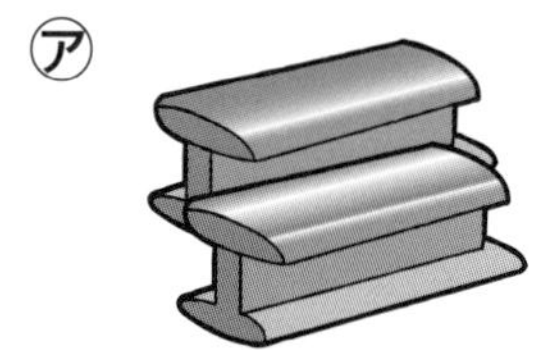　㋑ 　㋒ 　㋓ 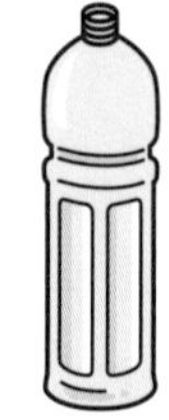

（　　　）

(2) よく出る 資源となるものを使って新たな製品をつくるなど、資源を原料に変えふたたび利用することを何というか答えましょう。（　　　）

2 右のグラフからわかることとして正しいものには○を、まちがっているものには×をつけましょう。　技能　1つ5点（30点）

①（　　）2000年の区民一人当たりが1年間に出すごみの量は、約350kgである。

②（　　）2000年から2021年まで、一人が出すごみの量はふえ続けている。

③（　　）2000年から、区民一人当たりのごみの処理にかかる費用はへり続けている。

④（　　）2021年のごみの処理にかかる費用は、2000年の半分以下である。

⑤（　　）ごみの量とごみの処理にかかる費用の変化は、関係している。

⑥（　　）ごみの量とごみの処理にかかる費用の変化は、まったく関係していない。

区民一人当たりが1年間に出すごみの量

区民一人当たりのごみの処理にかかる費用

3 次のごみ処理のしくみの図を見て、問いに答えましょう。 技能 1つ5点（35点）

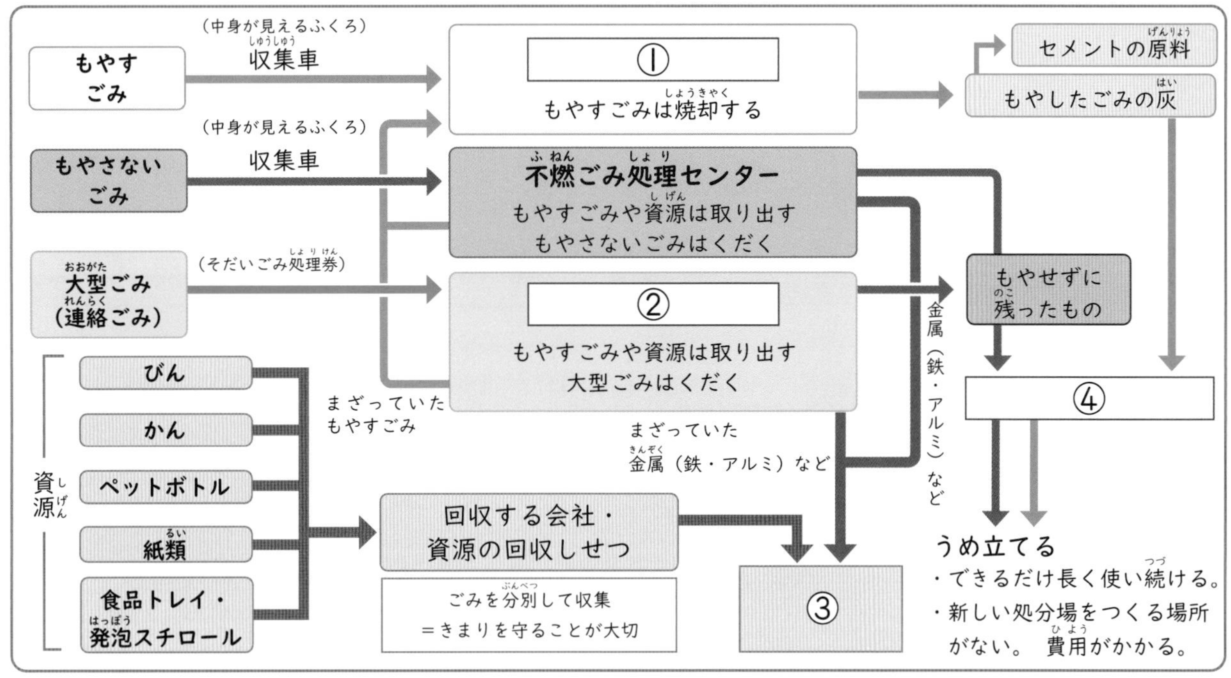

(1) よく出る ①～④にあてはまるしせつの名前を、㋐～㋓から選びましょう。

㋐ 原料に変える工場　　㋑ 清掃工場

㋒ うめ立て処分場　　㋓ そ大ごみはさい処理しせつ

①(　　) ②(　　) ③(　　) ④(　　)

(2) 図の①のしせつで行われているくふうを、㋐～㋔から3つ選びましょう。

㋐ ごみをもやして灰にすることで、かさをへらしている。

㋑ 資源を出さないように、すべてもやすようにしている。

㋒ ごみをもやす熱を発電などに利用している。

㋓ えんとつから出るガスは、有害物質を取りのぞいている。

㋔ 生ごみに水をかけて、よくもえるようにしている。

(　　)(　　)(　　)

4 右の大田区についてのグラフを見て、問いに答えましょう。 (1)5点、(2)10点（15点）

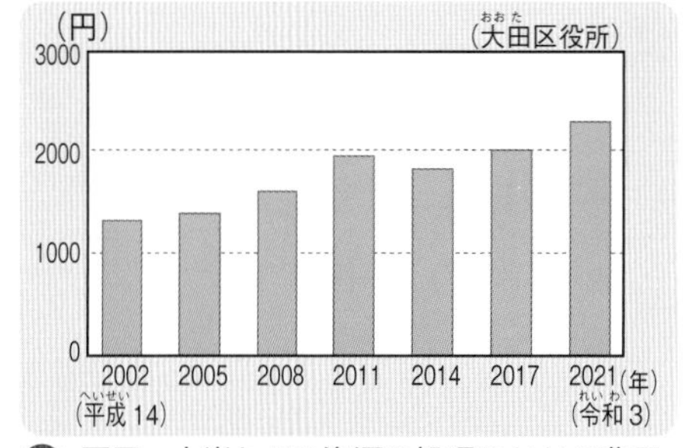

区民一人当たりの資源の処理にかかる費用

記述 (1) 区民一人当たりの資源の処理にかかる費用がどのように変化しているか、かんたんに答えましょう。 技能

(　　)

記述 (2) できたらスゴイ！ グラフをもとに、今後ごみをへらすために必要な考え方について、「リデュース」「リユース」の2語を使って答えましょう。 思考・判断・表現

(　　)

ふりかえり ④(2)がわからないときは、16ページの1にもどってかくにんしてみよう。

2. 健康なくらしとまちづくり

2 水はどこから①

学習日　月　日

めあて
水が送られてくることについての学習問題をつくり、調べることをたしかめよう。

教科書 50〜55ページ　答え 11ページ

次の（　）に入る言葉や数字を、下から選びましょう。

1 1日に使う水の量を調べよう 学習問題をつくり、学習の見通しを立てよう

教科書 50〜53ページ

家で使う水

- さくらさんが、トイレや歯みがきなどで1日に使った水の量は、（①　　）Lで、家族みんなが使った水の量を全部合わせると、（②　　）Lになる。

①自分が使った水の量…自分一人では 62L
トイレ(6回)…36L　飲む…400mL
手や顔をあらう…10L　うわばきをあらう…15L
歯をみがく(3回)…600mL
②家の人が自分をふくめて三人の場合…186L
③家の人が共通して使った水の量…264L
ふろ…………100L　料理（3回）…20L
せんたく……116L　食器あらい……28L
②と③をたすと、450L

さくらさんの家で1日に使った水の量

学習問題と学習計画

学習問題	わたしたちがくらしの中で使っている水は、どのようにして送られてくるのだろう。
調べること	・（③　　）をたどると、どこへつながるのか。 ・（④　　）は、どうやってつくられているか。 ・水がなくなることのないようにするためのくふう。
調べ方	・資料や（⑤　　）で調べる。 ・水道水をつくる（⑥　　）を見学する。 ・水道水をつくるしせつの方から話をきく。

実際にしせつを見学すると、新しい発見があるよ。

2 水はどこから流れてくるのか

教科書 54〜55ページ

県の地形と土地利用

- 学校の水道管をたどると、（⑦　　）につながっている。
- 神奈川県には（⑧　　）や**浄水場**がいくつかあり、各地を結ぶ水道管が通っている。

わたしたちが使う水に関係するしせつやせつびが、たくさんあるね。

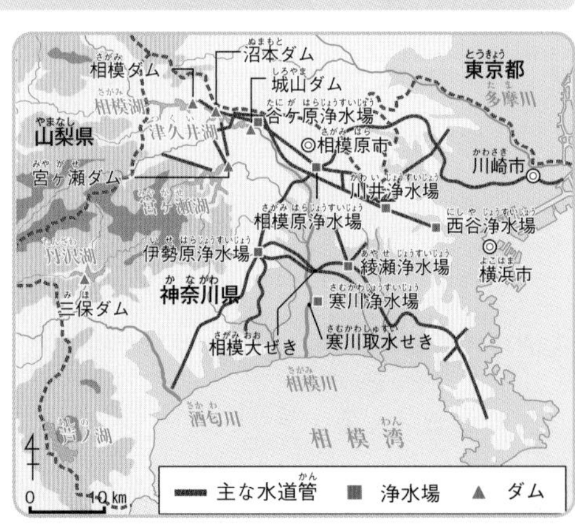

県内の主な水道しせつ

選んだ言葉に✔
□地図帳　□ダム　□しせつ　□62
□水道管　□浄水場　□水道水　□450

学習日　月　日

ぴたトリビア

水のうち上水とは水道水などの飲み水で、下水とは雨水や使った後のよごれた水をさします。

教科書 50～55ページ　答え 11ページ

1 **右のメモは、さくらさんの家で 1 日に使った水の量を表しています。これを見て、問いに答えましょう。**

(1) さくらさんが、最も多く水を使ったのは何のときか答えましょう。

(　　　　)

(2) 家の人が共通して使った水で、最も多いものを答えましょう。

(　　　　)

①自分が使った水の量…自分一人では 62L
トイレ(6 回)…36L　飲む…400mL
手や顔をあらう…10L　うわばきをあらう…15L
歯をみがく(3 回)…600mL
②家の人が自分をふくめて三人の場合…186L
③家の人が共通して使った水の量…264L
ふろ…………100L　料理(3 回)…20L
せんたく……116L　食器あらい……28L
②と③をたすと、450L

2 **右の地図を見て、問いに答えましょう。**

(1) 次の説明に当てはまるしせつを答えましょう。

① 主に土地の低い所で、川の中流と下流にある。

(　　　　)

② 川の上流の湖の近くにある。

(　　　　)

(2) 県内の各地を結ぶ、水を運ぶせつびの名前を答えましょう。

(　　　　)

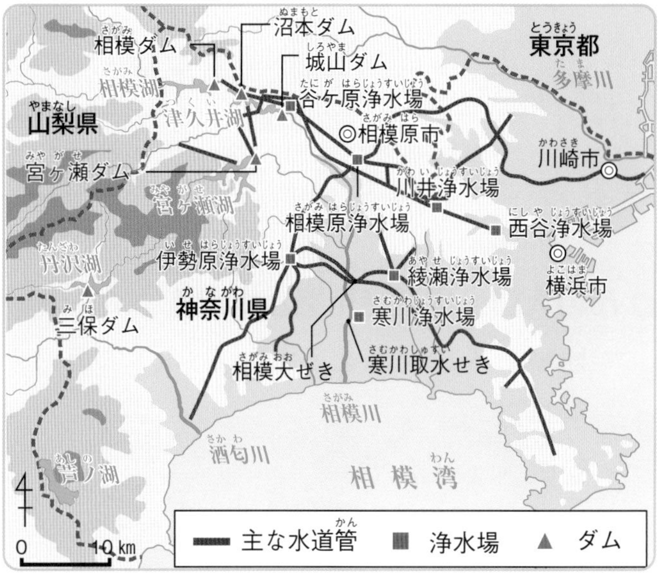

(3) 学校の水はどこから来ているのでしょうか。次の㋐～㋒の絵を、水が通ってくるしせつや場所の順になるようにならべましょう。

県内の主な水道しせつ

㋐

浄水場

㋑

山の中

㋒

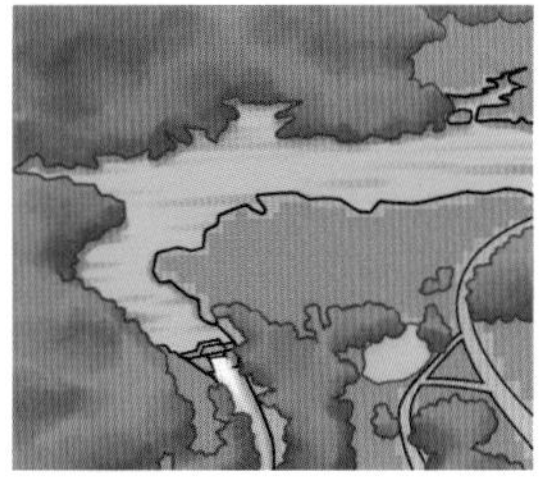

ダム・湖

学校の水道

(　　　→　　　→　　　)

2 (1) 地図の右下にあるはん例をよく見て答えるようにしましょう。

2　水はどこから②

学習日　　月　　日

めあて
浄水場のしくみと、わたしたちのもとに水が送られるしくみをたしかめよう。

教科書　56～61ページ　答え　12ページ

次の（　　）に入る言葉を、下から選びましょう。

1　浄水場を見学しよう／水道管を守る人々

教科書　56～59ページ

浄水場のしくみ

- **浄水場**は、（①　　　　　）から取り入れた水をきれいにして、安全に飲むことのできる水にするしせつである。

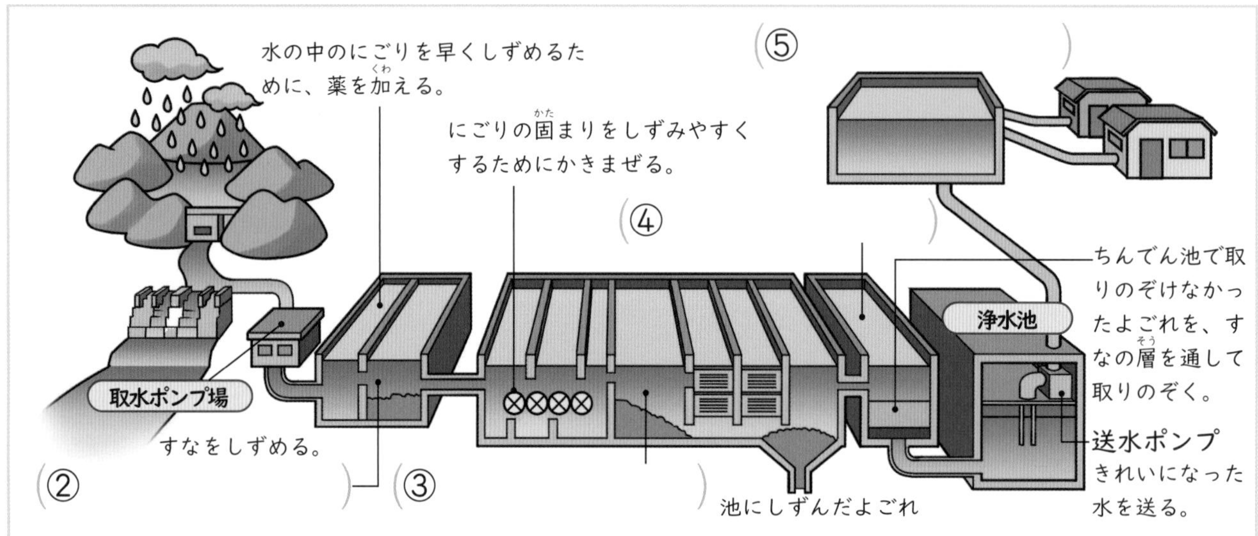

水の中のにごりを早くしずめるために、薬を加える。
にごりの固まりをしずみやすくするためにかきまぜる。
（⑤　　　　　）
（④　　　　　）
ちんでん池で取りのぞけなかったよごれを、すなの層を通して取りのぞく。
浄水池
取水ポンプ場
すなをしずめる。
（②　　　　　）
（③　　　　　）
池にしずんだよごれ
送水ポンプ
きれいになった水を送る。

市の人口・水道使用量と水道管

- 地域の人口がふえるとともに、水道の使用量は（⑥　　　　　）いき、水道管のきょりも（⑦　　　　　）きた。
- 県内の水道管を検査したり修理したりするには（⑧　　　　　）がかかる。

（万㎥）（神奈川県企業庁）　1970（昭和45）～21（令和3）（年）
（km）（神奈川県企業庁）　1955（昭和30）～21（令和3）（年）

市の1日当たりの水道使用量の変化（左）・水道管ののびるきょりの変化（右）

2　水をたくわえる湖とダム

教科書　60～61ページ

ワンポイント　ダム

ダム……水道に使われる川の水の量を（⑨　　　　　）するしせつ。

- ダムでためた水は、（⑩　　　　　）にも利用される。
- ダムや浄水場、水道管のはたらきで、広い地域の人々が、安定して水を使うことができる。

選んだ言葉に ✔

□水力発電	□費用	□ふえて	□調節	□配水池
□ろか池	□のびて	□ちんさ池	□ちんでん池	□川

ぴったり2

練習

学習日　　月　　日

ぴたトリビア

浄水場では、安全な水道水をとどけるために、水の中に塩素という薬を混ぜています。塩素を入れることで、ばいきんなどがいなくなります。

教科書 56～61ページ　答え 12ページ

1 4人が浄水場について、話しています。正しい説明には○を、まちがった説明には×をつけましょう。

川から水を取り入れているから、家にとどく水はよごれていると思う。　①（　　）

どろやよごれを取りのぞいて安全な水をつくるために、たくさんの池があるんだね。　②（　　）

上流のダムから直接水を取り入れるので、水が不足することもあるんだね。　③（　　）

送り出す水が安全かどうかたしかめるために、水質試験室があるんだね。　④（　　）

2 右のグラフを見て、問いに答えましょう。

(1)　2021年の①市の水道の使用量と②水道管のきょりを、それぞれ答えましょう。

①　約（　　　　）万m³

②　約（　　　　）km

(2)　2つのグラフからわかることを、2つ選びましょう。

㋐　2021年の水道の使用量は、1970年の4倍以上にふえている。

㋑　水道管のきょりは、1955年から2021年まで、のび続けている。

㋒　市の水道の使用量がふえるとともに、水道管ものびている。

㋓　市の水道の使用量の変化と、水道管ののびるきょりは関係がない。

（　　）（　　）

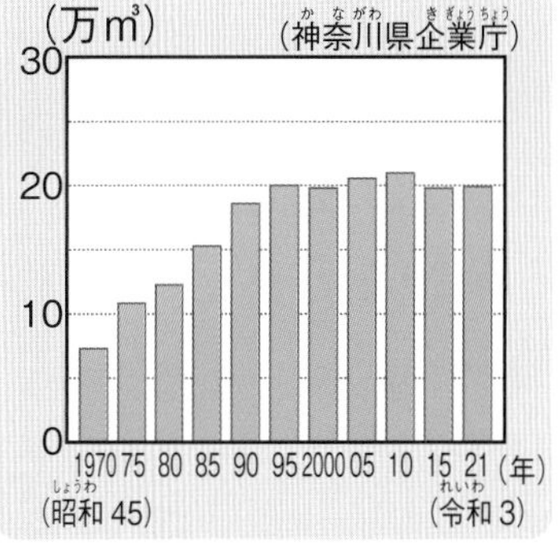

市の1日当たりの水道使用量の変化

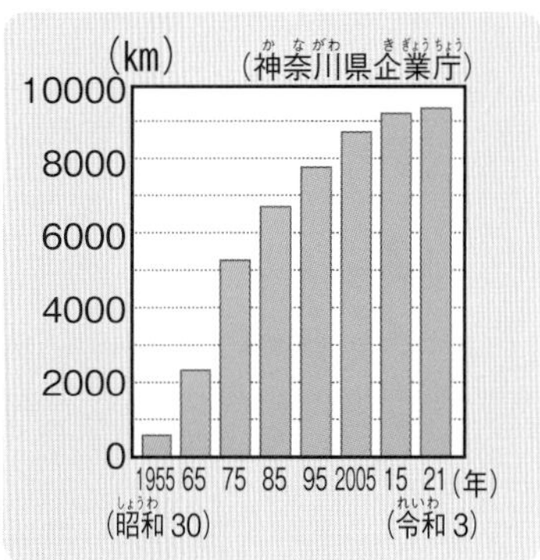

水道管ののびるきょりの変化

ヒント　**1** 浄水場は、川から水を取り入れて、安全に飲むことのできる水にするしせつです。

せんたく

2. 健康なくらしとまちづくり

2　水はどこから③

学習日　　月　　日

めあて
水源の森林のはたらきや、下水処理のしくみをたしかめよう。

教科書　62～71ページ　　答え　13ページ

次の（　　）に入る言葉を、下から選びましょう。

1　水源を守る取り組み

教科書　62～63ページ

水源の森林のはたらき

- **水源の森林**…木の根によって、雨やわき水がたくわえられ、ダムのようなはたらきをするので（①　　　　）とよばれる。

水源を守る活動

- 神奈川県では、森林の手入れを持ち主と協力して行うなど、「（②　　　　）づくり」という取り組みを進めている。
- 相模川上流の山梨県と中流や下流の神奈川県の人々が協力して川の（③　　　　）をするなど、**地域をこえた人々の協力**が行われている。

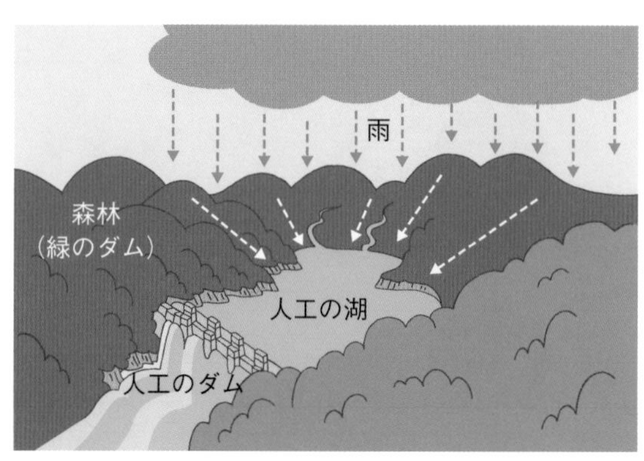

水源の森林のはたらき

2　使ったあとの水のゆくえは

教科書　64～65ページ

下水の処理

- 使ったあとの水は、地下にある（④　　　　）を通って（⑤　　　　）に集められ、きれいにしてから、川や海に流される。
- **水のじゅんかん**…川や海に流された水は、蒸発して雲になり、雨となって水源にふりそそぐ。そして、ふたたびわたしたちが（⑥　　　　）になる。
- 下水処理しせつできれいにした水を、すいせん（⑦　　　　）などの水としてふたたび利用する取り組みが行われている。
- よごれた水をきれいにして、川や海に流すには、台所の流しに残飯や（⑧　　　　）を流さないなど、わたしたちの協力が必要である。

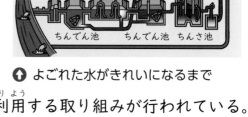

水の中の有害物質を取りのぞくしせつ
よごれた水
雨の水
水質試験
よごれた土などを処理するしせつ
消毒せつび
ちんでん池　ちんでん池　ちんさ池

よごれた水がきれいになるまで

選んだ言葉に ✔			
□使う水	□食用油	□緑のダム	□清掃活動
□下水処理しせつ	□トイレ	□水源の森林	□下水管

学習日　　月　　日

わたしたちがしはらっている水道料金には、使った水の量のほかに、下水として流した水の処理の料金もふくまれています。

教科書 62～71ページ　答え 13ページ

1 右の図を見て、問いに答えましょう。

(1) 図のⓐについて、正しい説明をⓐ～ⓤから選びましょう。

ⓐ 湖の水をせき止め、下流に流す水の量を調節する。

ⓘ 必要なときに必要な分だけ水を送れるように、ためておく。

ⓤ 雨水やわき水をたくわえることで、ゆっくりと川や湖に水を流す。（　　）

水源の森林のはたらき

(2) 森林はダムのはたらきをすることから、何とよばれるか答えましょう。

（　　　　）

(3) 水源の森林を守る活動が進められている理由を、ア～ウから選びましょう。

ア わたしたちの使う大切な水を守るため。

イ 雨の量がへっているため。

ウ 人工のダムのはたらきがおとろえてきたため。（　　）

2 右の図を見て、問いに答えましょう。

(1) あ・いのせつびやしせつの名前を、[　　]から選びましょう。

下水処理しせつ　清掃工場　水道管　下水管

あ（　　　　）

い（　　　　）

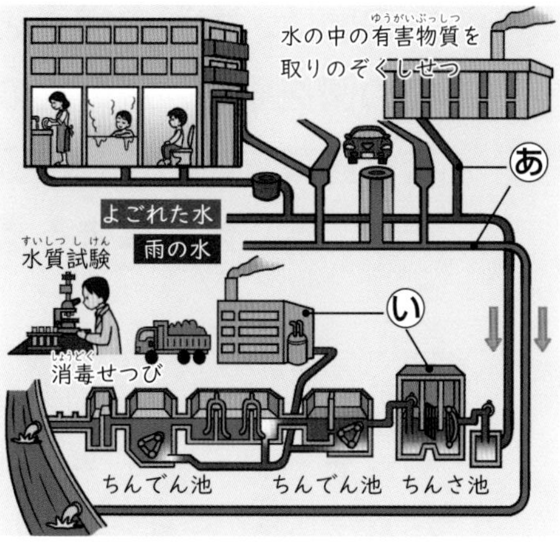

(2) いのしせつで水質試験を行っている理由を、ア～エから2つ選びましょう。

ア いのしせつから、もう一度近くの家庭の飲み水としてとどけるため。

イ 川や海をよごさないようにするため。

ウ きれいなほうが、早く蒸発して雲になるため。

エ 公園のトイレなどの水として、再利用するため。（　　）（　　）

水の中の有害物質を取りのぞくしせつ
あ
よごれた水
雨の水
水質試験
い
消毒せつび
ちんでん池
ちんでん池
ちんさ池

よごれた水がきれいになるまで

ヒント 1 (1) あは森林をさしています。森林のはたらきを考えるようにしましょう。

2 水はどこから

教科書 50〜71ページ　答え 14ページ

1 よく出る 次の図は、川の水をきれいにして水道水をつくるしせつを表しています。この図を見て、問いに答えましょう。 1つ5点（20点）

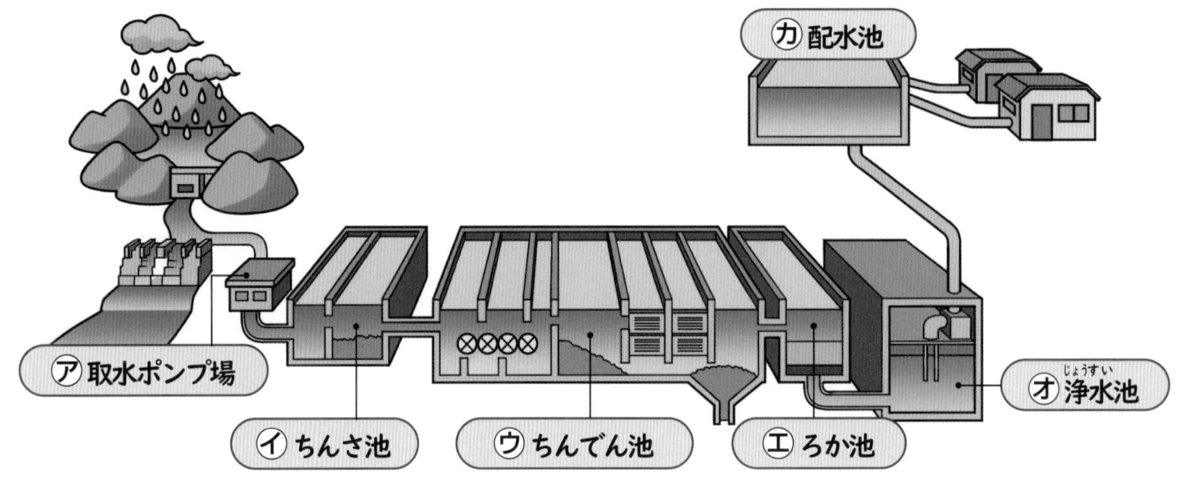

(1) このしせつの名前を漢字３文字で答えましょう。

（　　　　　）

(2) 次の①〜③に当てはまるせつびを、上の図の㋐〜㋕から選びましょう。

① かきまぜられてできたにごりの固まりをしずめる。（　　）

② 川から取り入れた水を、このしせつに送りこむ。（　　）

③ すなの層を通して、よごれを取りのぞく。（　　）

2 右の図は、水源の様子を表しています。この図を見て、次の文の①〜④に当てはまる言葉を、㋐〜㋓から選びましょう。また、⑤に当てはまる言葉を書きましょう。 1つ５点（25点）

図のあは（①）を表していて、湖に水をためたり、流したりして、水道に使われる（②）の量を調節している。いは（③）を表しており、（④）によって土やすなが流れ出すのをふせぐはたらきがある。また、雨水やわき水をたくわえ、少しずつ流すので、（⑤）とよばれる。

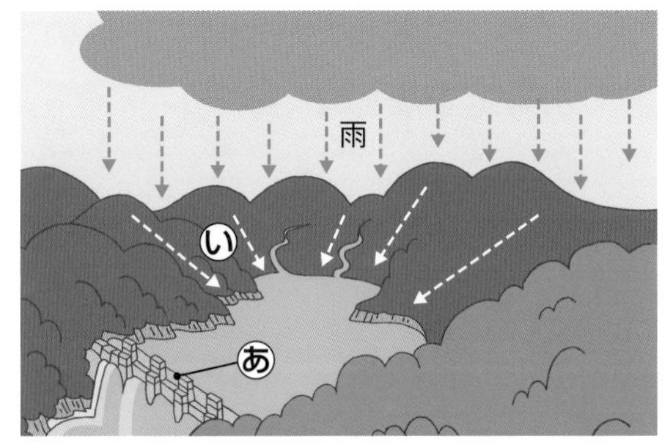

㋐ 森林　㋑ ダム
㋒ 木の根　㋓ 川の水

①（　　）②（　　）
③（　　）④（　　）
⑤（　　　）

3 次の３つのグラフを見て、問いに答えましょう。

技能 １つ５点（45点）

㋐
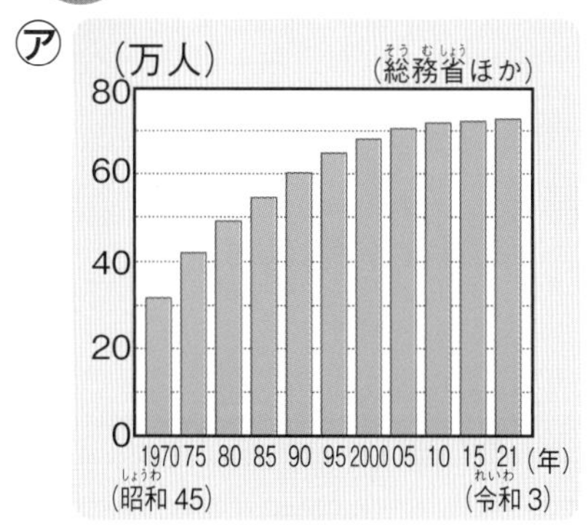

市の人口の変化

㋑
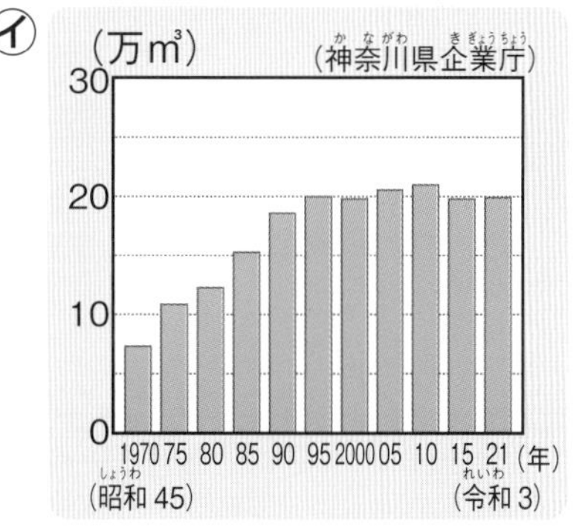

市の１日当たりの水道使用量の変化

㋒
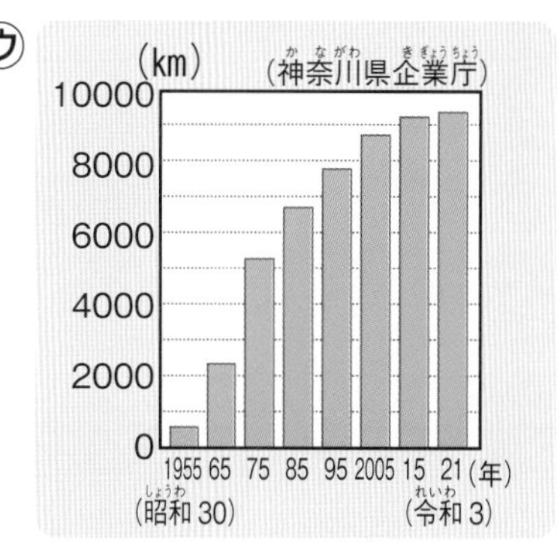

水道管ののびるきょりの変化

(1) 次の①〜④について、参考にしたグラフを㋐〜㋒から選び、正しいものには○を、まちがっているものには×をつけましょう。

① 2021年には、約20万㎥の水道水が使われている。

② 市の人口はへり続けている。

③ 2021年の県内の水道管のきょりは、1965年の４倍ほどである。

④ 水道の使用量は2010年が最も多く、約30万㎥である。

①資料（　　） ○×（　　） ②資料（　　） ○×（　　）

③資料（　　） ○×（　　） ④資料（　　） ○×（　　）

記述 (2) ㋐と㋑のグラフを見て、市の人口と１日当たりの水道使用量の変化の関係について、かんたんに答えましょう。 思考・判断・表現

（　　　　）

4 右の図を見て、問いに答えましょう。

１つ５点（10点）

(1) 家庭や工場から出たよごれた水は、どこに送られますか。

（　　　　）

記述 (2) できたらスゴイ! きれいな水を川や海に流すために、わたしたちができることについて、［　　］の言葉を使って書きましょう。 思考・判断・表現

残飯　　食用油

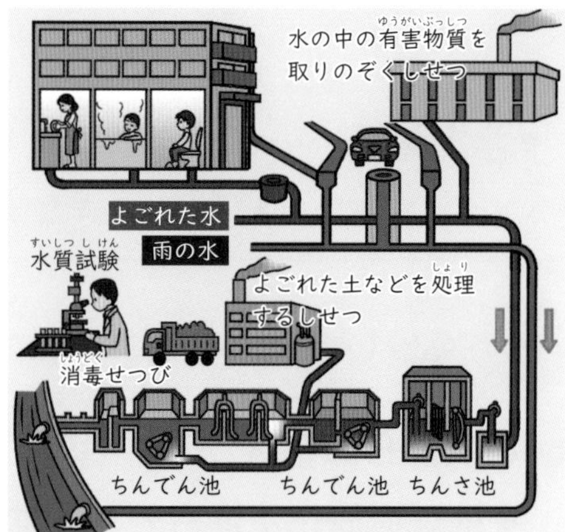

よごれた水がきれいになるまで

（　　　　）

ふりかえり ３(2)がわからないときは、22ページの１にもどってかくにんしてみよう。

2. 健康なくらしとまちづくり

2 くらしと電気

学習日 月 日

めあて
電気がとどくしくみと、発電の特ちょうをたしかめよう。

教科書 72〜77ページ　答え 15ページ

次の（　　）に入る言葉を、下から選びましょう。

1 電気はどこから／どのようにして、電気をつくるの

教科書 72〜75ページ

電気がとどくまで

燃料の運ぱん

発電所

（①　　　　）

（②　　　　）

家庭・鉄道・工場など

電気のつくられ方

- （③　　　　）を回転させて、発電機を回すことで電気をつくり出す。

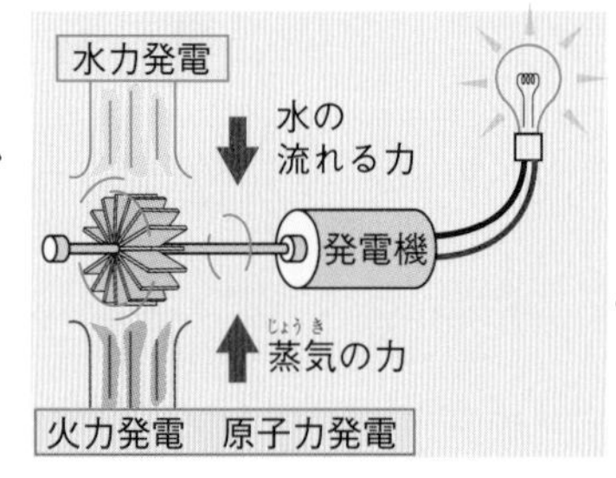

羽根車を回すために、水や火などの力を利用するんだね。

ワンポイント　発電の特ちょう

- **火力発電**……天然ガスや（④　　　　）、石炭などを燃やした熱で発電する。（⑤　　　　）の原因の一つとされる二酸化炭素が出る。
- **原子力発電**…ウラン燃料を利用して発生させた熱で発電する。事故などで（⑥　　　　）な物質が放出されると、広いはんいに長くえいきょうが出る。
- **水力発電**……水が流れる力で発電する。（⑦　　　　）をつくるときに、環境に大きなえいきょうをあたえる。

2 くらしと電気のこれから

教科書 76〜77ページ

これからの電気

- **地球温暖化**が進むと、地球の環境が大きく変わり、くらしにえいきょうがおよぶおそれがあるので、（⑧　　　　）や地熱、太陽光など、（⑨　　　　）を利用した発電が進められている。
- 発電のしかただけではなく、電気をむだなく使う（⑩　　　　）も大切。

選んだ言葉に✔

□石油	□送電線	□自然の力	□地球温暖化	□羽根車
□ダム	□節電	□有害	□変電所	□風力

学習日　　月　　日

ぴたトリビア

100年以上前、初めて一般用の発電所として京都に水力発電所がつくられました。その後、火力発電所、原子力発電所がつくられ、広まりました。

教科書 72〜77ページ　答え 15ページ

1 次の絵は、電気がつくられ、送られるまでの様子を表しています。この絵を見て、問いに答えましょう。

あ

い

う
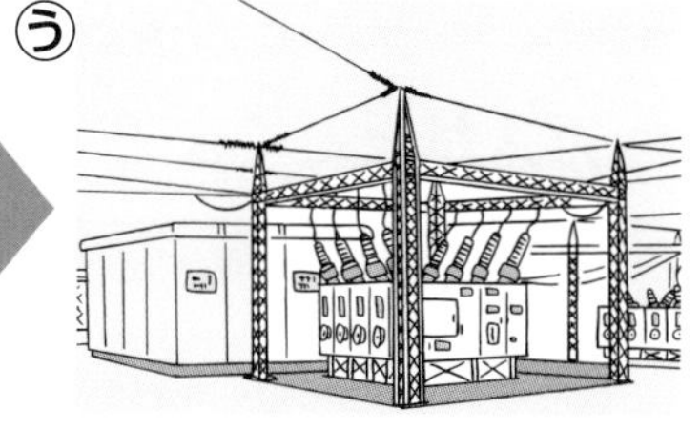

(1) あは、発電用の燃料を運ぶための船です。発電用の燃料の説明として、正しいものには○を、まちがっているものには×をつけましょう。

①(　　　)発電に使う燃料のほとんどは、外国から運ばれる。

②(　　　)燃料にはかぎりがないといわれている。

③(　　　)発電の種類によって、燃料はことなる。

(2) いは、天然ガスや石油、石炭などを燃やした熱で発電する発電所です。この発電所の種類を、ア〜ウから選びましょう。

ア　火力発電所　　イ　水力発電所　　ウ　原子力発電所　　(　　　)

(3) うは、つくられた電気を家庭や工場などへ送り出すしせつです。このしせつの名前を答えましょう。

(　　　　　)

2 次の①〜⑤について、火力発電の説明にはア、水力発電の説明にはイ、原子力発電の説明にはウ、太陽光発電の説明にはエを書きましょう。

①(　　　)ダムなどの大きなしせつが必要で、しせつをつくるときに、環境に大きなえいきょうをあたえる。

②(　　　)発電せつびを整えても、いつでも、どこでも発電することができない。

③(　　　)発電のときに、地球温暖化の原因の一つとされる二酸化炭素を出す。

④(　　　)住宅の屋根などの小さなしせつでも電気をつくることができる。

⑤(　　　)事故などで有害な物質が放出されると、広いはんいに長くえいきょうが出る。

ヒント

1 (3) 発電所でつくられた電気は、そのままでは使えないため、電気の性質を変える必要があります。うは、そのためのしせつです。

せんたく

2 ガスはどこから

学習日　　月　　日

めあて
ガスがとどくしくみと、ガスを安全に使うくふうをたしかめよう。

教科書 78～79ページ　答え 16ページ

次の（　　）に入る言葉を、下から選びましょう。

1 ガスはどこから

教科書 78～79ページ

ガスがとどくまで

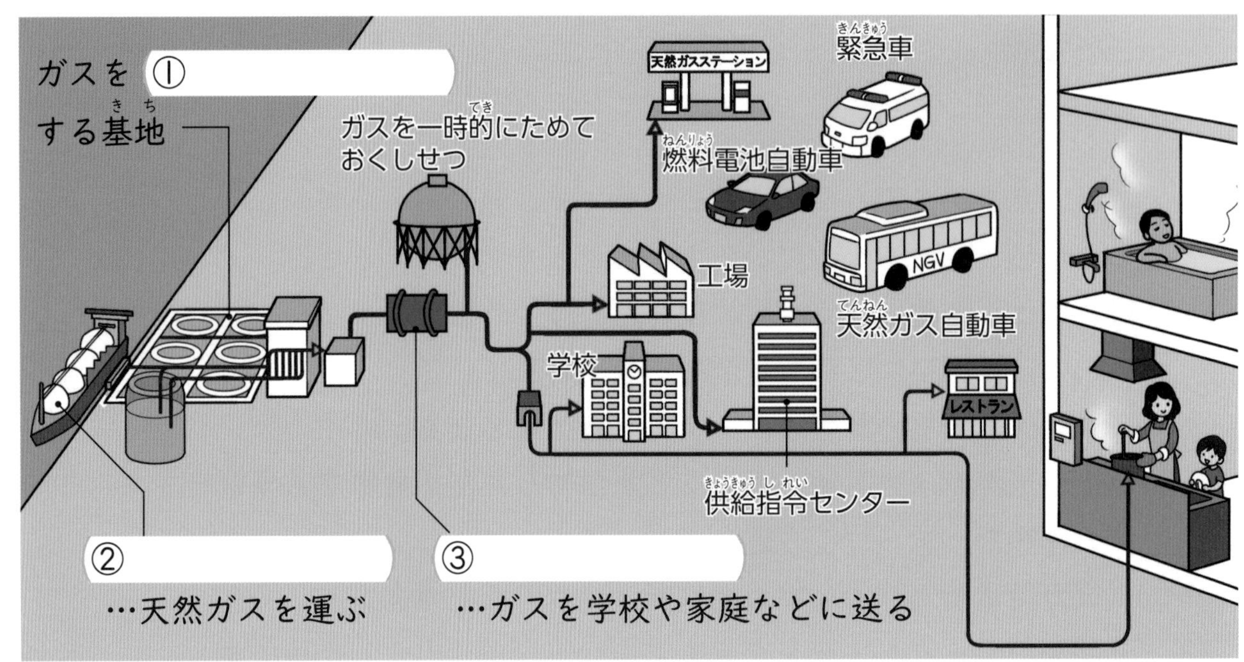

ガスが家にとどくまで

ガスを安全に使うくふう

- ガスはくらしに欠かせないエネルギーで、1970年から2019年までのガスのはん売量は（④　　　　）いる。
- ガス会社の（⑤　　　　）センターでは、ガスが正常に流れているかどうかを24時間、交代で見守っている。
- ガスもれにすぐに気づけるように、ガスには（⑥　　　　）がついている。
- ガスもれがあると、（⑦　　　　）センターに通報が入り、すぐに緊急自動車が現場に向かう。
- 特に重要なガス管は、昼も夜も係の人が交代で、ガスもれがないか（⑧　　　　）している。

(億m³)　(日本ガス協会)
500 400 300 200 100 0
1970(昭和45) 80 90(平成2) 2000 10 19(令和元) (年)

ガスのはん売量の変化

選んだ言葉に ✔

□におい	□タンカー船	□ふえ続けて	□供給指令
□ガス管	□製造	□点検	□保安指令

練習

学習日　　月　　日

ぴたトリビア

今ではすい飯器も冷蔵庫も電気で動くものが多いですが、80年ほど前には、ガスを使ったすい飯器や冷蔵庫が使用されていました。

教科書　78～79ページ　答え　16ページ

1 次の絵は、ガスがつくられ送られるまでの様子を表しています。これらの絵を見て、問いに答えましょう。

Ⓐ

Ⓘ

Ⓤ

(1) Ⓐは、ガスをつくるための原料を運ぶ船です。この船で運ばれる原料の名前を答えましょう。　（　　　　）

(2) ⓘとⓤについて、まちがっているものを、㋐～㋒から選びましょう。

㋐ ⓘは、外国から運ばれる原料を手に入れやすい山の中につくられる。

㋑ ⓤは、ガスを一時的にためておくしせつである。

㋒ ⓘとⓤの間には、ガスを運ぶためにガス管が整えられている。

（　　　　）

2 4人がガスを安全に使えるようにガス会社が行っているくふうについて話しています。正しい説明には○を、まちがった説明には×をつけましょう。

ガスをいつでも使えるように、供給指令センターでは24時間、見守っているんだね。　①（　　）

ガスもれはきけんなので、においをつけて、もれてもすぐにわかるようにしているんだね。　②（　　）

ガス管はじょうぶなので、特に点検の必要はないね。　③（　　）

ガスもれがあると、すぐに警察が来て修理をしてくれるので安心だね。　④（　　）

ヒント　❶ (2)　ⓘはガスを製造する基地です。ガスを製造する基地は、原料を手に入れやすい場所につくられます。

せんたく

2. 健康なくらしとまちづくり

2 くらしと電気

教科書 72〜77ページ　答え 17ページ

1 次の絵は、電気がつくられて家庭などにとどくまでの様子を表しています。これらの絵を見て、問いに答えましょう。

1つ5点（20点）

あ 
い 
う 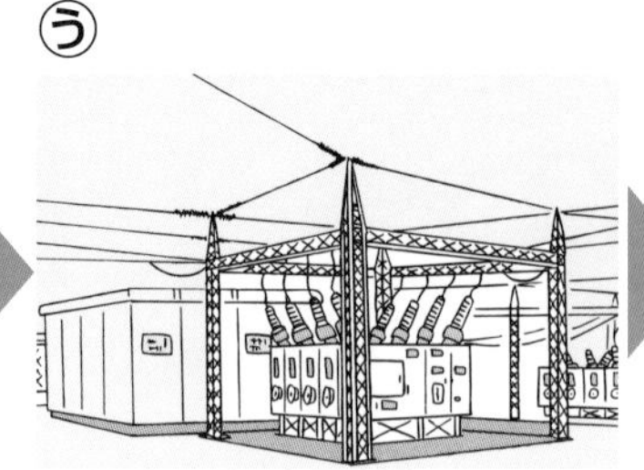

(1) あ〜うのしせつやせつびの名前をそれぞれ漢字３文字で答えましょう。

あ（　　　　）　い（　　　　）　う（　　　　）

(2) あのしせつが海ぞいに多い理由を、ア〜ウから選びましょう。

ア 電気をつくるときに、よごれた水を海に流せるから。

イ 海ぞいのほうが、電気を使う人がたくさんいるから。

ウ 電気をつくるのに必要な燃料を船で運んでくるから。（　　）

2 よく出る 発電の種類について、問いに答えましょう。

1つ5点、(3)10点（30点）

(1) 次の文の①〜③に当てはまる言葉を答えましょう。

日本で中心となる発電は、天然ガスや石油などを燃やした熱で発電する①（　　　　）発電です。他にも、ダムなどに多くつくられている②（　　　　）発電所や、ウラン燃料を使う③（　　　　）発電所もあります。特に（③）発電は安全で環境にやさしいといわれてきましたが、2011年3月の東日本大震災で事故を起こし、広いはんいで人々のくらしにえいきょうをおよぼしています。

(2) 住宅の屋根などの小さなしせつでも電気をつくることができますが、天気が悪いと発電量がへってしまう発電方法を何というか答えましょう。

（　　　　）発電

記述 (3) できたらスゴイ! 自然の力を利用した発電の特ちょうを「地球温暖化」「二酸化炭素」の２つの言葉を使って書きましょう。

思考・判断・表現

（　　　　　　　　　　　　）

ふりかえり 2(3)がわからないときは、28ページの2にもどってかくにんしてみよう。

2 ガスはどこから

時間 15 分 ／50 ごうかく 40 点

教科書 78～79ページ　答え 17ページ

この本の終わりにある「夏のチャレンジテスト」をやってみよう！

1 次の絵は、ガスがつくられて家庭などにとどくまでの様子を表しています。この絵を見て、問いに答えましょう。　1つ5点（35点）

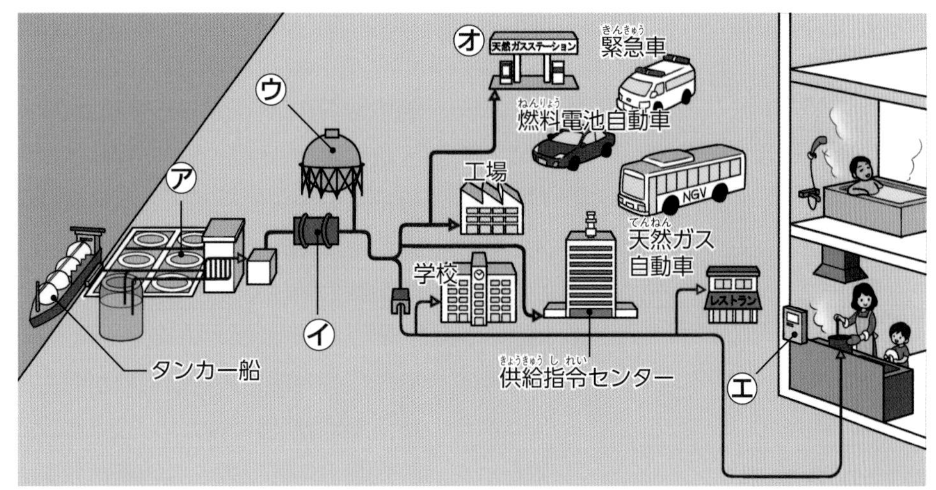

(1) よく出る 次のはたらきをするしせつやせつびを、図のア～オから選びましょう。

① つくったガスを学校や家庭に送りとどけるために、地中などにつくられたせつび。（　　）

② ガスを製造する基地。（　　）

③ ガスを一時的にためておくしせつ。（　　）

(2) 次のガス会社の人の話の①～④にあてはまる言葉を、ア～カから選びましょう。

（①）では、ガスが正常に流れているかを（②）見守っています。また、ガスがいつでも使えるように、つくる（③）を決めています。もしもガスもれがあったときは、（④）に通報が入り、すぐに緊急自動車が現場に向かいます。

ア 保安指令センター　イ 消防しょ　ウ 供給指令センター
エ 時期　オ ガスの量　カ 24時間

①（　　）②（　　）③（　　）④（　　）

記述 **2** できたらスゴイ！ ガスににおいがついている理由を答えましょう。　（15点）

思考・判断・表現

（　　）

ふりかえり 2がわからないときは、30ページの1にもどってかくにんしてみよう。

せんたく

3. 自然災害にそなえるまちづくり

地震にそなえるまちづくり①

学習日　　月　　日

めあて
地震や津波について、過去の例と市役所の役割をたしかめよう。

教科書 80～87ページ　答え 18ページ

次の（　）に入る言葉を、下から選びましょう。

1 地震防災センターで調べよう／家庭や学校でのそなえを調べよう　教科書 82～85ページ

過去に起こった地震や津波

- 静岡県では、過去に何回も（①　　　）が起きている。
- 1854年の安政東海地震は、（②　　　）から徳島県にかけて発生した。

1498年	**明応地震**（千葉県から三重県にかけて発生）。
1707年	**宝永地震**（静岡県から大分県にかけて発生）。
1729年	静岡県の伊豆付近で大きな地震が発生。
1854年	**安政東海地震**（千葉県から徳島県にかけて発生）。
1855年	静岡県の東部で大きな地震が発生。
1930年	北伊豆地震（静岡県の東部で発生）。
1935年	静岡県の中部で大きな地震が発生。
1944年	**東南海地震**（静岡県から三重県にかけて発生）。
1965年	静岡県の中部で大きな地震が発生。
1974年	伊豆半島沖地震（静岡県の東部で発生）。
2009年	駿河湾を震源とする地震が発生。

過去に静岡県内で起こった主な地震

家庭や学校でのそなえ

- 家では家具を固定したり、（③　　　）をじゅんびしたりしておく。
- ひなん地となる学校には、多くの（④　　　）や水、毛布がほかんされている。
- 地震や津波にそなえるために、学校では（⑤　　　）が行われている。

2 市役所へ行って調べよう　教科書 86～87ページ

地震や津波から住民を守るしくみ

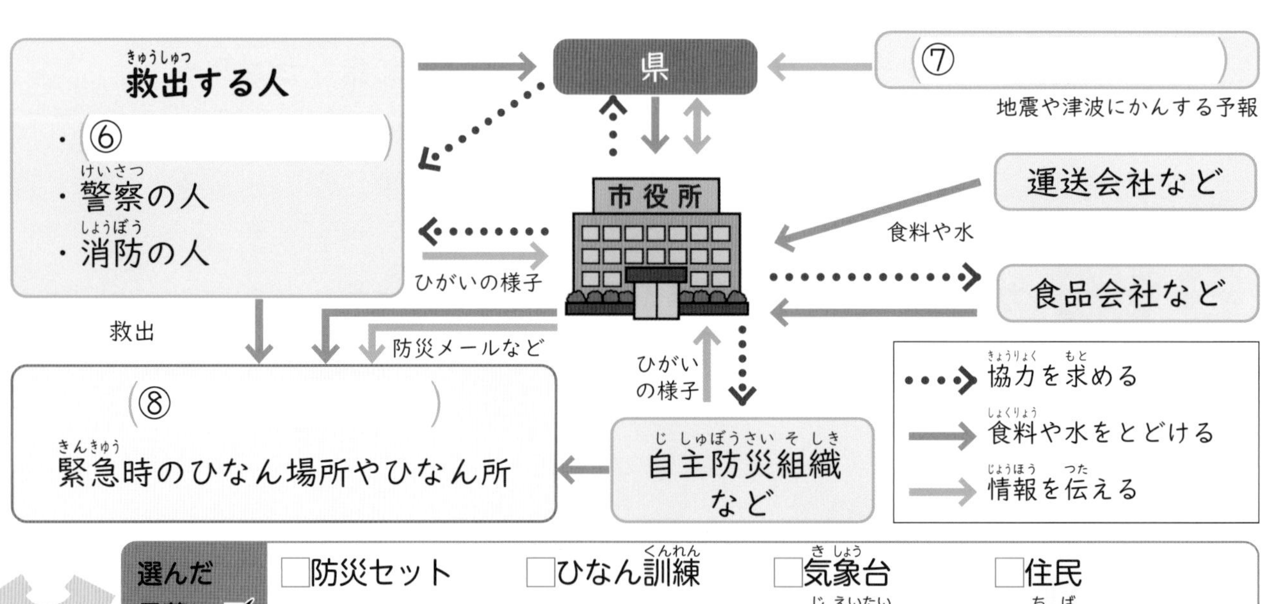

選んだ言葉に✓
□防災セット　□ひなん訓練　□気象台　□住民
□非常食　□地震　□自衛隊　□千葉県

学習日　月　日

ぴたトリビア

日本は地震が多い国で、地震が起こると、すばやくスマートフォンなどで地震が来ることを伝える緊急地震速報のしくみが整えられています。

教科書 80～87ページ　答え 18ページ

1 右の年表を見て、問いに答えましょう。

(1) 安政東海地震はいつ起きましたか。

(　　　　　)年

(2) 東南海地震は、どのようなはんいで起きた地震ですか。かんたんに書きましょう。

(　　　　　)

1498年	**明応地震**(千葉県から三重県にかけて発生)。
1707年	**宝永地震**(静岡県から大分県にかけて発生)。
1729年	静岡県の伊豆付近で大きな地震が発生。
1854年	**安政東海地震**(千葉県から徳島県にかけて発生)。
1855年	静岡県の東部で大きな地震が発生。
1930年	北伊豆地震(静岡県の東部で発生)。
1935年	静岡県の中部で大きな地震が発生。
1944年	**東南海地震**(静岡県から三重県にかけて発生)。
1965年	静岡県の中部で大きな地震が発生。
1974年	伊豆半島沖地震(静岡県の東部で発生)。
2009年	駿河湾を震源とする地震が発生。

↑ 過去に静岡県内で起こった主な地震

2 次の図は、地震や津波から住民を守るしくみを表しています。この図を見て、問いに答えましょう。

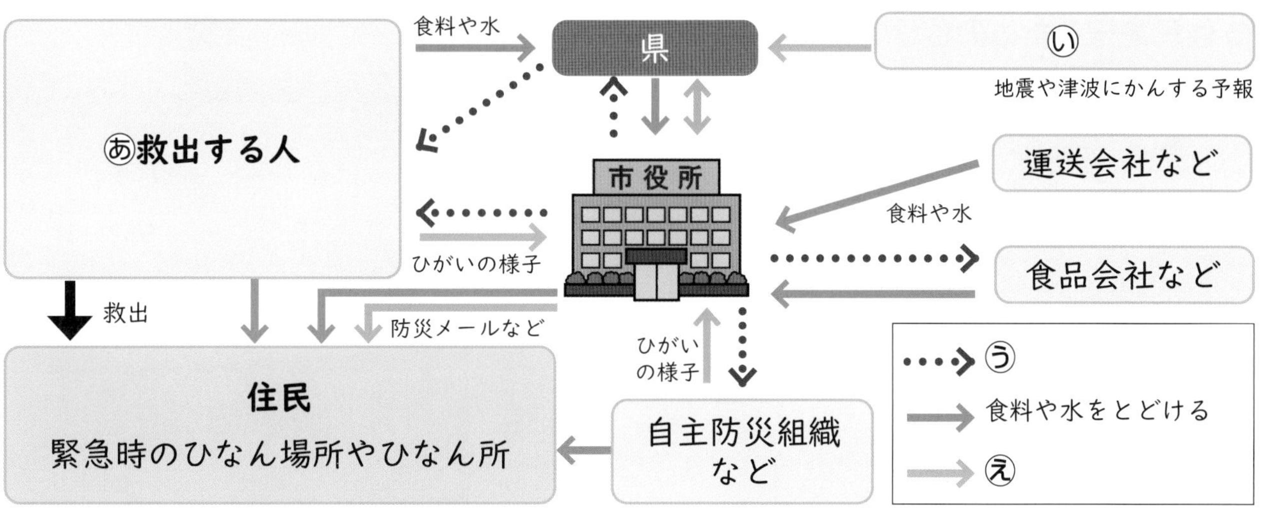

(1) あには、警察と消防の人の他に、ひがいが大きいときに、県の求めにより出動する人たちがいます。それらの人たちのいる組織の名前を答えましょう。

(　　　　　)

(2) いは、地震や津波にかんする予報などの情報を発信します。この機関の名前を答えましょう。

(　　　　　)

(3) うとえの矢印が表すものを、それぞれ選びましょう。

ア 救出を行う　イ 情報を伝える　ウ 協力を求める　エ 様子を知る

う(　　　)　え(　　　)

ヒント 2 (1) 国を守る組織で、災害時には地域の警察や消防と協力して、救助活動やひなん所づくりを行います。

地震にそなえるまちづくり②

学習日　　月　　日

めあて
防災についての市や地域の取り組みをたしかめよう。

教科書 88～97ページ　答え 19ページ

次の（　　）に入る言葉を、下から選びましょう。

1 大切な情報／住民の命やくらしを守るために

教科書 88～91ページ

ワンポイント 住民を守るための情報

- 地震が起こると、市は防災無線やラジオ、広報車、（①　　　　）、SNSなどを使って住民に情報を発信し、（②　　　　）を守ってもらう。
- **ハザードマップ**…地震や津波などの自然災害の発生で予想される（③　　　　）を、地図上にしめしたもの。
- **防災マップ**…ハザードマップの１つで、（④　　　　）の位置や、ひがいが予想される地域が、色でしめされている。

ツ 津波ひなんタワー　ヒ ひなん所　救 救護所

↑ 防災マップ

住民を守るためのしせつ

- 市には、ひなん地や（⑤　　　　）が計画的につくられている。

2 地域にくらす人々のそなえを調べよう　身の安全をたしかなものにしよう

教科書 92～95ページ

地域のそなえ

- 自治会は**防災倉庫**を置いて、（⑥　　　　）、救急箱、発電機などの防災用品をじゅんびしている。
- 公園などには、市の防災倉庫もあり、（⑦　　　　）やテントなどがおさめられている。

↑ 防災倉庫

身の安全をたしかにするための取り組み

- 高校生が自治会と協力して、３階建ての家の住人に、津波がきたときの緊急の（⑧　　　　）として使わせてもらえるようお願いをしている地域がある。
- 日ごろのそなえだけではなく、災害の様子を見ながら、自分でも判断することが大切である。

選んだ言葉に✓

□仮設トイレ　□身の安全　□防災メール　□津波ひなんタワー
□ひがい　□ひなん場所　□ひなんしせつ　□食料や水

練習

ぴたトリビア

2019年、国は自然災害があったことを後の人に伝える「自然災害伝承碑」の地図記号を、正式に制定しました。

教科書 88〜97ページ　答え 19ページ

1 右の写真と防災マップを見て、問いに答えましょう。

(1) 右の写真は防災マップのㇽに当てはまります。このしせつの名前を答えましょう。

(　　　　　　)

(2) 市が(1)のしせつをつくるときに、考えなくてはいけないことを、㋐～㋓から２つ選びましょう。

㋐ 近くに鉄道が通っているかどうか。

㋑ 近くに高速道路があるかどうか。

㋒ しせつを置く地域に、どれくらいの住民がいるか。

㋓ 津波が来たときに、どれくらいのひがいが予想されるか。

(　　　　)(　　　　)

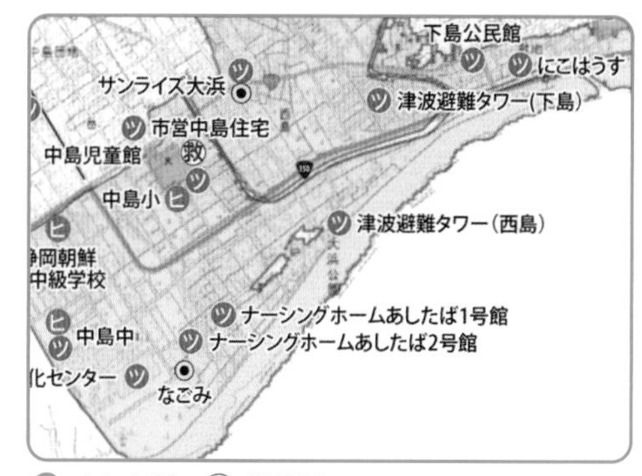

ヒ ひなん所　救 救護所

(3) 右の防災マップのように、自然災害の発生により予想されるひがいや、ひなんしせつの位置などがかかれた地図を何とよぶか答えましょう。

(　　　　　　)

2 次の問いに答えましょう。

(1) 右の絵は、公園に置かれている自治会の倉庫の内部です。このような倉庫を何とよぶか答えましょう。

(　　　　　　)

(2) (1)の自治会の倉庫について、正しいものには○を、まちがっているものには×をつけましょう。

①(　　　)地域の住民が、いつでも利用できる食料と水が置かれている。

②(　　　)災害時に救援物資がとどくまでの間に必要なものが置かれている。

③(　　　)およそ１か月分の食料と水が置かれている。

④(　　　)救急箱や発電機、車いすなどが置かれていることもある。

⑤(　　　)災害はいつ起こるかわからないので、点検はしない。

⑥(　　　)テントなど、より多くの人が使う物が置かれている。

ヒント ２ (1) この倉庫には、防災用品がおさめられており、災害のときに地域の人たちにわたされます。

せんたく

3. 自然災害にそなえるまちづくり

地震にそなえるまちづくり

教科書 80〜97ページ　答え 20ページ

1

よく出る 次の図は、地震や津波から住民を守るしくみを表しています。この図を見て、問いに答えましょう。

1つ5点（30点）

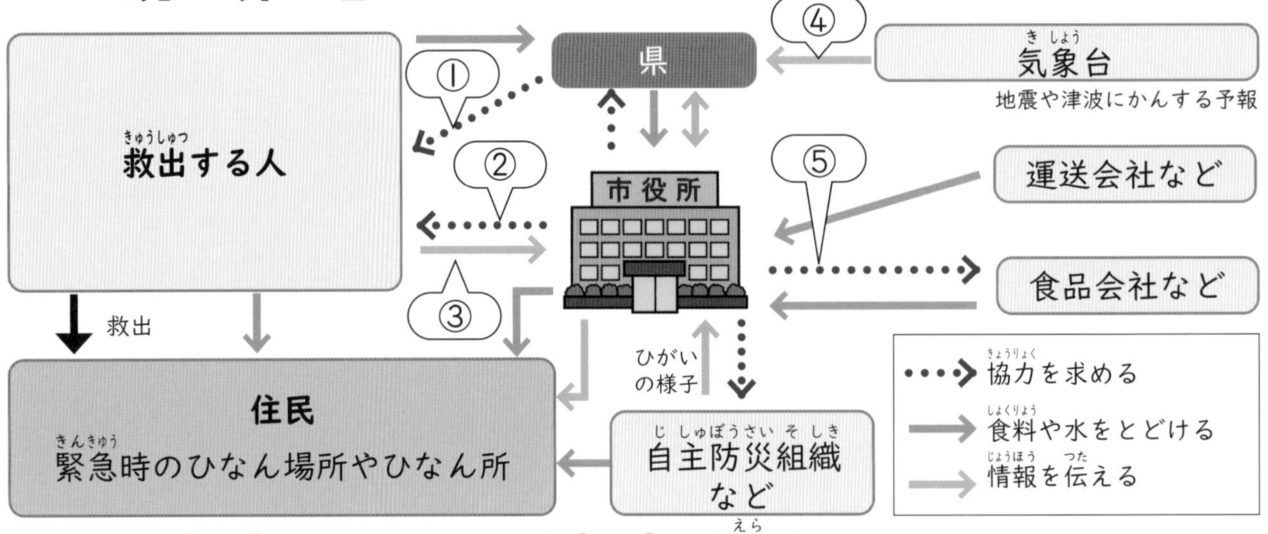

(1) 図の①〜⑤にあてはまるものを㋐〜㋔から選びましょう。

㋐ 海ぞいの地域にいます。ひがいがとても大きいです。

㋑ 間もなく津波が来ます。住民をひなんさせてください。

㋒ 住民の救助をお願いします。

㋓ 自衛隊をはけんしてください。　①（　　）②（　　）③（　　）

㋔ 食料と水を運んでください。　④（　　）⑤（　　）

(2) 市役所が住民に災害の情報を伝えるのに、防災メールの他にインターネット通信を使って情報を共有できるしくみも活用しています。このしくみを何というか、アルファベット３文字で答えましょう。（　　）

2

右の防災マップを見て、次の文の①〜③にあてはまる言葉を、㋐〜㋓から選びましょう。

技能 1つ５点（15点）

ここには（①）が多くあることから、津波が予想される地域だとわかります。各学校は緊急時には（②）となり、また、（③）がもうけられる学校もあります。

㋐ 道路　㋑ 津波ひなんタワー

㋒ ひなん所　㋓ 救護所

①（　　）②（　　）③（　　）

ツ…津波ひなんタワー
ヒ…ひなん所
救…救護所

学習日　月　日

3 右の年表を見て、問いに答えましょう。

技能 1つ5点（15点）

(1) 1498年から今にいたるまで、静岡県では県をまたぐ大きな地震が何回起きたか答えましょう。

（　　　）回

1498年	**明応地震**(千葉県から三重県にかけて発生)。
1707年	**宝永地震**(静岡県から大分県にかけて発生)。
1729年	静岡県の伊豆付近で大きな地震が発生。
1854年	**安政東海地震**(千葉県から徳島県にかけて発生)。
1855年	静岡県の東部で大きな地震が発生。
1930年	北伊豆地震(静岡県の東部で発生)。
1935年	静岡県の中部で大きな地震が発生。
1944年	**東南海地震**(静岡県から三重県にかけて発生)。
1965年	静岡県の中部で大きな地震が発生。
1974年	伊豆半島沖地震(静岡県の東部で発生)。
2009年	駿河湾を震源とする地震が発生。

⬆ 過去に静岡県内で起こった主な地震

(2) 次の㋐～㋓について、正しいものを2つ選びましょう。

㋐ 静岡県は地震が多く、何度も津波のひがいが発生してきた。

㋑ 過去に大きな地震が何度も発生したので、これからは大きな地震は起こらない。

㋒ 地震防災センターは、過去の災害の経験を今や未来の人に伝え、これからにそなえる役割がある。

㋓ 広いはんいにかけて発生する地震は、およそ50年に一度起こっている。

（　　　）（　　　）

4 地震や津波へのそなえについて、問いに答えましょう。

(1)1つ5点、(2)20点（40点）

(1) 2人の話の①～④にあてはまる言葉を、㋐～㋖から選びましょう。

ぼくの家は、柱をくふうして①家にしたり、災害時に必要な②を準備したりしています。

わたしたち家族は、災害時の③を決めています。月に一度は④をして、緊急時でもあわてないように準備しています。

㋐ 防災倉庫　㋑ 工事　㋒ ひなん場所　㋓ 食料と水
㋔ ひなん訓練　㋕ 地震に強い　㋖ 津波に強い

①（　　　）②（　　　）③（　　　）④（　　　）

記述 (2) できたらスゴイ！ 地域のハザードマップを見ておくことが、地震や津波から身を守ることにつながる理由を書きましょう。

思考・判断・表現

（　　　　　　　　　　）

ふりかえり ④(2)がわからないときは、36ページの1にもどってかくにんしてみよう。

3. 自然災害にそなえるまちづくり

水害にそなえるまちづくり①

学習日 月 日

めあて 地域の水防活動の取り組みをたしかめよう。

教科書 98〜103ページ 答え 21ページ

次の（ ）に入る言葉を、下から選びましょう。

1 水につかったまち／水防学習館で調べよう

教科書 98〜101ページ

水害

- （① ）で川の水量がふえると、ふだんの川はばではふえた水量にたえられなくなり、水があふれ、地域のくらしにえいきょうをあたえる。

過去に起こった水害

- 新潟県三条市では、過去に何度も水害が起こり、1956年には市内の（② ）がはんらんした。

1949年	台風により五十嵐川の水が大きくふえる
1956年	市内の二つの川がはんらんする
1961年	8.5 集中豪雨
1964年	7.7 水害
1978年	五十嵐川の下流で水があふれる
2004年	7.13 水害（ふった雨の量が 491mmとなる）
2011年	7.29 水害（ふった雨の量が 959mmとなる）

三条市で過去に起こった水害

2 地域の住民の取り組み

教科書 102〜103ページ

水防活動

- 地域の**消防団**は、水害が起こると川のていぼうに（③ ）を積んだり、住民を（④ ）したりする。
- 消防団員は水害にそなえるために、（⑤ ）の道具の点検や土のうを速く積む（⑥ ）を行っている。
- 地域では、住民と市、県、国が合同で（⑦ ）を行っている。

土のうとは、土などを入れたふくろのことだよ。

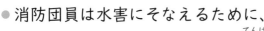

水害時の土のうを積む作業

住民の取り組み

- ひなん訓練では中学生も参加して、ご飯の（⑧ ）や、ひなんした住民の名前を確認する作業などが行われる。
- ひなん訓練の会場では、中学生が**過去に起こった水害**について、（⑨ ）から話をきく機会をもうけている。

選んだ言葉に ✓

□土のう □二つの川 □水防倉庫 □ひなん訓練 □大雨
□体験者 □訓練 □救助 □たき出し

学習日　月　日

ぴたトリビア

日本の川は流れが急で短いのが特ちょうです。そのため、多くの川でダムがつくられ、水害が起きないように水量を調整しています。

教科書 98〜103ページ　答え 21ページ

1 右の年表を見て、問いに答えましょう。

1949年	台風により五十嵐川の水が大きくふえる
1956年	市内の二つの川がはんらんする
1961年	8.5集中豪雨
1964年	7.7水害
1978年	五十嵐川の下流で水があふれる
2004年	7.13水害(ふった雨の量が491㎜となる)
2011年	7.29水害(ふった雨の量が959㎜となる)

三条市で過去に起こった水害

(1) ①8.5集中豪雨と②7.13水害が起きた年を答えましょう。

①(　　　)年

②(　　　)年

(2) 1961年から2011年の間に何回の水害が起きたか答えましょう。

(　　　)回

(3) 水防学習館の大切な役割として、あてはまるものを㋐〜㋓から選びましょう。

㋐ 過去の水害を今に伝えること。

㋑ 水害はひんぱんに起こるので、こわいものではないことを伝えること。

㋒ 水害時のひなん所となること。

㋓ 水害が起きたら、地域の住民を救助すること。

(　　　)

2 地域の住民の水防活動について、問いに答えましょう。

(1) 消防団が地域に置いている、水防のための道具などがおさめられているしせつの名前を答えましょう。

(　　　)

(2) 地域の住民の水防活動について、正しいものには○を、まちがっているものには×をつけましょう。

①(　　)消防団の人は水害へのそなえとして、土のうを速く積む訓練をしている。

②(　　)地域のひなん訓練は、おとなだけが参加して行われる。

③(　　)ひなん訓練の会場では、中学生が過去の水害について、体験者から話をきく機会をもうけている地域がある。

④(　　)水害が起こった後に、住民と市、県、国が合同でひなん訓練を行っている。

⑤(　　)市や消防団がいるので、家では水害へのそなえはしなくてもよい。

ヒント 1 (3) 水防学習館には、地域で起こった過去の水害や、水害へのそなえについての資料などが展示されています。

せんたく

3. 自然災害にそなえるまちづくり

水害にそなえるまちづくり②

学習日　月　日

めあて　水害が起こったときの市や県の役割をたしかめよう。

教科書 104～109ページ　答え 22ページ

次の(　)に入る言葉を、下から選びましょう。

1 市役所へ行って調べよう

教科書 104～105ページ

水害から住民を守るしくみ

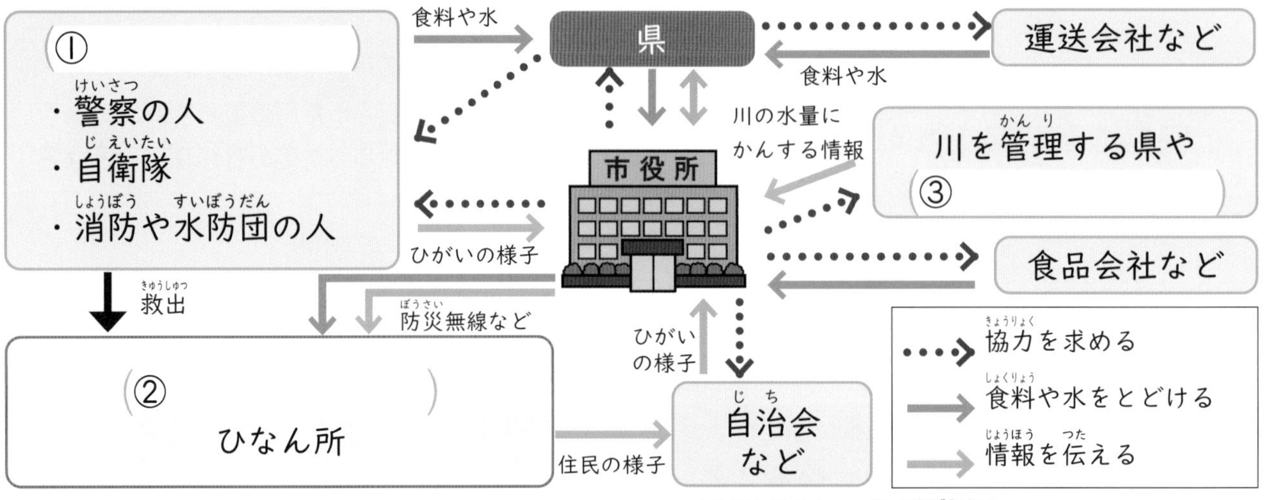

- 水害の発生が予想されると、市や県などの関係機関は**地域防災計画**にしたがって(④　)をもうけて、住民を守るために行動する。

2 ひがいがくり返されないために

教科書 106～107ページ

市と県の取り組み

- 市は県と協力して、五十嵐川の(⑤　)の一部を広げる工事を行い、川の水を一時的に(⑥　)しせつをつくった。
- さらに、国と協力して(⑦　)をつくった。

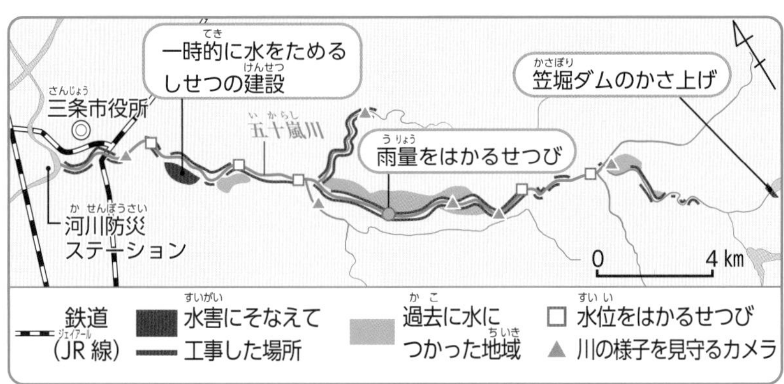

五十嵐川の水害にそなえる取り組み

- 市と県は、「まるごとまちごとハザードマップ」という取り組みを進め、川がはんらんしたときにつかると予想される水の深さや、過去の水害でつかった水の深さを(⑧　)に表して、住民の水害に対する意識を高めようとしている。

選んだ言葉に ✓			
□住民	□ためる	□標識	□災害対策本部
□川はば	□救出する人	□国土交通省	□河川防災ステーション

ぴったり2 **練習**

学習日　　月　　日

ぴたトリビア

日本では昔から各地で川のはんらんが起きていました。よくはんらんを起こして、農地やまちをあらす川を「あばれ川」とよびます。

教科書 104〜109ページ　答え 22ページ

1 次の図は、水害から住民を守るしくみを表しています。この図を見て、問いに答えましょう。

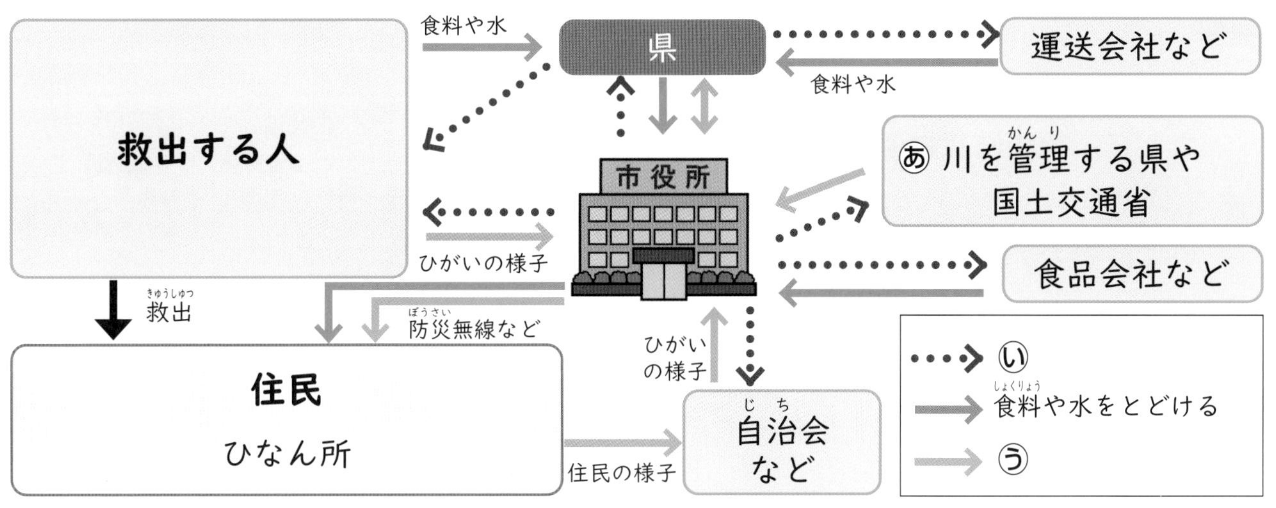

(1) あから市役所に伝える情報をア〜エから選びましょう。

ア 住民の人口や男女の割合など　イ 川の水量や流れの様子

ウ 過去の水害のひがいの様子　エ 必要な食料や水の量　（　　）

(2) いとうの矢印が表すものを、それぞれ選びましょう。

ア 救出を行う　イ 情報を伝える　ウ 協力を求める　エ 様子を知る

い（　　）う（　　）

(3) 水害の発生が予想されるときの市の動きについて、次の文の①・②にあてはまる言葉を答えましょう。

市は、①（　　　　）計画にしたがって、②（　　　　）本部をもうける。

2 市役所の人が水防について話しています。次の文の①・②にあてはまる言葉を、ア〜エから選びましょう。

市は県と協力して、水害にそなえて①の一部広げる工事を行いました。また、②をつくり、ひがいをおさえるための行動がすばやくとれるようにしています。

ア 道路　イ ダム　ウ 川はば　エ 河川防災ステーション

①（　　）②（　　）

ヒント **2** ② このしせつには、水防に必要な資材や災害対策用の車両などが置かれています。

3. 自然災害にそなえるまちづくり

火山の噴火にそなえて 雪の災害にそなえて

学習日 月 日

めあて 火山の噴火、雪の災害にそなえた市や県、国の役割をたしかめよう。

教科書 110〜113ページ 答え 23ページ

※学校で学習する内容によって、1・2を選んで取り組みましょう。

次の( )に入る言葉を、下から選びましょう。

1 火山の噴火にそなえて

教科書 110〜111ページ

- 火山が噴火すると、市はまわりの町と協力して、火山防災計画や(①　　　)にもとづいて、ひなんや(②　　　)活動を行う。
- 噴火時には、サイレンを鳴らしたり、(③　　　)を配信したりして、ひなんをよびかける。
- 火山のある市や町の住民は、火山の噴火にそなえるため、国土交通省、警察署、(④　　　)、自衛隊など10をこえる関係機関とともに、合同で(⑤　　　)を行っている。

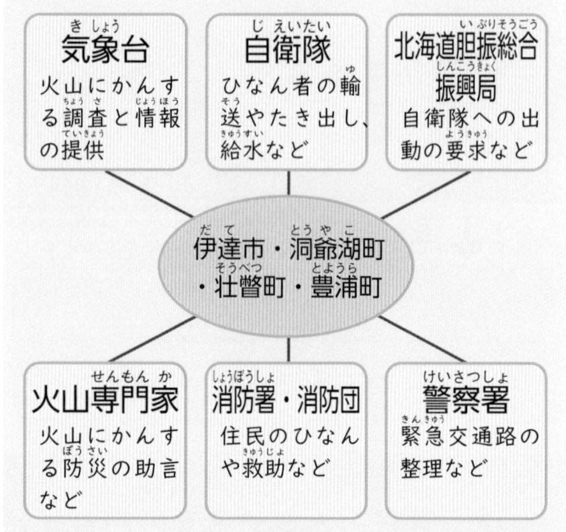

有珠山火山防災協議会と、関係機関の役割

2 雪の災害にそなえて

教科書 112〜113ページ

- 市は、雪の災害が発生すると、県や気象台、(⑥　　　)、自衛隊などと協力して、(⑦　　　)をもうける。
- 住民にひがいが出たときは、関係機関と協力して救助を行う。
- 市は雪の災害にそなえるために、(⑧　　　)などで大雪への注意をよびかけたりする。
- 地域では自主防災会を中心に、協力して(⑨　　　)や雪おろしを行う取り組みもある。

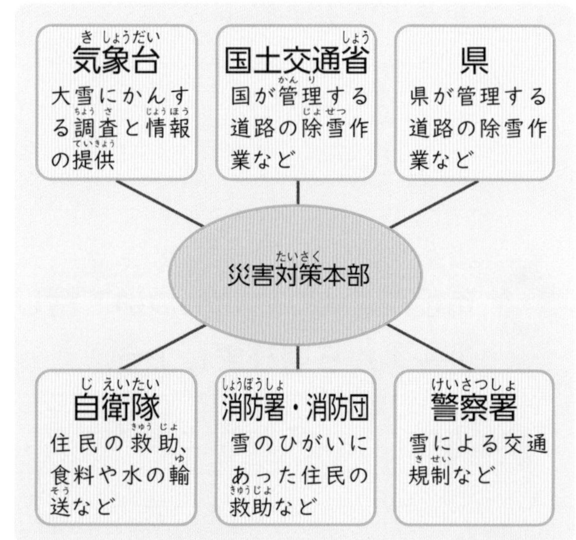

雪の災害が発生した場合に協力するしくみ

選んだ言葉に✔

□ひなん訓練 □災害対策本部 □気象台 □救助 □緊急メール
□国土交通省 □雪かき □ハザードマップ □防災メール

学習日　月　日

ぴたトリビア

豪雪地帯では家屋がおしつぶされることがあります。雪の重さは、雪質にもよりますが、重いときには1㎥で500kgにもなります。

教科書 110〜113ページ　答え 23ページ

※学校で学習する内容によって、1・2を選んで取り組みましょう。

1 右の図を見て、問いに答えましょう。

(1) 図の①〜④にあてはまる機関を㋐〜㋓からそれぞれ選びましょう。

㋐ 警察署　㋑ 火山専門家
㋒ 自衛隊　㋓ 気象台

①(　　) ②(　　)
③(　　) ④(　　)

(2) 図の4つの市と町が火山の噴火にそなえて行っている取り組みとして、まちがっているものを㋐〜㋓から選びましょう。

㋐ 合同でひなん訓練をしている。
㋑ 協力してハザードマップを作成している。
㋒ 噴火が起こると、別々の行動をとるようにしている。
㋓ 国の機関とも協力して防災活動を行っている。

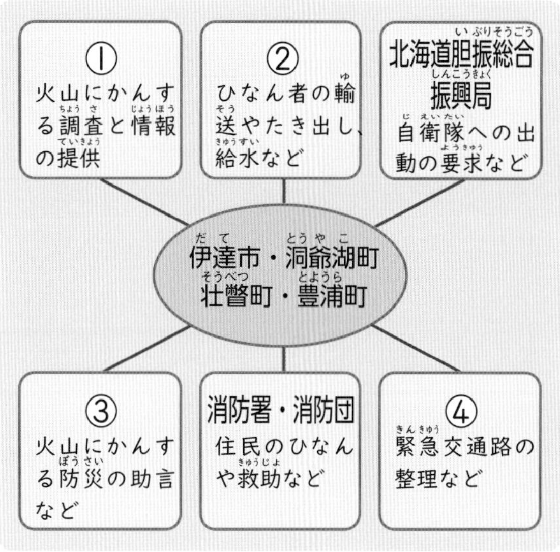

(　　)

① 火山にかんする調査と情報の提供
② ひなん者の輸送やたき出し、給水など
北海道胆振総合振興局 自衛隊への出動の要求など
伊達市・洞爺湖町 壮瞥町・豊浦町
③ 火山にかんする防災の助言など
消防署・消防団 住民のひなんや救助など
④ 緊急交通路の整理など

有珠山火山防災協議会と、関係機関の役割

2 右の図を見て、問いに答えましょう。

(1) 図の①〜④にあてはまる機関を㋐〜㋓からそれぞれ選びましょう。

㋐ 県　㋑ 気象台
㋒ 国土交通省　㋓ 消防署・消防団

①(　　) ②(　　)
③(　　) ④(　　)

(2) 雪の災害に対する市の取り組みについて、まちがっているものを選びましょう。

㋐ 雪の災害が発生すると、市は県、国と協力して住民を守る。
㋑ 災害が起こると、住民の救助は自衛隊だけが行う。
㋒ 地域の自治会に小型の除雪機をかし出している。

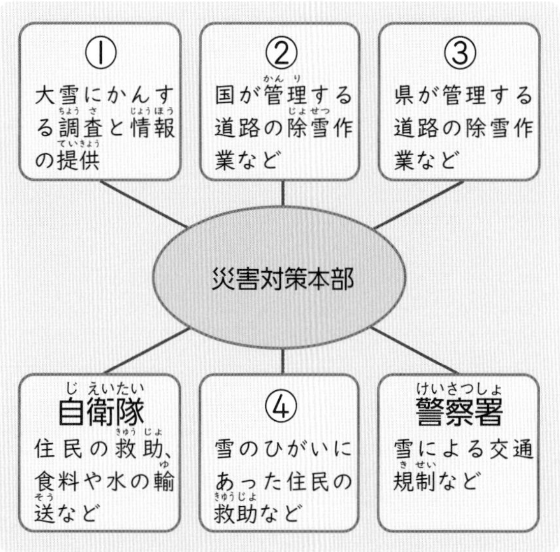

(　　)

① 大雪にかんする調査と情報の提供
② 国が管理する道路の除雪作業など
③ 県が管理する道路の除雪作業など
災害対策本部
自衛隊 住民の救助、食料や水の輸送など
④ 雪のひがいにあった住民の救助など
警察署 雪による交通規制など

雪の災害が発生した場合に協力するしくみ

ヒント 1 2 災害に対して、市や町はどのような機関と協力するのか考えましょう。

せんたく

3. 自然災害にそなえるまちづくり

水害にそなえるまちづくり

教科書 98～109ページ　答え 24ページ

1 よく出る 次の図は、水害から住民を守るしくみを表しています。図の①～⑤にあてはまるものを㋐～㋔から選びましょう。　1つ5点（25点）

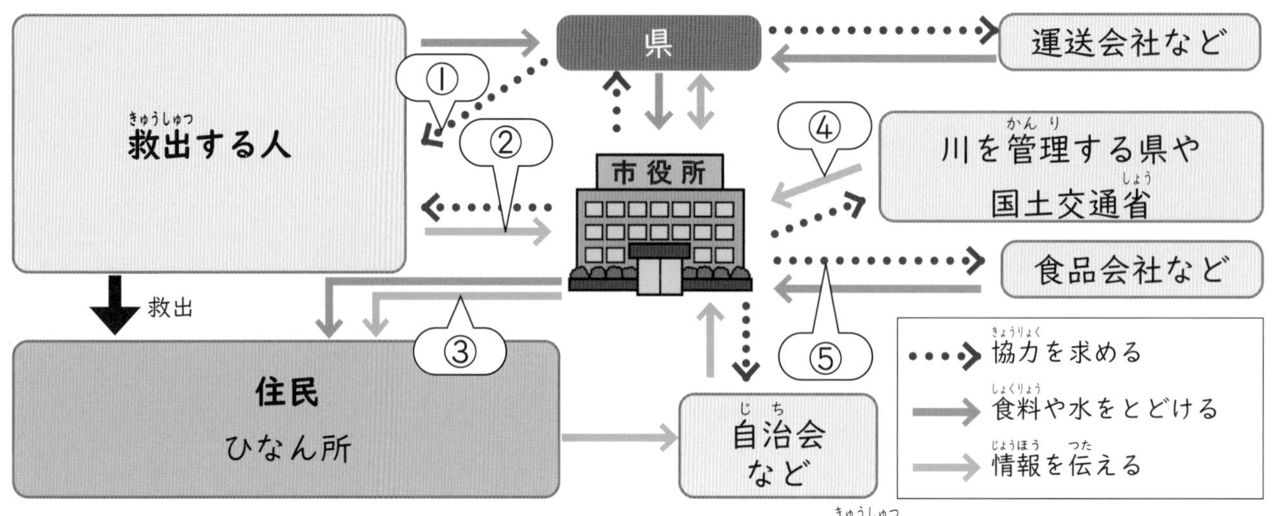

㋐ 下流のていぼうがこわれました。すぐに住民の救出に向かいます。
㋑ 大雨で川の水位が上がっています。この先も長く雨がふる見こみです。
㋒ 小学校の体育館がひなん所となります。すぐにひなんしてください。
㋓ 自衛隊をはけんしてください。
㋔ 食料と水を運んでください。

①（　　）②（　　）③（　　）
④（　　）⑤（　　）

2 右の地図と絵を見て、問いに答えましょう。　(1)1つ5点、(2)10点（25点）

(1) 地図の①～③にあてはまる言葉をそれぞれ選びましょう。

㋐ カメラ　㋑ 水害
㋒ 水防　㋓ 水位

①（　　）②（　　）
③（　　）

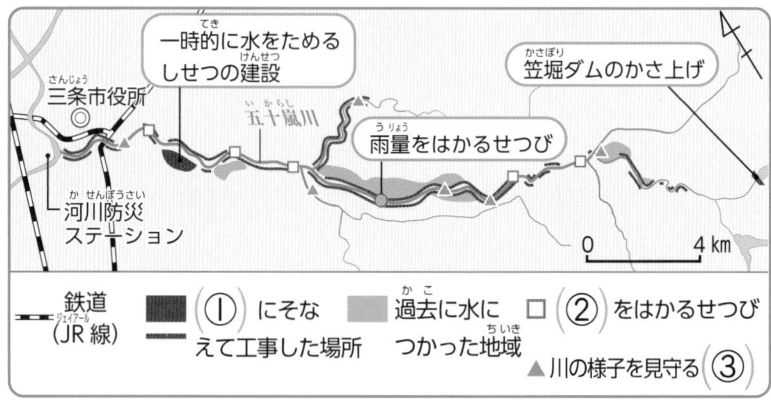

五十嵐川の水害にそなえる取り組み

記述 (2) できたらスゴイ！ 右の絵は、過去の水害でまちがつかった水の深さをしめす標識です。市がこの標識を置く理由を答えましょう。

思考・判断・表現

（　　　　）

2(2)がわからないときは、42ページの2にもどってかくにんしてみよう。

せんたく

3. 自然災害にそなえるまちづくり

火山の噴火にそなえて 雪の災害にそなえて

教科書 110～113ページ　答え 24ページ

※学校で学習する内容によって❶・❷を選んで取り組みましょう。

1 右の図は、火山噴火の防災のしくみを表しています。この図を見て、問いに答えましょう。

1つ10点（50点）

(1) よく出る ①～④のはたらきをする機関を、図の㋐～㋓から選びましょう。

① ひなん者の輸送やたき出し、給水など

② 火山にかんする防災の助言など

③ 火山にかんする調査と情報の提供

④ 緊急交通路の整理など

①(　　　)　②(　　　)

③(　　　)　④(　　　)

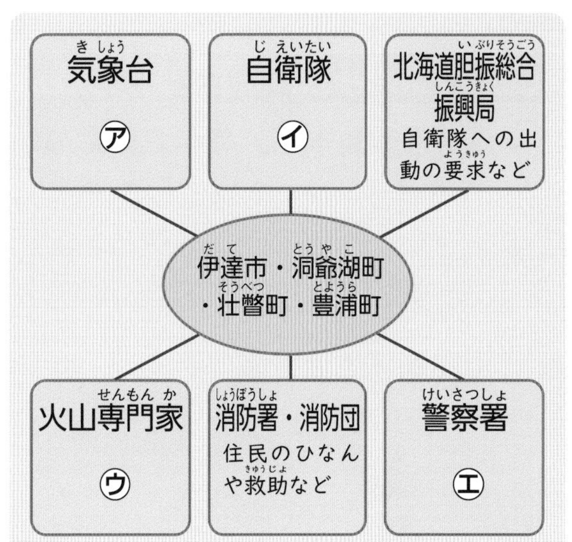

⬆ 有珠山火山防災協議会と、関係機関の役割

記述 (2) できたらスゴイ! 市で行う救助活動が、ハザードマップをもとに行われる理由を答えましょう。

思考・判断・表現

(　　　　　　　　　　　　　　　　)

2 右の図は、大雪の防災のしくみを表しています。この図を見て、問いに答えましょう。

1つ10点（50点）

(1) よく出る ①～④のはたらきをする機関を、図の㋐～㋓から選びましょう。

① 国が管理する道路の除雪作業など

② 大雪にかんする調査と情報の提供

③ 住民の救助、食料や水の輸送など

④ 雪による交通規制など

①(　　　)　②(　　　)

③(　　　)　④(　　　)

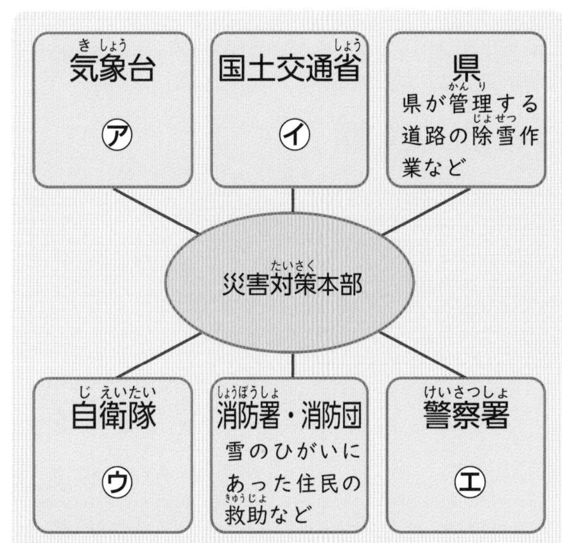

⬆ 雪の災害が発生した場合に協力するしくみ

記述 (2) できたらスゴイ! 市が除雪ボランティアの方に、雪かきをお願いする理由を答えましょう。

思考・判断・表現

(　　　　　　　　　　　　　　　　)

ふりかえり ❶(1)、❷(1)がわからないときは、44ページの❶、❷にもどってかくにんしてみよう。

学習日　　月　　日

4. 地域で受けつがれてきたもの

地域で受けつがれてきたもの①

めあて
阿波おどりについての学習問題をつくり、調べることをたしかめよう。

教科書 114～123ページ　答え 25ページ

次の(　　)に入る言葉や数字を、下から選びましょう。

1 阿波おどり会館で調べよう

教科書 116～117ページ

ワンポイント 阿波おどり

- 徳島県徳島市で、毎年おぼんの時期に行われる(①　　　　)の一つ。
- 約(②　　　　)年も続いていて、他の地域へも広がっていった。

阿波おどり

学習問題と学習計画

学習問題	阿波おどりは、どのようにして、長く続いてきたのだろう。
調べること	●おどりの(③　　　　)について。 ●多くの人が(④　　　　)わけ。 ●他の地域への、阿波おどりの(⑤　　　　)について。
調べ方	●おどりての人に話をきいたり、自分もおどってみたりする。 ●祭りにかかわっている人から話をきく。 ●(⑥　　　　)や地図を使って調べる。

実際に祭りを体験すると、参加する人の気持ちがわかるね。

2 おどりての人に話をきこう／阿波おどりを受けつぐ、広げる

教科書 118～121ページ

おどりての話

- 阿波おどりは、(⑦　　　　)として、昔から大切にされてきた。
- 阿波おどりは、(⑧　　　　)とともに、人から人へ伝えられてきた。

阿波おどり会館の人の話

- おどりの見せ方をくふうしたり、他の地域に宣伝したりして、阿波おどりを見に、多くの(⑨　　　　)が来るようになった。
- 阿波おどりのみりょくが広まると、多くの地域で阿波おどりが行われるようになり、他の地域との(⑩　　　　)を深めている。

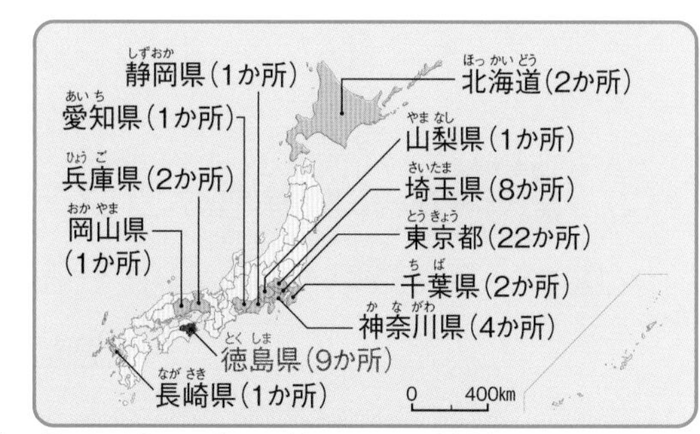

阿波おどりが行われる地域
(2014年現在　徳島市観光協会)

選んだ言葉に✓

□広まり　□交流　□年中行事　□資料　□400
□よさ　□観光客　□特別な行事　□見に来る　□特別な思い

学習日　月　日

ぴたトリビア

日本では自然や先祖(せんぞ)を思う気持ちを大切にしてきたため、多くの祭りが春の田植えの時期、おぼんの時期、秋のしゅうかくの時期に行われます。

教科書 114～123ページ　答え 25ページ

1 次の年表を見て、問いに答えましょう。

約400年前	阿波おどりのもととなるおどりが、始まったとされる。
約400年から100年前	人々の楽しみとしておどりが広まる。
1937(昭和(しょうわ)12)年	戦争(せんそう)が始まり、それまでのように阿波おどりができなくなる。
1945(昭和20)年	徳島市に多数のばくだんが落とされ、多くのぎせい者が出る。
1946(昭和21)年	戦争が終わり、阿波おどりがふたたび始まる。
1957(昭和32)年	阿波おどりが、県外にも広まっていく。
1968(昭和43)年	海外でも阿波おどりが知られるようになる。
1999(平成(へいせい)11)年	阿波おどり会館が完成(かんせい)する。

↑ 阿波おどりにかかわる主なできごと

(1) 阿波おどりのもととなるおどりが始まったとされるのは、いつごろのことか答えましょう。
（　　　　）

(2) 阿波おどりが一時できなくなった理由について、次の文の（　）にあてはまる言葉を答えましょう。

● （　　　　）が始まったから。

(3) 阿波おどり会館が完成(かんせい)した年を答えましょう。
（　　　　）年

2 右の地図のように、阿波おどりが各地(かくち)で行われるようになった理由について、正しい説明(せつめい)には○を、まちがった説明には×をつけましょう。

① （　　）おどりを他の地域の人に宣伝したから。
② （　　）もともと各地で行われていたから。
③ （　　）より多くの人に楽しんでほしいという思いがあったから。
④ （　　）阿波おどりは、外国で生まれ、古くに日本に伝わってきたおどりだから。
⑤ （　　）阿波おどりのみりょくが各地に伝わったから。
⑥ （　　）外国に広まり、今では外国人を中心に受けつがれているから。

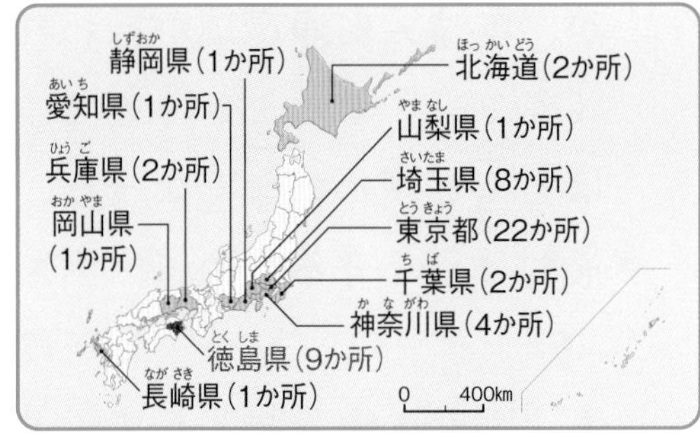

↑ 阿波おどりが行われる地域
(2014年現在　徳島市観光協会)

ヒント
1 (2) 年表の1937年から1946年までに、どのようなできごとがあったのかを読み取って考えましょう。

4. 地域で受けつがれてきたもの

地域で受けつがれてきたもの②

めあて
阿波人形浄瑠璃の伝統を守る取り組みをたしかめよう。

教科書 124～129ページ　答え 26ページ

次の（　　）に入る言葉を、下から選びましょう。

1 阿波人形浄瑠璃について調べよう

教科書 124～125ページ

ワンポイント 伝統芸能

- 伝統芸能…古くから伝わる芸術やぎのう。音楽やおどり、絵や工芸品などがあり、国の（①　　　　）に指定されている阿波人形浄瑠璃もその一つ。

- 阿波人形浄瑠璃は、約300年から400年前に（②　　　　）が始めたとされている。
- 約150年前には、徳島県内に70以上の（③　　　　）という集団があって、主に（④　　　　）という建物で人形浄瑠璃がえんじられていた。
- 地域で受けつがれてきた（⑤　　　　）を残したいと願う人々に、（⑥　　　　）も協力して守り伝えられてきた。

人形浄瑠璃の舞台

2 阿波人形浄瑠璃と農村舞台を守るために

教科書 126～127ページ

阿波人形浄瑠璃を守り伝える

- 県内には80か所以上の農村舞台が残っているが、阿波人形浄瑠璃が行われる回数は（⑦　　　　）きて、約60年前には、ほとんど使われなくなった。
- 農村舞台を守るために、例えば（⑧　　　　）と阿波人形浄瑠璃を同じもよおしの出し物として、より多くの人に来てもらい、阿波人形浄瑠璃のよさを知ってもらう取り組みをしている。
- 人々の努力によって、阿波人形浄瑠璃が行われる農村舞台の数は（⑨　　　　）。

農村舞台で行われる阿波人形浄瑠璃

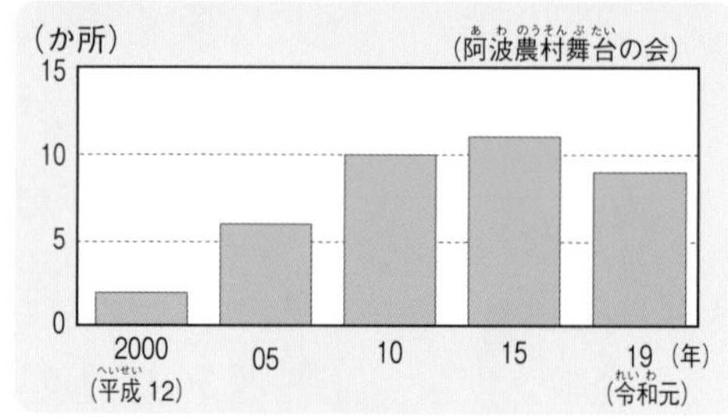

阿波人形浄瑠璃がふたたび行われるようになった農村舞台

選んだ言葉に✔

□農村舞台　□へって　□座　□ふえてきた　□県や国
□伝統芸能　□文化財　□農民　□演奏会

ぴたトリビア

伝統芸能には人形浄瑠璃の他にも、おどりや落語（らくご）などがあります。その多くは、農村などから人々が生み出して今に受けつがれてきたものです。

教科書 124～129ページ　答え 26ページ

1 右の写真は、徳島県で行われている阿波人形浄瑠璃の様子です。この写真を見て、問いに答えましょう。

(1) 写真で阿波人形浄瑠璃が行われている建物の名前を答えましょう。

（　　　　　　　　）

(2) 阿波人形浄瑠璃をえんじる集団を何というか答えましょう。

（　　　　　　　　）

(3) 阿波人形浄瑠璃について、次の文の①・②にあてはまる言葉を答えましょう。

音楽やおどり、絵などの古くから伝わる芸術やぎのうを、（　①　）とよび、国の（　②　）に指定されている阿波人形浄瑠璃も、その一つである。

①（　　　　　　　　）　②（　　　　　　　　）

2 4人が阿波人形浄瑠璃について話しています。正しい説明（せつめい）には○を、まちがった説明には×をつけましょう。

阿波人形浄瑠璃は、守る人がいなくなって、今ではほとんどえんじられなくなったんだね。　①（　　）

阿波人形浄瑠璃を残したいと願う人々に、県や国も協力して守り伝えられてきたんだね。　②（　　）

阿波人形浄瑠璃と演奏会をいっしょに行うのは、阿波人形浄瑠璃のよさを知ってもらうためなんだね。　③（　　）

阿波人形浄瑠璃の資料館は、えんじる場所がないためつくられたんだね。　④（　　）

ヒント　**2** 阿波人形浄瑠璃を守り伝えるために、いろいろな人が取り組みを行っていることをもとに考えましょう。

地域で受けつがれてきたもの

教科書 114〜129ページ　答え 27ページ

1 次の年表を見て、阿波おどりについての正しい説明には○を、まちがった説明には×をつけましょう。　技能　1つ5点（30点）

約400年前	阿波おどりのもととなるおどりが、始まったとされる。
約400年から100年前	人々の楽しみとしておどりが広まる。
1937(昭和12)年	戦争が始まり、阿波おどりができなくなる。
1945(昭和20)年	徳島市に多数のばくだんが落とされ、多くのぎせい者が出る。
1946(昭和21)年	戦争が終わり、阿波おどりがふたたび始まる。
1957(昭和32)年	阿波おどりが、県外にも広まっていく。
1968(昭和43)年	海外でも阿波おどりが知られるようになる。
1999(平成11)年	阿波おどり会館が完成する。

↑ 阿波おどりにかかわる主なできごと

①（　　）阿波おどりは、約100年前に始まったとされる。
②（　　）戦争が始まると、阿波おどりはますますさかんになっていった。
③（　　）阿波おどりは、これまでとぎれることなく続いてきた。
④（　　）海外に知られるようになったのは、1940年代である。
⑤（　　）平成になってから、阿波おどり会館が完成した。
⑥（　　）阿波おどりには、約400年の歴史がある。

2 よく出る 次の阿波おどり会館の人の話の①〜④にあてはまる言葉を、㋐〜㋖から選びましょう。　1つ5点（20点）

わたしたちは、阿波おどりを多くの人に楽しんでもらえるように、おどりの（①）をくふうしたり、他の地域に（②）したりしてきました。また、事故などが起こらないように、（③）会場づくりにも努めてきました。1950年代になると、阿波おどりをやりたいという県外の地域があらわれ、外国をふくむ他の地域との（④）も深めています。

㋐ 安全な　㋑ 場所　㋒ 見せ方　㋓ 連らく　㋔ 室内の
㋕ 交流　㋖ 宣伝

①（　　）②（　　）③（　　）④（　　）

3 次の㋐～㋕を、下の①～③のグループに２つずつ分けましょう。

技能　1つ5点（30点）

㋐　大ぜいがいっしょにおどる特別な行事である。

㋑　座という集団によってえんじられる。

㋒　古くから伝わる伝統芸能である。

㋓　この芸能に関する建物が、国の重要な文化財に指定されている。

㋔　各地から100万人をこえる人が見物にやってくる。

㋕　伝統を守り伝える取り組みが行われている。

①（　　）（　　）

↑ 阿波おどり

②（　　）（　　）

↑ 農村舞台で行われる阿波人形浄瑠璃

（両方にあてはまる）

③（　　）（　　）

4 農村舞台について、問いに答えましょう。

(1)1つ5点、(2)10点（20点）

(1)　右のグラフを見て、農村舞台で行われる阿波人形浄瑠璃についてわかることを、㋐～㋓から２つ選びましょう。　技能

㋐　2000年から阿波人形浄瑠璃が行われる農村舞台の数はへっている。

㋑　2019年は2000年の約２倍の場所で行われている。

㋒　2019年は５か所以上で行われている。

㋓　2000年から2015年まで、阿波人形浄瑠璃が行われる農村舞台の数はふえている。

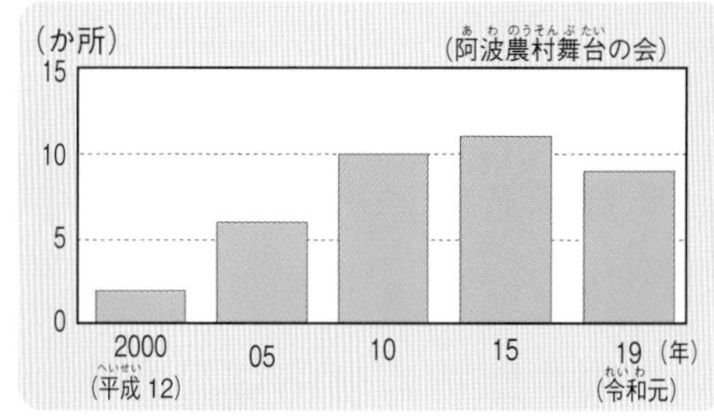

↑ 阿波人形浄瑠璃がふたたび行われるようになった農村舞台

（　　）（　　）

記述 (2)　できたらスゴイ！　右の絵は、農村舞台で阿波人形浄瑠璃の前にバレエの発表を行っている様子です。農村舞台をこのように使っている理由を答えましょう。　思考・判断・表現

（　　　　　　　　）

ふりかえり　4(2)がわからないときは、50ページの2にもどってかくにんしてみよう。

昔から今へと続くまちづくり①

めあて
見沼新田が、どのようにつくられたのかをたしかめよう。

教科書 130～137ページ　答え 28ページ

次の（　　）に入る言葉を、下から選びましょう。

1 米がほしいけれど

教科書 132～133ページ

- 今の埼玉県さいたま市では、大きなぬまの水をぬいて、1728年に新しく見沼（①　　　　）が開発された。
- 新田が開発される前のぬまは底が浅く、（②　　　　）が起きたり、雨が続くと水があふれたりする問題があった。

学習問題

学習問題	昔の地域の人々は、どのようにして、米がたくさんとれる（③　　　　）を開いたのだろう。

2 見沼代用水と井沢弥惣兵衛－図書館で調べよう どうやって水を引いた？－博物館で調べよう①

教科書 134～137ページ

新田に水を通す

- 新田で米をつくるための水は、見沼代用水という（④　　　　）から引いた。
- 見沼代用水は、井沢弥惣兵衛が中心になり工事が進められ、1728年に完成した。

見沼代用水が流れる地域

用水のくふう

- 見沼代用水の水は、（⑤　　　　）が安定している（⑥　　　　）から取り入れた。
- 用水路のコースは、水を取り入れる川の水量や土地の（⑦　　　　）を調べて決めた。
- もとから流れる星川を利用し、工事の（⑧　　　　）をへらすことで、1年もたたないうちに用水路が完成した。
- 用水路がもとからある川をまたぐときは（⑨　　　　）、くぐるときは（⑩　　　　）のしくみを用いた。

川の上にはしをかけわたし、水を通す。
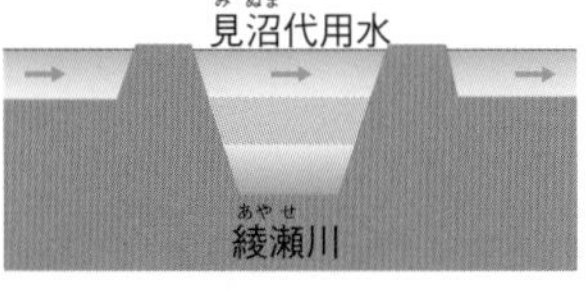

かけといのしくみ

川の底より下に水路を作り、水をくぐらせて流す。
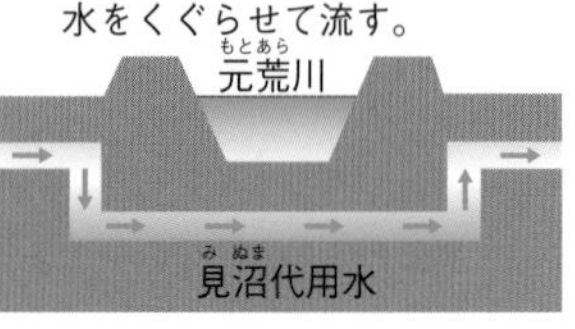

ふせこしのしくみ

上の地図を見ると、見沼代用水がもとから流れる川と重なっていたり、くぐったりする様子がわかるよ。

選んだ言葉に ✔					
	□水量	□新田	□利根川	□ふせこし	□高さ
	□時間	□水不足	□用水路	□かけとい	□田

ぴたトリビア

昔の人は用水路をつくるために、いろいろなくふうをしました。例えば、橋をつくって中に水を通したり、トンネルをほったりしました。

教科書 130～137ページ　答え 28ページ

1 右の年表を見て、問いに答えましょう。

(1) 井沢弥惣兵衛はどのような人物だったのか、正しいものを２つ選びましょう。

㋐ およそ350年から300年前に活やくした。

㋑ 人々のために、川や池など水に関する工事をした。

㋒ 見沼代用水は、約３年で完成した。

㋓ およそ50才まで生きた。

(　　　)(　　　)

1663年	紀伊国（今の和歌山県の辺り）で生まれる。
1710年	今の和歌山県海南市にある亀池をつくる。
1722年	江戸の役所にたのまれて、紀伊国から江戸へ来る。
1727年	下総国の飯沼（今の茨城県）に田を開く。 秋ごろから、見沼代用水の工事を始める。
1728年	春ごろに、見沼代用水が完成する。 見沼新田を開く。
1729年	江戸の中川や多摩川を直す。
1731年	見沼通船堀が完成する。その後、新潟県での干拓や、静岡県の大井川を直す工事を行う。
1738年	弥惣兵衛がなくなる。

井沢弥惣兵衛にかかわる主なできごと

(2) 紀伊国で生まれた井沢弥惣兵衛が、江戸に来た理由を答えましょう。

(　　　　　　　　　　　　　　)

2 右の地図を見て、次の文の①～④にあてはまる言葉を㋐～㋕から選びましょう。

見沼代用水の水は水量が安定している（①）から取りこまれています。用水路はもとから流れる川と合流したり、交差したりして、今のさいたま市にある（②）に水を運び、最後は（③）に流れています。井沢弥惣兵衛が、もとから流れる川と合流する工事を行ったのは、（④）をへらすためです。

㋐ 荒川　㋑ 利根川
㋒ 星川　㋓ 見沼新田
㋔ 水路の長さ　㋕ 工事の時間

①(　　　)　②(　　　)
③(　　　)　④(　　　)

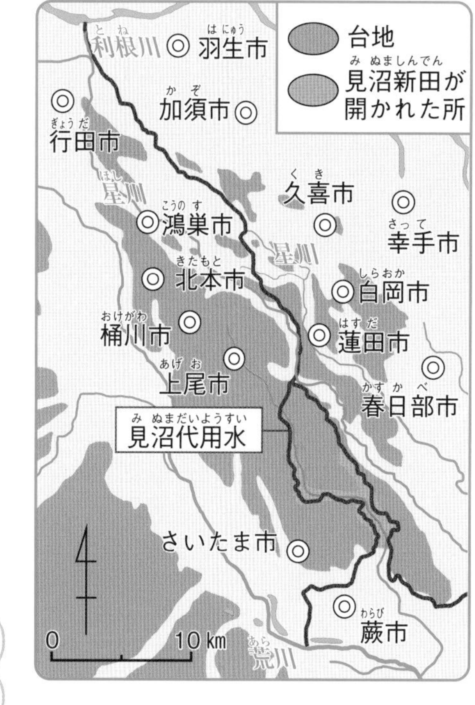

1 (2) 年表で、井沢弥惣兵衛が、江戸に来た年をさがしてみましょう。

昔から今へと続くまちづくり②

学習日　月　日

めあて
見沼代用水が、どのようなくふうでつくられたのかをたしかめよう。

教科書 138〜143ページ　答え 29ページ

次の（　　）に入る言葉を、下から選びましょう。

1 ふたてに分かれた用水路－博物館で調べよう② どのようにして工事は行われた？

教科書 138〜141ページ

土地の高さを利用した見沼代用水

- ふたてに分かれた見沼代用水は、見沼新田の東西の（①　　　　）にそって流れている。
- 田へ水を引き入れやすくするために、２つの用水路は田よりも（②　　　　）位置を流れるようにし、使った水は（③　　　　）へ流れこむようにした。

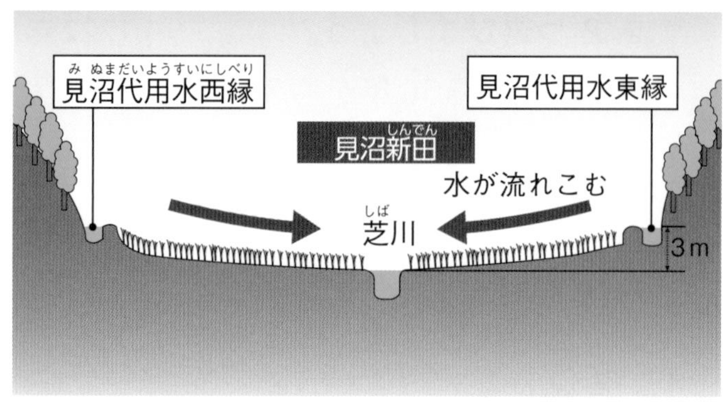

2つの用水路と用水路にはさまれた土地

工事のくふう

- 長いきょりを一気に工事するため、大ぜいの（④　　　　）に参加してもらった。参加する村ごとに担当する工事の（⑤　　　　）を決めて、各村が工事を同時に進めるようにした。
- 工事には、土をほり出すための（⑥　　　　）や、石などを運ぶための（⑦　　　　）といった道具が使われた。

2 調べてきたことを整理しよう

教科書 142〜143ページ

その他のくふう

- 利根川から取り入れる水量を（⑧　　　　）するしせつをつくって、利根川のていぼうの中にうめこんだ。
- 星川と見沼代用水が分かれる場所に（⑨　　　　）をつくって、水量や流れを調節した。

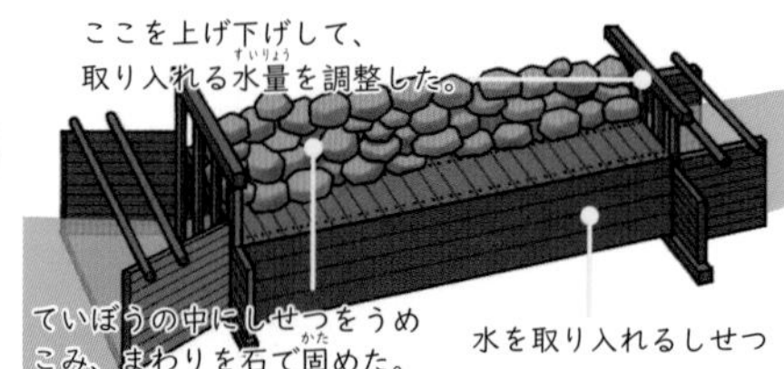

水を取り入れるしせつのくふう

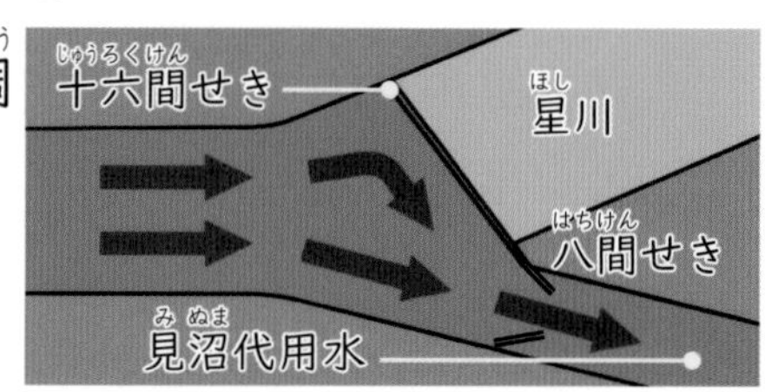

八間せきを開け、十六間せきをしめている場合

昔の工事は、今のような機械がないので、それぞれの作業がたいへんだったよ。

選んだ言葉に✔					
	□もっこ	□高い	□くわ	□芝川	□はんい
	□農民	□調節	□へり	□せき	

学習日　月　日

ぴたトリビア

約(やく)350年前、玉川(たまがわ)兄弟は多くの人をやとって、江戸(えど)（今の東京(とうきょう)）の人口をささえるための飲み水を、多摩(たま)川から引く大工事を行いました。

教科書 138〜143ページ　答え 29ページ

1 用水工事で使われていた道具について、次の絵を見て問いに答えましょう。

①

②

③

④

(1) 上の４つの道具のはたらきを、それぞれ㋐〜㋓から選びましょう。

㋐ 石などを運ぶ　㋑ あなをほる　①（　　）②（　　）

㋒ 土などを運ぶ　㋓ 土をほり出す　③（　　）④（　　）

(2) 用水工事で使われていた道具について、あてはまるものを、㋐〜㋓から２つ選びましょう。

㋐ 道具は、すべて大きな機械(きかい)である。

㋑ 道具は、すべて手作業で行うものである。

㋒ 道具は、電気を使って動かすものばかりである。

㋓ 道具は、木などでつくられている。（　　）（　　）

2 用水工事について、次の絵を見て問いに答えましょう。

㋐

㋑

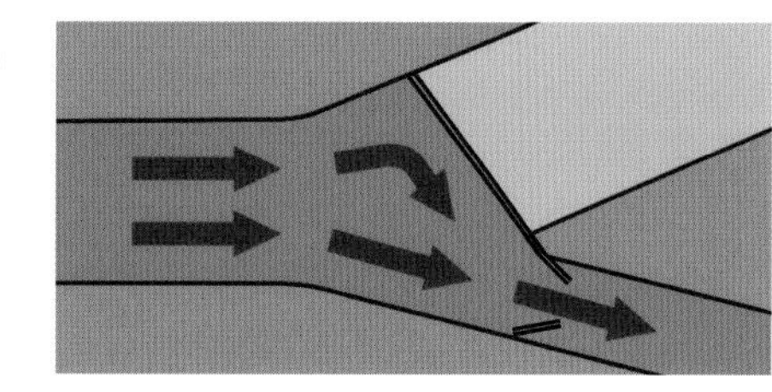

(1) 次の説明(せつめい)にあてはまる絵を、㋐・㋑からそれぞれ選びましょう。

①（　　）せきで水をせき止め、用水路に取りこむ水の量を調節する。

②（　　）利根川のていぼうの中にうめこみ、用水路に取りこむ水の量を調節する。

(2) 工事のくふうについて、正しい説明を、㋐〜㋒から選びましょう。

㋐ 工事は、少数の用水工事せん門の人によって行われた。

㋑ ぬまのへりにそって用水路をつくり、土地の高さを利用(りよう)して水が田に流れるようにした。

㋒ 工事は、江戸(えど)から来た大工だけで行われた。（　　）

ヒント　1 (2) 絵の道具をよく見て答えましょう。道具にはどのような材料(ざいりょう)が使われているか、また、どのように使われているかに注目しましょう。

昔から今へと続くまちづくり③

学習日　月　日

めあて
用水の完成によって、地域がどのように変化したかをたしかめよう。

教科書 144～151ページ　答え 30ページ

次の（　　）に入る言葉や数字を、下から選びましょう。

1 もっと知りたいな、井沢弥惣兵衛

教科書 144～145ページ

- 弥惣兵衛の苦労の一つは、春までに用水路を完成させないと農民が米をつくれなくなるため、（①　　　　）で工事を終えなくてはいけないことだった。
- 弥惣兵衛は、工事の（②　　　　）を願って萬年寺の境内に灯ろうを建て、見沼代用水の水の安定した（③　　　　）を願って星川弁財天を建てた。

2 そして、ゆたかな土地に／未来に残そう、みんなの見沼

教科書 146～149ページ

✪ 地域の変化

- ・見沼代用水の完成によって、地域でとれる米の量がふえ、人々の生活は（④　　　　）になった。
- ・約1200ha※1の（⑤　　　　）ができ、江戸の役所に、毎年約5000石※2の米がおさめられるようになった。
- ・用水路ぞいの田の面積は、約5000haから約（⑥　　　　）haにふえた。

※1「ha」は、1辺が100mの正方形の土地の広さです。　※2「石」は「こく」と読みます。米がとれる量を表す単位で、1石は約180Lです。

- 弥惣兵衛は、ふたてに分かれた用水路と新田の真ん中を流れる芝川をつなぐ（⑦　　　　）をつくり、米はふねで江戸まで運ばれるようになった。

✪ 現在の見沼

- 見沼代用水の水は今も農業に利用され、見沼新田が開かれた場所の土地利用を見ると現在は（⑧　　　　）が最も広い。他にも田や公園などとして利用されていることがわかる。
- 地域の住民は市と協力して、地域の公園や田で（⑨　　　　）を行い、参加者に見沼の自然に親しんでもらっている。

(2013年 さいたま市役所)
さいたま市
川口市
0　2km
田　公園など　畑　その他　住宅など

見沼新田が開かれた場所の、今の土地利用

選んだ言葉に✓				
□流れ	□ゆたか	□畑	□無事	□もよおし
□短い時間	□新田	□見沼通船堀	□14000	

学習日　月　日

ぴたトリビア

弥惣兵衛が用水工事をしたころ、箱根（今の神奈川県）にも用水がつくられました。長いトンネルをほって水を流す、めずらしい用水路です。

教科書 144～151ページ　答え 30ページ

1 右の地図の ● は、弥惣兵衛が建てたとされるしせつの場所を表しています。弥惣兵衛が、このようなしせつを建てた理由を、㋐～㋓から選びましょう。

㋐ 地域の人々にめいわくがかかるから。

㋑ 工事が冬のきびしい寒さの中で行われるから。

㋒ 工事に反対する人がいたから。

㋓ 工事の無事や、見沼代用水の水の安定した流れを願ったから。

（　　　）

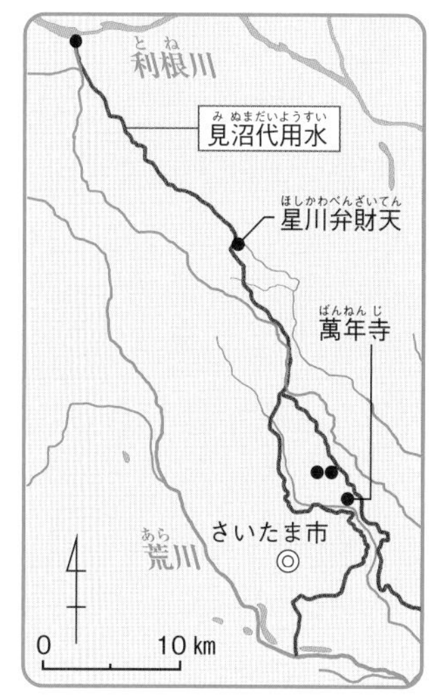

2 右の地図を見て、問いに答えましょう。

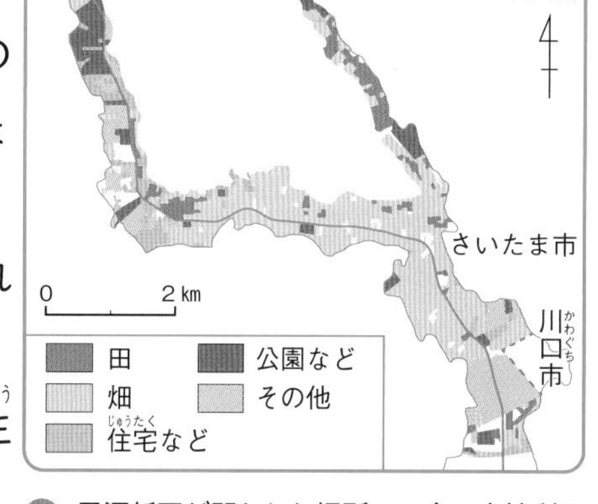

見沼新田が開かれた場所の、今の土地利用

(1) 見沼新田が開かれた場所の説明で、正しいものには○を、まちがっているものには×をつけましょう。

①（　　　）ほとんどの場所が田として利用されている。

②（　　　）農地として利用されているため、住宅はない。

③（　　　）公園などとして利用されている場所がある。

④（　　　）店やビルがたちならび、自然が残されていない。

(2) 見沼代用水による地域の変化について、３人が話しています。正しい考えを話している人を１人選びましょう。

（　　　）

㋐ 

用水路が完成して田は広がったけれど、人々のくらしはゆたかにはならなかったと思う。

㋑ 
見沼代用水は昔の用水路のことなので、現在のくらしには関係ないと思う。

㋒ 
見沼通船堀ができて、地域の産物や江戸の商品の行き来がさかんになり、地域はさらにさかえたと思う。

ヒント ❷ (1) 地図の色分けの意味は、はん例にのっています。はん例を見ながら、広く使われている土地は、何に使われているのかをたしかめましょう。

昔から今へと続くまちづくり

時間 30分

／100

ごうかく 80点

教科書 130〜151ページ　答え 31ページ

1 よく出る 右の年表には、井沢弥惣兵衛にかかわる主なできごとが書かれています。この年表を見て、問いに答えましょう。　1つ5点（45点）

年	できごと
1663年	紀伊国（今の和歌山県のあたり）で生まれる。
1710年	あ
1722年	江戸の役所にたのまれて、紀伊国から江戸へ来る。
1727年	い
	秋ごろから、見沼代用水の工事を始める。
1728年	春ごろに、見沼代用水が完成する。
	う
1729年	江戸の中川や多摩川を直す。
1731年	見沼通船堀が完成する。
	え
1738年	弥惣兵衛がなくなる。

(1) 次の文の①・②にあてはまる数字を答えましょう。

● 見沼代用水の工事は、（①）年に始まり、（②）年に終わった。

①（　　　）

②（　　　）

(2) 見沼代用水の工事に使われた次の名前が表す道具を、ア〜エから選びましょう。　くわ（　　　）　もっこ（　　　）

ア　イ　ウ　エ

(3) 見沼新田が開かれた時期を、年表のあ〜えから選びましょう。

（　　　）

(4) 右の図を見て、弥惣兵衛が行った工事のくふうとして、正しい説明には○を、まちがった説明には×をつけましょう。

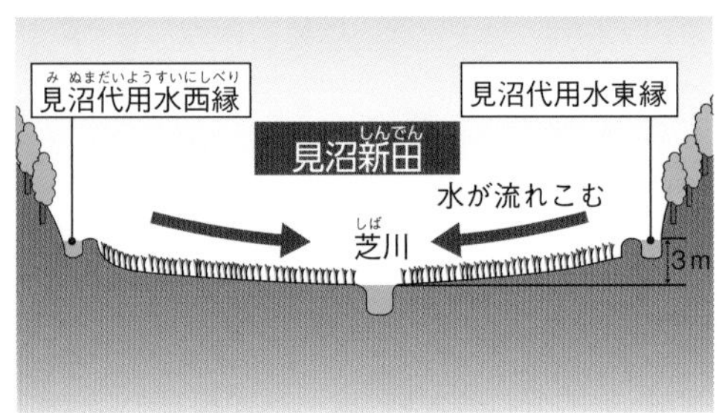

↑ 二つの用水路と用水路にはさまれた土地

①（　　　）用水路は新田よりも低い所につくっている。

②（　　　）用水路から田へ水を流すために、土地の高さを利用している。

③（　　　）田の水は芝川から引いている。

④（　　　）芝川から取り入れた田の水は、用水路に流れるようにしている。

2 よく出る 右の表は、見沼新田が完成した前と後についての変化を表しています。この表を見て、問いに答えましょう。

1つ5点、(2)(4)10点（45点）

	完成前	完成後
土地利用	少ない田とぬま	約1200haの新田
地域の田の面積	約 5000ha	約 14000ha
とれる米の量	少ない	(あ)

(1) 表を見て、次の文の①・②にあてはまる数字を答えましょう。 技能

● 見沼代用水が完成すると、約 ①(　　　)haの新田がつくられ、地域全体で、田は約②(　　　)haふえた。

(2) 表のあにあてはまる言葉を考えて答えましょう。

(　　　)

(3) 右の地図は、見沼新田が開かれた場所の、今の土地利用を表しています。この地図を見て、次の文の①～③にあてはまる言葉をア～オから選びましょう。 技能

この場所では農地としては(①)が最も多く、(②)もあります。また、各地に住宅地があるほか、北の方には(③)があり、□地域であることがわかります。

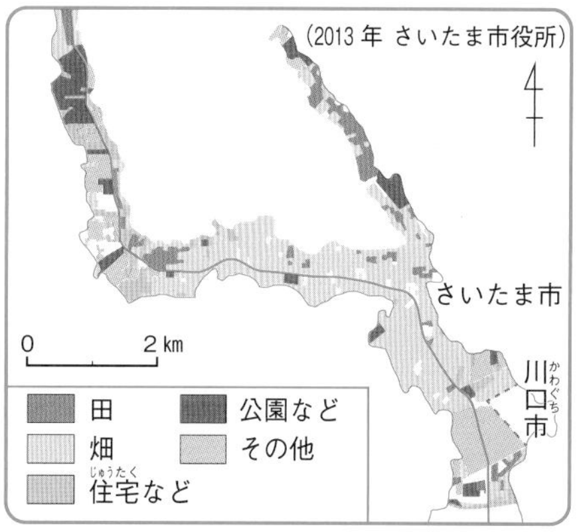

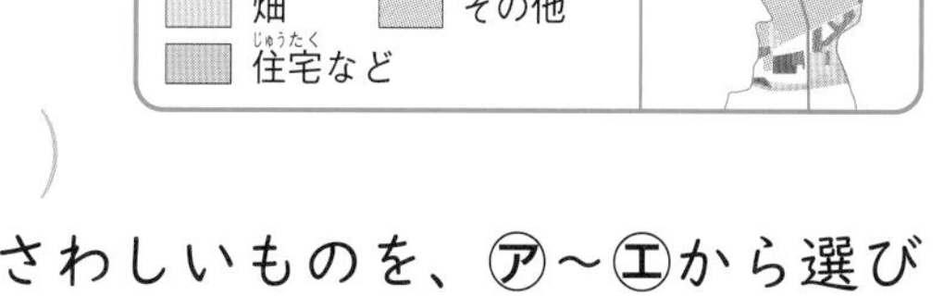

ア 果樹園　イ 田　ウ 畑
エ 公園など　オ 工場

①(　　　)　②(　　　)　③(　　　)

(4) 上の文の□にあてはまる言葉として、ふさわしいものを、ア～エから選びましょう。

ア 便利な　イ 工場が多い　ウ 市の中心　エ 自然ゆたかな

(　　　)

記述 3 できたらスゴイ! 右の図は、見沼代用水が星川と分かれる場所にあるせきを表しています。せきのはたらきを、次の2つの言葉を使って答えましょう。

思考・判断・表現（10点）

水量　流れ

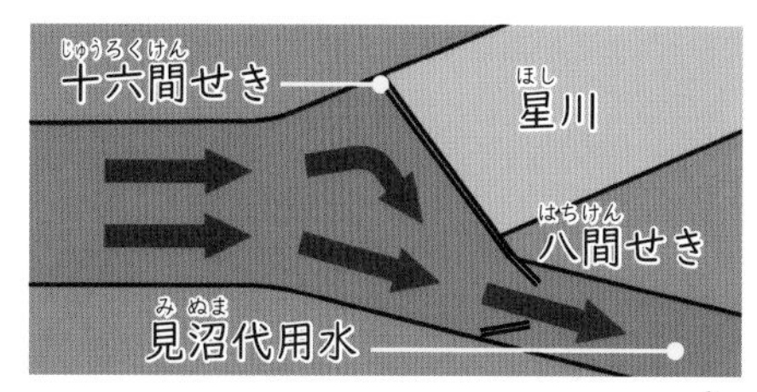

(　　　)

ふりかえり ③がわからないときは、56ページの②にもどってかくにんしてみよう。

学習日　月　日

5. 昔から今へと続くまちづくり

地域に学校をひらく
地域の人々を病気から救う

めあて
地域の人々のために努力した人が行ったことをたしかめよう。

教科書 152～155ページ　答え 32ページ

次の（　）に入る言葉を、下から選びましょう。

1 地域に学校をひらく

教科書 152～153ページ

小笠原東陽

- 小笠原東陽は、東京から羽鳥村（今の神奈川県藤沢市の一部）にまねかれ、（①　　　）という学校を開いた。
- 東陽は読書院で、村の親たちに子どもの学校への（②　　　）をすすめた。
- 国の指示で全国に小学校ができると、読書院は（③　　　）となり、東陽はそこの（④　　　）となった。

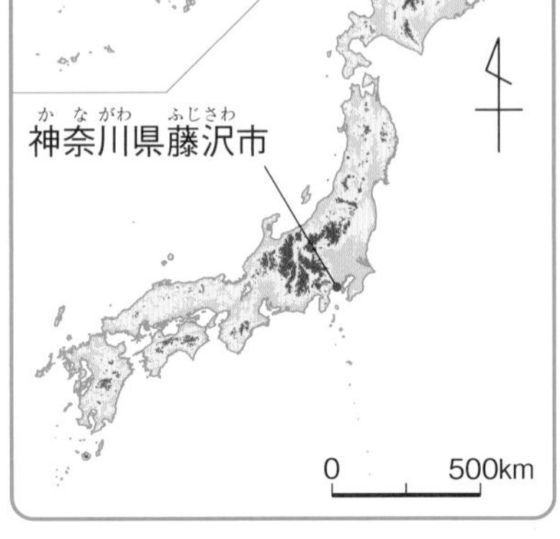

神奈川県藤沢市

- 東陽は、自由な教育を行うために読書院を残し、その後、名前を耕余塾に変えた。
- 後に総理大臣になった吉田茂もここで学び、羽鳥村は県の（⑤　　　）の中心地となっていった。

2 地域の人々を病気から救う

教科書 154～155ページ

杉浦健造と杉浦三郎

- 100年以上前、今の山梨県昭和町にあった杉浦健造と三郎の（⑥　　　）には、この地域で昔からみられた病気に苦しむ人々がおとずれていた。
- 研究の結果、この病気は田や川にいる（⑦　　　）という貝の中で育つ日本住血吸虫という虫が、体内に入って起きる病気だとわかった。

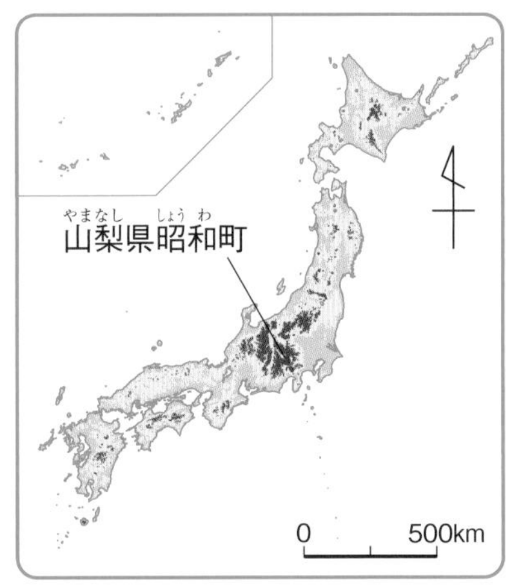

山梨県昭和町

- 健造たちが日本住血吸虫を駆除するために、ミヤイリガイをえさとする生き物を田や川に放すなどの取り組みを行うと、その取り組みは県や国も協力する大きな（⑧　　　）へと発展していった。
- 二人がなくなった後、この病気が、日本国内から完全に（⑨　　　）ことが発表された。

選んだ言葉に✓					
	□教育	□先生	□運動	□羽鳥学校	□消えた
	□病院	□読書院	□入学	□ミヤイリガイ	

学習日　　月　　日

ぴたトリビア

1875年にはほぼ全国に小学校が置(お)かれましたが、学校に通う習慣(しゅうかん)がなかったため、通学する子どもは半分にも満(み)たないじょうきょうでした。

教科書 152〜155ページ　答え 32ページ

1 次の年表は、小笠原東陽と地域の主なできごとについて書かれています。①〜⑤にあてはまる言葉を、㋐〜㋔から選びましょう。（同じ番号には、同じ言葉が入ります。）

1872年（明治(めいじ)5）	小笠原東陽が、東京から羽鳥村（今の神奈川県藤沢市の一部）にまねかれて、①（　　　）をひらく。全国に②（　　　）がつくられることになる。
1873年	羽鳥村に、（①）をもとにして③（　　　）がつくられる。
	東陽は、④（　　　）になる。
1875年	羽鳥村に、先生になるための学校がつくられる。
	東陽は、その学校の先生にもなる。
1878年	（①）として残した学校が、耕余塾になる。
1887年	東陽がなくなる（58才）。
1892年	東陽をたたえる⑤（　　　）がつくられる。
1900年	耕余塾が閉校(へいこう)となる。
1903年	学校が、尋常高等明治(じんじょうこうとうめいじ)小学校へと改(あらた)められる。

㋐ 石碑(せきひ)　㋑ 小学校　㋒ 学校の先生　㋓ 読書院　㋔ 羽鳥学校

2 次の年表は、杉浦健造と三郎がたずさわった病気にかかわる主なできごとについて書かれています。①〜④にあてはまる言葉を、㋐〜㋔から選びましょう。

1904年	日本住血吸虫が発見される。
1913年	ミヤイリガイが発見される。病気の①（　　　）がすべてあきらかになる。
	杉浦健造と三郎がミヤイリガイの駆除を始め、②（　　　）がふえていく。
1925年	県、市町村と③（　　　）が一体となった、④（　　　）をなくすための組織(そしき)ができる。
1933年	杉浦健造がなくなる。
1977年	杉浦三郎がなくなる。
1996年	この病気が、日本国内から完全に消えたことが発表される。

㋐ 協力者　㋑ 世界　㋒ 原因(げんいん)　㋓ 病気　㋔ 住民(じゅうみん)

ヒント　**1** **2** 年表は、「いつ」「だれが」「何をした」の3つに注目して読み取るようにしましょう。

ぴったり 1 じゅんび

3分でまとめ

せんたく

5. 昔から今へと続くまちづくり

沖縄の文化のよさを伝える
北海道で、いねを実らせる

学習日 月 日

めあて
地域の人々のために努力した人が行ったことをたしかめよう。

教科書 156～159ページ　答え 33ページ

次の(　　)に入る言葉を、下から選びましょう。

1 沖縄の文化のよさを伝える

教科書 156～157ページ

伊波普猷

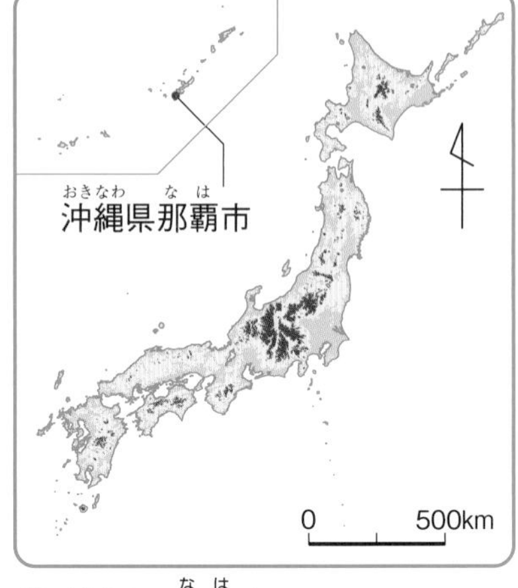

沖縄県那覇市

- 伊波普猷が生まれた1870年ころ、沖縄にある(① 　　　)のよさが、人々に認められていない時代だった。
- 普猷は、東京の大学で、約500年前の沖縄でよまれていた歌である「おもろ」の研究をした。
- 普猷は、沖縄県立図書館の(② 　　　)となり、さらに研究を続けた。
- 普猷は研究してきたことを本や(③ 　　　)に発表して、昔の沖縄の人々のくらしや考え方を広く伝える活動を始めた。
- 普猷の活動にえいきょうされ、沖縄の人々は、自分たちの文化に(④ 　　　)をもつようになり、普猷は(⑤ 　　　)とよばれるようになった。

2 北海道で、いねを実らせる

教科書 158～159ページ

中山久蔵

- 1869年、中山久蔵が北海道北広島市にうつり住んだころ、北海道では寒さのため(⑥ 　　　)の地域でしかいねが育たなかった。
- 久蔵は、いねの生育に必要な(⑦ 　　　)を田に送り続けるため、昼間は(⑧ 　　　)で温めた水を田に引き入れたり、夜はふろでわかした湯を田に注いだりした。
- 努力の結果、「赤毛種」という品種のいねの発芽に成功すると、北海道の農民に(⑨ 　　　)で赤毛種の種もみを配布した。その後、北海道は日本で有数の米の産地となっていった。

北海道北広島市
0
500km

北海道北広島市

選んだ言葉に ✓				
□新聞	□太陽熱	□南側	□温かい水	□無償
□ほこり	□文化	□館長	□沖縄学の父	

学習日　月　日

ぴたトリビア

いねは、あたたかい地域でよく育つ植物です。現在、生産されている日本の品種の多くは、各地域の気候にあわせて改良されたものです。

教科書 156～159ページ　答え 33ページ

1 次の年表は、伊波普猷にかかわる主なできごとについて書かれています。①～④にあてはまる言葉を、㋐～㋔から選びましょう。（同じ番号には、同じ言葉が入ります。）

1876年	現在の沖縄県那覇市で普猷が生まれる。
1903年	東京の大学に入学し、「①(　　)」の研究を始める。
1906年	大学を卒業し、沖縄で、②(　　)についての資料を集める。
1910年	沖縄県立③(　　)長になる。
1911年	普猷が書いた『古琉球』が④(　　)される。
1924年	(③)長をやめて、ふたたび東京へ行く。
1925年	普猷がかかわった『校訂おもろそうし』が(④)される。
1935年	東京の大学で「(①)」について教える。
1947年	普猷が71歳でなくなる。

㋐ 図書館　㋑ おもろ　㋒ 昔　㋓ 出版　㋔ 昔の食べ物

2 右の年表は、中山久蔵にかかわる主なできごとについて書かれています。年表を見て、問いに答えましょう。

1869年	北海道にうつり住む。
1873年	①赤毛種の発芽を成功させる。
1879年	(　②　)
1919年	92歳でなくなる。

(1) 久蔵が、年表の下線部①の「赤毛種」を開発した理由を、㋐～㋓から選びましょう。

㋐ 北海道の南側の地域で米づくりをさかんにさせたかったから。

㋑ 北海道の人々に、米を食べさせたいという願いがあったから。

㋒ 北海道のような寒い地域では、いねは育たないとあきらめていたから。

㋓ 他の地域で赤毛種のいねが、さかんに生産されていたから。　(　　)

(2) 年表の②にあてはまる内容を、㋐～㋓から選びましょう。

㋐ 農民へ赤毛種の種もみを無償で配り始める。

㋑ 米を使った大きな食堂を開く。

㋒ 生まれた大阪にもどり、赤毛種を広める。

㋓ 赤毛種の種もみを売って、大きな会社をつくる。　(　　)

ヒント　**2** (1) 中山久蔵が北海道にうつり住んだときの、北海道の米づくりの様子と、久蔵の願いをもとに考えましょう。

5. 昔から今へと続くまちづくり
地域に学校をひらく／地域の人々を病気から救う／沖縄の文化のよさを伝える／北海道で、いねを実らせる※

教科書 152～159ページ　答え 34ページ

※学校で学習する内容によって❶～❹を選んで取り組みましょう。

1 右の図は、小笠原東陽にかかわる神奈川県藤沢市の学校のうつり変わりを表しています。この図を見て、正しい説明には○を、まちがった説明には×をつけましょう。　技能　1つ10点（50点）

①（　　）東陽は、読書院を残したまま、羽鳥学校をつくった。

②（　　）羽鳥学校は、現在の明治小学校のもととなった。

③（　　）読書院は、耕余塾と名前を変えて、現在の明治小学校のもととなった。

④（　　）羽鳥学校とは関係なく、新しく尋常高等明治小学校がつくられた。

⑤（　　）東陽は、藤沢市の学校のきそづくりに関係の深い人物である。

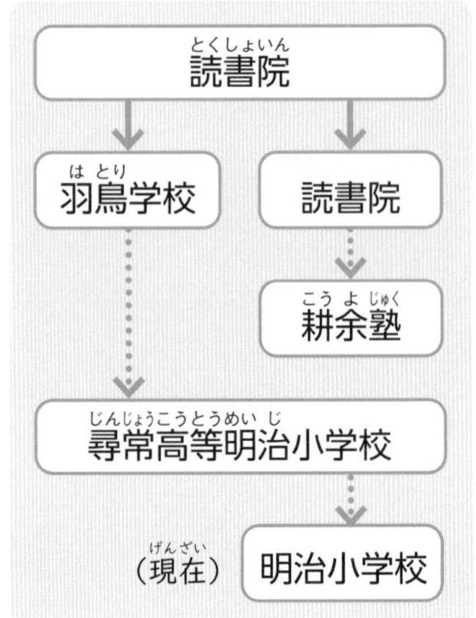

2 現在の山梨県昭和町で人々のためにつくした杉浦健造と三郎について、問いに答えましょう。　1つ10点（50点）

(1) 山梨県で日本住血吸虫による病気がなくなった理由を、２つ選びましょう。

㋐ 病気にかかる人が、自然とへってきたから。

㋑ 住民や県、国が健造と三郎に協力して、大きな運動に発展したから。

㋒ 病気の原因となるミヤイリガイを、健造と三郎が全部駆除したから。

㋓ ミヤイリガイをえさとする生き物を育てて、田や川に放つなどしたから。

（　　）（　　）

(2) 右のグラフは、二人がある病気の原因をつきとめた後の資料です。このグラフを見て、正しい説明には○を、まちがった説明には×をつけましょう。

①（　　）1985年になっても、病気でなくなる人がいた。

②（　　）病気の原因をつきとめたおかげで、病気でなくなる人はへっていった。

③（　　）病気は原因がわかっても、完全になくなるまでには時間がかかる。

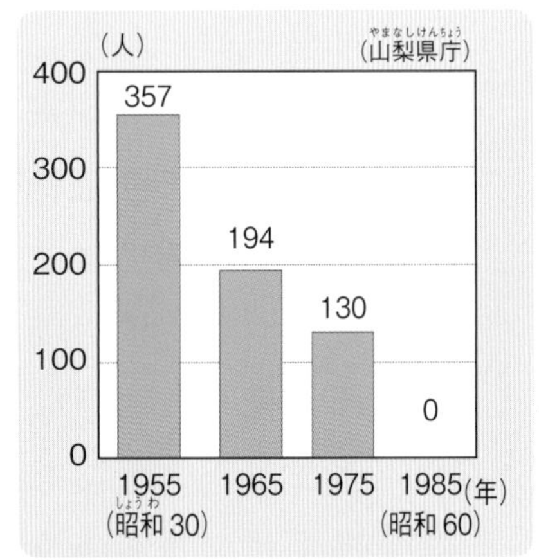

⬆ 病気でなくなった県民の数

3 右の年表は、伊波普猷にかかわる主なできごとについて書かれています。この年表を見て、問いに答えましょう。

1つ10点（50点）

1903年	東京の大学に入学し、あ「おもろ」の研究を始める。
1906年	い大学を卒業し、沖縄で、昔についての資料を集める。
1910年	沖縄県立図書館長になる。
1911年	う普猷が書いた『古琉球』が出版される。
1935年	東京の大学で「おもろ」について教える。

(1) 下線部あの「おもろ」について書かれた次の文の（　）にあてはまる言葉を答えましょう。

● 「おもろ」とは、約500年前の沖縄でよまれていた（　　　　）である。

(2) 下線部い・うのように、普猷が沖縄の昔の資料を集めたり、本を出版したりした理由について、正しい説明には○を、まちがった説明には×をつけましょう。　**技能**

①（　　）沖縄の文化を知りたいと思ったから。
②（　　）沖縄の文化を多くの人に知ってもらおうと思ったから。
③（　　）沖縄県立図書館長になったから。
④（　　）過去に沖縄のことを研究した本が多くあったから。

4 中山久蔵について、右の年表を見て、問いに答えましょう。

1つ10点（50点）

1869年	北海道にうつり住む。
1873年	あ赤毛種の発芽を成功させる。
1879年	い農民へ赤毛種の種を無償で配り始める。
1919年	92才でなくなる。

(1) 下線部あについて、赤毛種を開発した理由を、ア〜エから選びましょう。

ア　北海道は、米が多くとれる地域だから。
イ　北海道はあたたかい地域だから。
ウ　各地で赤毛種のさいばいがさかんだったから。
エ　北海道の寒い地域でも米づくりをできるようにするため。

（　　）

(2) 下線部いについて、久蔵が無償で赤毛種の種もみを配った理由として、正しい説明には○を、まちがった説明には×をつけましょう。

①（　　）北海道にくらす多くの人に、米を食べさせようとしたから。
②（　　）赤毛種だと、寒い地域でもいねが育つから。
③（　　）当時、北海道ではお金が使われていなかったから。

記述 (3) できたらスゴイ！ 現在、北海道は米づくりがとてもさかんです。その理由を、次の言葉に続けて書きましょう。　**思考・判断・表現**

● 北海道の米づくりがさかんなのは、中山久蔵が、

（　　　　　　　　　　　　　　　　）です。

12がわからないときは、62ページ、34がわからないときは、64ページにもどってかくにんしてみよう。

→ この本の終わりにある「冬のチャレンジテスト」をやってみよう！

1 焼き物を生かしたまちづくり①

学習日　月　日

めあて
福岡県の様子と東峰村で焼き物が広まったわけをたしかめよう。

教科書 160～165ページ　答え 35ページ

次の(　　)に入る言葉を、下から選びましょう。

1 焼き物づくりがさかんな東峰村　教科書 160～163ページ

福岡県と東峰村

- 宗像市と福津市には、(①　　　　)がある。
- 太宰府市には、(②　　　　)や九州国立博物館がある。
- 福岡市には、(③　　　　)がある。
- 東峰村の小石原地区では、昔から小石原焼という焼き物が作られてきた。
- 小石原焼を多くの人に知ってもらうため、毎年、春と秋に(④　　　　)が行われている。

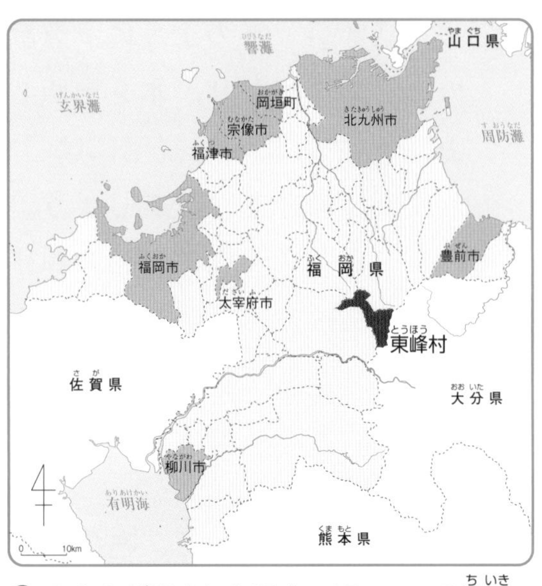

みんなが発表した県内の知っている地域

学習問題

学習問題	東峰村では、なぜ、焼き物づくりが(⑤　　　　)なのだろう。

縮尺とは、実際のきょりを地図上でどれくらいの割合で縮めたのかをしめしたものだよ。

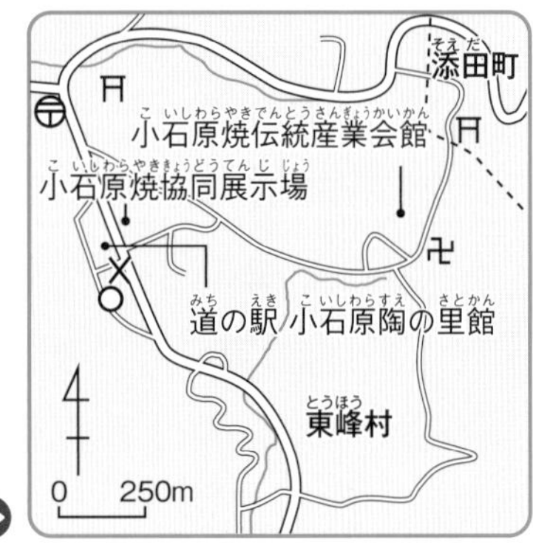

縮尺が2万5000分の1の東峰村の地図

2 小石原焼が広まったわけは　教科書 164～165ページ

小石原焼の歴史

- 約350年前、この土地をおさめていた黒田氏が、今の佐賀県(⑥　　　　)市あたりから、焼き物づくりの仕事をする人をまねき、明(今の中国)の作り方にならって作らせた。この焼き物と、朝鮮半島から伝えられた高取焼が、小石原焼の(⑦　　　　)になった。
- 約70年前、小石原焼が本などでしょうかいされ、世の中に知られる。
- 約40年前、焼き物で初めて国の(⑧　　　　)に指定される。

選んだ言葉に✔				
	□伊万里	□伝統的工芸品	□世界遺産	□福岡空港
	□もと	□太宰府天満宮	□民陶むら祭	□さかん

学習日　　月　　日

ぴたトリビア

佐賀県の伊万里焼は、約400年前、日本が朝鮮と戦ったときに、朝鮮半島から連れてきた人たちによって作られ、広まりました。

教科書 160〜165ページ　答え 35ページ

1 右の地図は、みんなが発表した福岡県内の知っている地域に色をぬって表しています。この地図を見て、問いに答えましょう。

(1) 県の西側にあり、太宰府天満宮など、昔にかかわるしせつがある市の名前を答えましょう。

（　　　　　）市

(2) 日本や世界の各地と飛行機で行き来ができる空港のある市の名前を答えましょう。

（　　　　　）市

(3) 焼き物がさかんな、東峰村について、正しい説明を、㋐〜㋒から選びましょう。

㋐ 県の北側に位置し、海に面していない。

㋑ 大分県とのさかいにあり、海に面していない。

㋒ 県の西側に位置し、有明海に面している。

（　　）

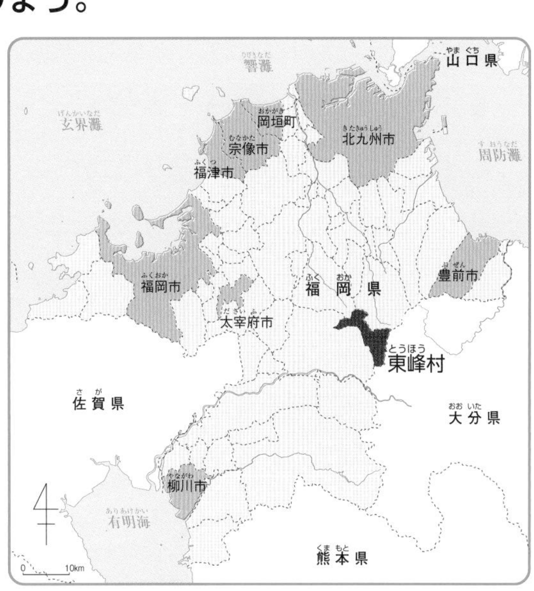

みんなが発表した福岡県内の知っている地域

2 右の年表は、小石原焼の歩みについて書かれています。この年表を見て、問いに答えましょう。

(1) 小石原焼が作られ始めたとされるのは、約何年前でしょう。

約（　　　　）年前

約350年前	小石原焼が生まれたとされる。
約70年前	小石原焼が本などでしょうかいされ、知られるようになる。
約60年前	外国の展示会で小石原焼が評価される。民陶祭(今の民陶むら祭)が始まる。
約40年前	焼き物で初めて、国の（　　）に指定される。

(2) 小石原焼は、どの国の焼き物の作り方をならったのか、今の国名を、㋐〜㋓から選びましょう。

㋐ アメリカ　㋑ フランス

㋒ 中国　㋓ ブラジル

（　　）

(3) 小石原焼が、世の中に知られるようになった理由を答えましょう。

（　　　　　　　　　　）

(4) 年表の（　　）にあてはまる言葉を答えましょう。

（　　　　）

ヒント　2 (4) 昔から伝わるぎじゅつや材料を用いて、主に手作業によって作られ、日常生活で使われている物で、国が指定します。

1 焼き物を生かしたまちづくり②

学習日　月　日

めあて
小石原焼の作り方と、よさを広めるためのくふうをたしかめよう。

教科書 166～171ページ　答え 36ページ

次の（　　）に入る言葉を、下から選びましょう。

1 小石原焼ができるまで

教科書 166～167ページ

- 小石原焼の材料は、東峰村でとれる（①　　　　）を使う。
- 小石原焼の伝統を守りながら、（②　　　　）に合うような新しいうつわづくりにもちょうせんしている。

とう土の固さがちょうどよくなるまでこねる。

（③　　　　）に練りつけて回しながら、形を作る。

ぬのやへらなどで、形を整えていく。

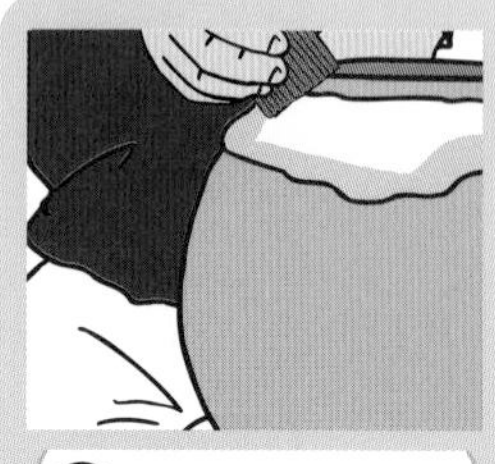

（④　　　　）をぬったあと、もようを入れる。

（⑤　　　　）で、かわかす。

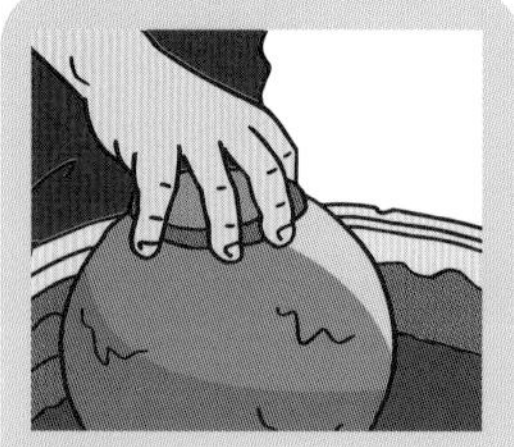

（⑥　　　　）をかける。

（⑦　　　　）で焼く。

焼きあげて、完成。

2 小石原焼のよさを広めるために

教科書 168～169ページ

小石原焼を守る取り組み

- 小石原焼を（⑧　　　　）をつのるため、全国によびかけている。
- 料理店では、小石原焼の（⑨　　　　）を使い、お客さんに小石原焼のよさを楽しんでもらっている。
- 小石原焼陶器協同組合では、小石原焼を広めるために、他の県や外国へ行って、小石原焼を（⑩　　　　）する取り組みを行っている。

いろいろな立場の人が、小石原焼のよさを広める努力をしているね。

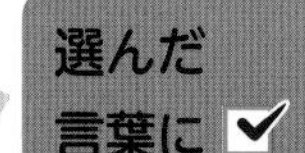

選んだ言葉に✔				
□ろくろ	□お皿や茶わん	□けしょう土	□とう土	□天日
□ゆう薬	□今の人の生活	□受けつぐ人	□かま	□しょうかい

ぴったり2 練習

学習日　　月　　日

ぴたトリビア

現在、国が指定している伝統的工芸品の品目は、240をこえていますが、多くの地域であとつぎが少ないという問題をかかえています。

教科書 166～171ページ　答え 36ページ

1 次の絵は、小石原焼ができるまでを表しています。これらの絵を見て、問いに答えましょう。

Ⓐ

Ⓘ

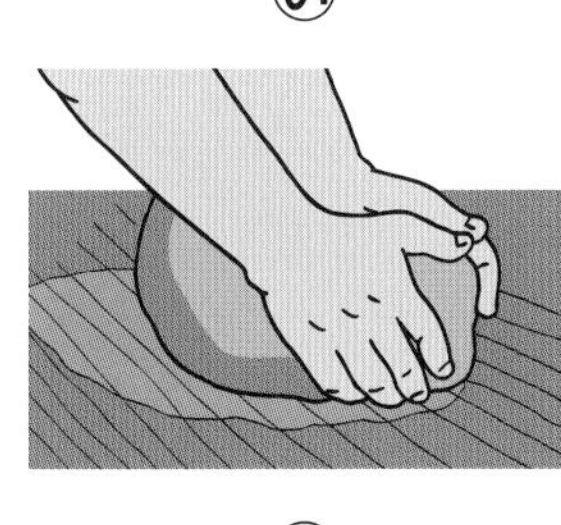

Ⓤ

Ⓔ

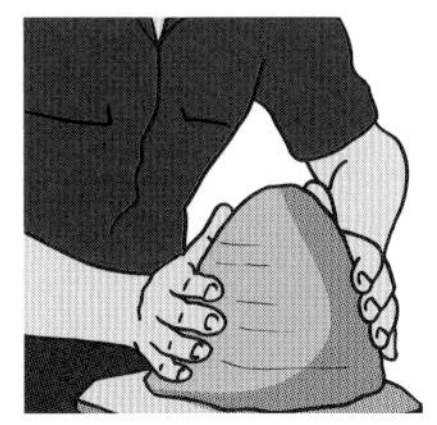

Ⓞ

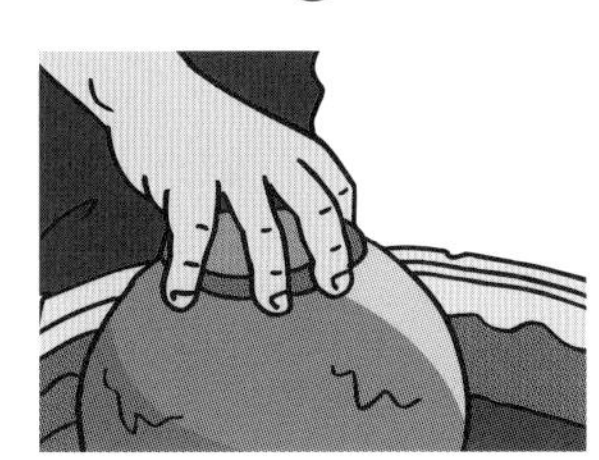

Ⓚ

(1) 次の①・②の作業にあてはまる絵を、Ⓐ～Ⓚからそれぞれ選びましょう。

① とう土を、ろくろに練りつけ、回しながら形を作る。

（　　　）

② 昔は近くの山のまきを燃料に使っていたが、今はガスや電気がまで焼く。

（　　　）

(2) Ⓐ～Ⓚを、小石原焼ができるまでの順番にならべましょう。

（　　→　　→　　→　　→　　→　　）

2 小石原焼について、現在かかえている問題点と解決への取り組みについて、表にまとめました。表の①～④にあてはまる言葉を、㋐～㋔から選びましょう。

問題点	解決への取り組み
●東峰村では、わかい人がへり、（①）が進んでいる。 ●（②）の数がへっている。 ●あとつぎがいないかま元がある。	●全国によびかけて、（③）をつのっている。 ●料理店では、小石原焼のお皿や茶わんで料理を出す。 ●他の県や外国に行き、小石原焼を（④）している。

㋐ 受けつぐ人
㋑ しょうかい
㋒ ししょう
㋓ 高れい化
㋔ かま元

①（　　　）
②（　　　）
③（　　　）
④（　　　）

ヒント ❶(2) 小石原焼は、形を整えたあと、けしょう土をぬり、天日でかわかしたあと、ゆう薬をぬって焼きます。

1 焼き物を生かした まちづくり

教科書 160〜171ページ　答え 37ページ

1 右の年表は、小石原焼の歩みについて表しています。この年表を見て、問いに答えましょう。

1つ5点（50点）

約 350 年前	㋐小石原焼が生まれたとされる。
約 70 年前	小石原焼が本などでしょうかいされ、知られるようになる。
約 60 年前	外国の展示会で小石原焼が評価される。民陶祭（今の㋑民陶むら祭）が始まる。
約 40 年前	焼き物で初めて、国の㋒伝統的工芸品に指定される。

(1) 下線部㋐について、次の文の①・②にあてはまる言葉を、㋐〜㋔から選びましょう。　技能

> 約350年前、今の佐賀県（①）市から焼き物づくりの仕事をする人をまねいて、明（今の（②））の作り方にならって焼き物を作らせた。

㋐ 福岡　㋑ 伊万里　㋒ 博多　㋓ アメリカ　㋔ 中国

①（　　）　②（　　）

(2) 下線部㋑の「民陶むら祭」を行う理由について、正しい説明には○を、まちがった説明には×をつけましょう。

①（　　）焼き物を焼くかま元がふえすぎたため。
②（　　）より多くの人に焼き物を知ってもらおうとしたため。
③（　　）国の伝統的工芸品に指定されたため。
④（　　）多くの人にたくさんの焼き物を買ってほしいため。

(3) 下線部㋒の「伝統的工芸品」について説明した次の文の①〜④にあてはまる言葉を、[　　]から選びましょう。

> 昔から伝わる（①　　　）や材料を用いて、主に（②　　　）で作られ、（③　　　）で使われている物のうち、国によって指定された工芸品のこと。
> 焼き物の他に、（④　　　）やそめ物、木工品、和紙、人形などがある。

機械　手作業　集団　日常生活　ぎじゅつ　パソコン　織物

② 次の絵は、小石原焼ができるまでを表しています。これらの絵を見て、問いに答えましょう。

1つ5点（20点）

ⓐ 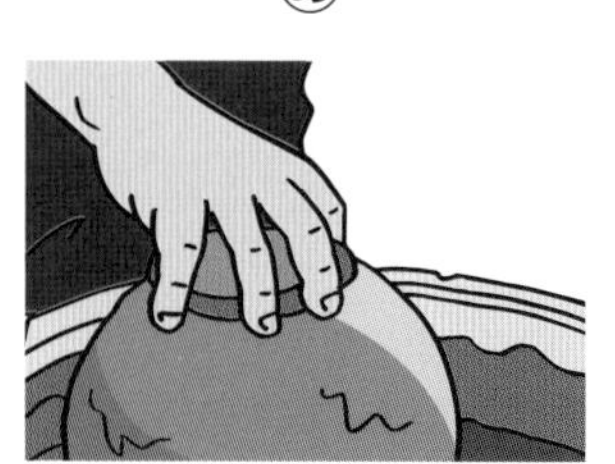
ⓘ 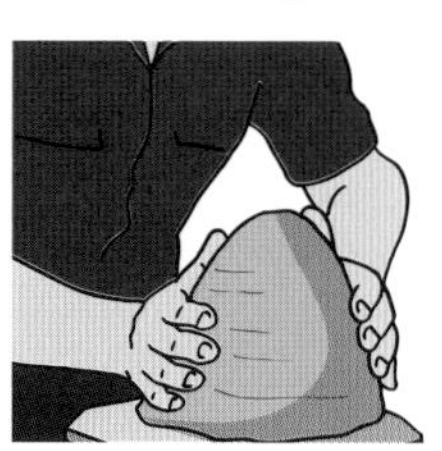
ⓤ 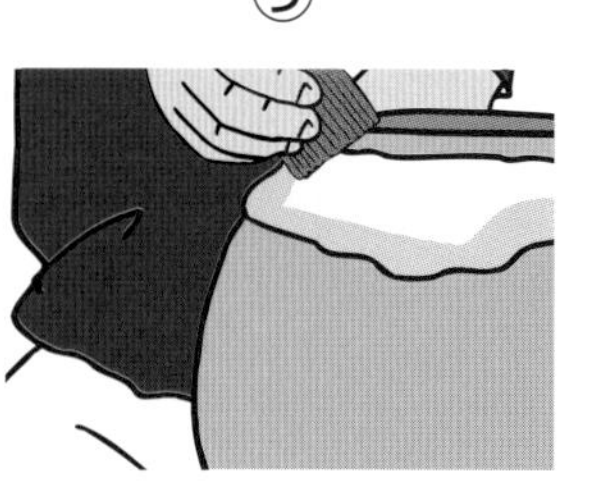
ⓔ 

(1) 小石原焼の特ちょうである、あたたかみのある色を出すために、欠かすことのできない大切な作業を、ⓐ～ⓔから２つ選びましょう。 技能

（　　　）（　　　）

(2) ⓐ～ⓔの中で、焼くためにかまに入れる直前の作業を選びましょう。

（　　　）

(3) 右の絵は、昔のかまを表しています。このかまを何とよぶか答えましょう。

（　　　　　）

③ 小石原焼とまちづくりについて、資料１・２を見て、問いに答えましょう。

(1)1つ5点、(2)20点（30点）

【資料１】 東峰村の人口の変化

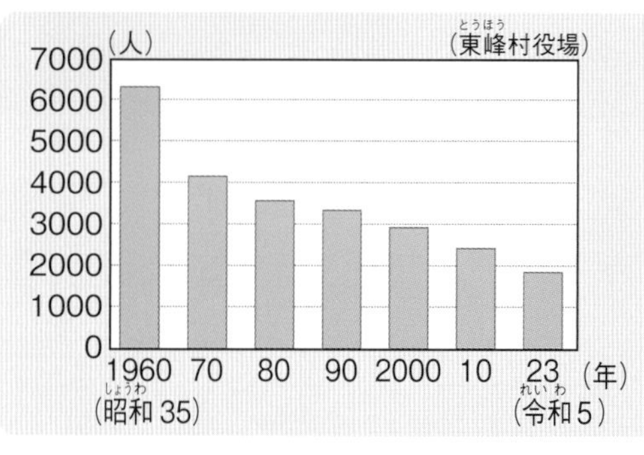

【資料２】 東峰村役場の人の話

東峰村の人口は、1960年には（①）人以上いましたが、2023年は（②）人を下回っています。小石原焼をますますさかんにしたいのですが、焼き物づくりを受けつぐわかい人もへっています。

(1) **資料１**を見て、**資料２**の①・②にあてはまる数字を答えましょう。 技能

①（　　　）②（　　　）

記述 (2) できたらスゴイ！ **資料２**の下線部の内容について、小石原焼を受けつぐため、焼き物づくりを学ぶ人に村が行っていることを、「生活に必要な費用」という言葉を使って書きましょう。 思考・判断・表現

（　　　　　　　　　　）

ふりかえり ②(2)がわからないときは、70ページの①にもどってかくにんしてみよう。

2 昔のよさを未来に伝えるまちづくり①

3分でまとめ

学習日 月 日

めあて 太宰府市に多くの史跡や文化財があるわけをたしかめよう。

教科書 176～181ページ　答え 38ページ

次の（　　）に入る言葉を、下から選びましょう。

1 昔のものが多く残る太宰府市／昔からひらかれていた太宰府市　教科書 176～179ページ

学習問題

- 太宰府市には、太宰府天満宮などの史跡の他に、仏像をはじめとする（①　　　　）がいくつもある。また、昔から続く（②　　　　）もあり、国内だけではなく、外国からも多くの（③　　　　）がおとずれる。

学習問題	太宰府市には、なぜ、（④　　　　）が多く残されているのだろう。

昔のものを残すには、理由があるはずだね。

ワンポイント 大宰府政庁と太宰府天満宮

- **大宰府政庁**…約1300年前におかれた国の（⑤　　　　）で、今の中国や朝鮮半島などの外国と交流するための仕事や、九州など広い地域をおさめるはたらきをもっていた。
- **太宰府天満宮**…「（⑥　　　　）」として知られる菅原道真をまつる神社で、昔の太宰府の様子を今に伝える数々の文化財や行事を守ってきた。

菅原道真（845～903年）

2 昔のものが守られるまでには　教科書 180～181ページ

地域の人々の変化

- 約60年前、大宰府政庁跡近くの土地で史跡や文化財の調査が始まると、土地の持ち主など、調査に（⑦　　　　）しない住民もいた。
- 調査によって、土の中から昔の中国でつくられたとされる筒や木簡などが出てくると、住民は史跡や文化財の（⑧　　　　）の大切さに気づいた。

昔の中国でつくられたとされる筒

木簡

選んだ言葉に ✓

□役所	□文化財	□賛成	□学問の神様
□祭り	□観光客	□保存	□昔のもの

ぴったり２

練習

ぴたトリビア

太宰府市をふくむ九州北部は、朝鮮半島に近いことから、米づくりや政治のしくみ、文化などが伝わってくる、外国とのげん関口でした。

学習日　　月　　日

教科書 176〜181ページ　答え 38ページ

① 右の地図を見て、問いに答えましょう。

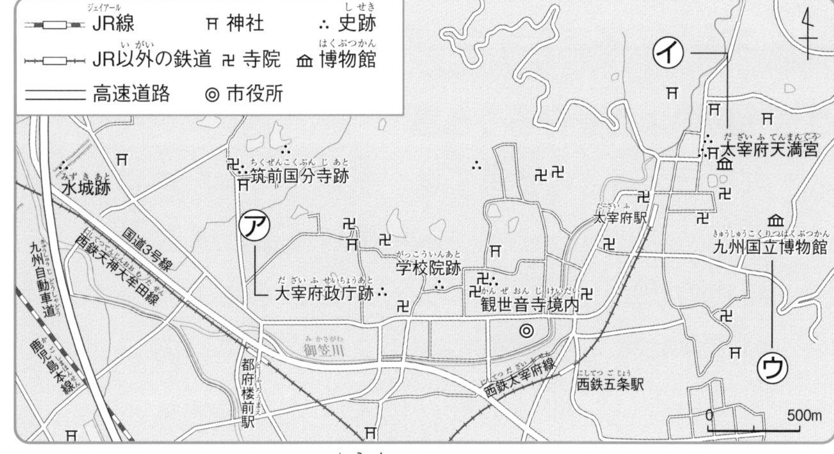

太宰府市の中心部とその周辺の地図

(1) 太宰府市の中心部とその周辺の様子について、正しい説明を、㋐〜㋓から選びましょう。

㋐ 太宰府駅の周辺500mだけに史跡が集まっている。

㋑ 史跡の他にも、寺院や神社が多い。

㋒ 国道３号線にそって、特に多くの史跡が集まっている。

㋓ 史跡は全部で３か所ある。　（　　）

(2) 次の①〜③の説明にあてはまる場所を、地図の㋐〜㋒から選びましょう。

① 約1300年前におかれた、外国と交流するための重要な仕事を行う国の役所があった。　（　　）

② 「学問の神様」として知られる菅原道真をまつっており、多くの人がおとずれる。　（　　）

③ 昔を知るための重要な物が展示されている。　（　　）

② 右の地図を見て、次の文の①〜③にあてはまる言葉を㋐〜㋕から選びましょう。

太宰府市では、太宰府市役所の（①）の広いはんいが史跡として指定された。土地の持ち主の中には土地を自由に使えなくなるため、土地の調査に（②）する人もいたが、地域の史跡や文化財の（③）の大切さに気づき、今では地域の人々によって、多くの史跡や文化財が守られている。

㋐ 南側　㋑ 反対　㋒ 北側

㋓ 賛成　㋔ 保存　㋕ 取りこわし

①（　　）　②（　　）　③（　　）

史跡の指定地域　∴ 史跡

九州自動車道

太宰府天満宮

太宰府政庁跡

0　1km

太宰府市役所

史跡に指定された地域

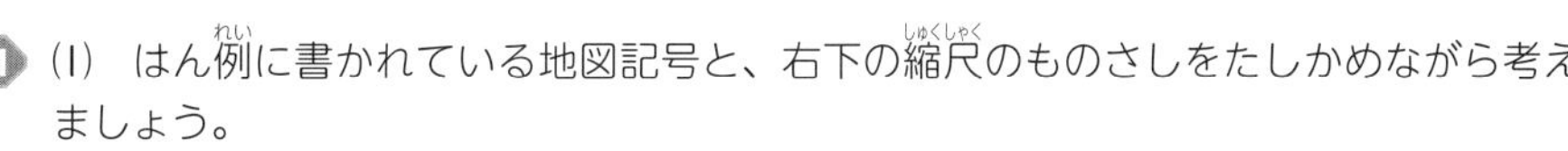

ヒント　① (1) はん例に書かれている地図記号と、右下の縮尺のものさしをたしかめながら考えましょう。

2 昔のよさを未来に伝えるまちづくり②

学習日　　月　　日

めあて
太宰府のよさを守り、未来に伝える取り組みをたしかめよう。

教科書 182～187ページ　答え 39ページ

次の（　　）に入る言葉を、下から選びましょう。

1 太宰府のよさを守るために

教科書 182～183ページ

太宰府のよさを守るくふう

- 太宰府天満宮の参道では、景観を守るために、（①　　　　）は地下にうめ、まわりの建物の（②　　　　）をおさえ、落ちついた色にするなどのルールをもうけている。
- 太宰府市は、地域が守り伝えてきた文化を（③　　　　）に認定して守っている。
- 太宰府は、1000年以上前に、外国との交流の中心地だったことが評価され、（④　　　　）に登録された。

参道の様子

2 未来に伝えたい太宰府のよさ

教科書 184～185ページ

地域の人々の取り組み

- ガイドの活動は、日本人と外国人がおたがいの（⑤　　　　）のよさを理解し合うよい機会となっている。例えば中国からの観光客には、中国語でガイドをする（⑥　　　　）活動をするなど、太宰府の歴史や文化、太宰府が昔から日本と中国が（⑦　　　　）を深めてきた場所であることを知ってもらえるようにしている。
- 太宰府天満宮や参道、九州国立博物館をおとずれる観光客に、太宰府のみりょくをさらに知ってもらうために、（⑧　　　　）を開いている。

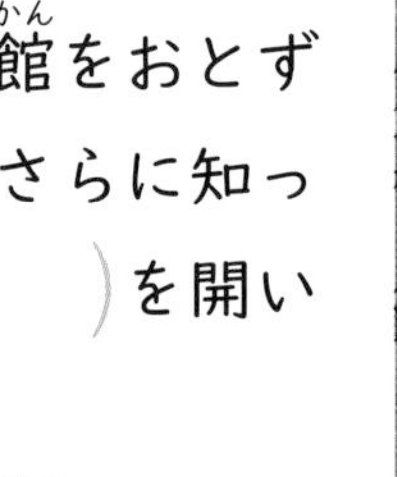

中国から来た観光客に、日本の文化を説明するガイド

寺のしき地で食事を楽しむもよおし

地域のさまざまな人たちによって、まちのよさが、守られているね。

選んだ言葉に ✔

□日本遺産	□市民遺産	□交流	□もよおし
□ボランティア	□電線	□文化	□高さ

ぴたトリビア

昔の景観を守るために、コンビニエンスストアを町なみに合わせた建物にするなど、市でルールを決めている地域が各地にあります。

教科書 182～187ページ　答え 39ページ

1 4人が絵を見ながら太宰府のよさを守り、伝えるための活動について話しています。それぞれ、どの絵を見て話しているか、㋐～㋓から選びましょう。

太宰府天満宮の近くにある寺のしき地でもよおしをすれば、太宰府の新たなみりょくが感じられるね。　①(　　　)

建物の高さをおさえ、電線を地下にうめれば、美しい参道の景観を保つことができるよ。　②(　　　)

市民が大宰府政庁跡の清掃活動をすることで、史跡をずっと守っていこうとしているね。　③(　　　)

中国から来た観光客に、中国語でガイドをすれば、日本の文化をよりわかってもらえるね。　④(　　　)

㋐

㋑

㋒

㋓

ヒント **1** 「もよおし」「建物の高さ」「清掃活動」「ガイド」といったキーワードをもとに、絵を選びましょう。

2 昔のよさを未来に伝えるまちづくり

教科書 176〜187ページ　答え 40ページ

1 よく出る 次の地図は、太宰府市の中心部とその周辺を表しています。この地図と資料を見て、問いに答えましょう。

1つ5点（40点）

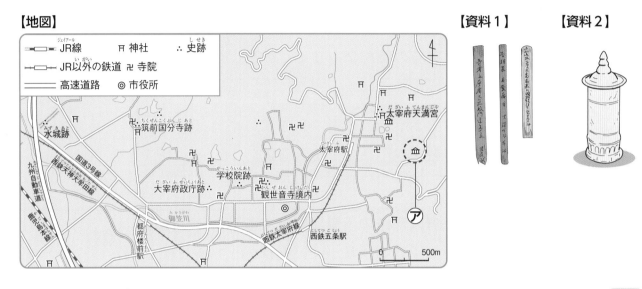

【地図】

JR線　⛩ 神社　∴ 史跡
JR以外の鉄道　卍 寺院
高速道路　◎ 市役所

水城跡　筑前国分寺跡　太宰府天満宮　太宰府駅　学校院跡　大宰府政庁跡　観世音寺境内　御笠川　都府楼前駅　西鉄五条駅　西鉄太宰府線　国道3号線　西鉄天神大牟田線　九州自動車道　鹿児島本線　ア　0　500m

【資料1】

【資料2】

(1) 地図の㋐の地図記号は、何を表しているか答えましょう。　技能

（　　　　　）

(2) 太宰府天満宮は、市役所から見てどの方位にあるか、八方位で答えましょう。

技能（　　　　　）

(3) 上の地図でしめした地域で、**資料1**のような昔の文字が書かれた木の板が土の中から出てきました。この木の板を何とよぶか答えましょう。

（　　　　　）

(4) 上の地図でしめした地域で、**資料2**のような昔の中国でつくられたとされる筒が見つかりました。このことから考えられることとして、正しい説明には○を、まちがった説明には×をつけましょう。

①（　　　）太宰府市は、昔、中国の一部だった。
②（　　　）太宰府市をおとずれる中国からの観光客がもちこんだ。
③（　　　）太宰府市では、昔、中国などの外国との交流が行われていた。
④（　　　）太宰府市には、昔、外国と交流するための重要な仕事をする国の役所があった。
⑤（　　　）太宰府天満宮は、昔、中国をふくむ広いはんいをおさめる中心地だった。

❷ 右のグラフは、太宰府市をおとずれる人の数の変化を表しています。このグラフを見て、問いに答えましょう。

(1)10点、(2)1つ5点（30点）

(1) 2019年の観光客数を答えましょう。 技能

約（　　　　）人

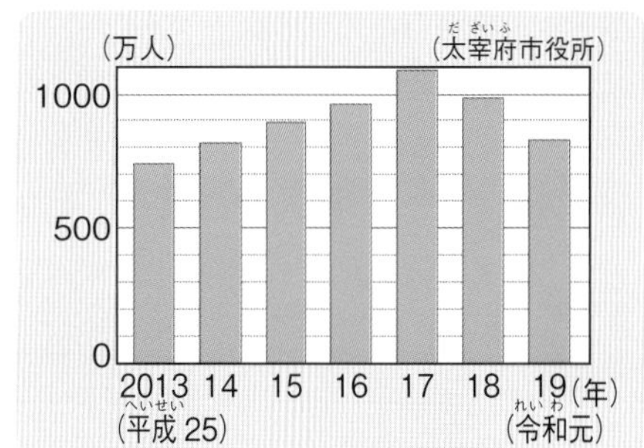

(2) グラフに関連して、市役所の人が話しています。次の文の①～④にあてはまる言葉を、㋐～㋗から選びましょう。

太宰府市には史跡や文化財が多く、市民のさまざまな活動によって、2013年から2017年まで、観光客数は（①）きました。例えば、太宰府天満宮の参道では、景観を守るために（②）を地下にうめたり、（③）の高さをおさえたりしました。また、地域が守ってきた文化を（④）に認定して守っています。

㋐ 世界遺産　㋑ 電柱　㋒ ふえて　㋓ へって　㋔ 電線
㋕ 建物　㋖ 鳥居　㋗ 市民遺産

①（　　　）②（　　　）③（　　　）④（　　　）

❸ 次の文は、太宰府の史跡の保存について説明したものです。これを読んで、問いに答えましょう。

1つ15点（30点）

約50年前、大宰府政庁跡を住宅地にするという計画がもち上がり、調査を行うことになりましたが、開発を望む土地の持ち主などの中には、①調査に賛成しない人もいました。しかし、実際に調査が進むと、昔の道具などが次々と出てきて、②住民の考えもしだいに変わっていきました。

記述 (1) できたらスゴイ！ 下線部①のように、調査に反対する人がいた理由を、次の言葉に続くように、[　　]の言葉を使って書きましょう。 思考・判断・表現

自由　使う

● 調査の結果、自分の土地が史跡に指定されてしまうと、

（　　　　　　　　　　　　　　　　）から。

記述 (2) できたらスゴイ！ 下線部②のように、住民の考えが変わった理由を、次の言葉に続くように、[　　]の言葉を使って書きましょう。 思考・判断・表現

保存

● 調査で昔のものが次々と出てくると、開発よりも

（　　　　　　　　　　　　　　　　）と思う人がふえたから。

ふりかえり ❸(2)がわからないときは、74ページの❷にもどってかくにんしてみよう。

せんたく

6. わたしたちの県のまちづくり

2 自然を生かしたまちづくり

学習日　　月　　日

めあて
岡垣町の自然を生かした町づくりの様子をたしかめよう。

教科書 188〜197ページ　答え 41ページ

次の(　　)に入る言葉を、下から選びましょう。

1 海と山にかこまれた岡垣町／アカウミガメを守る地域の人々

教科書 188〜191ページ

学習問題	岡垣町は、なぜ、アカウミガメがやってきたり、びわづくりがさかんだったりするのだろう。

町の人々の取り組みを調べてみよう。

- アカウミガメの多くは、生まれたすなはまに帰ってきて産卵するが、産卵場所の上を(①　　　　)が走ったり、動物が地中のたまごをほり返したりすることがある。また、すなはまが(②　　　　)によってけずられる問題もある。
- 町では、たまごを守るために、産卵場所に(③　　　　)を立てたり、海に(④　　　　)を置いたりしている。
- 岡垣町では、住民や小中学生による海岸の(⑤　　　　)を行って、アカウミガメのふるさとである海岸を守っている。

2 自然のよさを生かしたびわづくり／「海がめもかえる町」のまちづくり

教科書 192〜195ページ

- 岡垣町のびわは「高倉びわ」とよばれ、100年以上もつくられ続けてきた町の**特産物**である。
- びわ農家の多くは(⑥　　　　)で、山のしゃ面を行き来する作業が大変なため、びわづくりを(⑦　　　　)人が出てきている。
- 岡垣町のびわの生産量は、(⑧　　　　)おり、びわ畑の面積もへっている。
- 岡垣町のびわ農家は、町と協力して、びわづくりを受けつぎたいという人をつのり、びわ農家を(⑨　　　　)取り組みを行っている。
- 岡垣町では、給食の調理で使った食用油を、そのまま川や海に流さずに回収し、固形の(⑩　　　　)を作り、海を守っている。

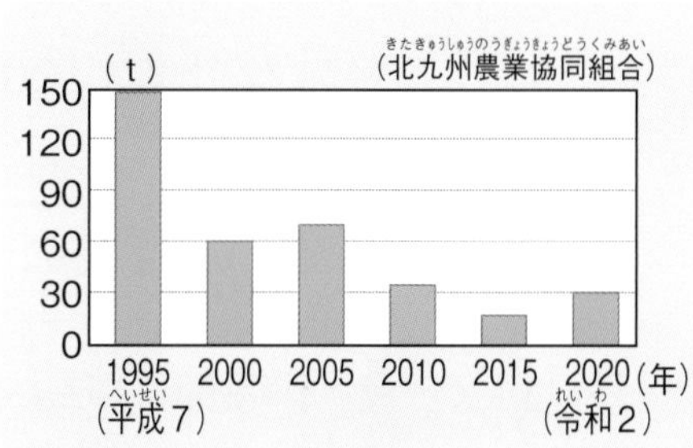

高倉びわの生産量

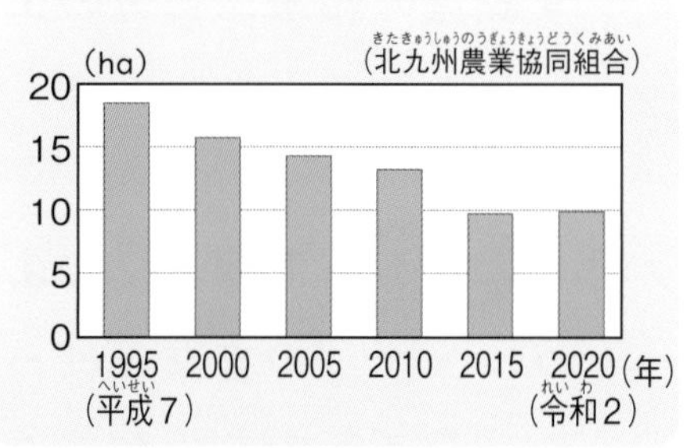

びわ畑の面積

選んだ言葉に ✓	□やめる	□波	□防護さく	□高れい者	□石けん
	□育てる	□へって	□清掃活動	□波よけブロック	□自動車

ぴたトリビア

日本一大きな琵琶湖（滋賀県）がよごれたとき、住民は湖をよごすせんざいの使用をやめ、「石けん運動」を行って、琵琶湖をきれいにしました。

教科書 188～197ページ　答え 41ページ

1 岡垣町のアカウミガメを守る地域の取り組みについて、次の文や絵を見て、問いに答えましょう。

岡垣町のすなはまには、アカウミガメが産卵に来ます。しかし、①動物が地中のたまごをほり返したり、②波によってすなはまがけずられたりするため、町の人たちは、アカウミガメが安心して産卵に来られるすなはまを整えるための取り組みをしています。

(1)　右の絵は、アカウミガメを守る取り組みの一つです。何をしている様子か、かんたんに答えましょう。

（　　　　）

(2)　上の文の下線部①・②から、たまごを守るために町の人が行っていることを、それぞれ㋐～㋔から選びましょう。

㋐　固形石けんをつくる。
㋑　海に波よけブロックを置く。
㋒　産卵場所に防護さくを立てる。
㋓　すなはまに木を植える。
㋔　すなはまにアカウミガメのえさを置く。

①（　　）　②（　　）

2 岡垣町のびわ農家について、正しいものには○を、まちがっているものには×をつけましょう。

①（　　）農家は、びわの畑を農家がはたらきやすい海ぞいに移動した。
②（　　）びわの生産量がへっているので、農家の高れい化が進んだ。
③（　　）畑のある山のしゃ面を行き来するなどの作業が大変なので、やめる農家が出てきた。
④（　　）びわ畑の面積はふえているが、農家がへっているため、生産量もへってきた。
⑤（　　）町は、びわづくりを受けつぐ人をつのって、びわ農家を育てる取り組みを行っている。
⑥（　　）農家はびわづくりをあきらめ、新しい作物をつくる研究を始めて、新しい特産物をつくろうとしている。

ヒント　2　岡垣町のびわ農家の多くは高れい者です。びわ畑は、山のしゃ面にあるため、畑への行き来は高れい者にとって負担が大きいです。

2 自然を生かしたまちづくり

教科書 188～197ページ　答え 42ページ

1 次の資料を見て、問いに答えましょう。

1つ10点、(1)1つ5点（45点）

【資料1】 岡垣町役場の人の話

岡垣町の（①）側には、山が連なっていて、町全体には（②）が広がっています。また、町役場の（③）側にある海岸には、毎年アカウミガメが産卵に来るので、産卵できるかんきょうを整えるさまざまな取り組みが行われています。

【資料2】 岡垣町の土地の様子と土地利用

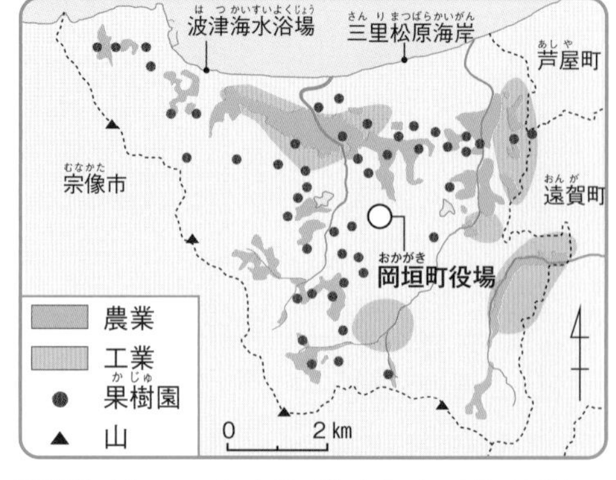

【資料3】 アカウミガメを守る取り組み

【資料4】 アカウミガメを守る取り組み

(1) **資料1**の①～③にあてはまる言葉を、**資料2**を参考に㋐～㋔から選びましょう。

㋐ 東　㋑ 西　㋒ 北　㋓ 工場　㋔ 果樹園　**技能**

①（　　）②（　　）③（　　）

(2) **資料1**の下線部について、次の文の①・②にあてはまる言葉を答えましょう。

● アカウミガメのたまごをほり返す動物がいるので、**資料3**のような①（　　　　）を置いている。また、たまごをうみやすいすなはまにするため、**資料4**のような②（　　　　）をしている。

記述 (3) 岡垣町について調べたあおいさんは、アカウミガメがやってくる理由を次のようにまとめました。（　）にあてはまる言葉を「協力」という言葉を使って書きましょう。

思考・判断・表現

アカウミガメが岡垣町のすなはまにやってきて産卵するのは、岡垣町の自然と（　　　　　　　　）があるからだと思いました。

2 よく出る 次のグラフを見て、問いに答えましょう。

1つ5点（30点）

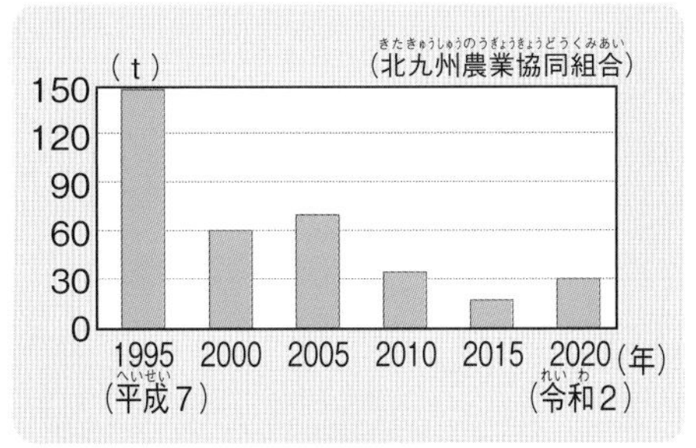

高倉びわの生産量

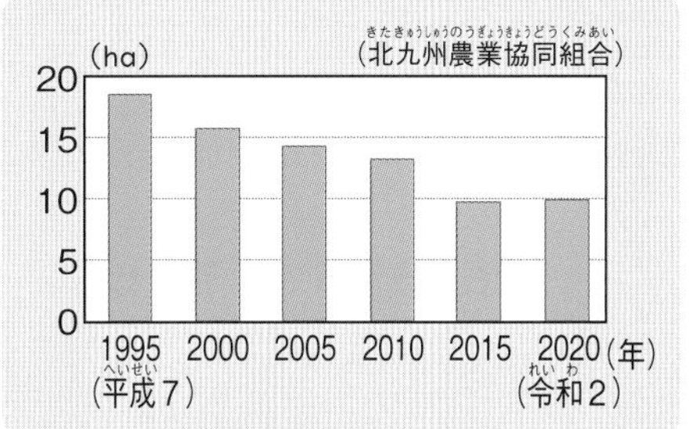

びわ畑の面積

(1) 上のグラフからわかることについて、正しいものには○を、まちがっているものには×をつけましょう。 技能

①（　　）びわの生産量は、1995年から2020年までの間、おおまかに見ればへってきている。

②（　　）1995年のびわの生産量は、2020年の約4倍である。

③（　　）2020年のびわ畑の面積は、1995年よりもふえている。

④（　　）1995年はびわ畑の面積が広く、生産量も25年間で最も多い。

⑤（　　）びわ畑の面積がふえているので、生産量もふえている。

(2) 岡垣町では、100年以上つくり続けてきたびわを未来に残すため、どのような取り組みをしていますか。次の文の（　）にあてはまる言葉を考えて書きましょう。

● びわづくりを受けつぎたいという人をつのり、びわ農家を（　　　　）取り組みを行っている。

3 右の地図を見て、問いに答えましょう。

(1)1つ5点、(2)15点（25点）

(1) びわ畑がある場所について、次の文の①・②にあてはまる数字を答えましょう。

● びわ畑のある場所は、主に標高①（　　）から②（　　）mの間である。

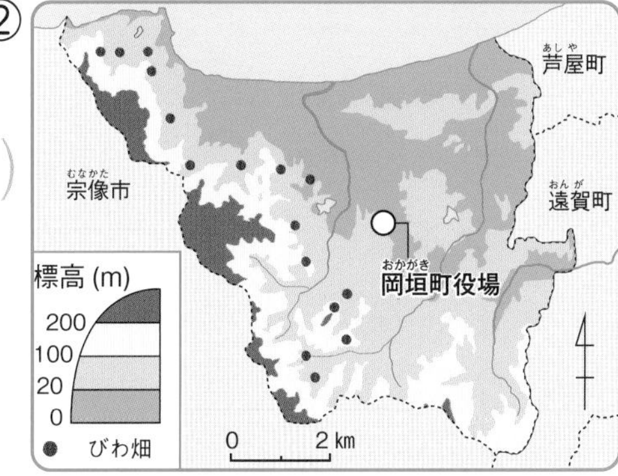

びわ畑のある場所と岡垣町の地形

記述 (2) できたらスゴイ！ 高れい者が多いびわ農家の中には、びわづくりをやめる人もいます。その理由を、びわ畑のある場所に注目して答えましょう。

技能　思考・判断・表現

（　　　　　　　　　　　　　　　　）

ふりかえり 3(2)がわからないときは、80ページの2にもどってかくにんしてみよう。

ぴったり1 じゅんび

3分でまとめ

6. わたしたちの県のまちづくり

3 国際交流がさかんなまちづくり

学習日　　月　　日

めあて
福岡市で国際交流がさかんなわけをたしかめよう。

教科書 200〜211ページ　答え 43ページ

次の(　　)に入る言葉を、下から選びましょう。

1 多くの人がおとずれる福岡市／二つのげんかん

教科書 200〜203ページ

学習問題

- 福岡市では、外国からも選手が参加する(①　　　　)の大会や祭りを通して、**国際交流**が行われている。
- 会場となる大型のしせつがあるため、(②　　　　)も多く開かれている。

学習問題	福岡市では、なぜ国際交流がさかんなのだろう。

福岡市と飛行機や船でつながる主な国や地域※

※福岡空港は左の地図でしめされた地域以外に、ホノルル（アメリカ合衆国）とも結ばれています。

外国を結ぶ交通

- (③　　　　)は、アジアのいろいろな都市と飛行機でつながり、(④　　　　)と韓国のプサン（釜山）市とは、高速船で結ばれている。

2 アジアの中の福岡市／交流を続けていくために

教科書 204〜207ページ

- 福岡市では、「アジアンパーティ」というもよおしや、「博多どんたく港まつり」などを通して、国際交流を行っている。
- 特に、福岡市と近い(⑤　　　　)や韓国との交流が昔からさかんである。
- 福岡市は、八つの外国のまちと(⑥　　　　)や友好都市の関係を結んでいる。
- さまざまな国や地域から来る子どもたちを(⑦　　　　)として受け入れたり、バス乗り場の案内を(⑧　　　　)で表示したりしている。

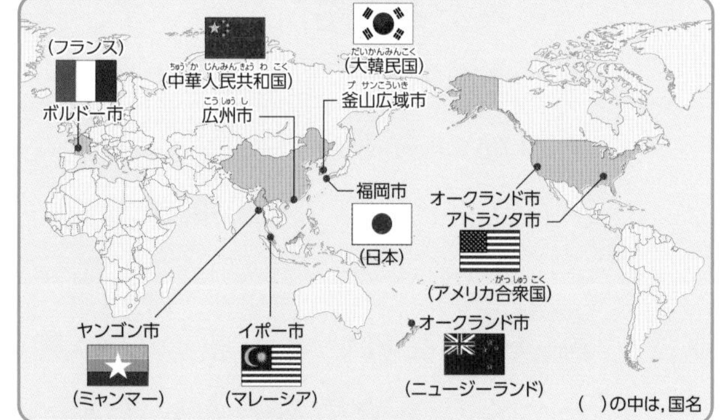

福岡市の姉妹都市や友好都市

選んだ言葉に✓				
	□姉妹都市	□福岡空港	□国際会議	□中国
	□スポーツ	□博多港	□外国語	□ホームステイ

学習日　　月　　日

ぴたトリビア

約750年前、福岡県の博多湾に、元という国の大軍が２度せめこんできました。日本の兵士の戦いや暴風雨のおかげで、元軍は去りました。

教科書 200～211ページ　答え 43ページ

1 右の地図を見て、問いに答えましょう。

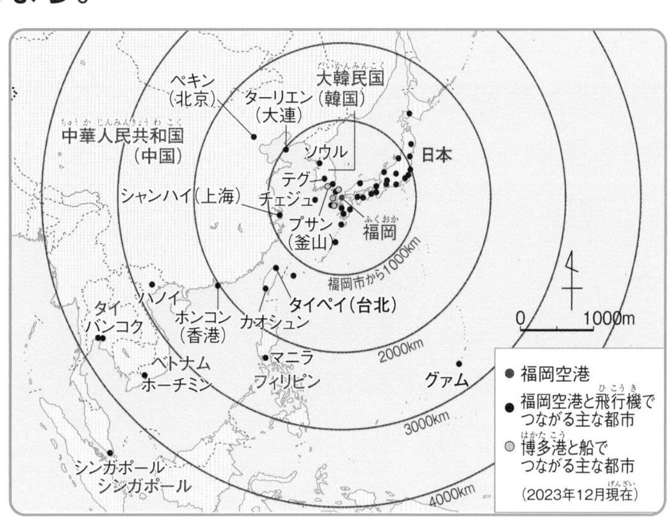

(1) 博多港から高速船で約３時間で結ばれている外国の都市をカタカナで答えましょう。

(　　　　　　　　)

(2) 福岡空港と飛行機で結ばれているホンコンまでのきょりを答えましょう。

約(　　　　　　　　)km

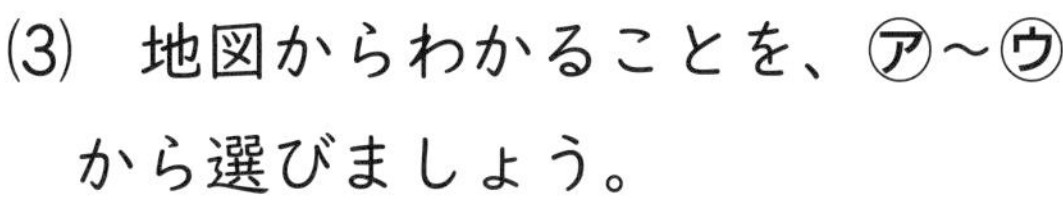

(3) 地図からわかることを、㋐～㋒から選びましょう。

㋐ 福岡空港から飛行機で行ける都市は、すべて3000km以内である。

㋑ 福岡県と最も近い韓国は、1000km以上はなれている。

㋒ 福岡空港と飛行機で結ばれている中国の最も近い都市は、福岡市から1000km以内である。

(　　　　)

2 福岡市で行われている国際交流について、４人が話しています。正しい取り組みには○を、まちがったものには×をつけましょう。

「博多どんたく港まつり」には、アジアの国から来た人々がパレードに参加しているよ。　①(　　　)

外国の人は、バスの案内が日本語なので、乗り方がわからないみたいだよ。　②(　　　)

日本にいる外国人は、日本の生活習慣にすべてしたがう必要があるよ。　③(　　　)

外国の生活習慣を知ることも、国際交流をするうえで、大切だよ。　④(　　　)

ヒント 1 (2)(3) 地図にかかれた赤い円は、福岡市を中心にした円です。円にかかれたきょりを見て答えましょう。

6. わたしたちの県のまちづくり

3 国際交流がさかんなまちづくり

教科書 200～211ページ　答え 44ページ

1 よく出る 右の地図を見て、問いに答えましょう。

技能 1つ5点（40点）

(1) プサン（釜山）と高速船で結ばれている福岡市にある港の名前を答えましょう。

（　　　　　）

(2) 福岡空港から飛行機で結ばれている外国の都市のうち、福岡市から3000 km ～4000 km にある都市を2つ答えましょう。

（　　　　　）

（　　　　　）

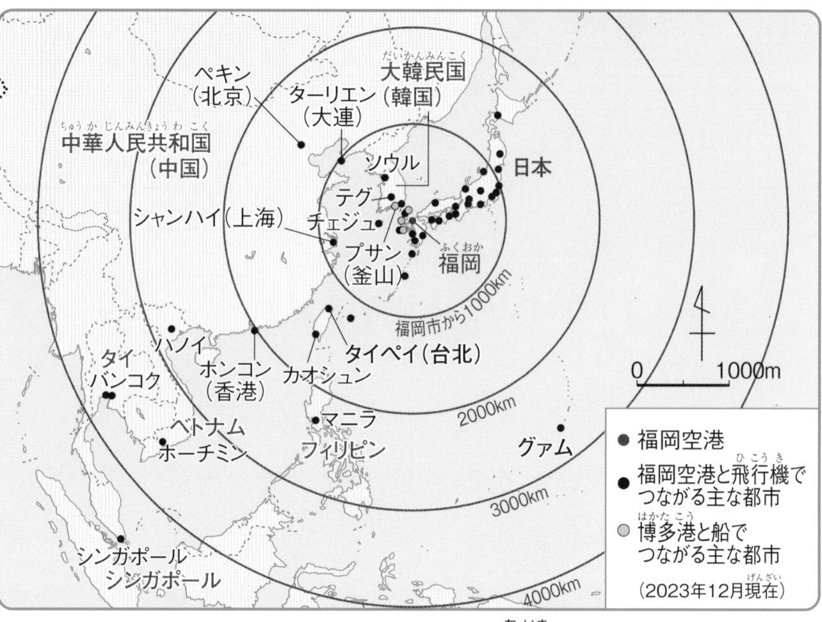

福岡市と飛行機や船でつながる主な国や地域

(3) 右の資料は、福岡空港から入国した外国人の数を表しています。表の①は日本に最も近い国で、②はとても面積の大きな国です。それぞれの国名を地図に書かれている国名で答えましょう。

国名	入国者数(人)
①	1057845
②	775515
タイ	58056
フィリピン	44789
マレーシア	36225
その他	169526

（2019 年　法務省）

①（　　　　　）　②（　　　　　）

(4) 地図にしめされた地域を何とよぶか、カタカナ 3 文字で答えましょう。

（　　　　　）

(5) 右の資料は、国内の主な都市で行われる国際会議の数を表しています。福岡市での数が多い理由を、㋐～㋓から 2 つ選びましょう。

行われる都市	件数
東京(23 区)	561
神戸市	438
京都市	383
福岡市	313
横浜市	277

（2019 年　日本政府観光局）

㋐ 福岡市には、外国と行き来ができる空港や港があるから。

㋑ 福岡市で、博多どんたく港まつりや福岡国際マラソンが行われるから。

㋒ 福岡市には、会議会場となる大型のしせつがあるから。

㋓ 福岡市には、全国で最も多くの外国人が住んでいるから。

（　　　　）（　　　　）

2 右の地図は、福岡市と交流している外国のまちを表しています。この地図を見て、問いに答えましょう。

1つ10点、(3)1つ5点（50点）

(1) 地図を見て、次の文の①～③にあてはまる言葉や数字を答えましょう。 技能

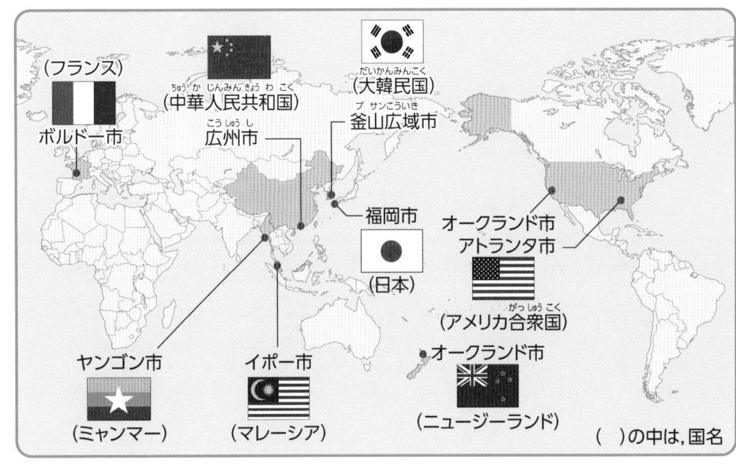

●福岡市とまちぐるみで、交流することをみとめた外国の都市を（①）、または友好都市とよぶ。福岡市は（②）か国にある（③）つの都市と、このような関係を結んでいる。

①（　　　）　②（　　　）　③（　　　）

(2) 福岡市では、地図で表した国々の子どもを市民の家で生活体験させる取り組みをしています。このような取り組みを何とよぶか答えましょう。

（　　　）

(3) 外国の人を自分の住むまちによぶときに、気をつけなければならないことを、㋐～㋕から２つ選びましょう。

㋐ 相手の国の国旗を大切にする。

㋑ 相手の国の料理は、口に合わないはずなので、食べないほうがよい。

㋒ 言葉が通じないときは、会話をあきらめるのがよい。

㋓ 着物や和食など、日本の文化を教えてあげるとよい。

㋔ 日本にいるのだから、相手の生活習慣を知る必要はない。

㋕ 宗教上の理由で、ぶた肉を食べられない外国人には、日本のぶた肉を食べるようにすすめるとよい。

（　　　）（　　　）

記述 3 できたらスゴイ！ 福岡県柳川市では、右の写真のようなバッジを、市内をおとずれる外国人につけてもらう取り組みをしています。この取り組みを行う理由を、次の文に続けて答えましょう。

思考・判断・表現 （10点）

●市をおとずれる外国人には、日本語を勉強してくる人がいて、そのような人にバッジをわたしています。なぜなら、

（　　　）

ふりかえり ❶(5)がわからないときは、84ページの❶にもどってかくにんしてみよう。

この本の終わりにある「春のチャレンジテスト」をやってみよう！

この本の終わりにある「学力しんだんテスト」をやってみよう！

4年のふく習
都道府県名や地方区分名をさがそう！

下の100マスの漢字を、たて、または横に読んで、次の地名をさがしましょう。

① 47都道府県名
② 8地方名のうちの7つ(都道府県名とちがう地方名)。
③ 日本の4つの大きな島のうち、いちばん大きな島。
④ 残った漢字を組み合わせると、ある県の県庁所在地名になります。何県ですか。

沖	縄	北	九	州	富	徳	島	福	井
群	鳥	海	中	国	山	梨	大	分	青
馬	取	道	岩	手	屋	広	阪	神	森
静	岡	栃	木	山	形	島	根	奈	良
和	山	口	福	岡	高	熊	石	川	名
歌	近	畿	岐	愛	知	本	州	茨	新
山	香	川	阜	媛	四	国	宮	城	潟
東	中	部	滋	東	埼	長	崎	秋	鹿
京	都	佐	賀	北	玉	野	古	田	児
千	葉	関	東	三	重	兵	庫	福	島

同じ漢字を重ねて
使うこともできるよ。

都道府県名を見つけ
たら、下の地図のその
都道府県に色をぬって
いこう。

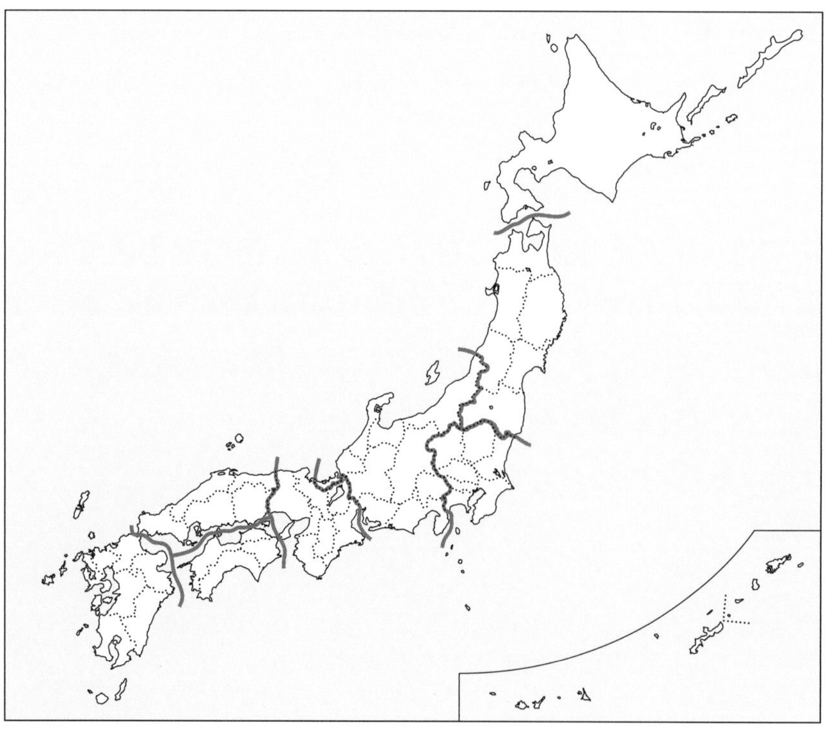

答え

沖	縄	北	九	州	富	徳	島	福	井
群	鳥	海	中	国	山	梨	大	分	青
馬	取	道	岩	手	屋	広	阪	神	森
静	岡	栃	木	山	形	島	根	奈	良
和	山	口	福	岡	高	熊	石	川	名
歌	近	畿	岐	愛	知	本	州	茨	新
山	香	川	阜	媛	四	国	宮	城	潟
東	中	部	滋	東	埼	長	崎	秋	鹿
京	都	佐	賀	北	玉	野	古	田	児
千	葉	関	東	三	重	兵	庫	福	島

①赤線
②青線
③緑線
④愛知県
（残った漢字は名古屋）

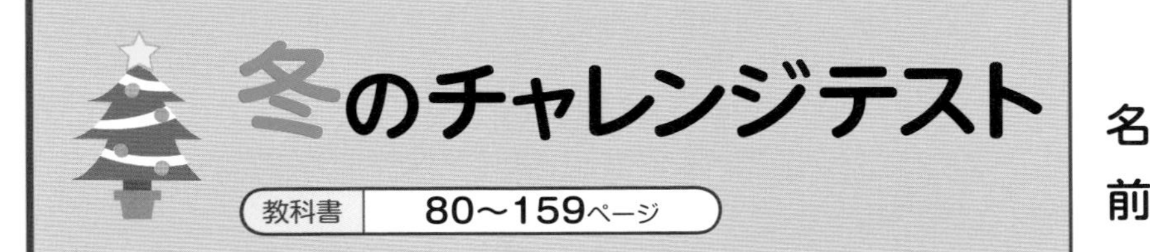

冬のチャレンジテスト

教科書 80〜159ページ

名前　　　　月　　日

時間 40分

知識・技能	思考・判断・表現	ごうかく80点
/70	/30	/100

答え47ページ

1については学習の状況に応じてA〜D、**4**についてはA〜Eのうちのどれかを選んでやりましょう。

知識・技能　70点

1のA　(　)にあう言葉を、□から選びましょう。　1つ8点(24点)

・(①)には、地震が起こったときに、市や県などがどのように協力するかが定められている。

・地域の取り組みとして、災害時に使う食料や発電機などをおさめた(②)がある。

・家庭でも、家をじょうぶにしたり、災害時に必要な食料を準備したりするなど、地震への(③)が必要である。

ハザードマップ　防災倉庫　地域防災計画　そなえ

①(　　　)　②(　　　)

1のC　有珠山のまわりの地域の取り組みについて、正しい文には○を、まちがっている文には×をつけましょう。　1つ8点(24点)

① 噴火にそなえて、まわりの市や町が、共同で火山防災マップを作成している。

② この地域のハザードマップには、火山灰がふるおそれのある場所が書かれている。

③ 有珠山のまわりの市や町は、合同ではなく別々にひなん訓練をするようにしている。

①□　②□　③□

1のD　雪の災害の特ちょうを、①〜④から3つ選びましょう。　1つ8点(24点)

① 雪の重みで、家がこわれるおそれがある。

② 道路に雪が積もり、自動車が通行できなくなる。

3 次の問いに答えましょう。

(1)10点、(2)12点(22点)

(1) 阿波人形浄瑠璃のように、古くから伝わる芸術やぎのうを何といいますか。

(　　　　)

(2) ふたたび阿波人形浄瑠璃を行うようになった農村舞台がふえてきたわけを、「新しい使い方」という言葉を使い、右の絵を参考にして書きましょう。

バレエの発表に使われる農村舞台

(　　　　)

思考・判断・表現　30点

4のA 次の問いに答えましょう。

(1)10点、(2)20点(30点)

(1) 土地に手を入れて、新たに田を開くことを何といいますか。

(　　　　)

(2) 見沼新田は、右の★

4のC 次の杉浦健造と杉浦三郎の年表を見て答えましょう。

(1)10点、(2)20点(30点)

年	できごと
1913年	杉浦健造と三郎が病気の原因であるミヤイリガイの駆除を始め、地域の協力者がふえていく。
1925年	県、市町村と住民が一体となった、病気をなくすための組織ができ、やがて国も協力する運動となる。
1933年	杉浦健造がなくなる。
1977年	杉浦三郎がなくなる。
1996年	この病気が日本国内から完全に消えたことが発表される。

(1) 杉浦健造と三郎が取り組んだことを、㋐～㋒から選びましょう。

㋐ 水路を整えた　㋑ 貝を育てた

㋒ 病気をなくそうとした

[　　]

(2) 三郎がなくなったあと、どのような人たちが(1)の取り組みに長い期間協力しましたか。

(　　　　)

4のD 次の問いに答えましょう。

(1)10点、(2)20点(30点)

(1) 伊波普猷が研究した「おもろ」とは、何のことでのような、２つの用水路にはさまれた土地に開かれました。このような場所に新田を開いた理由を書きましょう。

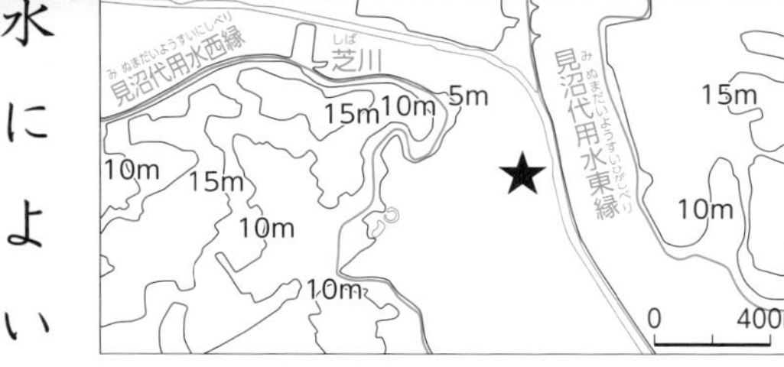

（　　　　　　　　　　）

4のB　次の問いに答えましょう。

(1)10点、(2)20点(30点)

(1)　小笠原東陽が、神奈川県藤沢市のあたりで初めてつくったものを、㋐～㋒から選びましょう。

㋐　ダム　　㋑　病院

㋒　学校

(2)　東陽が村の親たちを集めて行ったことを、「入学」という言葉を使って書きましょう。

（　　　　　　　　　　）

すか。

（　　　　　　　　　　）

(2)　普猷は、どのようにして沖縄の文化のすばらしさを多くの人に知らせましたか。「発表」という言葉を使って書きましょう。

（　　　　　　　　　　）

4のE　中山久蔵について、次の問いに答えましょう。

(1)10点、(2)20点(30点)

(1)　中山久蔵が米作りを成功させた場所を、㋐～㋒から選びましょう。

㋐　外国　　㋑　北海道　　㋒　沖縄

(2)　右の絵を見て、川から田までの水路のきょりを長くしている理由を書きましょう。

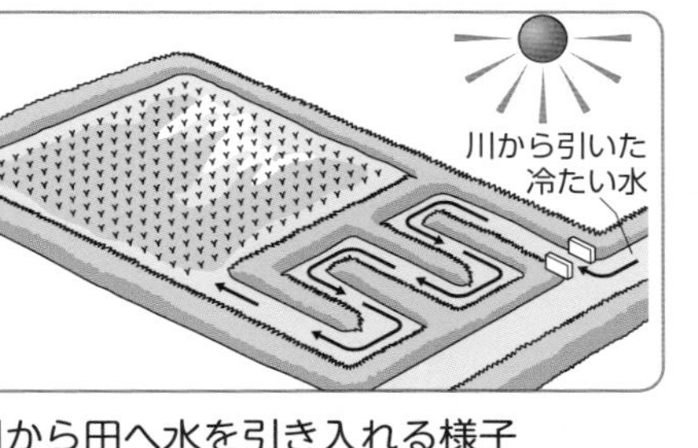

川から田へ水を引き入れる様子

（　　　　　　　　　　）

③（　　　　　）

1 **のB（　）にあう言葉を、□から選びましょう。**

1つ8点(24点)

・（ ① ）には、水害が起こったときに、市や県などがどのように協力するかが書かれている。

・地域の取り組みとして、水害時に使うシャベルやくい、なわなどを入れた（ ② ）がある。

・過去に起こった水害を知ることも、水害への（ ③ ）として大切である。

ハザードマップ　水防倉庫　地域防災計画　そなえ

①（　　　　　）　②（　　　　　）

③（　　　　　）

③ 雪の災害のあとに、津波が起こる。

④ 雪おろしをしている人が屋根から転落することがある。

□　□　□

2 **次の問いに答えましょう。**

1つ8点(24点)

(1) 徳島県徳島市の年中行事である「阿波おどり」のように、古くから伝わる特別な行事を何といいますか。

（　　　　　）

(2) 阿波おどりが長く続いてきたのはなぜですか。その理由を㋐～㋒から2つ選びましょう。

㋐ おどりの見せ方をくふうしてきたから。

㋑ 地域の人たちだけが見ることができる、特別なおどりとして守られてきたから。

㋒ 自由におどりに入って、みんなでいっしょに楽しめるから。

□　□

うらにも問題があります。

春のチャレンジテスト

教科書 160～211ページ

月　日

名前

時間 40分

知識・技能	思考・判断・表現	ごうかく80点
／60	／40	／100

答え49ページ

2については、学習の状況に応じてA・Bどちらかを選んでやりましょう。

知識・技能 60点

1 福岡県東峰村で行われている㋐～㋕の小石原焼づくりの絵を見て、あとの問いに答えましょう。

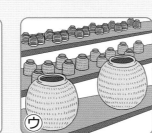

1つ4点、(3)10点(完答)(26点)

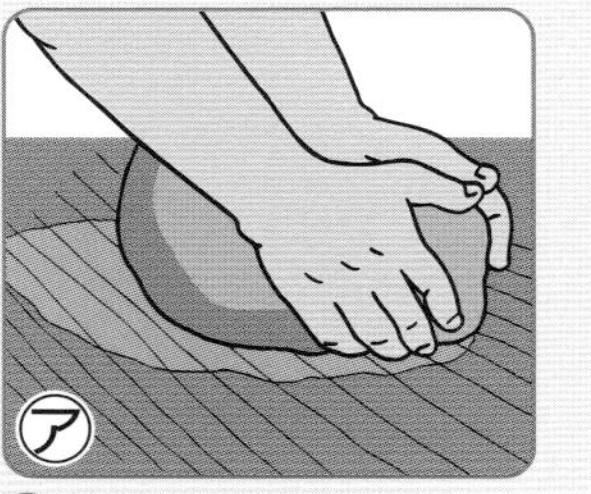

㋐ とう土をこねる

㋑ かまで焼く

㋒ 天日でかわかす

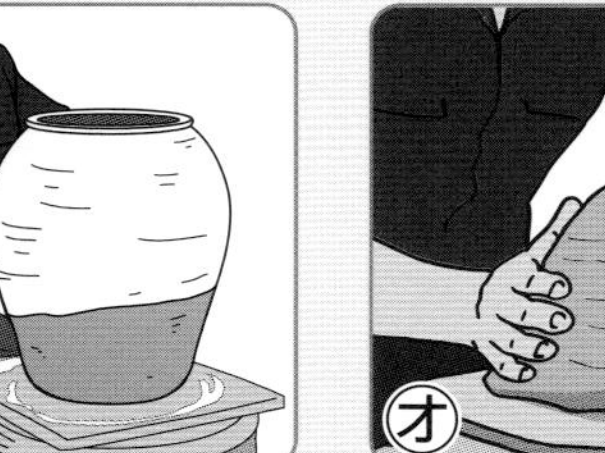

㋓ けしょう土をぬる

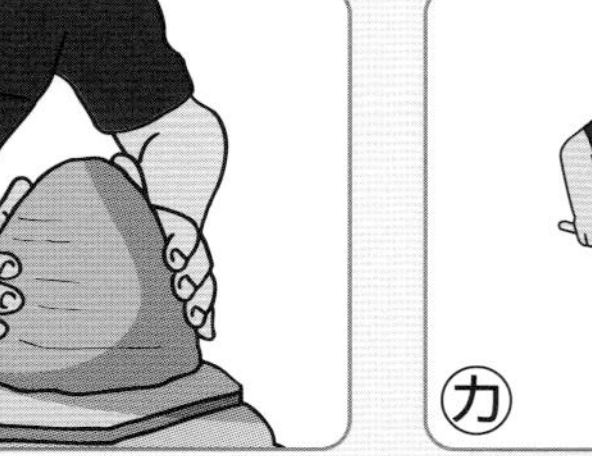

㋔ ろくろで形を作る

㋕ ゆう薬をかける

(1) 昔から伝わるぎじゅつや材料を使って、主に手作

2のA 次の問いに答えましょう。

1つ4点、(2)10点(34点)

(1) 福岡県太宰府市に残るものを説明した文の、(　)にあう言葉を□から選びましょう。

・大宰府政庁跡の辺りから、木の板に文字を書いて記録するための(①)が出土した。

・(②)は「学問の神様」をまつっている。

・(③)は、安全や幸福を願って行われる。

観世音寺　太宰府天満宮　木簡　おにすべの祭り

①(　　)　②(　　)

③(　　)

(2) 大宰府政庁跡から、昔の中国でつくられたとされる筒が見つかったわけを、「交流」という言葉を

2 のB　次の問いに答えましょう。

(1)1つ5点、(2)1つ3点(34点)

(1)　右の地図を参考に、福岡県岡垣町を説明した文の(　)にあう言葉を、□から選びましょう。

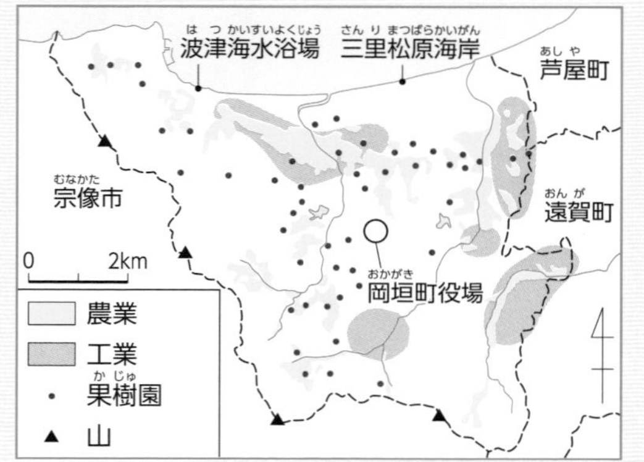

岡垣町の土地の様子と土地利用

・(　①　)に川が流れ、町の北側にはきれいな(　②　)があり、絶滅危惧種の(　③　)が産卵にやって来る。
・町全体に(　④　)が広がっている。
・町の南側と(　⑤　)に山がある。

果樹園　アカウミガメ　南北　海　西側　東側

①(　　　)　②(　　　)
③(　　　)　④(　　　)
⑤(　　　)

3 表を見て、問いに答えましょう。

1つ8点(24点)

国名	入国者数（人）
韓国	1057845
(　　)	775515
タイ	58056
フィリピン	44789
マレーシア	36225
その他	169526

福岡空港から入国した外国人の数

国名	入国者数（人）
(　　)	450037
韓国	81499
アメリカ	4657
イギリス	2895
カナダ	1652
その他	11810

博多港から入国した外国人の数

(2019年　法務省)

(1)　表中の(　)には同じ国が入ります。その国名を□から選びましょう。

ロシア　中国　ブラジル

(　　　)

(2)　福岡市には、飛行機と船のうち、どちらでやって来る外国人のほうが多いですか。

(　　　)

(3)　(1)の国と韓国（大韓民国）からの入国者が多いのはなぜですか。□の言葉のうちどちらかを使って、

(2) 岡垣町のまちづくりの絵にあう説明文を、㋐〜㋒から選びましょう。

① 

② 

③ 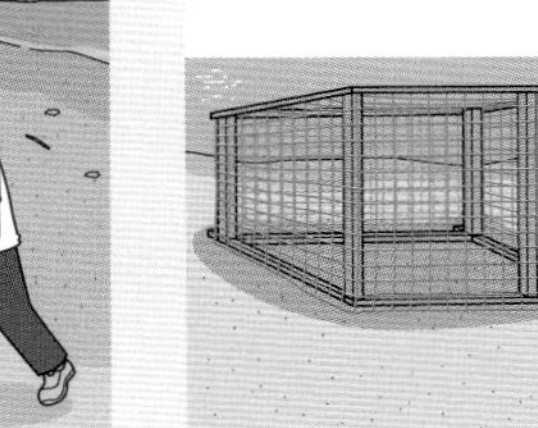

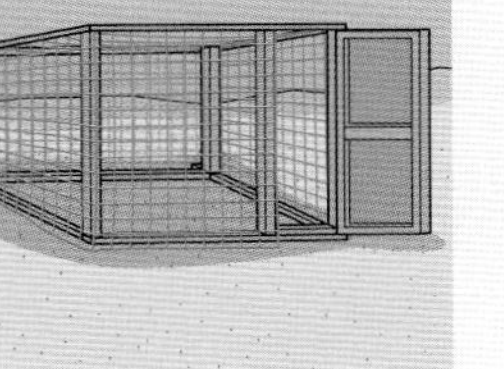

㋐ ウミガメのたまごを守るため、海岸(かいがん)に防護(ぼうご)さくを立てたり、波よけブロックを海に置(お)いている。

㋑ 町でとれるびわの葉から作ったお茶や果物(くだもの)、ジャムなどの特産品(とくさんひん)を売り出している。

㋒ 住民などが集まって、海岸の清掃(せいそう)活動を行っている。

そのわけをかんたんに書きましょう。

遠い　近い

（　　　　）

4 国際交流(こくさいこうりゅう)について答えましょう。

1つ8点(16点)

(1) 国を表す印(しるし)として使われる旗(はた)のことを何といいますか。

（　　　　）

(2) 福岡市では、イスラム教の人のためのレストランガイドをつくっています。これはどのような目的でつくられていますか。

（　　　　）

来てつくられる焼き物や織物などのうち、国からの指定を受けたものを何といいますか。（　　　　）

(2) 次の（　）にあう言葉を□から選びましょう。

・かま元の数や東峰村の人口が（ ① ）いるため、全国に小石原焼を（ ② ）をつのったり、焼き物のよさを（ ③ ）にもしょうかいしたりして、守り伝えようとしている。

受けつぐ人　へって　外国　ふえて

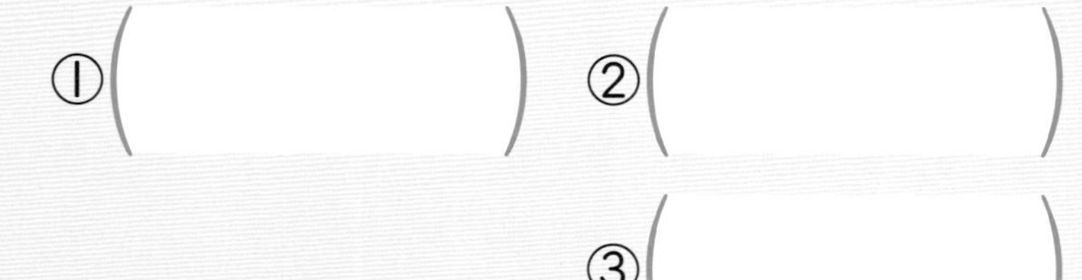

①（　　　）　②（　　　）　③（　　　）

(3) ㋑～㋕を、焼き物がつくられる順にならべかえましょう。

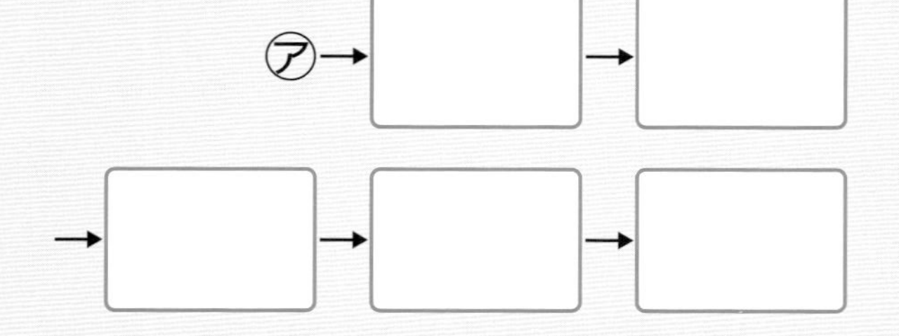

㋐→□→□→□→□→□

使って書きましょう。

（　　　　）

(3) 次の太宰府市の文化財などを守る取り組みの絵にあう説明文を、㋐～㋒から選びましょう。

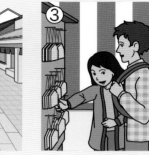

㋐ 太宰府の参道のまわりの店は、建物の高さをおさえたり、電線を地下にうめたりしている。

㋑ 外国から来た観光客に、その国の言葉でガイドをしている。

㋒ 寺のしき地で食事を楽しめるようにし、寺の新しいよさを伝えている。

うらにも問題があります。

4年 社会のまとめ 学力しんだんテスト

名前　　　　　　月　　日

時間 40分　ごうかく70点　／100

答え51ページ

1については、学習の状況に応じてA・Bどちらかを、**2**についてはA～Cから選んでやりましょう。

1のA　ごみのしょりについて、(　)にあう言葉を書きましょう。③はカタカナで書きましょう。

1つ5点(15点)

・もえるごみは、(①)に運ばれてしょりされ、はいになる。はいは(②)にうめられたり、アスファルトの材料などに再利用される。使わなくなったものを原料にもどして、ふたたび使えるようにすることを(③)という。

①(　　　)　②(　　　)

③(　　　)

1のB　下水しょりについて、次の文にあう言葉を

2のB　次の文にあう発電方法を、㋐～㋔から選びましょう。

1つ5点(15点)

① 水不足のとき、必要なだけの発電ができない心配がある。 [　]

② 広い土地や家の屋根などに、パネルを置いて発電する。 [　]

③ ウランを燃料とした発電で、はいき物の取りあつかいがむずかしい。 [　]

㋐ 火力発電　㋑ 水力発電　㋒ 太陽光発電

㋓ 原子力発電　㋔ 風力発電

2のC　ガスについて、(　)にあう言葉を㋐～㋔からそれぞれ選びましょう。

1つ5点(15点)

・家で使われるガスには、(①)からつくられる都市ガスと、プロパンガスなどからつくられる(②)がある。

・どちらも(③)とよばれるしげんで、かぎりがある。

㋐ 天然ガス　㋑ 化石燃料　㋒ LPガス

5 次の地図を見て、答えましょう。

1つ3点(24点)

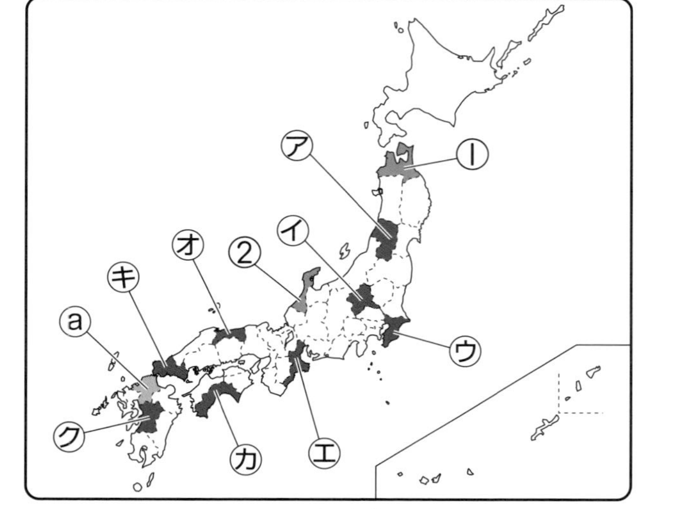

(1) 日本には、いくつの都道府県がありますか。数字で答えましょう。
(　　　　　)

(2) ⓐの県からみて北海道はどの方位にありますか。八方位で書きましょう。
(　　　　　)

(3) 次の2つの文は、ある都道府県について説明しています。それぞれの都道府県名を書きましょう。

① 日本一大きな湖である琵琶湖がある。
(　　　　　)

6 次の問いに、答えましょう。

1つ6点、(3)12点(30点)

(1) Ⓐの宮城県の地図から読み取れることとして正しいものを、㋐～㋓から2つ選びましょう。

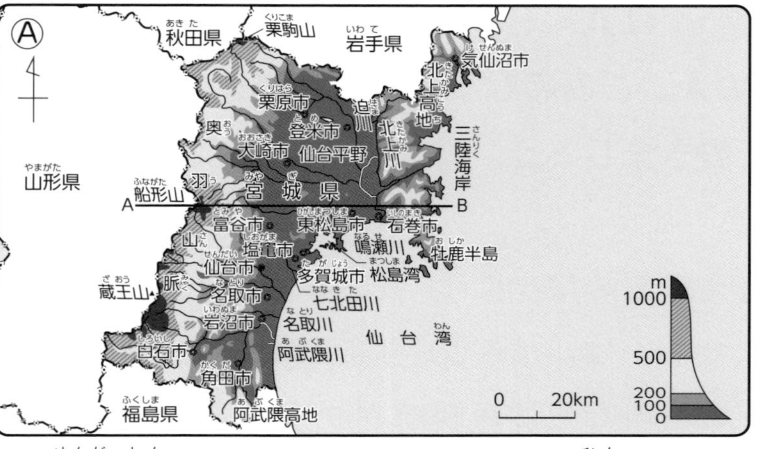

㋐ 仙台湾に面した地いきは土地が低くなっている。

㋑ 栗原市は海に面している。

㋒ 県の北には、阿武隈川が流れている。

㋓ 県の西の方は、山が多く見られる。

(2) Ⓐの地図中のA－Bの断面図として正しいものを、㋐～㋒から選びましょう。

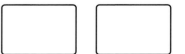

② 日本の首都があり、名前に方位の一つがふくまれている。（　　　）

(4) 地図中の①・②の都道府県名を、□からそれぞれ選びましょう。

栃木県	石川県	福井県	青森県	岩手県

①（　　　）②（　　　）

(5) 次の□の説明すべてにあう都道府県を、地図中の㋐～㋗から選びましょう。また、その都道府県庁所在地名を書きましょう。

・海に面している。
・都道府県名に動物の名前がつかない。
・都道府県名と都道府県庁所在地名がことなる。

記号□　都道府県庁所在地（　　　）

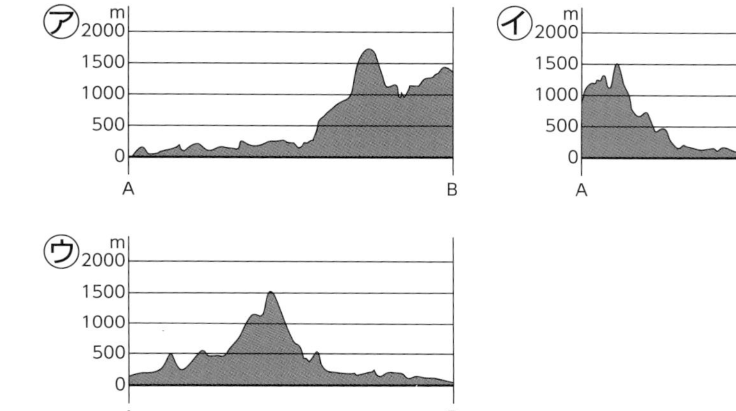

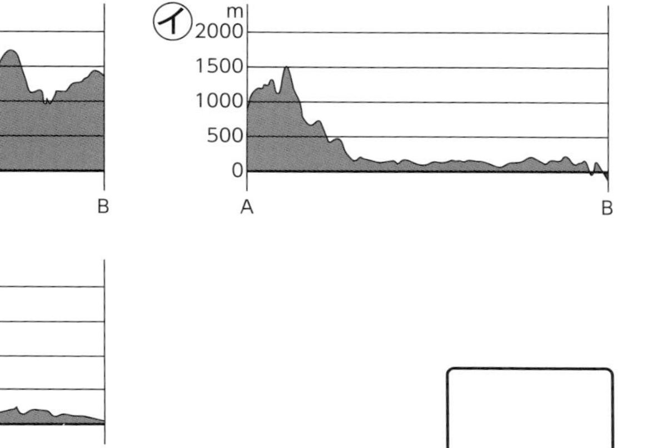

□

(3) Ⓑの地図は、宮城県の土地利用図です。この地図とⒶの地図をもとに、宮城県の土地利用の特色を、土地の高さに注目して１つ書きましょう。

（　　　）

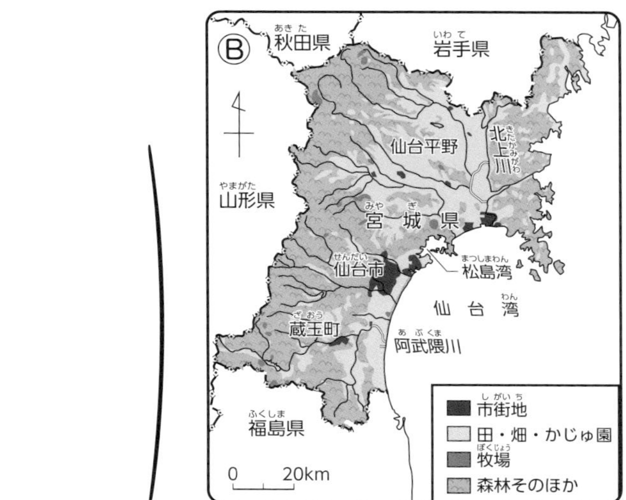

㋐・㋑からそれぞれ選びましょう。　1つ5点(15点)

・下水は、①{　㋐川　・　㋑下水道管　}を通って水再生センターに運ばれ、しょりされる。しょりされた水は②{　㋐川や海に放流　・　㋑飲み水に　}している。また、③{　㋐トイレ　・　㋑プール　}の水などにも利用している。

①　②　③

2 のA　水について、正しいものには○を、まちがっているものには×をつけましょう。　1つ5点(15点)

① じょう水場は川から水を取り入れて、安全できれいな水をつくっている。

② 雨水をたくわえることから、湖は「緑のダム」とよばれる。

③ 安全な水をたくわえておくため、ダムでは毎日、水質けんさをしている。

㋓　二酸化炭素　　㋔　石油

①　②　③

3 伝統的な産業について、正しいものには○を、まちがっているものには×をつけましょう。

1つ2点(6点)

① 工場で機械を使って、大量に生産されている。

② 原料の多くは、地いきで手に入れやすいものを使っている。

③ 一人前の職人(ぎじゅつ者)を育てるのに、長い年月がかかる。

4 次の写真のように、市民と外国人住民が共に防災活動について学ぶ理由を、かん単に書きましょう。　1つ10点(10点)

写真提供：仙台観光国際協会

(　　　　　　　　)

うらにも問題があります。

教科書ぴったりトレーニング

丸つけラクラクかいとう

教育出版版
社会４年

この「丸つけラクラクかいとう」はとりはずしてお使いください。

「丸つけラクラクかいとう」では問題と同じ紙面に、赤字で答えを書いています。

①問題がとけたら、まずは答え合わせをしましょう。

②まちがえた問題やわからなかった問題は、てびきを読んだり、教科書を読み返したりしてもう一度見直しましょう。

おうちのかたへ では、次のようなものを示しています。

- 学習のねらいやポイント
- 他の学年や他の単元の学習内容とのつながり
- まちがいやすいことやつまずきやすいところ

お子様への説明や、学習内容の把握などにご活用ください。

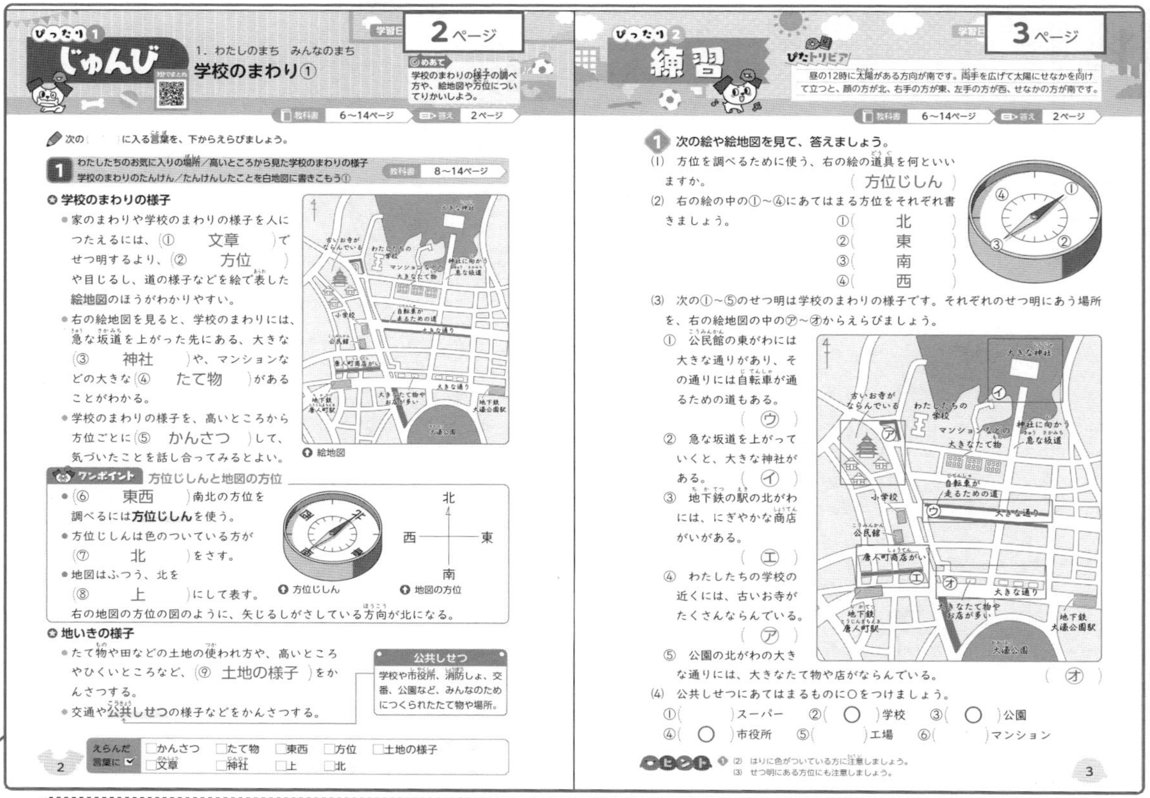

見やすい答え

ぴったり1 じゅんび　1. わたしのまち　みんなのまち　学校のまわり①　2ページ

めあて　学校のまわりの様子の調べ方や、絵地図や方位についてりかいしよう。

教科書　6～14ページ　答え　2ページ

次の　に入る言葉を、下からえらびましょう。

1 わたしたちのお気に入りの場所／高いところから見た学校のまわりの様子　学校のまわりのたんけん／たんけんしたことを白地図に書きこもう①　教科書 8～14ページ

学校のまわりの様子

- 家のまわりや学校のまわりの様子を人につたえるには、①（文章）でせつ明するより、②（方位）や目じるし、道の様子などを絵で表した絵地図のほうがわかりやすい。
- 右の絵地図を見ると、学校のまわりには、急な坂道を上がった先にある、大きな③（神社）や、マンションなどの大きな④（たて物）があることがわかる。
- 学校のまわりの様子を、高いところから方位ごとに⑤（かんさつ）して、気づいたことを話し合ってみるとよい。

絵地図

ワンポイント　方位じしんと地図の方位

- ⑥（東西）南北の方位を調べるには方位じしんを使う。
- 方位じしんは色のついている方が⑦（北）をさす。
- 地図はふつう、北を⑧（上）にして表す。

右の地図の方位の図のように、矢じるしがさしている方向が北になる。

方位じしん　地図の方位　北　西　東　南

地いきの様子

- たて物や田などの土地の使われ方や、高いところやひくいところなど、⑨（土地の様子）をかんさつする。
- 交通や公共しせつの様子などをかんさつする。

公共しせつ　学校や市役所、消防しょ、交番、公園など、みんなのためにつくられたたて物や場所。

えらんだ言葉に✓　かんさつ　文章　たて物　神社　東西　上　方位　北　土地の様子

2

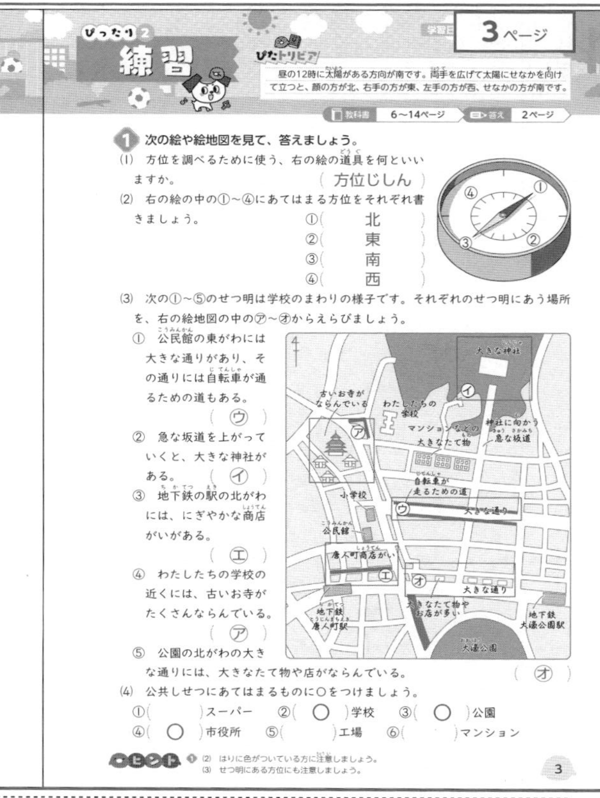
ぴったり2 練習　3ページ

ぴたトリビア　昼の12時に太陽がある方向が南です。両手を広げて太陽にせなかを向けて立つと、顔の方が北、右手の方が東、左手の方が西、せなかの方が南です。

教科書　6～14ページ　答え　2ページ

1 次の絵や絵地図を見て、答えましょう。

(1) 方位を調べるために使う、右の絵の道具を何といいますか。（方位じしん）

(2) 右の絵の中の①～④にあてはまる方位をそれぞれ書きましょう。①（北）②（東）③（南）④（西）

(3) 次の①～⑤のせつ明は学校のまわりの様子です。それぞれのせつ明にあう場所を、右の絵地図の中のア～オからえらびましょう。

① 公民館の東がわには大きな通りがあり、その通りには自転車が通るための道もある。（ウ）

② 急な坂道を上がっていくと、大きな神社がある。（イ）

③ 地下鉄の駅の北がわには、にぎやかな商店がいがある。（エ）

④ わたしたちの学校の近くには、古いお寺がたくさんならんでいる。（ア）

⑤ 公園の北がわの大きな通りには、大きなたて物や店がならんでいる。（オ）

(4) 公共しせつにあてはまるものに○をつけましょう。

①（　）スーパー　②（○）学校　③（○）公園　④（○）市役所　⑤（　）工場　⑥（　）マンション

ヒント　1 (2) はりに色がついている方に注意しましょう。(3) せつ明にある方位にも注意しましょう。

3

できたかな？

□方位じしんで、色のついている方の方位を言ってみよう。
□公共しせつはどのような場所か、せつ明してみよう。

おうちのかたへ

おうちのかたへ　東西南北の方位については、東と西がおぼえにくいので注意してください。また、地図を見る際、「学校は駅の上にあるね」など「上下左右」を使わず、「学校は駅の北にあるね」など「東西南北」を使うとよいでしょう。

くわしいてびき

練習　3ページ

1 (2)方位じしんは、色がついている方が北をさします。また、北、南、東、西の４つの方位を四方位といいます。

(3)①は公民館と自転車が通るための道、②は急な坂道と大きな神社、③は地下鉄の駅と商店がい、④はわたしたちの学校の近くの古いお寺、⑤は公園と大きなたて物や店をヒントにして、絵地図をよく見ましょう。

(4)公共しせつは、国や都道府県、市区町村がみんなのためにつくったしせつのことです。みんなから集めたお金でつくられているという特ちょうがあります。公共しせつのれいとして、学校、市役所、けいさつしょ、消防しょ、公民館、じどう館、公園などがあります。スーパーや工場、マンションは、国や都道府県、市区町村がつくるものではなく会社がつくるものなので、公共しせつにはあてはまりません。

※紙面はイメージです。

広げてみよう、市から県へ
みりょくがいっぱい！知りたいな、47都道府県

◎めあて 全国にはどのような都道府県があるのか、また、地方区分についてたしかめよう。

教科書 8～13ページ　答え 2ページ

次の（　）に入る言葉や数字を、下から選びましょう。

1 広げてみよう、市から県へ／みりょくがいっぱい！知りたいな、47都道府県　教科書 8～13ページ

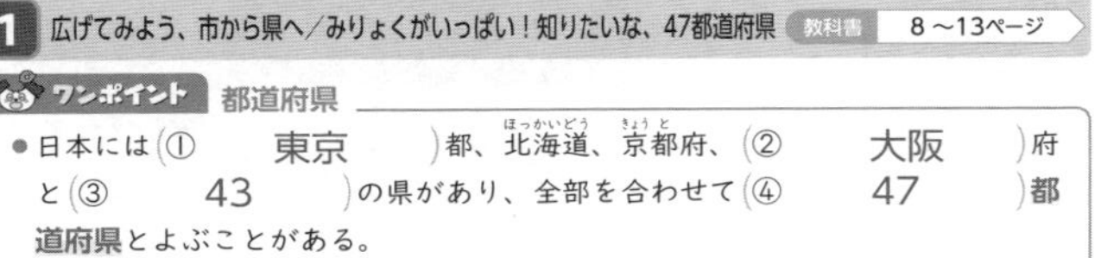
ワンポイント　都道府県

●日本には（① 東京 ）都、北海道、京都府、（② 大阪 ）府と（③ 43 ）の県があり、全部を合わせて（④ 47 ）都道府県とよぶことがある。

地方

●全国は８つの**地方**に分けることができる。北から順に北海道地方、東北地方、日本の首都である東京都がある（⑤ 関東 ）地方、中部地方、京都府や大阪府のある（⑥ 近畿 ）地方、中国地方、四国地方、沖縄県をふくむ（⑦ 九州 ）地方である。

都道府県クイズ

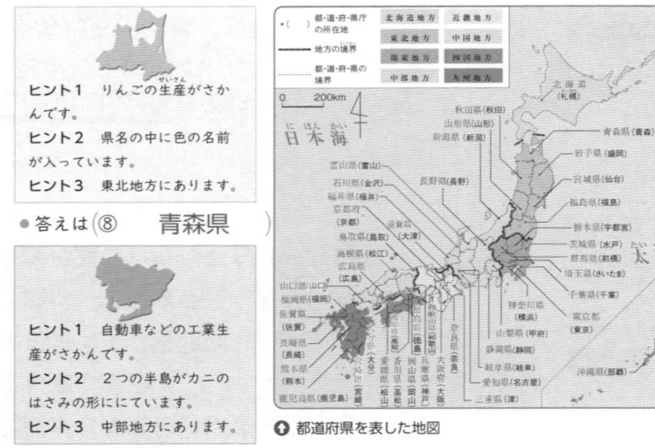

ヒント１　りんごの生産がさかんです。
ヒント２　県名の中に色の名前が入っています。
ヒント３　東北地方にあります。

●答えは（⑧ 青森県 ）

ヒント１　自動車などの工業生産がさかんです。
ヒント２　２つの半島がカニのはさみの形ににています。
ヒント３　中部地方にあります。

●答えは（⑨ 愛知県 ）

都道府県を表した地図

選んだ言葉に✔　□大阪　□九州　□東京　□愛知県　□47　□近畿　□関東　□青森県　□43

教科書 8～13ページ　答え 2ページ

1 次の地図を見て、問いに答えましょう。

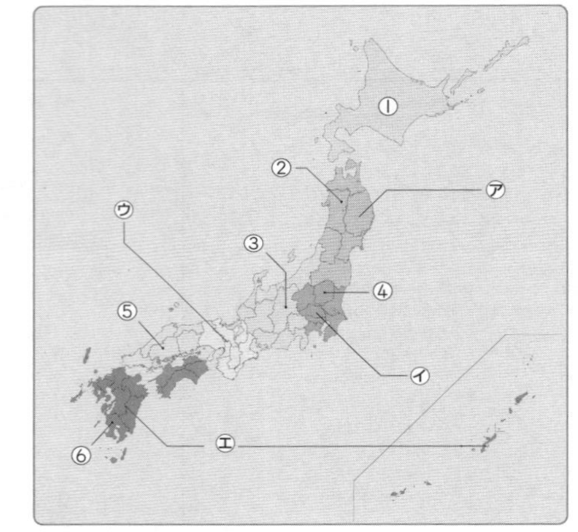

都道府県を表した地図

(1) 上の地図の①～⑥にあてはまる都道府県の名前を書きましょう。
①（ 北海道 ）②（ 秋田県 ）③（ 長野県 ）
④（ 栃木県 ）⑤（ 広島県 ）⑥（ 鹿児島県 ）

(2) 上の地図のア～エにあてはまる地方の名前を書きましょう。
ア（ 東北 ）地方　イ（ 関東 ）地方
ウ（ 近畿 ）地方　エ（ 九州 ）地方

(3) 「高知県」の説明として正しいものを、あ～えから選びましょう。
あ　四国地方の北部にある。
い　太平洋に面していて、「へ」の字の形ににている。
う　四国地方にあって、日本海に面している。
え　九州地方にあって、太平洋に面している。
（ い ）

ヒント　1 (3) 都道府県の位置をしめすには、太平洋側なのか日本海側なのか、海に面していないのか、また、どのような形をしているのかをたしかめるようにしましょう。

できたかな？

□47都道府県の位置と名前、８つの地方の名前を言ってみよう。

おうちのかたへ

都道府県名は、４年生の初めに覚えておくことを勧めます。まずは、自分の住む地方の都道府県から覚え、だんだんと覚える範囲を広げていくとよいでしょう。同時に、南北に長い県、太平洋に面している県、海に面していない内陸県など、大まかな特徴を押さえておくと、これからの学習がスムーズに進みます。余裕があれば、都道府県庁所在地名まで覚える範囲を広げましょう。

練習　3ページ

1 (1)①北海道は最も北にあり、面積が最も大きいです。
②秋田県は日本海につき出た男鹿半島が特ちょう的な県です。
③長野県は海に面していない県で、８つの県に囲まれています。
④栃木県は海に面していません。
⑤広島県は瀬戸内海に面していて、たくさんの島がある県です。
⑥鹿児島県は中央に鹿児島湾があり、桜島が特ちょう的な県です。
(2)中国地方と四国地方を合わせて、中国・四国地方とよぶ場合もあります。
(3)高知県は四国地方の南部にあり、太平洋に面した県なので、あうえはあやまりです。

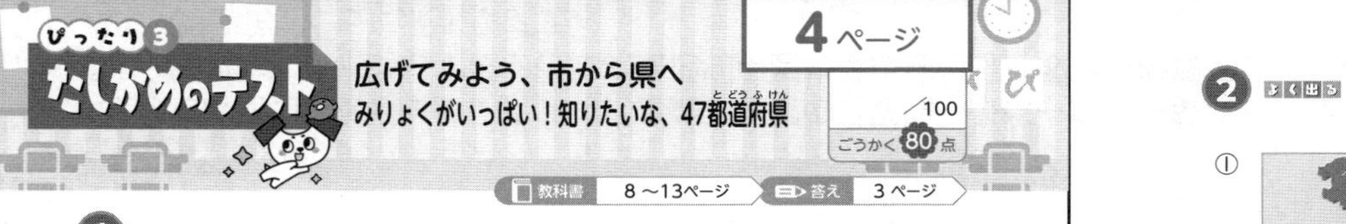

4ページ

広げてみよう、市から県へ
みりょくがいっぱい！知りたいな、47都道府県

/100　ごうかく80点

教科書 8～13ページ　答え 3ページ

❶ 次の地図は、たかしさんの考えた旅行のルートを表しています。この地図を見て、問いに答えましょう。　技能 1つ5点（40点）

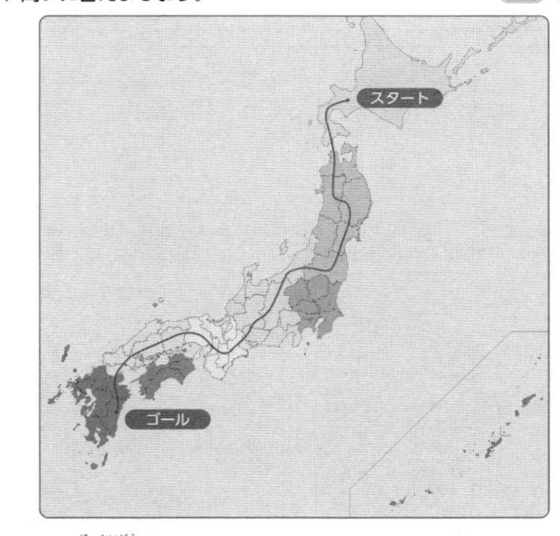

(1) スタートの北海道を１番目とすると、３番目と６番目に通る都道府県の名前を答えましょう。

３番目（ 秋田県 ）　６番目（ 福島県 ）

(2) 旅行ルートの中で、海に面していない都道府県は３つあります。それらの名前をすべて答えましょう。

（順不同）（ 長野県 ）（ 岐阜県 ）（ 奈良県 ）

(3) ８つの地方のうち、旅行ルートの中で、通らない地方が２つあります。それらの名前をすべて答えましょう。

（順不同）（ 関東 ）地方（ 四国 ）地方

(4) ゴールの都道府県の名前を答えましょう。

（ 宮崎県 ）

4

5ページ

❷ よく出る 次の都道府県クイズの答えとなる都道府県の名前を答えましょう。　技能 1つ5点（30点）

① ヒント1 寺や神社が多く、世界的な観光地です。ヒント2 名前の中に「都」の字が入っています。ヒント3 近畿地方にあります。（ 京都府 ）

② ヒント1 海に面していない都道府県です。ヒント2 名前の中に動物の名前が入っています。ヒント3 関東地方にあります。（ 群馬県 ）

③ ヒント1 本州で最も北にあります。ヒント2 りんごの生産がさかんです。ヒント3 東北地方にあります。（ 青森県 ）

④ ヒント1 日本一大きな湖があります。ヒント2 海に面していない都道府県です。ヒント3 近畿地方にあります。（ 滋賀県 ）

⑤ ヒント1 日本一大きな砂丘があります。ヒント2 日本海に面しています。ヒント3 中国地方にあります。（ 鳥取県 ）

⑥ ヒント1 日本一島の数が多い県です。ヒント2 カステラが初めて伝わった場所です。ヒント3 九州地方にあります。（ 長崎県 ）

記述 ❸ てきたらスゴイ! 右の地図を見て、山形県を答えとする都道府県クイズのヒントを３つつくりましょう。　技能 思考・判断・表現 ヒント1つ10点（30点）

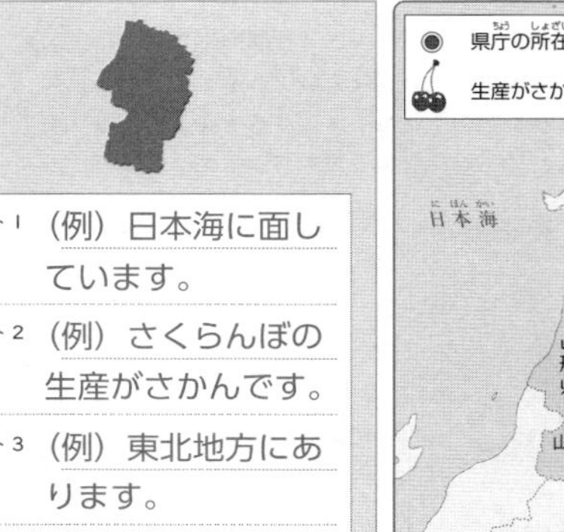

ヒント１ （例）日本海に面しています。

ヒント２ （例）さくらんぼの生産がさかんです。

ヒント３ （例）東北地方にあります。

ふりかえり ❸がわからないときは、２ページの❶にもどってかくにんしてみよう。

5

記述問題のプラスワン

❸ 正かい例の他にも、次のように書いても正かいです。

- 西側は海に面しています。
- 県庁所在地は山形市です。
- 宮城県のとなりにあります。

たしかめのテスト　4～5ページ

❶ (1)スタートからゴールまで、えん筆でなぞって、取り組みましょう。スタートからゴールまでは、次の道府県を通ります。

北海道（スタート）→青森県→秋田県→岩手県→宮城県→福島県→新潟県→長野県→岐阜県→愛知県→三重県→奈良県→大阪府→兵庫県→岡山県→広島県→山口県→大分県→宮崎県（ゴール）

都道府県の名前は、半島や湖などの特ちょうのある形の都道府県から順に覚えるとよいでしょう。

(2)全国で海に面していないのは、栃木県、群馬県、埼玉県、山梨県、長野県、岐阜県、滋賀県、奈良県の８県です。

❷ ②「馬」の字が入っているので群馬県です。

④日本一大きな湖は、琵琶湖です。

⑤日本一大きな砂丘は、鳥取砂丘です。

❸ 地図を見て、どの海に面しているのか、何地方にあるのか、特産物は何かをヒントにします。

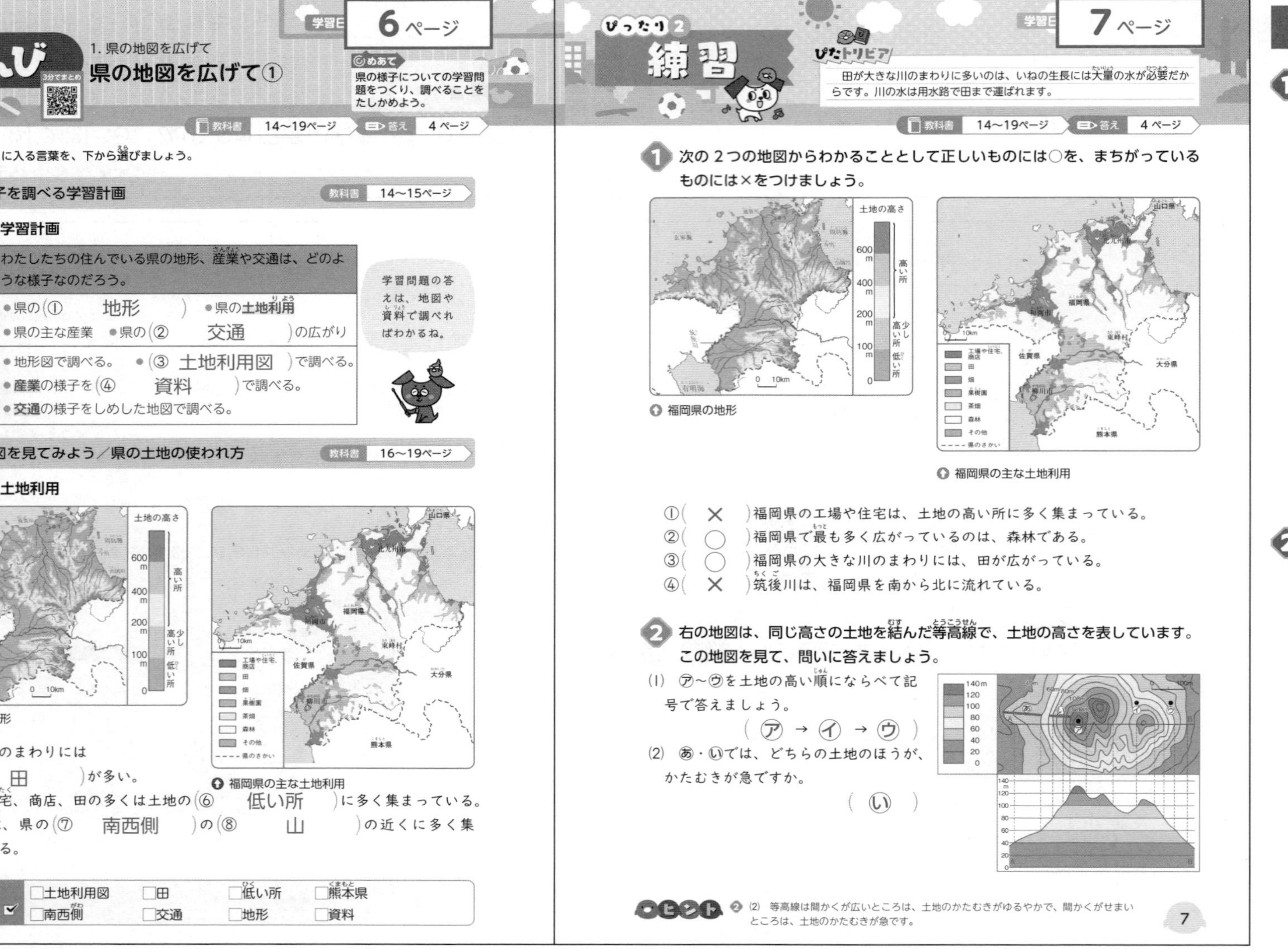

6ページ

ぴったり1 じゅんび

1. 県の地図を広げて

県の地図を広げて①

めあて 県の様子についての学習問題をつくり、調べることをたしかめよう。

教科書 14～19ページ　答え 4ページ

次の（　）に入る言葉を、下から選びましょう。

1 県の様子を調べる学習計画　教科書 14～15ページ

学習問題と学習計画

学習問題	わたしたちの住んでいる県の地形、産業や交通は、どのような様子なのだろう。
調べること	●県の（① 地形 ）●県の土地利用 ●県の主な産業 ●県の（② 交通 ）の広がり
調べ方	●地形図で調べる。●（③ 土地利用図 ）で調べる。 ●産業の様子を（④ 資料 ）で調べる。 ●交通の様子をしめした地図で調べる。

学習問題の答えは、地図や資料で調べればわかるね。

2 県の地図を見てみよう／県の土地の使われ方　教科書 16～19ページ

県の地形と土地利用

福岡県の地形

福岡県の主な土地利用

●大きな川のまわりには（⑤ 田 ）が多い。

●工場や住宅、商店、田の多くは土地の（⑥ 低い所 ）に多く集まっている。

●果樹園は、県の（⑦ 南西側 ）の（⑧ 山 ）の近くに多く集まっている。

選んだ言葉に✓

□土地利用図　□田　□低い所　□熊本県
□南西側　□交通　□地形　□資料

6

7ページ

ぴったり2 練習

ぴたトリビア　田が大きな川のまわりに多いのは、いねの生長には大量の水が必要だからです。川の水は用水路で田まで運ばれます。

教科書 14～19ページ　答え 4ページ

1 次の2つの地図からわかることとして正しいものには○を、まちがっているものには×をつけましょう。

福岡県の地形

福岡県の主な土地利用

①（ × ）福岡県の工場や住宅は、土地の高い所に多く集まっている。

②（ ○ ）福岡県で最も多く広がっているのは、森林である。

③（ ○ ）福岡県の大きな川のまわりには、田が広がっている。

④（ × ）筑後川は、福岡県を南から北に流れている。

2 右の地図は、同じ高さの土地を結んだ等高線で、土地の高さを表しています。この地図を見て、問いに答えましょう。

(1) ㋐～㋒を土地の高い順にならべて記号で答えましょう。

（ ㋐ → ㋑ → ㋒ ）

(2) あ・いでは、どちらの土地のほうが、かたむきが急ですか。

（ い ）

ヒント ② (2) 等高線は間かくが広いところは、土地のかたむきがゆるやかで、間かくがせまいところは、土地のかたむきが急です。

7

できたかな？

□県の様子を調べるには、何を、どのように調べたらよいか、言ってみよう。

おうちのかたへ

本教材では福岡県を扱っていますが、社会科学習の「疑問→予想→調査→解決」の流れは、どの都道府県の学習でも変わりません。まずは、本教材で基本的な学習を行って土地利用図や等高線の読み取り方を習得してから、余裕があればお住まいの都道府県の教材に取り組むと理解がさらに深まります。

練習　7ページ

1 2つの地図から地形と土地利用を関連づけて読み取るようにしましょう。

①「福岡県の主な土地利用」の地図から、工場や住宅は北部の海ぞいに多く広がっていることが読み取れます。この地域を「福岡県の地形」の地図で見ると、土地の低い所なので×。

④「福岡県の地形」の地図を見ると、筑後川は福岡県を東から西へ流れていることがわかるので×。

2 (1)地図にかかれた線を等高線とよび、同じ高さの地点を線で結んだものです。この地図では等高線は10m間かくでしめされています。㋐は130m～140m、㋑は70m～80m、㋒は50m～60mの高さです。

(2)下の図は、等高線の地図にある山の断面を横から見た図です。この図を見ると、等高線の間かくがせまいところは、かたむきが急であることがわかります。

1. 県の地図を広げて

県の地図を広げて②

学習日 **8ページ**

◎めあて 県の産業や交通の様子を、たしかめよう。

教科書 20～27ページ　答え 5ページ

次の(　)に入る言葉を、下から選びましょう。

1 農業や漁業がさかんな地域／工業がさかんな地域　教科書 20～23ページ

福岡県の農業や漁業

- 県の南側に広がる(① 筑紫平野)では、農業がさかんである。
- 最も多くつくられているのは(② 米)で、筑紫平野の八女茶や(③ いちご)は県の有名な農産物である。
- 有明海では、(④ のり)やあさりの生産がさかんである。

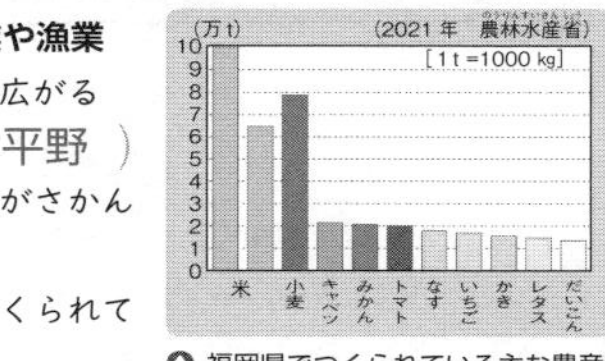

福岡県でつくられている主な農産物

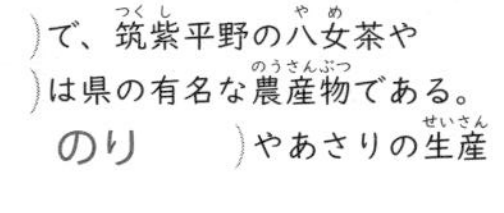

福岡県の主な農産物や海産物と、その産地

福岡県の工業

- 北九州市では、大量の**原料**を船で運びこみ、(⑤ 鉄鋼製品)を多く生産している。
- 苅田町や宮若市では、(⑥ 自動車)など輸送機械の生産がさかんである。

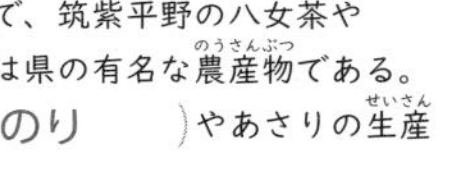
福岡県の工業がさかんな市や町と、主な工業製品

2 県の交通の様子／県の様子について調べたことを整理しよう　教科書 24～27ページ

陸、空、海の交通

- 県庁所在地の(⑦ 福岡市)には、道路や鉄道が集まっている。
- 県には北九州空港や福岡空港があり、また、北九州港や博多港もある。空や海で(⑧ 外国)とつながっている。

地形と交通

- 道路や鉄道の多くは、(⑨ 平野)を通って市や町を結んでいて、山地には少ない。

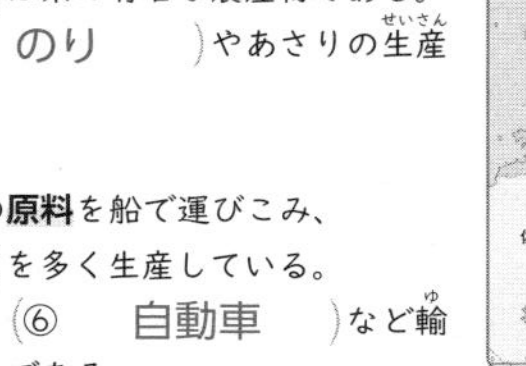
福岡県の主な交通

選んだ言葉に✓					
	□福岡市	□いちご	□自動車	□筑紫平野	□外国
	□米	□平野	□のり	□鉄鋼製品	

学習日 **9ページ**

ぴたトリビア
九州には九州新幹線の他に、佐賀県と長崎県を結ぶ西九州新幹線があり、博多から長崎までの所要時間が短くなりました。

教科書 20～27ページ　答え 5ページ

1 右のグラフを見て、問いに答えましょう。

(1) 福岡県で最も多く生産している農産物を答えましょう。　(米)

(2) 福岡県で有名な農産物であるいちごの生産量を、㋐～㋓から選びましょう。

㋐ 約1万t　㋑ 約1.7万t
㋒ 約17万t　㋓ 約20万t

(㋑)

福岡県でつくられている主な農産物

2 右の地図を見て、次の文の①～④にあてはまる言葉を、㋐～㋓から選びましょう。

・北九州市は海に面していて、①(㋑)で大量の原料や製品を運ぶのに便利なため、②(㋓)が多く生産されている。

・自動車は③(㋐)や宮若市で、また、タイヤに使うゴムは④(㋒)で多く生産されている。

㋐ 苅田町　㋑ 船
㋒ 久留米市　㋓ 鉄鋼製品

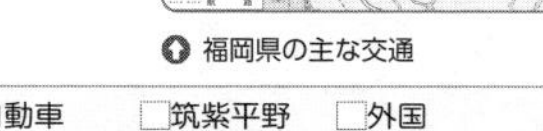
福岡県の工業がさかんな市や町と、主な工業製品

3 右の地図からわかることとして、正しいものには○を、まちがっているものには×をつけましょう。

①(○)福岡県には、新幹線が通っていて、他の県と結ばれている。

②(○)福岡県の東側と西側に空港があり、飛行機で他の地域や国と結ばれている。

③(×)鉄道や道路は、内陸部に多く集まっている。

④(×)玄界灘に面した所には港があるが、有明海に面した所には港がない。

福岡県の主な交通

ヒント 1 (2) グラフのたてじくの単位に注意して、ぼうの長さを読み取りましょう。また、おおよその数字で読み取るようにしましょう。

できたかな？

□地図から県の農業や工業の様子と交通の様子を説明してみよう。

おうちのかたへ

福岡県を題材にして、県の産業と交通の様子を読み取ります。都道府県の学習では、「どこで、どのようなものが生産されているか」を地図で把握する力が重要となります。地図の読み取りでつまずくと社会科の苦手意識が高まりますので、今のうちにしっかり読み取れるようにしておくことが大切です。

練習　9ページ

1 (1)グラフのぼうの長さが農産物の生産量を表しています。最も長いのは米で、約16.5万tを生産しています。

(2)いちごのぼうの長さは、左の目もりの1と2の中間よりも少し上なので、約1.7万tです。

2 地図からどのような工業製品が、どこで生産されているかを読み取ります。地図にかかれた工業製品の種類をしっかり読み取りましょう。

3 ③響灘や玄界灘、有明海に面した地域に、新幹線や高速道路といった交通が集まっているので×。

④有明海に面した場所にも港があるので×。

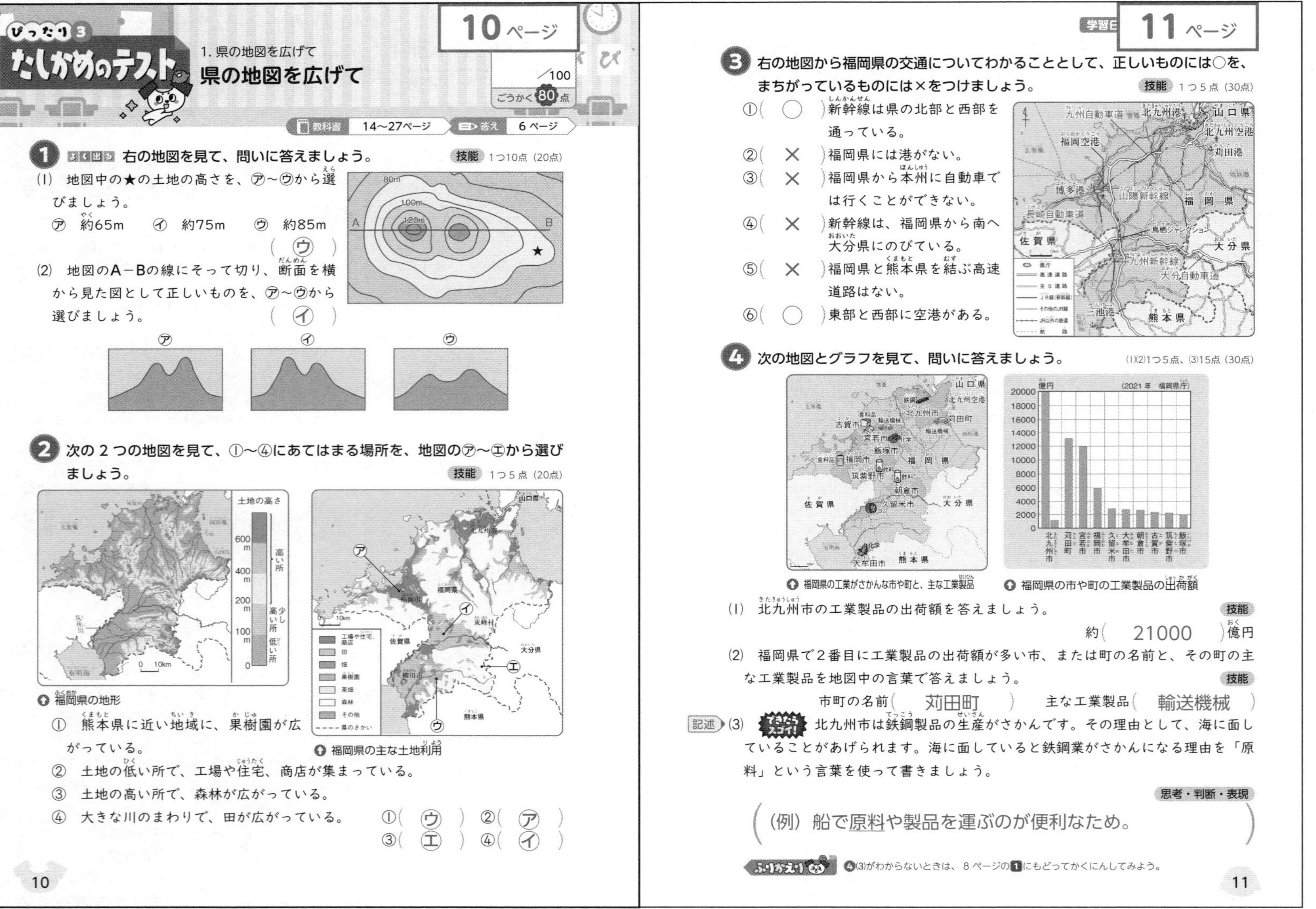

たしかめのテスト

1. 県の地図を広げて

県の地図を広げて

/100 ごうかく80点

教科書 14〜27ページ 答え 6ページ

1 よく出る 右の地図を見て、問いに答えましょう。 技能 1つ10点（20点）

(1) 地図中の★の土地の高さを、㋐〜㋒から選びましょう。

㋐ 約65m　㋑ 約75m　㋒ 約85m　（ ㋒ ）

(2) 地図のA−Bの線にそって切り、断面を横から見た図として正しいものを、㋐〜㋒から選びましょう。　（ ㋑ ）

2 次の２つの地図を見て、①〜④にあてはまる場所を、地図の㋐〜㋓から選びましょう。 技能 1つ5点（20点）

福岡県の地形　　福岡県の主な土地利用

① 熊本県に近い地域に、果樹園が広がっている。

② 土地の低い所で、工場や住宅、商店が集まっている。

③ 土地の高い所で、森林が広がっている。

④ 大きな川のまわりで、田が広がっている。

①（ ㋒ ）②（ ㋐ ）③（ ㋓ ）④（ ㋑ ）

3 右の地図から福岡県の交通についてわかることとして、正しいものには○を、まちがっているものには×をつけましょう。 技能 1つ5点（30点）

①（ ○ ）新幹線は県の北部と西部を通っている。

②（ × ）福岡県には港がない。

③（ × ）福岡県から本州に自動車では行くことができない。

④（ × ）新幹線は、福岡県から南へ大分県にのびている。

⑤（ × ）福岡県と熊本県を結ぶ高速道路はない。

⑥（ ○ ）東部と西部に空港がある。

4 次の地図とグラフを見て、問いに答えましょう。 (1)(2)1つ5点、(3)15点（30点）

福岡県の工業がさかんな市や町と、主な工業製品　　福岡県の市や町の工業製品の出荷額

(1) 北九州市の工業製品の出荷額を答えましょう。 技能

約（ 21000 ）億円

(2) 福岡県で２番目に工業製品の出荷額が多い市、または町の名前と、その町の主な工業製品を地図中の言葉で答えましょう。 技能

市町の名前（ 苅田町 ）　主な工業製品（ 輸送機械 ）

記述 (3) てきたらスゴイ！ 北九州市は鉄鋼製品の生産がさかんです。その理由として、海に面していることがあげられます。海に面していると鉄鋼業がさかんになる理由を「原料」という言葉を使って書きましょう。 思考・判断・表現

（（例）船で原料や製品を運ぶのが便利なため。）

ふりかえり ❹(3)がわからないときは、８ページの1にもどってかくにんしてみよう。

記述問題のプラスワン

4 (3)「原料」という言葉を必ず使って答えましょう。また、理由を答える問題のため「〜だから」「〜のため」という言葉でまとめましょう。例では製品を運ぶことについて書かれていますが、「船で原料を運ぶのが便利なため。」「海上交通で原料や製品を運ぶのが便利なため。」と書いていても正かいです。

たしかめのテスト　10〜11ページ

1 (1)等高線は10m間かくに書かれていて、★は80mと90mの間です。

(2)Aに近い山の山頂の高さは130mと140mの間で、Bに近い山の山頂の高さは120mと130mの間なので㋑となります。

2 ２つの地図を見くらべながら答えましょう。

①熊本県に近い地域で、果樹園が広がっているのは㋒。

④大きな川のまわりで田が広がっているのは、筑後川ぞいの土地の低いところなので㋑。

3 ②地図を見ると、博多港や北九州港、苅田港、三池港があるので×。

③福岡県は本州とも道路で結ばれているので×。

④福岡県と鹿児島県を結ぶ九州新幹線は、熊本県にのびているので×。

4 (1)21000億円とは、２兆1000億円を表します。

(3)鉄をつくる鉄鋼業の主な原料は鉄鉱石と石炭です。日本の鉄鋼業は外国から船で運ばれる原料を使い、製品も船で運ぶので、海ぞいに工場が集まります。

2. 健康なくらしとまちづくり

1 ごみはどこへ①

◎めあて ごみについての学習問題をつくり、調べることをたしかめよう。

教科書 28〜35ページ ▶答え 7ページ

次の（　）に入る言葉や数字を、下から選びましょう。

1 家のごみを調べて／学習問題をつくり、学習の見通しを立てよう　教科書 30〜33ページ

家のごみ

- 生ごみ、（① 紙くず ）、ビニール、雑誌・新聞紙、食品トレイのごみは、毎日出ている。
- びん・かん・ペットボトルのごみは1週間に（② 3 ）回、プラスチックのごみは1週間に（③ 2 ）回出ている。
- ごみの分別 …ごみを（④ 種類 ）ごとに分けて収集に出すこと。

ごみの種類＼6月	7日(日)	8日(月)	9日(火)	10日(水)	11日(木)	12日(金)	13日(土)
生ごみ	●	●	●	●	●	●	●
紙くず	●	●	●	●	●	●	●
ビニール	●	●	●	●	●	●	●
びん・かん・ペットボトル	●			●			●
雑誌・新聞紙	●	●	●	●	●	●	●
牛乳パック	●			●			
食品トレイ	●	●	●	●	●	●	●
ぬの					●		
大きなごみ							
プラスチック	●		●				
1週間に収集に出したごみのふくろの数	5 ふくろ						

●生ごみの量がいちばん多かった。
●牛乳パックと（⑤ 食品トレイ ）は、スーパーマーケットの回収箱に入れに行く。

家から出たごみの種類とごみが出た日（ひろとさんの記録）

学習問題と学習計画

学習問題	わたしたちのくらしから出たごみは、どのようにして集められ、処理されるのだろう。
調べること	●ごみを（⑥ 収集 ）する様子 ●ごみを（⑦ 分別 ）したり、収集に出したりするときにきまりがある理由 ●ごみを処理する（⑧ しせつ ）の役割と処理のしかた
調べ方	●収集の様子を観察する。 ●ごみ処理にかかわる仕事をしている人から話を聞く。 ●ごみを処理するしせつを訪問して、処理のしかたを見学する。

市や町によって、ごみ収集のしかたはちがうよ。でも、調べ方は同じなので、この表にもとづいて、学習問題をかい決しよう！

2 ごみの収集の様子を調べよう　教科書 34〜35ページ

- 市では、ごみを早く、残さず集めるため、（⑨ 収集車 ）が毎回通る道や収集を行う時間、（⑩ 回数 ）を決めている。
- ごみの種類によって処理のしかたがちがうため、分別をしている。

選んだ言葉に✓　□収集　□種類　□紙くず　□収集車　□2　□分別　□しせつ　□食品トレイ　□回数　□3

ぴたトリビア　60年くらい前までは、分別という考え方があまりなく、家のごみは家の前に置かれたごみ箱に自由に出していました。

教科書 28〜35ページ ▶答え 7ページ

1 ひろとさんの住む市では、「紙類・衣類」、「びん・かん・ペットボトル」、「食品トレイ・発泡スチロール」が資源と決められています。次の絵で、資源になるものには○を、そうでないものには×をつけましょう。

①（ ○ ）　②（ × ）　③（ ○ ）　④（ × ）

2 ごみの収集や処理のしかたについて、問いに答えましょう。

(1) 右の資料を見て、東京都（23区）のごみの量についてわかることを2つ選びましょう。

㋐ 1990年が最も多い。
㋑ 2021年のごみの量は、約25万tである。
㋒ 1950年から1970年にかけて、急げきにふえている。
㋓ 1990年のごみの量は、1950年の約5倍である。
㋔ 1990年から、ごみの量はふえつづけている。

（順不同）（ ㋐ ）（ ㋒ ）

東京都（23区）のごみの量の変化

(2) 次のごみ処理のしかたを、古いものから順にならべて記号で答えましょう。

㋐ ごみを細かく分別し、資源として再利用している。
㋑ ごみを、庭や空き地でもやしたり、あなをほってうめたりする。
㋒ 分別していないごみを、トラックなどで集めて処理する。

（ ㋑ → ㋒ → ㋐ ）

(3) ごみを分別して出す理由を、㋐〜㋒から選びましょう。

㋐ ごみの種類によって、収集する人の数がちがうから。
㋑ ごみの種類によって、処理のしかたがちがうから。
㋒ ごみの種類によって、収集する曜日がちがうから。

（ ㋑ ）

ヒント ❷(2) ごみの量がふえていくにつれて、収集や処理のしかたが、どのように変わっていったかを考えるようにしましょう。

練習 13ページ

1 ひろとさんの住む市では、①の新聞紙と③のペットボトルは、資源となります。

2 (1)東京都（23区）のごみの量は、1950年から1990年まではふえていますが、その後はへってきていることを読み取りましょう。
㋑たてじくの単位は「万t」で、1めもりが100万tなので注意が必要です。2021年のごみの量は約25万tではなく、約250万tです。
㋓1990年のごみの量は500万t近くあり、1950年の5倍以上です。
(2)約70年前、ごみは庭や空き地でもやしたり、うめたりしていました。今は、もやすと有害な物質を出す製品も多く、市が正しい処理をするために、収集しています。
(3)ごみは、種類によってその後の処理のしかたが変わります。分別しておけば、処理がしやすくなります。

できたかな？
□ごみの収集や処理するしせつについて、何を、どのように調べたらよいか、言ってみよう。

おうちのかたへ
ごみがどのように収集され、処理されるかを調べることで、私たちの健康な暮らしがどのようにつくられているのかを解き明かします。お住まいの自治体によって収集のルールや処理の方法は異なりますので、ルールを覚えることはねらいではありません。まちづくりの一貫として行われていることを調べることで、私たちとごみ処理にかかわる人たちの関連を理解することが目的です。

◎めあて 収集されたごみの処理のしかたをたしかめよう。

教科書 36〜43ページ 答え 8ページ

次の（　）に入る言葉を、下から選びましょう。

1 清掃工場を見学しよう

教科書 36〜37ページ

ワンポイント 清掃工場

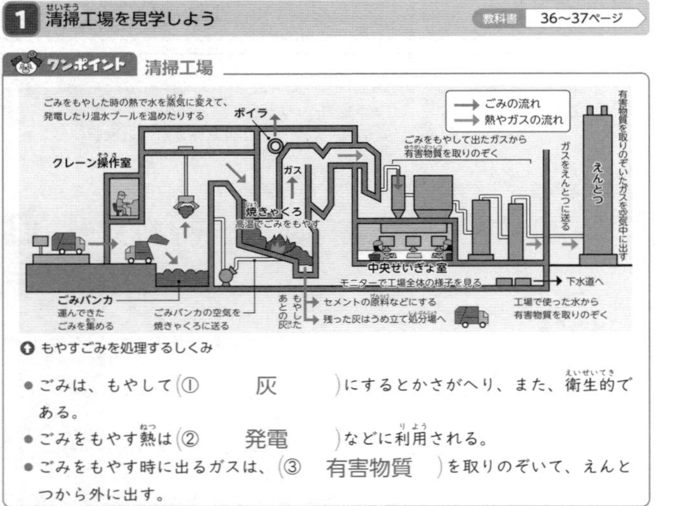

ごみをもやした時の熱で水を蒸気に変えて、発電したり温水プールを温めたりする
ボイラ
ごみの流れ
熱やガスの流れ
クレーン操作室
ごみをもやして出たガスから有害物質を取りのぞく
ガス
焼きゃくろ
高温でごみをもやす
ガスをえんとつに送る
えんとつ
有害物質を取りのぞいたガスを空中に出す
中央せいぎょ室
モニターで工場全体の様子を見る
下水道へ
ごみバンカ
運んできたごみを集める
ごみバンカの空気を焼きゃくろに送る
もやした後の灰
セメントの原料などにする
残った灰はうめ立て処分場へ
工場で使った水から有害物質を取りのぞく

もやすごみを処理するしくみ

- ごみは、もやして（① 灰 ）にするとかさがへり、また、衛生的である。
- ごみをもやす熱は（② 発電 ）などに利用される。
- ごみをもやす時に出るガスは、（③ 有害物質 ）を取りのぞいて、えんとつから外に出す。

2 もやしたごみの灰のゆくえ／資源になるもののゆくえ

教科書 38〜41ページ

もやしたごみの灰の処理

- もやしたごみの灰は、（④ うめ立て処分場 ）に運ばれ、うめられる。
- 東京都では、清掃工場の処理する（⑤ ぎじゅつ ）を高めて、**うめ立て処分場にうめる量をへらすようにしている。**

資源になるものの処理

- **リサイクル**…材料ごとに仕分け、新たな製品をつくる原料を取り出して再利用すること。

資源になるもの		新たな製品
びん		びん・ガラス製品
かん	アルミかん	アルミかん
	スチールかん	（⑥ 鉄製品 ）
ペットボトル		（⑦ プラスチック製品）
紙パック		（⑧ トイレットペーパー）

選んだ言葉に ✓ □ぎじゅつ □うめ立て処分場 □灰 □トイレットペーパー □有害物質 □鉄製品 □発電 □プラスチック製品

ぴたトリビア 1950年代、人口増加でごみがふえた東京都は、大量のごみの処分場として東京湾のうめ立て地を選び、そこは「夢の島」とよばれました。

教科書 36〜43ページ 答え 8ページ

1 次のひろとさんたちがつくった清掃工場の見学ノートについて、（　）にあてはまる言葉を、［　］から選びましょう。

① ごみは（ ごみバンカ ）に運びこまれる。

② （ クレーン ）でごみを運び、その後、くだかれる。

③ （ 中央せいぎょ室 ）で24時間、工場全体の様子を見守っている。

［中央せいぎょ室　ごみバンカ　クレーン］

2 資源になるものについて、問いに答えましょう。

(1) 次の資源になるものは、どのような製品になるか、絵を見て答えましょう。

かん → アルミかん → ①（ アルミかん ）
かん → スチールかん → ②（ 鉄製品 ）

(2) 回収した資源から、新しい製品をつくることを何というか答えましょう。
（ リサイクル ）

(3) 大型ごみの処理について、正しいものを、㋐〜㋓から2つ選びましょう。

㋐ すべて清掃工場でもやされる。
㋑ そ大ごみはさい処理しせつに運ばれ、機械で細かくくだいて分別される。
㋒ 鉄やアルミなどの資源となるものは、回収しせつに運ばれる。
㋓ もやすものは、最終処分場へ運ばれる。

（順不同）（ ㋑ ）（ ㋒ ）

ヒント 2 (1)「スチール」とは、英語で「鋼鉄、はがね」という意味です。

できたかな？

□収集されたごみが、清掃工場でどのように処理されるのかを説明してみよう。

おうちのかたへ

清掃工場での処理の流れを図から理解します。つまずくようであれば、矢印に沿って指でなぞって1つずつ図内の言葉を読むようにしてください。近年、リサイクルという言葉は身近になりましたが、正確に言葉の意味を理解しているお子さまは多くありません。14ページの表を見て、具体的に、資源となるものが新たな製品に変わることを知り、リサイクルの意味を言えるようにしておきましょう。

練習 15ページ

1 清掃工場は、もやすごみをもやして灰にするしせつです。一度に大量のごみをもやすため、大きなクレーンでごみを焼きゃくろに運び、高温でごみをもやします。機械のそうさや焼きゃくろの温度管理、もやして出るガスから有害物質を取りのぞくせつびの管理などは中央せいぎょ室で行います。中央せいぎょ室では24時間、係の人が交代で仕事をしています。

2 (1)(2)以前は、アルミかんもスチールかんも、しょりされずにうめ立て処分場に運ばれていました。今は、アルミかんやスチールかんは大切な資源としてあつかわれ、それぞれ新しいアルミかんや鉄製品になります。これをリサイクルとよびます。

(3)大型ごみは、そ大ごみはさい処理しせつで細かくくだいて分別されます。再利用できるものは取りのぞかれ、使えないもののうちもやすものは清掃工場へ、もやさないものはうめ立て処分場へ運ばれます。

ぴったり1
じゅんび
2. 健康なくらしとまちづくり
1 ごみはどこへ③
学習日
16ページ

◎めあて
ごみの量とごみ処理にかかる費用の関連をたしかめよう。

教科書 44～49ページ　答え 9ページ

次の（　）に入る言葉を、下から選びましょう。

1 ごみの問題と向き合って

教科書 44～45ページ

区のごみの量とごみ処理にかかる費用の変化

- 大田区のごみの量は、2006年からは（① へって ）いる。また、区民一人当たりのごみの処理にかかる費用もへっている。

ワンポイント 3R

- ごみをへらすための取り組みをするときの考え方の一つに、3つの英語の頭文字をとった（② 3R ）がある。

Reduce	Reuse	Recycle
リデュース ごみそのものをへらすこと。	リユース くり返し使うこと。	リサイクル 資源を原料にして、ふたたび利用すること。

- 大田区の資源の種類がふえて、資源の処理にかかる費用は（③ ふえて ）いる。
- これからは、ごみそのものをへらす（④ リデュース ）や、くり返し使う（⑤ リユース ）を大切に考えることが重要。

区民一人当たりが1年間に出すごみの量

区民一人当たりのごみの処理にかかる費用

区民一人当たりの資源の処理にかかる費用

2 地域の人々の取り組み

教科書 46～47ページ

スーパーマーケットの取り組み

- スーパーマーケットでは、資源の（⑥ 回収箱 ）を置いたり、お客さんに（⑦ マイバッグ ）の使用をよびかけたりしている。

自治会の取り組み

- 月に一度、資源を自治会で集めて、せん門の業者に引きわたす（⑧ 集団回収 ）を行っている。

選んだ言葉に✓

□ふえて　□へって　□マイバッグ　□3R
□回収箱　□リデュース　□集団回収　□リユース

ぴったり2
練習

ぴたトリビア 新潟県十日町市では、使用ずみの紙おむつをねん料としてリサイクルする工夫が進められています。

教科書 44～49ページ　答え 9ページ

1 次の2つのグラフを見て、問いに答えましょう。

区民一人当たりが1年間に出すごみの量

区民一人当たりのごみの処理にかかる費用

(1) 2つのグラフを見て、読み取れることとして正しいものには○を、まちがっているものには×をつけましょう。

①（ × ）区民一人当たりが1年間に出すごみの量はふえている。
②（ ○ ）区民一人当たりのごみの処理にかかる費用はへっている。
③（ ○ ）2021年の区民一人当たりが1年間に出すごみの量は、約250kgより多い。

(2) 2つのグラフからわかることを、㋐・㋑から選びましょう。

㋐ ごみの量がへっているので、ごみ処理にかかる費用もへっている。
㋑ ごみの量がふえているので、ごみ処理にかかる費用もふえている。

（ ㋐ ）

2 次の2人のふき出しに当てはまる言葉を、㋐～㋓から2つずつ選んで①～④に書きましょう。

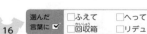

スーパーマーケットの店員　①（ ㋑ ）②（ ㋒ ）
自治会長　③（ ㋐ ）④（ ㋓ ）

㋐ 資源を集めて、せん門の業者に引きわたす集団回収を行っています。
㋑ レジぶくろを有料にして、お客さんにマイバッグの使用をよびかけています。
㋒ 店の入り口に資源の回収箱を置いています。
㋓ 未利用のあまった食品をきふしてもらい、しえんの必要な人にとどけるフードドライブの取り組みを行っています。

ヒント 1 (1)③ このグラフでは、たてじくはごみの量が単位kgでしめされています。2021年のぼうの長さは、250kgと300kgの間にあります。

できたかな？

□グラフから、ごみの量やごみ処理にかかる費用がどのように変化しているか説明してみよう。

おうちのかたへ

近年、各自治体で3Rが当たり前のように浸透しています。しかし、今回取り上げた東京都大田区のように、資源ごみの処理費用は増大し、市や区の財政を圧迫している自治体も少なくありません。お子さまには、資源を出す前に、資源を家庭内でくり返し使う（リユース）などの工夫が大切であることを伝えてみてください。

練習　17ページ

1 (1)①グラフを読み取るときは、最初におおまかな読み取りを行いましょう。「区民一人当たりが1年間に出すごみの量」のグラフでは、2006年だけふえていますが、おおまかな変化としてはへっています。

(2)2つのグラフは、どちらも2000年から2021年にかけてへっています。このことから、ごみの量がへっているので、ごみ処理にかかる費用もへっていることがわかります。

2 ㋑レジぶくろを有料にすることで、ごみとなるレジぶくろをへらすことができます。

㋒スーパーマーケットの入り口に資源の回収箱を置くことで、地域の人たちが資源を出しやすくなります。

㋓フードドライブを行うことで、食料をむだにせず、しえんが必要な人に食料をとどけることができます。

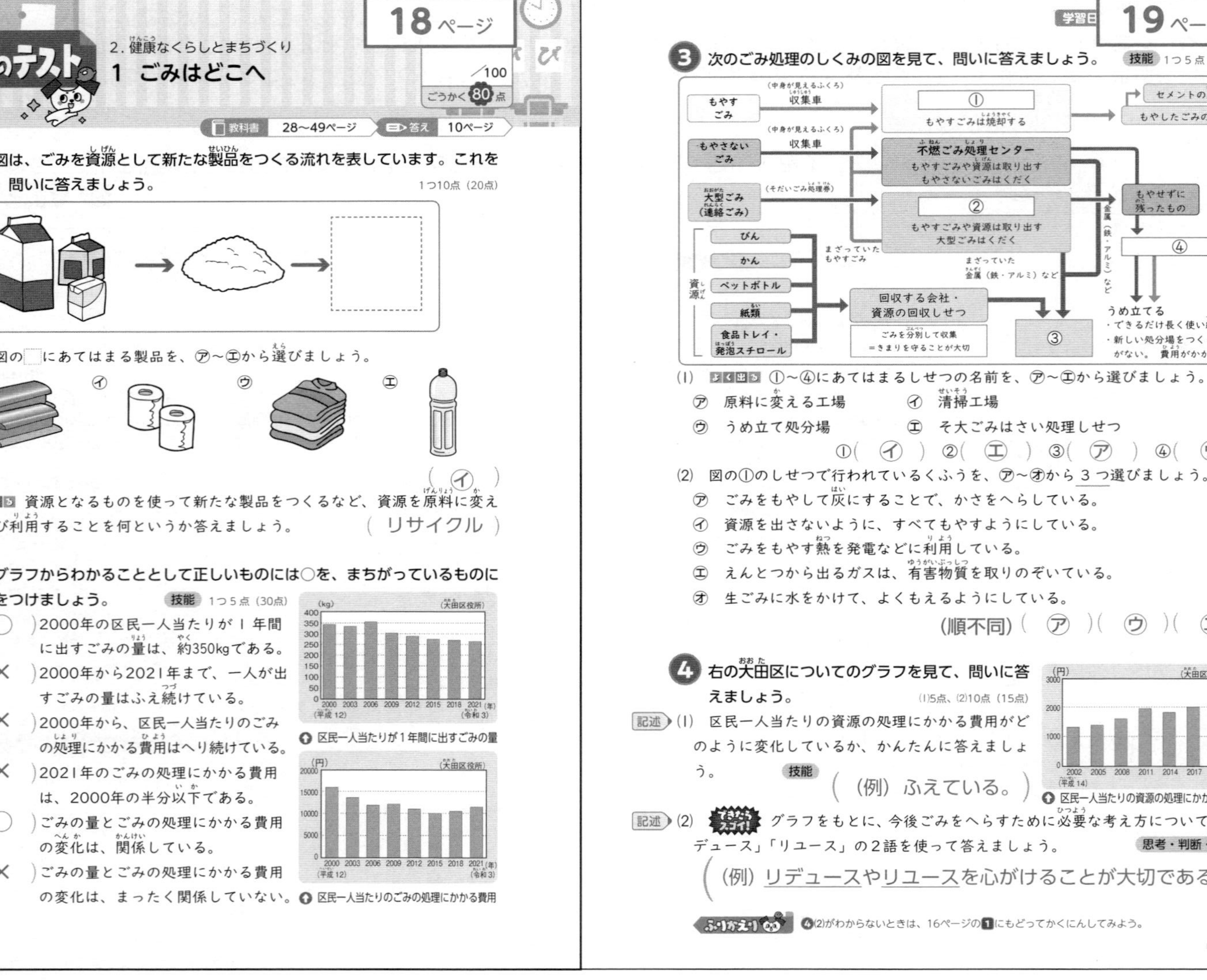

ぴったり3 たしかめのテスト

2. 健康なくらしとまちづくり
1 ごみはどこへ

18ページ

/100 ごうかく80点

教科書 28～49ページ　答え 10ページ

1 次の図は、ごみを資源として新たな製品をつくる流れを表しています。これを見て、問いに答えましょう。　1つ10点（20点）

(1) 上の図の□にあてはまる製品を、㋐～㋓から選びましょう。
㋐　㋑　㋒　㋓
（ ㋑ ）

(2) よく出る 資源となるものを使って新たな製品をつくるなど、資源を原料に変えふたたび利用することを何というか答えましょう。（ リサイクル ）

2 右のグラフからわかることとして正しいものには○を、まちがっているものには×をつけましょう。　技能 1つ5点（30点）

①（ ○ ）2000年の区民一人当たりが1年間に出すごみの量は、約350kgである。
②（ × ）2000年から2021年まで、一人が出すごみの量はふえ続けている。
③（ × ）2000年から、区民一人当たりのごみの処理にかかる費用はへり続けている。
④（ × ）2021年のごみの処理にかかる費用は、2000年の半分以下である。
⑤（ ○ ）ごみの量とごみの処理にかかる費用の変化は、関係している。
⑥（ × ）ごみの量とごみの処理にかかる費用の変化は、まったく関係していない。

区民一人当たりが1年間に出すごみの量
区民一人当たりのごみの処理にかかる費用

学習日

19ページ

3 次のごみ処理のしくみの図を見て、問いに答えましょう。　技能 1つ5点（35点）

(1) よく出る ①～④にあてはまるしせつの名前を、㋐～㋓から選びましょう。
㋐ 原料に変える工場　㋑ 清掃工場
㋒ うめ立て処分場　㋓ そ大ごみはさい処理しせつ
①（ ㋑ ）②（ ㋓ ）③（ ㋐ ）④（ ㋒ ）

(2) 図の①のしせつで行われているくふうを、㋐～㋔から3つ選びましょう。
㋐ ごみをもやして灰にすることで、かさをへらしている。
㋑ 資源を出さないように、すべてもやすようにしている。
㋒ ごみをもやす熱を発電などに利用している。
㋓ えんとつから出るガスは、有害物質を取りのぞいている。
㋔ 生ごみに水をかけて、よくもえるようにしている。
（順不同）（ ㋐ ）（ ㋒ ）（ ㋓ ）

4 右の大田区についてのグラフを見て、問いに答えましょう。　(1)5点、(2)10点（15点）

記述 (1) 区民一人当たりの資源の処理にかかる費用がどのように変化しているか、かんたんに答えましょう。　技能
（（例）ふえている。）

区民一人当たりの資源の処理にかかる費用

記述 (2) てきたらスゴイ！ グラフをもとに、今後ごみをへらすために必要な考え方について、「リデュース」「リユース」の2語を使って答えましょう。　思考・判断・表現
（（例）リデュースやリユースを心がけることが大切である。）

ふりかえり 4(2)がわからないときは、16ページの1にもどってかくにんしてみよう。

たしかめのテスト　18～19ページ

2 ②2000年から2021年までで一人が出すごみの量をおおまかに見ると、へっているので×。
③ごみの処理にかかる費用は、ふえている時期もあるので×。
④2021年のごみの処理にかかる費用は約12000円で、2000年は約16000円なので×。

3 (2)清掃工場はもやすごみを、高温でもやして灰にするしせつです。もやすことで、かさをへらすことができ、また、もやすときの熱は発電などに利用されます。ごみの中にはもやすと有害なガスを出すものもあるため、有害物質を取りのぞいてから放出しています。

4 (2)区民一人当たりの資源の処理にかかる費用がふえているのは、資源の種類がふえたり、環境を守りながら処理をしていたりするためです。そのため今必要なことは、資源の回収しせつにとどく資源の数をへらすことです。「リデュース」と「リユース」の2つの言葉を使って、資源をへらしたり、ものをくり返し使ったりするのが大切であることを書きましょう。

記述問題のプラスワン

4 (2)「リデュース」と「リユース」の2つの言葉を必ず使って答えましょう。くわしく説明して「ごみをへらすリデュースや、ものをくり返し使うリユースを行うことが大切である。」「リサイクルだけではなく、リデュースやリユースを心がけることも大切である。」と答えても正かいです。

ぴったり1 じゅんび

せんたく 2. 健康なくらしとまちづくり

2 水はどこから①

学習日 20ページ

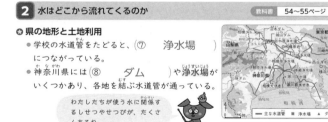

◎めあて 水が送られてくることについての学習問題をつくり、調べることをたしかめよう。

教科書 50〜55ページ　答え 11ページ

次の（　）に入る言葉や数字を、下から選びましょう。

1 1日に使う水の量を調べよう 学習問題をつくり、学習の見通しを立てよう　教科書 50〜53ページ

家で使う水

● さくらさんが、トイレや歯みがきなどで1日に使った水の量は、（① 62 ）Lで、家族みんなが使った水の量を全部合わせると、（② 450 ）Lになる。

①自分が使った水の量…自分一人では 62L
トイレ(6回)…36L　飲む…400mL
手や顔をあらう…10L　うわばきをあらう…15L
歯をみがく(3回)…600mL
②家の人が自分をふくめて三人の場合…186L
③家の人が共通して使った水の量…264L
ふろ…………100L　料理（3回）…20L
せんたく……116L　食器あらい……28L
②と③をたすと、450L

さくらさんの家で1日に使った水の量

学習問題と学習計画

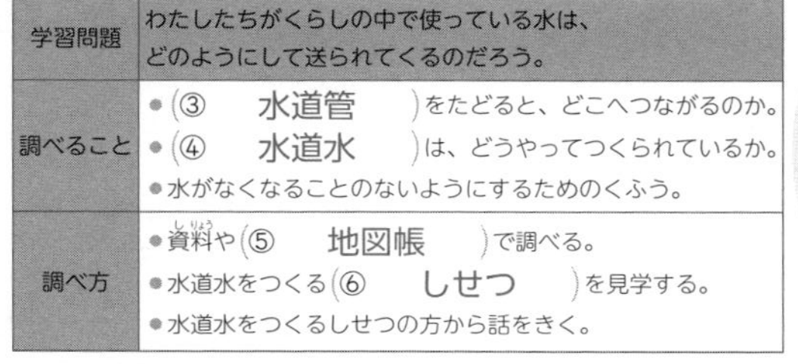

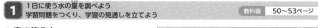

学習問題	わたしたちがくらしの中で使っている水は、どのようにして送られてくるのだろう。
調べること	●（③ 水道管 ）をたどると、どこへつながるのか。 ●（④ 水道水 ）は、どうやってつくられているか。 ●水がなくなることのないようにするためのくふう。
調べ方	●資料や（⑤ 地図帳 ）で調べる。 ●水道水をつくる（⑥ しせつ ）を見学する。 ●水道水をつくるしせつの方から話をきく。

実際にしせつを見学すると、新しい発見があるよ。

2 水はどこから流れてくるのか　教科書 54〜55ページ

県の地形と土地利用

● 学校の水道管をたどると、（⑦ 浄水場 ）につながっている。

● 神奈川県には（⑧ ダム ）や浄水場がいくつかあり、各地を結ぶ水道管が通っている。

わたしたちが使う水に関係するしせつやせつびが、たくさんあるね。

県内の主な水道しせつ

選んだ言葉に☑　□地図帳　□ダム　□しせつ　□62　□水道管　□浄水場　□水道水　□450

ぴったり2 練習

学習日 21ページ

ぴたトリビア　水のうち上水とは水道水などの飲み水で、下水とは雨水や使った後のよごれた水をさします。

教科書 50〜55ページ　答え 11ページ

1 右のメモは、さくらさんの家で1日に使った水の量を表しています。これを見て、問いに答えましょう。

(1) さくらさんが、最も多く水を使ったのは何のときか答えましょう。（ トイレ ）

(2) 家の人が共通して使った水で、最も多いものを答えましょう。（ せんたく ）

①自分が使った水の量…自分一人では 62L
トイレ(6回)…36L　飲む…400mL
手や顔をあらう…10L　うわばきをあらう…15L
歯をみがく(3回)…600mL
②家の人が自分をふくめて三人の場合…186L
③家の人が共通して使った水の量…264L
ふろ…………100L　料理（3回）…20L
せんたく……116L　食器あらい……28L
②と③をたすと、450L

2 右の地図を見て、問いに答えましょう。

(1) 次の説明に当てはまるしせつを答えましょう。

① 主に土地の低い所で、川の中流と下流にある。（ 浄水場 ）

② 川の上流の湖の近くにある。（ ダム ）

(2) 県内の各地を結ぶ、水を運ぶせつびの名前を答えましょう。（ 水道管 ）

県内の主な水道しせつ

(3) 学校の水はどこから来ているのでしょうか。次の㋐〜㋒の絵を、水が通ってくるしせつや場所の順になるようにならべましょう。

㋐  浄水場

㋑ 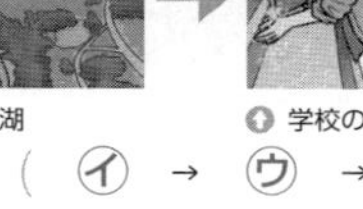 山の中

㋒  ダム・湖

 学校の水道

（ ㋑ → ㋒ → ㋐ ）

ヒント 2 (1) 地図の右下にあるはん例をよく見て答えるようにしましょう。

練習 21ページ

1 わたしたちのくらしに、水はとても重要な役わりをしています。メモを見て、自分の家庭でどのくらいの水を使っているのか、目安を立ててみましょう。

2 (1)川は高いところから海へ向かって流れていきます。浄水場は川の中流や下流につくられ、上流にはダムがつくられていることが読み取れます。

(2)地図には主な水道管がしめされていますが、実際はほぼすべての地域に水道管がつくられており、家庭や公共しせつ、工場などに水がとどけられています。

(3)わたしたちが使っている水道の水は、〈山の中を流れる川→ダム・湖→浄水場→家庭や学校〉の順に通ってきます。

できたかな？

□毎日使っている水がどのように送られてくるかについて、何を、どのように調べたらよいか、言ってみよう。

おうちのかたへ

わたしたちの健康な暮らしに結びつく水について、どのように送られてくるかを調べます。川の水が水道水になるまでには、多くの施設や設備を通ってきます。また、水道に関係する仕事に携わる人々のたくさんの工夫もあります。ごみの単元と同様に、ここでも資料や地図などの読み取りを通して、問題を解決できる力を養います。

ぴったり1 じゅんび

せんたく 2. 健康なくらしとまちづくり

2 水はどこから②

学習日 22ページ

めあて 浄水場のしくみと、わたしたちのもとに水が送られるしくみをたしかめよう。

教科書 56〜61ページ　答え 12ページ

次の(　)に入る言葉を、下から選びましょう。

1 浄水場を見学しよう／水道管を守る人々　教科書 56〜59ページ

浄水場のしくみ

- 浄水場は、(① 川)から取り入れた水をきれいにして、安全に飲むことのできる水にするしせつである。

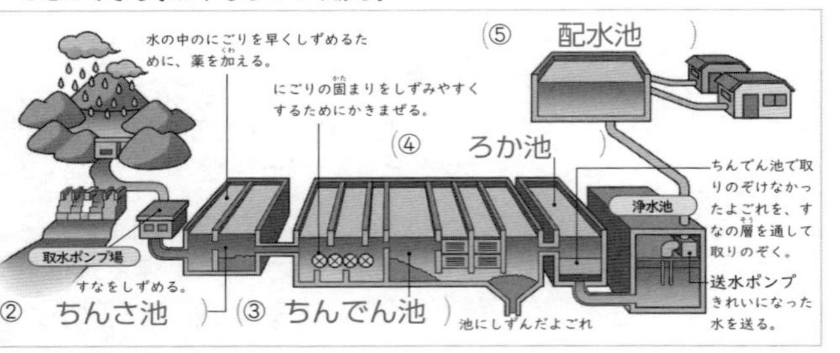

水の中のにごりを早くしずめるために、薬を加える。
にごりの固まりをしずみやすくするためにかきまぜる。
(⑤ 配水池)
(④ ろか池)
ちんでん池で取りのぞけなかったよごれを、すなの層を通して取りのぞく。
浄水池
取水ポンプ場
すなをしずめる。
(② ちんさ池)
(③ ちんでん池)
池にしずんだよごれ
送水ポンプ　きれいになった水を送る。

市の人口・水道使用量と水道管

- 地域の人口がふえるとともに、水道の使用量は(⑥ ふえて)いき、水道管のきょりも(⑦ のびて)きた。
- 県内の水道管を検査したり修理したりするには(⑧ 費用)がかかる。

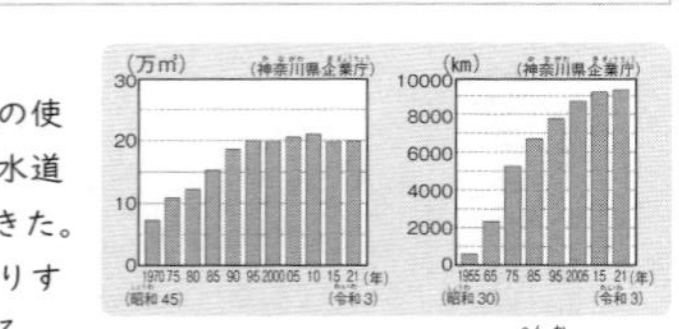

市の１日当たりの水道使用量の変化（左）・水道管ののびるきょりの変化（右）

2 水をたくわえる湖とダム　教科書 60〜61ページ

ワンポイント　ダム

ダム……水道に使われる川の水の量を(⑨ 調節)するしせつ。

- ダムでためた水は、(⑩ 水力発電)にも利用される。
- ダムや浄水場、水道管のはたらきで、広い地域の人々が、安定して水を使うことができる。

選んだ言葉に✓：□水力発電　□費用　□ふえて　□調節　□配水池　□ろか池　□のびて　□ちんさ池　□ちんでん池　□川

ぴったり2 練習

学習日 23ページ

ぴたトリビア　浄水場では、安全な水道水をとどけるために、水の中に塩素という薬を混ぜています。塩素を入れることで、ばいきんなどがいなくなります。

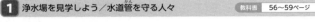

教科書 56〜61ページ　答え 12ページ

1 4人が浄水場について、話しています。正しい説明には○を、まちがった説明には×をつけましょう。

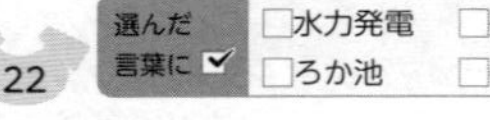

- 川から水を取り入れているから、家にとどく水はよごれていると思う。　①(×)
- どろやよごれを取りのぞいて安全な水をつくるために、たくさんの池があるんだね。　②(○)
- 上流のダムから直接水を取り入れるので、水が不足することもあるんだね。　③(×)
- 送り出す水が安全かどうかたしかめるために、水質試験室があるんだね。　④(○)

2 右のグラフを見て、問いに答えましょう。

(1) 2021年の①市の水道の使用量と②水道管のきょりを、それぞれ答えましょう。

① 約(20)万m^3
② 約(9000)km

(2) 2つのグラフからわかることを、2つ選びましょう。

㋐ 2021年の水道の使用量は、1970年の4倍以上にふえている。
㋑ 水道管のきょりは、1955年から2021年まで、のび続けている。
㋒ 市の水道の使用量がふえるとともに、水道管ものびている。
㋓ 市の水道の使用量の変化と、水道管ののびるきょりは関係がない。

(順不同)(㋑)(㋒)

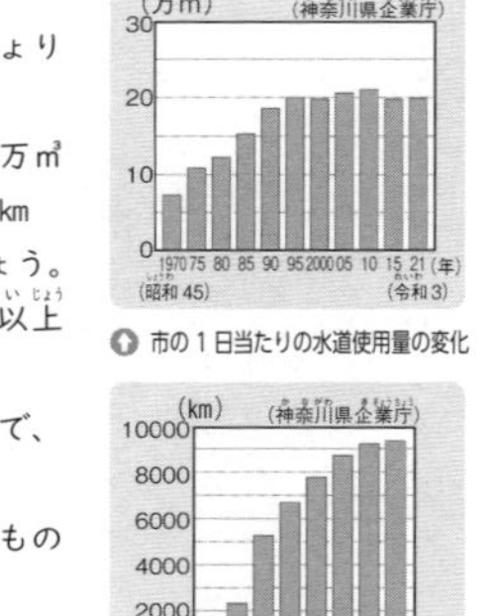

市の１日当たりの水道使用量の変化

水道管ののびるきょりの変化

ヒント ❶ 浄水場は、川から水を取り入れて、安全に飲むことのできる水にするしせつです。

できたかな？
□浄水場では、どのようにして安全に飲むことのできる水をつくっているのかを説明してみよう。

おうちのかたへ
浄水場のしくみについては単に池の名前を覚えるのではなく、それぞれの池が果たしている役割を理解するようにしてください。社会科見学で地域の浄水場を訪れる学校もありますが、学校での実施がない場合は、見学可能な浄水場が地域にあれば、ご家庭で見学に参加してみてはいかがでしょう。学習理解がさらに深まります。

練習　23ページ

1 ①川から取り入れた水は、浄水場できれいにしてから家にとどけられるので×。
③浄水場の水は、川から取り入れます。また、ダムは川の上流にあって、水の量を調節するはたらきがあります。浄水場で取りこむ水の量が不足しないように、水を川に流しているので×。

2 (1)たてじくをもとに答えましょう。2021年の水道管のきょりは、9000kmをやや上回っていますが、おおよその数で答えるので、9000kmと答えてかまいません。くわしく読み取って9200kmと書いても正かいです。
(2)㋐1970年の水道の使用量は約7万m^3で、2021年は約20万m^3で約3倍となるので、あやまりです。
㋓市の水道の使用量がふえるにつれて、水道管ものびているので、関係があることがわかります。

せんたく 2. 健康なくらしとまちづくり

2 水はどこから③

学習日 **24ページ**

◎めあて 水源の森林のはたらきや、下水処理のしくみをたしかめよう。

教科書 62〜71ページ 答え 13ページ

次の（　）に入る言葉を、下から選びましょう。

1 水源を守る取り組み

教科書 62〜63ページ

水源の森林のはたらき

- **水源の森林**…木の根によって、雨やわき水がたくわえられ、ダムのようなはたらきをするので（① 緑のダム ）とよばれる。

水源を守る活動

- 神奈川県では、森林の手入れを持ち主と協力して行うなど、「（② 水源の森林 ）づくり」という取り組みを進めている。
- 相模川上流の山梨県と中流や下流の神奈川県の人々が協力して川の（③ 清掃活動 ）をするなど、**地域をこえた人々の協力**が行われている。

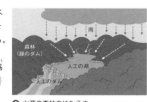

水源の森林のはたらき

2 使ったあとの水のゆくえは

教科書 64〜65ページ

下水の処理

- 使ったあとの水は、地下にある（④ 下水管 ）を通って（⑤ 下水処理しせつ ）に集められ、きれいにしてから、川や海に流される。
- **水のじゅんかん**…川や海に流された水は、蒸発して雲になり、雨となって水源にふりそそぐ。そして、ふたたびわたしたちが（⑥ 使う水 ）になる。
- 下水処理しせつできれいにした水を、すいせん（⑦ トイレ ）などの水としてふたたび利用する取り組みが行われている。
- よごれた水をきれいにして、川や海に流すには、台所の流しに残飯や（⑧ 食用油 ）を流さないなど、わたしたちの協力が必要である。

よごれた水がきれいになるまで

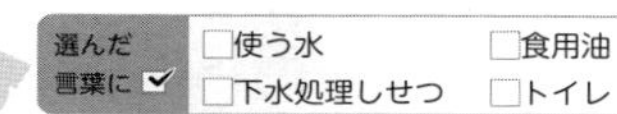

選んだ言葉に✓
□使う水　□食用油　□緑のダム　□清掃活動
□下水処理しせつ　□トイレ　□水源の森林　□下水管

ぴったり2

練習

学習日 **25ページ**

ぴたトリビア わたしたちがしはらっている水道料金には、使った水の量のほかに、下水として流した水の処理の料金もふくまれています。

教科書 62〜71ページ 答え 13ページ

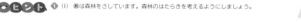

1 右の図を見て、問いに答えましょう。

(1) 図のあについて、正しい説明を㋐〜㋒から選びましょう。

㋐ 湖の水をせき止め、下流に流す水の量を調節する。

㋑ 必要なときに必要な分だけ水を送れるように、ためておく。

㋒ 雨水やわき水をたくわえることで、ゆっくりと川や湖に水を流す。　（ ㋒ ）

水源の森林のはたらき

(2) 森林はダムのはたらきをすることから、何とよばれるか答えましょう。　（ 緑のダム ）

(3) 水源の森林を守る活動が進められている理由を、㋐〜㋒から選びましょう。

㋐ わたしたちの使う大切な水を守るため。

㋑ 雨の量がへっているため。

㋒ 人工のダムのはたらきがおとろえてきたため。　（ ㋐ ）

2 右の図を見て、問いに答えましょう。

(1) あ・いのせつびやしせつの名前を、[　　]から選びましょう。

下水処理しせつ　清掃工場　水道管　下水管

あ（ 下水管 ）

い（ 下水処理しせつ ）

(2) いのしせつで水質試験を行っている理由を、㋐〜㋓から2つ選びましょう。

㋐ いのしせつから、もう一度近くの家庭の飲み水としてとどけるため。

㋑ 川や海をよごさないようにするため。

㋒ きれいなほうが、早く蒸発して雲になるため。(順不同)

㋓ 公園のトイレなどの水として、再利用するため。　（ ㋑ ）（ ㋓ ）

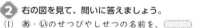

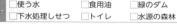

よごれた水がきれいになるまで

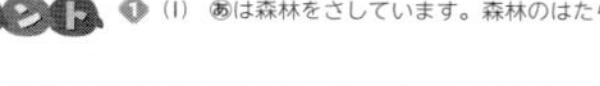

1 (1) あは森林をさしています。森林のはたらきを考えるようにしましょう。

できたかな?

□下水処理しせつのはたらきを、言ってみよう。

おうちのかたへ

使った水が下水処理しせつで、きれいな水になって川や海に戻されるしくみを学びます。下水処理しせつにも池があり、汚泥が出ます。近年ではこれらの汚泥から発生するメタンを自動車の燃料や都市ガスにするなど、再利用が進められています。このような話題は、お子さまの興味の幅を広げる手助けとなります。

1 (1)㋐はダムの説明、㋑はダムによってせきとめられた湖の説明です。

(2)森林にある木々の根によって、雨やわき水がたくわえられ、ダムのようなはたらきをするため、森林は「緑のダム」とよばれます。

(3)川が流れはじめる地域を水源とよびます。水源の森林があれてしまうと、土が流れ出て水をたくわえることができず、雨がふっても川へ流れてしまいます。

2 (1)家庭や工場などで使った水や、集められた雨の水を下水とよびます。下水は下水管を通って下水処理しせつに運ばれます。

(2)下水処理しせつとは、使った水を自然にもどしても害のないきれいな水にするしせつです。下水処理しせつから出る水は、公園のトイレやふん水の水などとして使われます。下水処理しせつでは、このように安全な水を放出するために水質試験を行って、安全をたしかめています。

ぴったり3 たしかめのテスト

せんたく 2. 健康なくらしとまちづくり

2 水はどこから

/100 ごうかく80点

教科書 50~71ページ　答え 14ページ

1 よく出る 次の図は、川の水をきれいにして水道水をつくるしせつを表しています。この図を見て、問いに答えましょう。　1つ5点（20点）

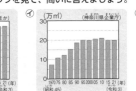

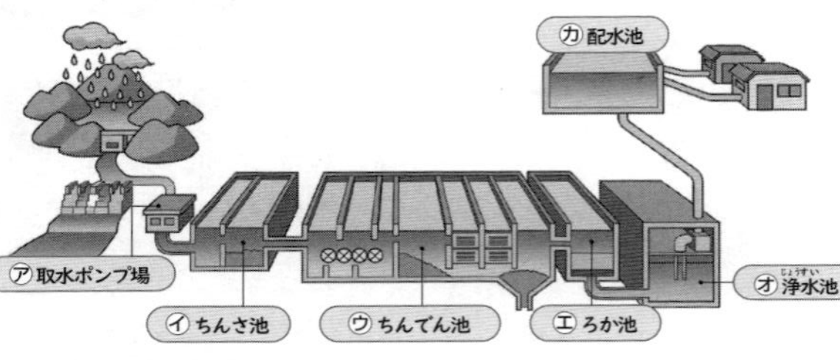

(1) このしせつの名前を漢字3文字で答えましょう。　（浄水場）

(2) 次の①~③に当てはまるせつびを、上の図のア~カから選びましょう。

① かきまぜられてできたにごりの固まりをしずめる。　（ウ）
② 川から取り入れた水を、このしせつに送りこむ。　（ア）
③ すなの層を通して、よごれを取りのぞく。　（エ）

2 右の図は、水源の様子を表しています。この図を見て、次の文の①~④に当てはまる言葉を、ア~エから選びましょう。また、⑤に当てはまる言葉を書きましょう。　1つ5点（25点）

図のあは(①)を表していて、湖に水をためたり、流したりして、水道に使われる(②)の量を調節している。いは(③)を表しており、(④)によって土やすなが流れ出すのをふせぐはたらきがある。また、雨水やわき水をたくわえ、少しずつ流すので、(⑤)とよばれる。

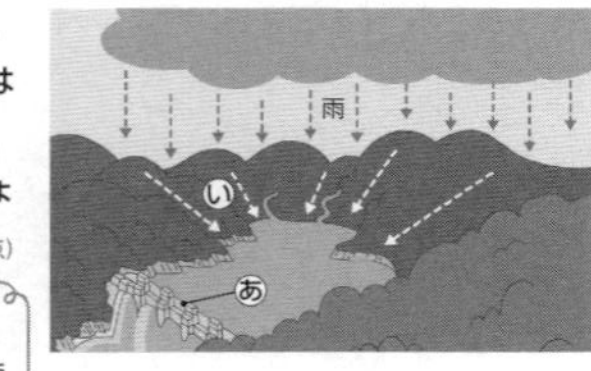

ア 森林　イ ダム
ウ 木の根　エ 川の水

①（イ）②（エ）
③（ア）④（ウ）
⑤（緑のダム）

3 次の3つのグラフを見て、問いに答えましょう。　技能 1つ5点（45点）

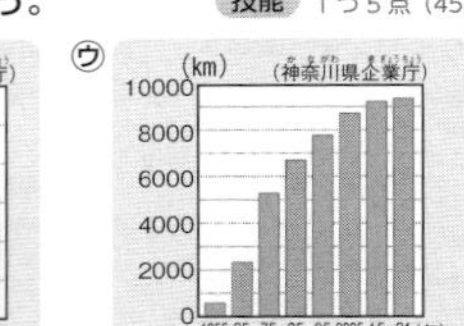

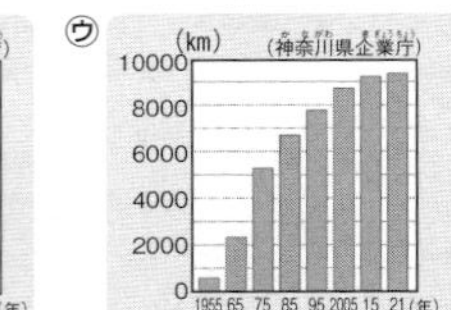

市の人口の変化　市の1日当たりの水道使用量の変化　水道管ののびるきょりの変化

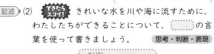

(1) 次の①~④について、参考にしたグラフをア~ウから選び、正しいものには○を、まちがっているものには×をつけましょう。

① 2021年には、約20万㎥の水道水が使われている。
② 市の人口はへり続けている。
③ 2021年の県内の水道管のきょりは、1965年の4倍ほどである。
④ 水道の使用量は2010年が最も多く、約30万㎥である。

①資料（イ）○×（○）　②資料（ア）○×（×）
③資料（ウ）○×（○）　④資料（イ）○×（×）

記述 (2) アとイのグラフを見て、市の人口と1日当たりの水道使用量の変化の関係について、かんたんに答えましょう。　思考・判断・表現

（(例) 市の人口の増加とともに1日当たりの水道使用量も増加している。）

4 右の図を見て、問いに答えましょう。　1つ5点（10点）

(1) 家庭や工場から出たよごれた水は、どこに送られますか。

（下水処理しせつ）

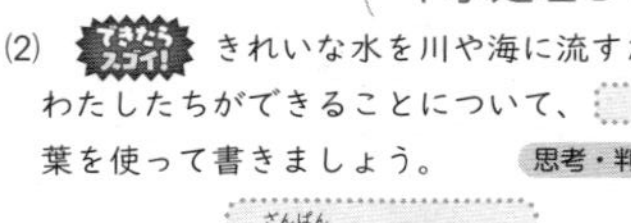

記述 (2) できたらスゴイ！ きれいな水を川や海に流すために、わたしたちができることについて、［　］の言葉を使って書きましょう。　思考・判断・表現

残飯　食用油

よごれた水がきれいになるまで

（(例) 台所の流しに残飯や食用油などを流さない。）

ふりかえり 3(2)がわからないときは、22ページの1にもどってかくにんしてみよう。

記述問題のプラスワン

4 (2)川や海がどうなるのかではなく、わたしたちができることについて答えるので、次のような答えはあやまりです。

・残飯や食用油を流すと川や海がよごれてしまう。
・残飯や食用油を流すと下水管がよごれてしまう。

たしかめのテスト 26~27ページ

1 (2)浄水場では、川の水をちんさ池、ちんでん池、ろか池を通して飲むことができる水に変え、配水池に送ります。

2 ダムは湖の水をせき止め、調節しながら川に流します。まわりの森林は、雨水やわき水をたくわえながら、少しずつ川や湖に流すので、「緑のダム」とよばれます。

3 (1)いくつかのグラフから、調べるのにてきしたものをさがすときは、グラフの表題（タイトル）を見るようにしましょう。

(2)アとイのグラフはにた変化をしめしています。そこから、市の人口がふえていることと、市の1日当たりの水道使用量にはどのような関係があるのかを考えるようにしましょう。

4 (2)残飯や食用油のまざった下水は、下水管をつまらせたり、川や海をよごしたりする原因となります。できるだけ、残飯や食用油を流さないようにすることが書いてあれば正かいです。

ぴったり1 じゅんび

せんたく 2. 健康なくらしとまちづくり

2 くらしと電気

めあて 電気がとどくしくみと、発電の特ちょうをたしかめよう。

教科書 72～77ページ 答え 15ページ

次の（　）に入る言葉を、下から選びましょう。

1 電気はどこから／どのようにして、電気をつくるの

教科書 72～75ページ

電気がとどくまで

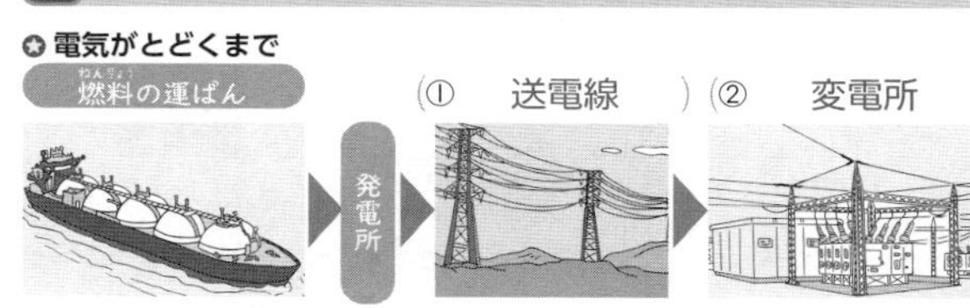

（① 送電線 ）（② 変電所 ）

電気のつくられ方

● （③ 羽根車 ）を回転させて、発電機を回すことで電気をつくり出す。

水力発電 水の流れる力 発電機 蒸気の力 火力発電 原子力発電

羽根車を回すために、水や火などの力を利用するんだね。

ワンポイント 発電の特ちょう

● 火力発電……天然ガスや（④ 石油 ）、石炭などを燃やした熱で発電する。（⑤ 地球温暖化 ）の原因の一つとされる二酸化炭素が出る。

● 原子力発電…ウラン燃料を利用して発生させた熱で発電する。事故などで（⑥ 有害 ）な物質が放出されると、広いはんいに長くえいきょうが出る。

● 水力発電……水が流れる力で発電する。（⑦ ダム ）をつくるときに、環境に大きなえいきょうをあたえる。

2 くらしと電気のこれから

教科書 76～77ページ

これからの電気

● 地球温暖化が進むと、地球の環境が大きく変わり、くらしにえいきょうがおよぶおそれがあるので、（⑧ 風力 ）や地熱、太陽光など、（⑨ 自然の力 ）を利用した発電が進められている。

● 発電のしかただけではなく、電気をむだなく使う（⑩ 節電 ）も大切。

選んだ言葉に✓

□石油	□送電線	□自然の力	□地球温暖化	□羽根車
□ダム	□節電	□有害	□変電所	□風力

ぴったり2 練習

ぴたトリビア 100年以上前、初めて一般用の発電所として京都に水力発電所がつくられました。その後、火力発電所、原子力発電所がつくられ、広まりました。

教科書 72～77ページ 答え 15ページ

1 次の絵は、電気がつくられ、送られるまでの様子を表しています。この絵を見て、問いに答えましょう。

あ　い　う

(1) あは、発電用の燃料を運ぶための船です。発電用の燃料の説明として、正しいものには○を、まちがっているものには×をつけましょう。

①（ ○ ）発電に使う燃料のほとんどは、外国から運ばれる。
②（ × ）燃料にはかぎりがないといわれている。
③（ ○ ）発電の種類によって、燃料はことなる。

(2) いは、天然ガスや石油、石炭などを燃やした熱で発電する発電所です。この発電所の種類を、㋐～㋒から選びましょう。

㋐ 火力発電所　㋑ 水力発電所　㋒ 原子力発電所　（ ㋐ ）

(3) うは、つくられた電気を家庭や工場などへ送り出すしせつです。このしせつの名前を答えましょう。

（ 変電所 ）

2 次の①～⑤について、火力発電の説明には㋐、水力発電の説明には㋑、原子力発電の説明には㋒、太陽光発電の説明には㋓を書きましょう。

①（ ㋑ ）ダムなどの大きなしせつが必要で、しせつをつくるときに、環境に大きなえいきょうをあたえる。
②（ ㋓ ）発電せつびを整えても、いつでも、どこでも発電することができない。
③（ ㋐ ）発電のときに、地球温暖化の原因の一つとされる二酸化炭素を出す。
④（ ㋓ ）住宅の屋根などの小さなしせつでも電気をつくることができる。
⑤（ ㋒ ）事故などで有害な物質が放出されると、広いはんいに長くえいきょうが出る。

ヒント 1 (3) 発電所でつくられた電気は、そのままでは使えないため、電気の性質を変える必要があります。うは、そのためのしせつです。

練習 29ページ

1 (1)①火力発電で使用する天然ガスや石油、石炭、原子力発電で使用するウラン燃料は日本では多く生産されないため、ほとんどを外国から運んできます。
②石油や天然ガス、石炭など、火力発電に必要な燃料はかぎりがある資源なので×。
(3)うのしせつは変電所です。発電所でつくられた電気は、そのままでは使えないため、変電所で家庭や鉄道、工場などで使える電気に変えてから送り出します。

2 火力発電は天然ガスなどを燃やしたときの熱の力、水力発電は水の力、原子力発電はウラン燃料を利用して出る熱の力を利用します。
②太陽光発電は、雲が多い日には発電できません。

できたかな？
□火力発電、原子力発電、水力発電の特ちょうを説明してみよう。

おうちのかたへ
電気がどのようにつくられ、運ばれてくるのかを学習します。また、発電の種類やこれからの発電についても理解を深めます。東日本大震災での福島第一原子力発電所事故の影響で多くの原子力発電所が停止していることなどをお子さまに伝えることで、これからは自然の力を利用した発電が注目されていることへの理解を深めることできます。

ぴったり1 じゅんび

せんたく 2. 健康なくらしとまちづくり

2 ガスはどこから

めあて ガスがとどくしくみと、ガスを安全に使うくふうをたしかめよう。

教科書 78～79ページ　答え 16ページ

次の（　）に入る言葉を、下から選びましょう。

1 ガスはどこから　教科書 78～79ページ

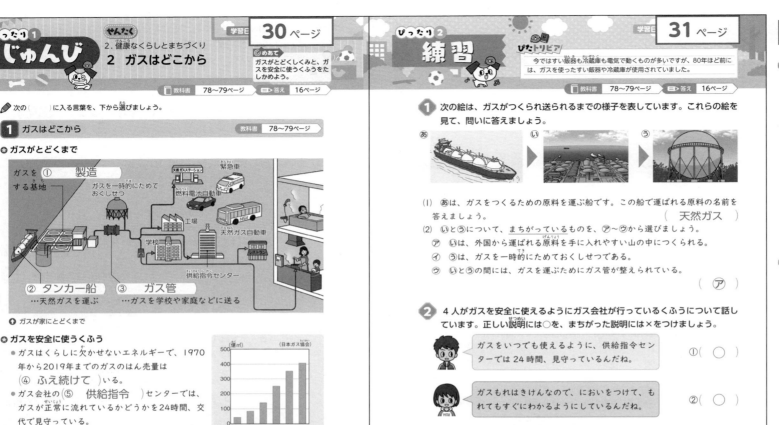

ガスがとどくまで

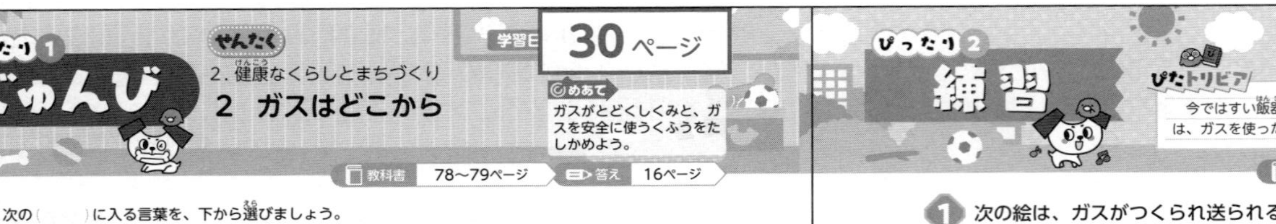

ガスが家にとどくまで

ガスを安全に使うくふう

- ガスはくらしに欠かせないエネルギーで、1970年から2019年までのガスのはん売量は（④ ふえ続けて）いる。
- ガス会社の（⑤ 供給指令）センターでは、ガスが正常に流れているかどうかを24時間、交代で見守っている。
- ガスもれにすぐに気づけるように、ガスには（⑥ におい）がついている。
- ガスもれがあると、（⑦ 保安指令）センターに通報が入り、すぐに緊急自動車が現場に向かう。
- 特に重要なガス管は、昼も夜も係の人が交代で、ガスもれがないか（⑧ 点検）している。

ガスのはん売量の変化

選んだ言葉に☑　□におい　□ガス管　□タンカー船　□製造　□ふえ続けて　□点検　□供給指令　□保安指令

ぴったり2 練習

ぴたトリビア 今ではすい飯器も冷蔵庫も電気で動くものが多いですが、80年ほど前には、ガスを使ったすい飯器や冷蔵庫が使用されていました。

教科書 78～79ページ　答え 16ページ

1 次の絵は、ガスがつくられ送られるまでの様子を表しています。これらの絵を見て、問いに答えましょう。

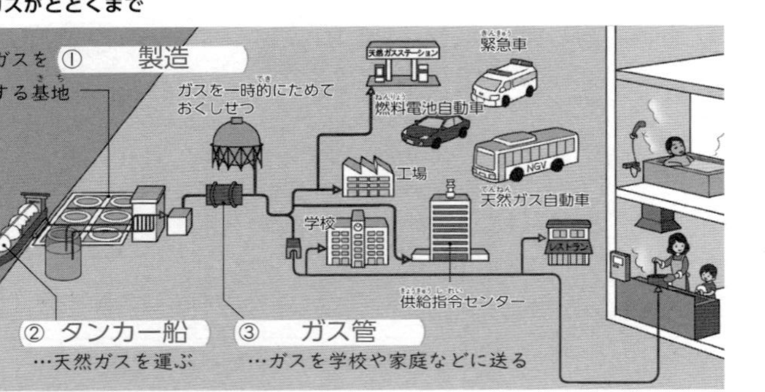

あ　い　う

(1) あは、ガスをつくるための原料を運ぶ船です。この船で運ばれる原料の名前を答えましょう。（ 天然ガス ）

(2) いとうについて、まちがっているものを、ア～ウから選びましょう。

ア いは、外国から運ばれる原料を手に入れやすい山の中につくられる。
イ うは、ガスを一時的にためておくしせつである。
ウ いとうの間には、ガスを運ぶためにガス管が整えられている。

（ ア ）

2 4人がガスを安全に使えるようにガス会社が行っているくふうについて話しています。正しい説明には○を、まちがった説明には×をつけましょう。

ガスをいつでも使えるように、供給指令センターでは24時間、見守っているんだね。

①（ ○ ）

ガスもれはきけんなので、においをつけて、もれてもすぐにわかるようにしているんだね。

②（ ○ ）

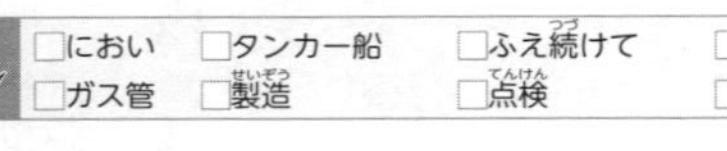

ガス管はじょうぶなので、特に点検の必要はないね。

③（ × ）

ガスもれがあると、すぐに警察が来て修理をしてくれるので安心だね。

④（ × ）

ヒント 1 (2) いはガスを製造する基地です。ガスを製造する基地は、原料を手に入れやすい場所につくられます。

できたかな？
□ガスがどのようにわたしたちのもとにとどくのか、言ってみよう。

おうちのかたへ
ガスがつくられ、私たちのもとに届く様子を学習します。ガスは危険が伴うエネルギーなので、供給指令センターや保安指令センターで厳しく管理されています。また、ガスは無色無臭のため、都市ガス・プロパンガスにはにおいがつけられ、ガス漏れの際に気付きやすくしています。道路の下には水道管とともにガス管も通っていることをお子さまに話してあげるなど、学習の幅を広げてください。

練習　31ページ

1 (1)気体の天然ガスは冷やすことで、体積が約600分の1の液体になります。天然ガスは液体の形で、外国からタンカー船で運ばれてきます。

(2)いのしせつはガスを製造する基地です。基地は、タンカー船で運ばれてくる天然ガスを手に入れやすい海ぞいにつくられます。

2 ③ガス管はひびわれなどしたら事故につながるため、昼も夜も係の人が交代で点検しているので、×。

④ガスもれのときは警察ではなく保安指令センターに通報が入り、緊急自動車が現場に向かうので、×。

ぴったり3 たしかめのテスト　せんたく

2. 健康なくらしとまちづくり

2 くらしと電気

32ページ　/50　ごうかく40点

教科書 72〜77ページ　答え 17ページ

1 次の絵は、電気がつくられて家庭などにとどくまでの様子を表しています。これらの絵を見て、問いに答えましょう。　1つ5点（20点）

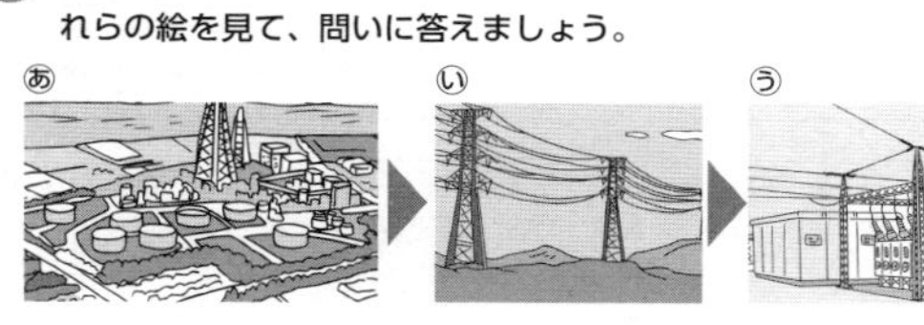

(1) あ〜うのしせつやせつびの名前をそれぞれ漢字3文字で答えましょう。

あ（ 発電所 ）い（ 送電線 ）う（ 変電所 ）

(2) あのしせつが海ぞいに多い理由を、ア〜ウから選びましょう。

ア 電気をつくるときに、よごれた水を海に流せるから。

イ 海ぞいのほうが、電気を使う人がたくさんいるから。

ウ 電気をつくるのに必要な燃料を船で運んでくるから。　（ ウ ）

2 よく出る 発電の種類について、問いに答えましょう。　1つ5点、(3)10点（30点）

(1) 次の文の①〜③に当てはまる言葉を答えましょう。

> 日本で中心となる発電は、天然ガスや石油などを燃やした熱で発電する①（ 火力 ）発電です。他にも、ダムなどに多くつくられている②（ 水力 ）発電所や、ウラン燃料を使う③（ 原子力 ）発電所もあります。特に（③）発電は安全で環境にやさしいといわれてきましたが、2011年3月の東日本大震災で事故を起こし、広いはんいで人々のくらしにえいきょうをおよぼしています。

(2) 住宅の屋根などの小さなしせつでも電気をつくることができますが、天気が悪いと発電量がへってしまう発電方法を何というか答えましょう。

（ 太陽光 ）発電

記述 (3) できたらスゴイ！ 自然の力を利用した発電の特ちょうを「地球温暖化」「二酸化炭素」の2つの言葉を使って書きましょう。　思考・判断・表現

（(例) 地球温暖化の原因の一つである二酸化炭素を出さない。）

ふりかえり ❷(3)がわからないときは、28ページの**2**にもどってかくにんしてみよう。

32

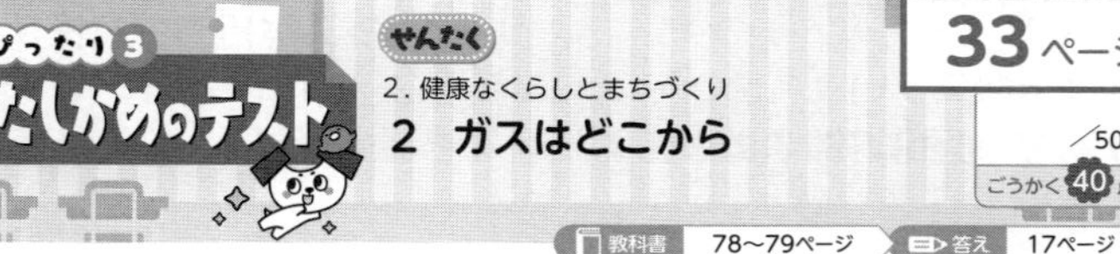

ぴったり3 たしかめのテスト　せんたく

2. 健康なくらしとまちづくり

2 ガスはどこから

33ページ　/50　ごうかく40点

教科書 78〜79ページ　答え 17ページ

1 次の絵は、ガスがつくられて家庭などにとどくまでの様子を表しています。この絵を見て、問いに答えましょう。　1つ5点（35点）

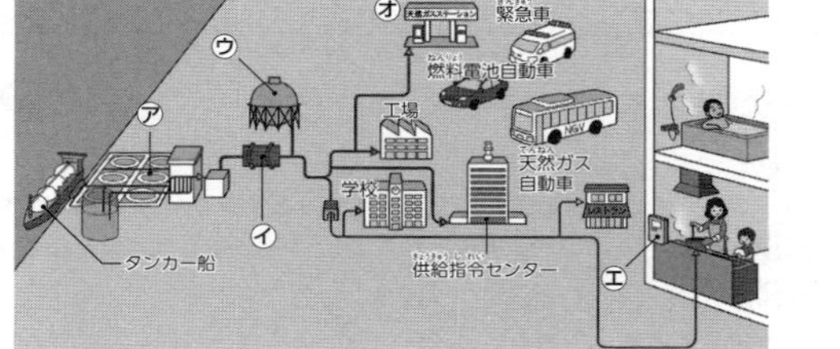

(1) よく出る 次のはたらきをするしせつやせつびを、図のア〜オから選びましょう。

① つくったガスを学校や家庭に送りとどけるために、地中などにつくられたせつび。　（ イ ）

② ガスを製造する基地。　（ ア ）

③ ガスを一時的にためておくしせつ。　（ ウ ）

(2) 次のガス会社の人の話の①〜④にあてはまる言葉を、ア〜カから選びましょう。

> （①）では、ガスが正常に流れているかを（②）見守っています。また、ガスがいつでも使えるように、つくる（③）を決めています。もしもガスもれがあったときは、（④）に通報が入り、すぐに緊急自動車が現場に向かいます。

ア 保安指令センター　イ 消防しょ　ウ 供給指令センター

エ 時期　オ ガスの量　カ 24時間

①（ ウ ）②（ カ ）③（ オ ）④（ ア ）

記述 **2** できたらスゴイ！ ガスににおいがついている理由を答えましょう。　（15点）　思考・判断・表現

（(例) すぐにガスもれに気づけるようにするため。）

ふりかえり ❷がわからないときは、30ページの**1**にもどってかくにんしてみよう。

33

この本の終わりにある「夏のチャレンジテスト」をやってみよう！

記述問題のプラスワン

〈2　くらしと電気〉**2** (3)太陽光や風力、地熱などの自然の力を利用する発電は、石油などを燃やさないため、地球温暖化の原因となる二酸化炭素を出さないことが書いてあれば正かいです。

〈2　ガスはどこから〉**2** ガスもれは大きな事故につながります。そのため、ガス会社は、ガスを使う人がすぐにガスもれに気づけるようにしていることが書いてあれば正かいです。

たしかめのテスト 32ページ

1 (2)あは火力発電を行う発電所です。発電に必要な天然ガスや石油、石炭は外国から船で運ばれてくるため、港のある海ぞいにつくられます。

2 (1)(2)日本の発電は火力発電が中心です。火力発電は石油などを燃やして地球温暖化の原因となる二酸化炭素を出すため、太陽光や風力などの自然の力を利用した、二酸化炭素を出さない発電が注目されています。水力発電も二酸化炭素を出しませんが、川の上流など、かぎられた場所にしか発電所をつくることができないため、発電量はあまり多くありません。

たしかめのテスト 33ページ

1 (2)ガスが正常に流れているかを24時間、交代で見守っているのは供給指令センターで、ガスもれなどのときに、かけつけるのは保安指令センターです。

2 ガスにはにおいも色もありません。もしもガスもれがあったときに、すぐに気づけるように、ガス会社では、ガスににおいをつけています。

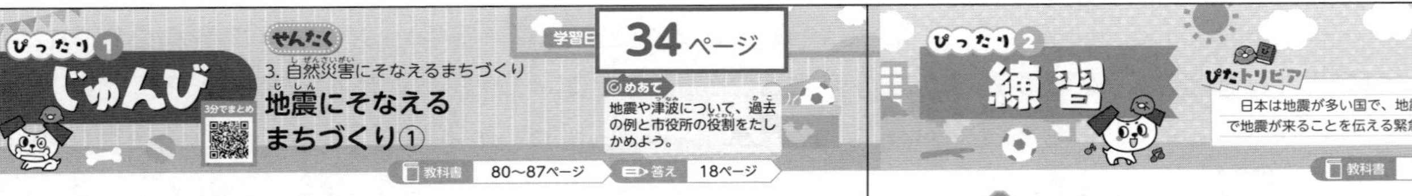

ぴったり1 じゅんび

3.自然災害にそなえるまちづくり

地震にそなえるまちづくり①

学習日 **34** ページ

めあて 地震や津波について、過去の例と市役所の役割をたしかめよう。

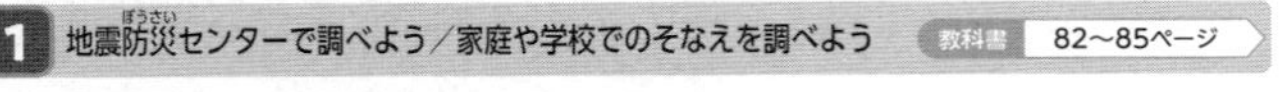

教科書 80~87ページ　答え 18ページ

次の（　）に入る言葉を、下から選びましょう。

1 地震防災センターで調べよう／家庭や学校でのそなえを調べよう　教科書 82~85ページ

過去に起こった地震や津波

- 静岡県では、過去に何回も（① 地震 ）が起きている。
- 1854年の安政東海地震は、（② 千葉県 ）から徳島県にかけて発生した。

年	地震
1498年	明応地震（千葉県から三重県にかけて発生）。
1707年	宝永地震（静岡県から大分県にかけて発生）。
1729年	静岡県の伊豆付近で大きな地震が発生。
1854年	安政東海地震（千葉県から徳島県にかけて発生）。
1855年	静岡県の東部で大きな地震が発生。
1930年	北伊豆地震（静岡県の東部で発生）。
1935年	静岡県の中部で大きな地震が発生。
1944年	東南海地震（静岡県から三重県にかけて発生）。
1965年	静岡県の中部で大きな地震が発生。
1974年	伊豆半島沖地震（静岡県の東部で発生）。
2009年	駿河湾を震源とする地震が発生。

過去に静岡県内で起こった主な地震

家庭や学校でのそなえ

- 家では家具を固定したり、（③ 防災セット ）をじゅんびしたりしておく。
- ひなん地となる学校には、多くの（④ 非常食 ）や水、毛布がほかんされている。
- 地震や津波にそなえるために、学校では（⑤ ひなん訓練 ）が行われている。

2 市役所へ行って調べよう　教科書 86~87ページ

地震や津波から住民を守るしくみ

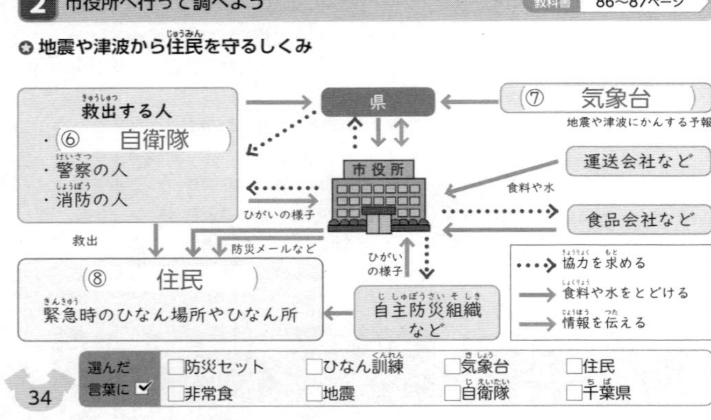

選んだ言葉に ✓　□防災セット　□非常食　□ひなん訓練　□地震　□気象台　□自衛隊　□住民　□千葉県

ぴったり2 練習

学習日 **35** ページ

ぴたトリビア 日本は地震が多い国で、地震が起こると、すばやくスマートフォンなどで地震が来ることを伝える緊急地震速報のしくみが整えられています。

教科書 80~87ページ　答え 18ページ

1 右の年表を見て、問いに答えましょう。

(1) 安政東海地震はいつ起きましたか。
（ 1854 ）年

(2) 東南海地震は、どのようなはんいで起きた地震ですか。かんたんに書きましょう。
（例）（静岡県から三重県にかけて起きた地震。）

年	地震
1498年	明応地震（千葉県から三重県にかけて発生）。
1707年	宝永地震（静岡県から大分県にかけて発生）。
1729年	静岡県の伊豆付近で大きな地震が発生。
1854年	安政東海地震（千葉県から徳島県にかけて発生）。
1855年	静岡県の東部で大きな地震が発生。
1930年	北伊豆地震（静岡県の東部で発生）。
1935年	静岡県の中部で大きな地震が発生。
1944年	東南海地震（静岡県から三重県にかけて発生）。
1965年	静岡県の中部で大きな地震が発生。
1974年	伊豆半島沖地震（静岡県の東部で発生）。
2009年	駿河湾を震源とする地震が発生。

過去に静岡県内で起こった主な地震

2 次の図は、地震や津波から住民を守るしくみを表しています。この図を見て、問いに答えましょう。

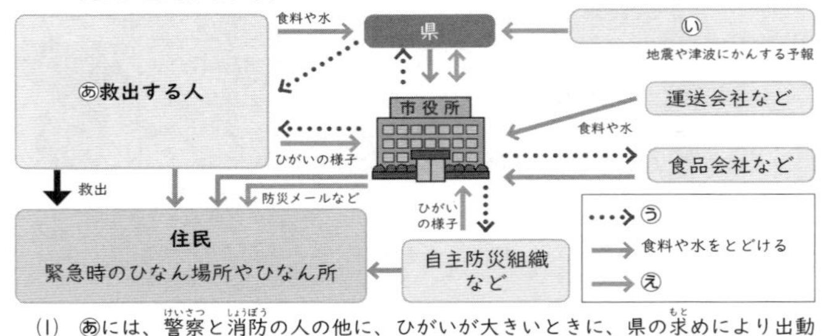

(1) あには、警察と消防の人の他に、ひがいが大きいときに、県の求めにより出動する人たちがいます。それらの人たちのいる組織の名前を答えましょう。
（ 自衛隊 ）

(2) いは、地震や津波にかんする予報などの情報を発信します。この機関の名前を答えましょう。
（ 気象台（気象庁） ）

(3) うとえの矢印が表すものを、それぞれ選びましょう。
ア 救出を行う　イ 情報を伝える　ウ 協力を求める　エ 様子を知る
う（ ウ ）　え（ イ ）

ヒント 2 (1) 国を守る組織で、災害時には地域の警察や消防と協力して、救助活動やひなん所づくりを行います。

できたかな？

□地震が起きたときの、住民を守るしくみを説明してみよう。

おうちのかたへ

2011年の東日本大震災以降、社会科では防災教育の拡充が進められてきました。学習指導要領では「関係の諸機関が相互に連絡を取り合いながら緊急に対処する体制をとっていること」を学習指針としており、今後、本単元の重要性はさらに増していくものと考えられます。地震の際には、市や都道府県が動いて住民を守っていることをお子さまに伝えてください。

練習　35ページ

1 (1)(2)年表には、いつ、どのようなことが起こったのかが書かれています。そして、過去の地震の年表からは、大きな地震が何回起きたのかなどの情報を知ることができます。

(2)東南海地震は1944年に静岡県から三重県にかけて起きたことが読み取れます。

2 (1)自衛隊とは、国の安全を守る国の組織で、災害が起こると都道府県の連らくを受けて、救助などのために出動します。

(2)気象台は気象庁とよばれる国の機関にぞくしている組織で、天気や地震、津波、火山などの活動をかんししています。必要があれば、ひなんの指示なども行います。

ぴったり1 じゅんび

せんたく

3. 自然災害にそなえるまちづくり

地震にそなえるまちづくり②

めあて 防災についての市や地域の取り組みをたしかめよう。

教科書 88~97ページ 答え 19ページ

次の（　）に入る言葉を、下から選びましょう。

1 大切な情報／住民の命やくらしを守るために

教科書 88~91ページ

ワンポイント 住民を守るための情報

- 地震が起こると、市は防災無線やラジオ、広報車、（① 防災メール ）、SNSなどを使って住民に情報を発信し、（② 身の安全 ）を守ってもらう。
- ハザードマップ…地震や津波などの自然災害の発生で予想される（③ ひがい ）を、地図上にしめしたもの。
- 防災マップ…ハザードマップの１つで、（④ ひなんしせつ ）の位置や、ひがいが予想される地域が、色でしめされている。

津波ひなんタワー　ひなん所　救護所

防災マップ

住民を守るためのしせつ

- 市には、ひなん地や（⑤ 津波ひなんタワー ）が計画的につくられている。

2 地域にくらす人々のそなえを調べよう 身の安全をたしかなものにしよう

教科書 92~95ページ

地域のそなえ

- 自治会は防災倉庫を置いて、（⑥ 食料や水 ）、救急箱、発電機などの防災用品をじゅんびしている。
- 公園などには、市の防災倉庫もあり、（⑦ 仮設トイレ ）やテントなどがおさめられている。

防災倉庫

身の安全をたしかにするための取り組み

- 高校生が自治会と協力して、3階建ての家の住人に、津波がきたときの緊急の（⑧ ひなん場所 ）として使わせてもらえるようお願いをしている地域がある。
- 日ごろのそなえだけではなく、災害の様子を見ながら、自分でも判断することが大切である。

選んだ言葉に✓
□仮設トイレ □身の安全 □防災メール □津波ひなんタワー
□ひがい □ひなん場所 □ひなんしせつ □食料や水

ぴったり2 練習

ぴたトリビア 2019年、国は自然災害があったことを後の人に伝える「自然災害伝承碑」の地図記号を、正式に制定しました。

教科書 88~97ページ 答え 19ページ

1 右の写真と防災マップを見て、問いに答えましょう。

(1) 右の写真は防災マップの㋡に当てはまります。このしせつの名前を答えましょう。

（ 津波ひなんタワー ）

(2) 市が(1)のしせつをつくるときに、考えなくてはいけないことを、㋐~㋓から２つ選びましょう。

㋐ 近くに鉄道が通っているかどうか。
㋑ 近くに高速道路があるかどうか。
㋒ しせつを置く地域に、どれくらいの住民がいるか。
㋓ 津波が来たときに、どれくらいのひがいが予想されるか。

(順不同)（ ㋒ ）（ ㋓ ）

ひなん所　救護所

(3) 右の防災マップのように、自然災害の発生により予想されるひがいや、ひなんしせつの位置などがかかれた地図を何とよぶか答えましょう。

（ ハザードマップ ）

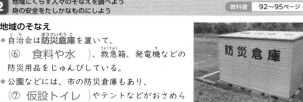

2 次の問いに答えましょう。

(1) 右の絵は、公園に置かれている自治会の倉庫の内部です。このような倉庫を何とよぶか答えましょう。

（ 防災倉庫 ）

(2) (1)の自治会の倉庫について、正しいものには○を、まちがっているものには×をつけましょう。

①（ × ）地域の住民が、いつでも利用できる食料と水が置かれている。
②（ ○ ）災害時に救援物資がとどくまでの間に必要なものが置かれている。
③（ × ）およそ１か月分の食料と水が置かれている。
④（ ○ ）救急箱や発電機、車いすなどが置かれていることもある。
⑤（ × ）災害はいつ起こるかわからないので、点検はしない。
⑥（ × ）テントなど、より多くの人が使う物が置かれている。

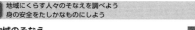

ヒント 2 (1) この倉庫には、防災用品がおさめられており、災害のときに地域の人たちにわたされます。

できたかな？

□市や地域が防災に対してどのような取り組みをしてるのか、言ってみよう。

おうちのかたへ

防災についての市や地域の取り組みを学びます。市や地域の取り組みを理解しておくことも大事ですが、他にも、お子さまとお住まいの地域のハザードマップを確認して、住んでいる地域にはどのような災害が予想されているのかを知り、災害時の集合場所をどこにするかなどの話し合いしておくと安心です。

練習 37ページ

1 (2)津波ひなんタワーは、海ぞいの地域に置かれ、津波が来たときにひなんできる場所です。市や町が、地域の住民の数やひがいの予想などをもとにしてつくります。

2 (2)①防災倉庫の食料や資材は、災害が起きたときに使うものなので×。
③防災倉庫には、救援物資がとどくまでの間、地域の住民が必要な１日分の食料や水が置かれているので×。
⑤自治会は、災害がいつ起きてもまちを守れるように、月に一度は資材の点検を行っているので×。
⑥より多くの人が使うテントなどは、市の倉庫に置かれているので×。

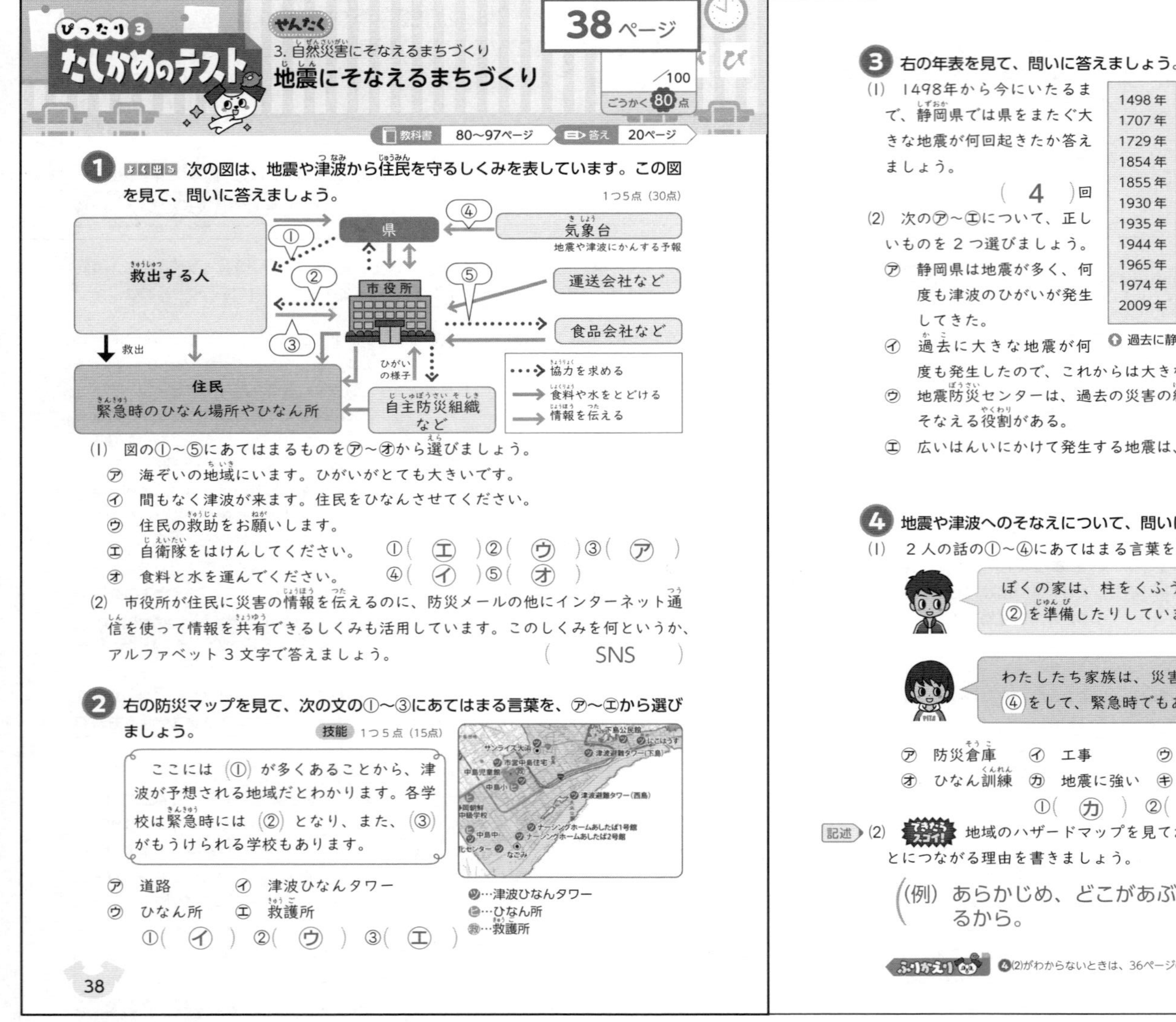

ぴったり3 たしかめのテスト
せんたく
3. 自然災害にそなえるまちづくり
地震にそなえるまちづくり

38ページ

/100 ごうかく80点

教科書 80～97ページ　答え 20ページ

1 よくでる 次の図は、地震や津波から住民を守るしくみを表しています。この図を見て、問いに答えましょう。　1つ5点（30点）

(1) 図の①～⑤にあてはまるものを㋐～㋔から選びましょう。
㋐ 海ぞいの地域にいます。ひがいがとても大きいです。
㋑ 間もなく津波が来ます。住民をひなんさせてください。
㋒ 住民の救助をお願いします。
㋓ 自衛隊をはけんしてください。　①（㋓）②（㋒）③（㋐）
㋔ 食料と水を運んでください。　④（㋑）⑤（㋔）

(2) 市役所が住民に災害の情報を伝えるのに、防災メールの他にインターネット通信を使って情報を共有できるしくみも活用しています。このしくみを何というか、アルファベット3文字で答えましょう。（SNS）

2 右の防災マップを見て、次の文の①～③にあてはまる言葉を、㋐～㋓から選びましょう。　技能 1つ5点（15点）

ここには（①）が多くあることから、津波が予想される地域だとわかります。各学校は緊急時には（②）となり、また、（③）がもうけられる学校もあります。

㋐ 道路　㋑ 津波ひなんタワー
㋒ ひなん所　㋓ 救護所
①（㋑）②（㋒）③（㋓）

学習日 39ページ

3 右の年表を見て、問いに答えましょう。　技能 1つ5点（15点）

年	できごと
1498年	明応地震（千葉県から三重県にかけて発生）。
1707年	宝永地震（静岡県から大分県にかけて発生）。
1729年	静岡県の伊豆付近で大きな地震が発生。
1854年	安政東海地震（千葉県から徳島県にかけて発生）。
1855年	静岡県の東部で大きな地震が発生。
1930年	北伊豆地震（静岡県の東部で発生）。
1935年	静岡県の中部で大きな地震が発生。
1944年	東南海地震（静岡県から三重県にかけて発生）。
1965年	静岡県の中部で大きな地震が発生。
1974年	伊豆半島沖地震（静岡県の東部で発生）。
2009年	駿河湾を震源とする地震が発生。

過去に静岡県内で起こった主な地震

(1) 1498年から今にいたるまで、静岡県では県をまたぐ大きな地震が何回起きたか答えましょう。（4）回

(2) 次の㋐～㋓について、正しいものを2つ選びましょう。
㋐ 静岡県は地震が多く、何度も津波のひがいが発生してきた。
㋑ 過去に大きな地震が何度も発生したので、これからは大きな地震は起こらない。
㋒ 地震防災センターは、過去の災害の経験を今や未来の人に伝え、これからにそなえる役割がある。
㋓ 広いはんいにかけて発生する地震は、およそ50年に一度起こっている。
（順不同）（㋐）（㋒）

4 地震や津波へのそなえについて、問いに答えましょう。　(1)1つ5点、(2)20点（40点）

(1) 2人の話の①～④にあてはまる言葉を、㋐～㋖から選びましょう。

ぼくの家は、柱をくふうして①家にしたり、災害時に必要な②を準備したりしています。

わたしたち家族は、災害時の③を決めています。月に一度は④をして、緊急時でもあわてないように準備しています。

㋐ 防災倉庫　㋑ 工事　㋒ ひなん場所　㋓ 食料と水
㋔ ひなん訓練　㋕ 地震に強い　㋖ 津波に強い
①（㋕）②（㋓）③（㋒）④（㋔）

記述 (2) てきたらスゴイ！ 地域のハザードマップを見ておくことが、地震や津波から身を守ることにつながる理由を書きましょう。　思考・判断・表現

（（例）あらかじめ、どこがあぶないか知っておくことができるから。）

ふりかえり ❹(2)がわからないときは、36ページの❶にもどってかくにんしてみよう。

記述問題のプラスワン

4 (2)ハザードマップの意味をふまえたうえで、次のように書いても正かいです。
・ハザードマップには、きけんな場所が書かれているから。
・地震や津波が起きたときに、安全な場所にひなんすることができるから。

たしかめのテスト 38～39ページ

1 (1)図をもとに、市役所を中心とした地震や津波から住民を守るためのしくみをたしかめます。救出する人には、自衛隊や警察・消防の人がいますが、自衛隊は市ではなく都道府県からの連らくで動きます。

(2)全国には、インターネットを使った発信を行っている市町村が多く、どこにいてもひなん情報などをたしかめることができるようにしています。

3 (2)㋓1498年の明応地震から、広いはんいにかけて発生する地震は、およそ100年～200年に一度起きています。

4 (2)ハザードマップとは、地震や津波などの自然災害の発生により予想されるひがいを、地図上にしめしたものです。ひがいが予想される地域を知っておくことで、災害時に安全な場所にひなんできるようになります。ここでは、「あらかじめ、どこがあぶないか知っておくことができる」ということが書いてあれば正かいです。

ぴったり1 じゅんび　3分でまとめ　せんたく

3. 自然災害にそなえるまちづくり
水害にそなえるまちづくり①

学習日　**40ページ**

めあて　地域の水防活動の取り組みをたしかめよう。

教科書　98～103ページ　答え　21ページ

次の（　）に入る言葉を、下から選びましょう。

1 水につかったまち／水防学習館で調べよう　教科書　98～101ページ

水害
- （① 大雨 ）で川の水量がふえると、ふだんの川はばではふえた水量にたえられなくなり、水があふれ、地域のくらしにえいきょうをあたえる。

過去に起こった水害
- 新潟県三条市では、過去に何度も水害が起こり、1956年には市内の（② 二つの川 ）がはんらんした。

年	できごと
1949年	台風により五十嵐川の水が大きくふえる
1956年	市内の二つの川がはんらんする
1961年	8.5 集中豪雨
1964年	7.7 水害
1978年	五十嵐川の下流で水があふれる
2004年	7.13 水害(ふった雨の量が 491㎜となる)
2011年	7.29 水害(ふった雨の量が 959㎜となる)

三条市で過去に起こった水害

2 地域の住民の取り組み　教科書　102～103ページ

水防活動
- 地域の消防団は、水害が起こると川のていぼうに（③ 土のう ）を積んだり、住民を（④ 救助 ）したりする。
- 消防団員は水害にそなえるために、（⑤ 水防倉庫 ）の道具の点検や土のうを速く積む（⑥ 訓練 ）を行っている。
- 地域では、住民と市、県、国が合同で（⑦ ひなん訓練 ）を行っている。

土のうとは、土などを入れたふくろのことだよ。

水害時の土のうを積む作業

住民の取り組み
- ひなん訓練では中学生も参加して、ご飯の（⑧ たき出し ）や、ひなんした住民の名前を確認する作業などが行われる。
- ひなん訓練の会場では、中学生が**過去に起こった水害**について、（⑨ 体験者 ）から話をきく機会をもうけている。

選んだ言葉に✓
□土のう　□二つの川　□水防倉庫　□ひなん訓練　□大雨
□体験者　□訓練　□救助　□たき出し

ぴったり2 練習

学習日　**41ページ**

ぴたトリビア　日本の川は流れが急で短いのが特ちょうです。そのため、多くの川でダムがつくられ、水害が起きないように水量を調整しています。

教科書　98～103ページ　答え　21ページ

1 右の年表を見て、問いに答えましょう。

(1) ①8.5集中豪雨と②7.13水害が起きた年を答えましょう。
①（ 1961 ）年
②（ 2004 ）年

(2) 1961年から2011年の間に何回の水害が起きたか答えましょう。
（ 5 ）回

年	できごと
1949年	台風により五十嵐川の水が大きくふえる
1956年	市内の二つの川がはんらんする
1961年	8.5 集中豪雨
1964年	7.7 水害
1978年	五十嵐川の下流で水があふれる
2004年	7.13 水害(ふった雨の量が 491㎜となる)
2011年	7.29 水害(ふった雨の量が 959㎜となる)

三条市で過去に起こった水害

(3) 水防学習館の大切な役割として、あてはまるものを㋐～㋓から選びましょう。
㋐ 過去の水害を今に伝えること。
㋑ 水害はひんぱんに起こるので、こわいものではないことを伝えること。
㋒ 水害時のひなん所となること。
㋓ 水害が起きたら、地域の住民を救助すること。
（ ㋐ ）

2 地域の住民の水防活動について、問いに答えましょう。

(1) 消防団が地域に置いている、水防のための道具などがおさめられているしせつの名前を答えましょう。
（ 水防倉庫 ）

(2) 地域の住民の水防活動について、正しいものには○を、まちがっているものには×をつけましょう。
①（ ○ ）消防団の人は水害へのそなえとして、土のうを速く積む訓練をしている。
②（ × ）地域のひなん訓練は、おとなだけが参加して行われる。
③（ ○ ）ひなん訓練の会場では、中学生が過去の水害について、体験者から話をきく機会をもうけている地域がある。
④（ × ）水害が起こった後に、住民と市、県、国が合同でひなん訓練を行っている。
⑤（ × ）市や消防団がいるので、家では水害へのそなえはしなくてもよい。

ヒント　1 (3) 水防学習館には、地域で起こった過去の水害や、水害へのそなえについての資料などが展示されています。

できたかな？
□地域では、水害に対して、どのようにそなえているのかを言ってみよう。

おうちのかたへ
水害に対する地域の取り組みを水防活動と呼びます。地域の消防団は、火災だけではなく水害から住民を守る訓練もしています。また、過去に水害が起こった地域では、洪水を想定した避難訓練も行われています。お子さまに深さが50㎝の水の中では大人でも歩行することや、玄関を開けることが困難なことなどを話してあげることで、本学習の理解を深めてください。

練習　41ページ

1 (2)1961年から2011年の間には、8.5集中豪雨、7.7水害、五十嵐川の下流で水があふれる、7.13水害、7.29水害の計5回の水害があったことが読み取れます。
(3)水防学習館では、過去に起こった水害の様子を今に伝えることで、地域の大雨によるひがいをへらす役割をしています。

2 (1)水防倉庫には、水害にそなえるために、土のう、くいやロープ、スコップ、ビニールシートなどが置かれています。
(2)②地域のひなん訓練は、中学生なども参加して行われるので×。
④市、県、国の合同ひなん訓練は、水害が起こりやすい時期の前に行われるので×。
⑤家での水害へのそなえも必要なので×。

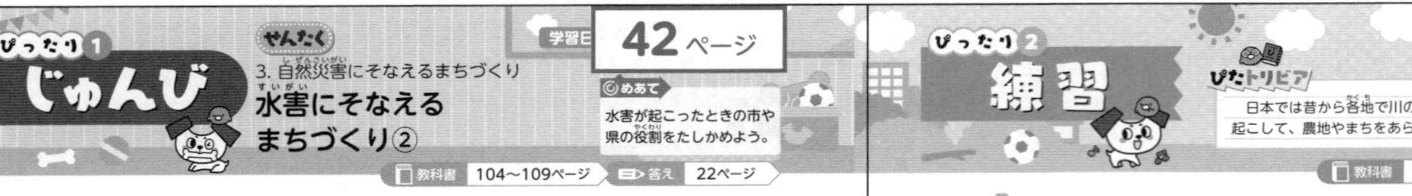

ぴったり1 じゅんび

3. 自然災害にそなえるまちづくり

水害にそなえるまちづくり②

学習日 **42ページ**

めあて 水害が起こったときの市や県の役割をたしかめよう。

教科書 104〜109ページ　答え 22ページ

次の（　）に入る言葉を、下から選びましょう。

1 市役所へ行って調べよう　教科書 104〜105ページ

水害から住民を守るしくみ

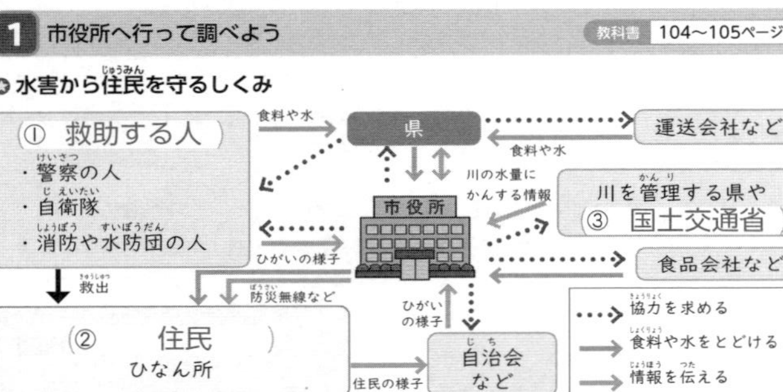

● 水害の発生が予想されると、市や県などの関係機関は地域防災計画にしたがって（④ 災害対策本部 ）をもうけて、住民を守るために行動する。

2 ひがいがくり返されないために　教科書 106〜107ページ

市と県の取り組み

● 市は県と協力して、五十嵐川の（⑤ 川はば ）の一部を広げる工事を行い、川の水を一時的に（⑥ ためる ）しせつをつくった。

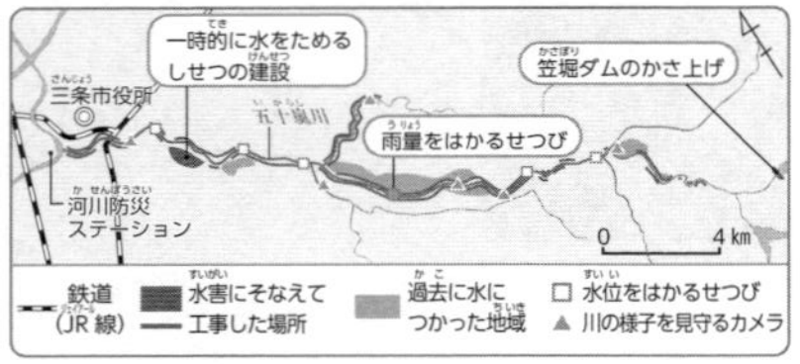

五十嵐川の水害にそなえる取り組み

● さらに、国と協力して（⑦ 河川防災ステーション ）をつくった。

● 市と県は、「まるごとまちごとハザードマップ」という取り組みを進め、川がはんらんしたときにつかると予想される水の深さや、過去の水害でつかった水の深さを（⑧ 標識 ）に表して、住民の水害に対する意識を高めようとしている。

選んだ言葉に✓
□住民　□ためる　□標識　□災害対策本部
□川はば　□救出する人　□国土交通省　□河川防災ステーション

ぴったり2 練習

学習日 **43ページ**

ぴたトリビア 日本では昔から各地で川のはんらんが起きていました。よくはんらんを起こして、農地やまちをあらす川を「あばれ川」とよびます。

教科書 104〜109ページ　答え 22ページ

1 次の図は、水害から住民を守るしくみを表しています。この図を見て、問いに答えましょう。

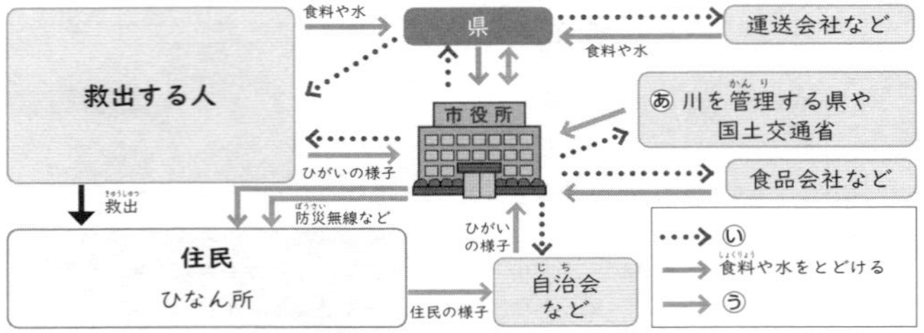

救出する人 / 住民 ひなん所 / 県 / 市役所 / 運送会社など / あ 川を管理する県や国土交通省 / 食品会社など / 自治会など / 食料や水 / ひがいの様子 / 救出 / 防災無線など / 住民の様子 / い / 食料や水をとどける / う

(1) あから市役所に伝える情報を㋐〜㋓から選びましょう。
㋐ 住民の人口や男女の割合など　㋑ 川の水量や流れの様子
㋒ 過去の水害のひがいの様子　㋓ 必要な食料や水の量　（ ㋑ ）

(2) いとうの矢印が表すものを、それぞれ選びましょう。
㋐ 救出を行う　㋑ 情報を伝える　㋒ 協力を求める　㋓ 様子を知る
い（ ㋒ ）　う（ ㋑ ）

(3) 水害の発生が予想されるときの市の動きについて、次の文の①・②にあてはまる言葉を答えましょう。

市は、①（ 地域防災 ）計画にしたがって、②（ 災害対策 ）本部をもうける。

2 市役所の人が水防について話しています。次の文の①・②にあてはまる言葉を、㋐〜㋓から選びましょう。

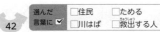

市は県と協力して、水害にそなえて①の一部広げる工事を行いました。また、②をつくり、ひがいをおさえるための行動がすばやくとれるようにしています。

㋐ 道路　㋑ ダム　㋒ 川はば　㋓ 河川防災ステーション
①（ ㋒ ）②（ ㋓ ）

ヒント ②② このしせつには、水防に必要な資材や災害対策用の車両などが置かれています。

できたかな？
□水害が起こったときの市や県の動きを説明してみよう。

おうちのかたへ
水害が起こったとき、市と都道府県、国が住民を守るためにどのような動きをするかを学習します。また、水防の一環として、川の工事を行うことも学びます。お住まいの地域に川があるときは、お子さまに川の堤防や遊水池などを見せて、これらも都道府県や国によってつくられていることを伝えることで、学習理解がさらに深まります。

練習 43ページ

1 (1)国土交通省とは国の役所で、道路や鉄道、川などの管理を行っています。川の水量や水位をカメラで見て、はんらんのきけんがあれば、市に連らくします。
(3)市区町村は地域防災計画をつくって、さまざまな防災活動を進めています。大雨などで水害の発生が予想されると、市は地域防災計画にしたがって災害対策本部をもうけ、消防と警察、都道府県や国土交通省と連らくを取り合って、地域の住民を守ります。

2 地域によっては、川の水がていぼうからあふれるのを防ぐために、川はばを広げる工事を行っています。河川防災ステーションには、水害によるひがいをくいとめるための資材や災害対策用の車両などが置かれています。

ぴったり1
じゅんび
3分でまとめ
3. 自然災害にそなえるまちづくり
火山の噴火にそなえて
雪の災害にそなえて
学習日
44ページ
めあて
火山の噴火、雪の災害にそなえた市や県、国の役割をたしかめよう。
ぴったり2
練習
45ページ
ぴたトリビア
豪雪地帯では家屋がおしつぶされることがあります。雪の重さは、雪質にもよりますが、重いときには1㎡で500kgにもなります。

教科書 110～113ページ　答え 23ページ

※学校で学習する内容によって、1・2を選んで取り組みましょう。

次の（　）に入る言葉を、下から選びましょう。

1 火山の噴火にそなえて　教科書 110～111ページ

- 火山が噴火すると、市はまわりの町と協力して、火山防災計画や（① ハザードマップ）にもとづいて、ひなんや（② 救助）活動を行う。
- 噴火時には、サイレンを鳴らしたり、（③ 緊急メール）を配信したりして、ひなんをよびかける。
- 火山のある市や町の住民は、火山の噴火にそなえるため、国土交通省、警察署、（④ 気象台）、自衛隊など10をこえる関係機関とともに、合同で（⑤ ひなん訓練）を行っている。

気象台：火山にかんする調査と情報の提供
自衛隊：ひなん者の輸送やたき出し、給水など
北海道胆振総合振興局：自衛隊への出動の要求など
伊達市・洞爺湖町・壮瞥町・豊浦町
火山専門家：火山にかんする防災の助言など
消防署・消防団：住民のひなんや救助など
警察署：緊急交通路の整理など

有珠山火山防災協議会と、関係機関の役割

2 雪の災害にそなえて　教科書 112～113ページ

- 市は、雪の災害が発生すると、県や気象台、（⑥ 国土交通省）、自衛隊などと協力して、（⑦ 災害対策本部）をもうける。
- 住民にひがいが出たときは、関係機関と協力して救助を行う。
- 市は雪の災害にそなえるために、（⑧ 防災メール）などで大雪への注意をよびかけたりする。
- 地域では自主防災会を中心に、協力して（⑨ 雪かき）や雪おろしを行う取り組みもある。

気象台：大雪にかんする調査と情報の提供
国土交通省：国が管理する道路の除雪作業など
県：県が管理する道路の除雪作業など
災害対策本部
自衛隊：住民の救助、食料や水の輸送など
消防署・消防団：雪のひがいにあった住民の救助など
警察署：雪による交通規制など

雪の災害が発生した場合に協力するしくみ

選んだ言葉に☑　□ひなん訓練　□災害対策本部　□気象台　□救助　□緊急メール　□国土交通省　□雪かき　□ハザードマップ　□防災メール

1 右の図を見て、問いに答えましょう。

(1) 図の①～④にあてはまる機関を㋐～㋓からそれぞれ選びましょう。

㋐ 警察署　㋑ 火山専門家
㋒ 自衛隊　㋓ 気象台

①（㋓）②（㋒）
③（㋑）④（㋐）

(2) 図の4つの市と町が火山の噴火にそなえて行っている取り組みとして、まちがっているものを㋐～㋓から選びましょう。

㋐ 合同でひなん訓練をしている。
㋑ 協力してハザードマップを作成している。
㋒ 噴火が起こると、別々の行動をとるようにしている。
㋓ 国の機関とも協力して防災活動を行っている。

（㋒）

① 火山にかんする調査と情報の提供
② ひなん者の輸送やたき出し、給水など
北海道胆振総合振興局：自衛隊への出動の要求など
伊達市・洞爺湖町・壮瞥町・豊浦町
③ 火山にかんする防災の助言など
消防署・消防団：住民のひなんや救助など
④ 緊急交通路の整理など

有珠山火山防災協議会と、関係機関の役割

2 右の図を見て、問いに答えましょう。

(1) 図の①～④にあてはまる機関を㋐～㋓からそれぞれ選びましょう。

㋐ 県　㋑ 気象台
㋒ 国土交通省　㋓ 消防署・消防団

①（㋑）②（㋒）
③（㋐）④（㋓）

(2) 雪の災害に対する市の取り組みについて、まちがっているものを選びましょう。

㋐ 雪の災害が発生すると、市は県、国と協力して住民を守る。
㋑ 災害が起こると、住民の救助は自衛隊だけが行う。
㋒ 地域の自治会に小型の除雪機をかし出している。

（㋑）

① 大雪にかんする調査と情報の提供
② 国が管理する道路の除雪作業など
③ 県が管理する道路の除雪作業など
災害対策本部
自衛隊：住民の救助、食料や水の輸送など
④ 雪のひがいにあった住民の救助など
警察署：雪による交通規制など

雪の災害が発生した場合に協力するしくみ

ヒント 1 2 災害に対して、市や町はどのような機関と協力するのか考えましょう。

練習　45ページ

1 (1)(2)消防署や消防団は市町の組織ですが、警察署は県（道）、自衛隊は国の組織です。火山の噴火時には、火山のある市と町だけではなく、県（道）や国と協力して住民を守ります。また、市は県（道）や国の関係機関と合同でひなん訓練を行ったり、まわりの市町と協力してハザードマップを作成したりしています。

2 (1)(2)大雪がふると交通がストップし、雪の重さで家屋がつぶれることもあります。また、スーパーマーケットやコンビニエンスストアには品物が入らなくなり、食料も不足します。このような災害から住民を守るために、市は県や国と協力して行動します。大雪になると市は災害対策本部をもうけ、必要であれば自衛隊による救助や食料などの輸送をたのみます。また、自主防災会を中心に、地域の人が協力して各家の雪かきや雪おろしを行う取り組みもあります。

できたかな？

□火山の噴火・雪の災害のときの、市や県、国の役割を言ってみよう。

おうちのかたへ

「火山の噴火にそなえて」「雪の災害にそなえて」は、選択単元です。どちらも災害時の市と県、国の協力のしくみを知り、わたしたちのくらしがこれらの働きによって守られていることを理解することがねらいです。ニュース映像などで自衛隊の救助活動が流れることもありますが、自衛隊は県を通しての要請で出動していることをお子さまに伝えることで、学習理解を深めることができます。

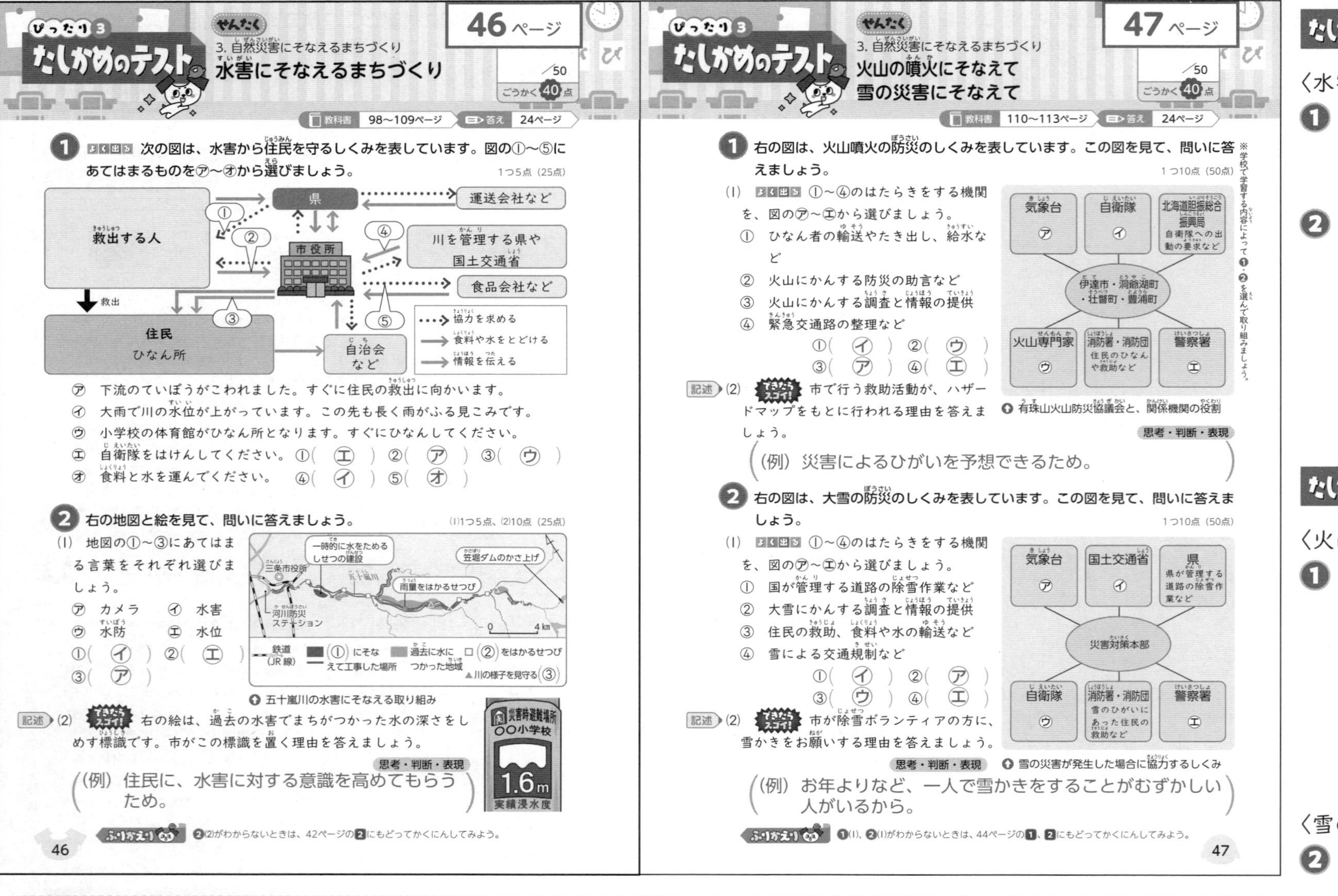

ぴったり3 たしかめのテスト　せんたく
3. 自然災害にそなえるまちづくり
水害にそなえるまちづくり
46ページ　/50　ごうかく40点
教科書 98〜109ページ　答え 24ページ

1 よく出る 次の図は、水害から住民を守るしくみを表しています。図の①〜⑤にあてはまるものを㋐〜㋔から選びましょう。　1つ5点（25点）

㋐ 下流のていぼうがこわれました。すぐに住民の救出に向かいます。
㋑ 大雨で川の水位が上がっています。この先も長く雨がふる見こみです。
㋒ 小学校の体育館がひなん所となります。すぐにひなんしてください。
㋓ 自衛隊をはけんしてください。
㋔ 食料と水を運んでください。
①（㋓）②（㋐）③（㋒）④（㋑）⑤（㋔）

2 右の地図と絵を見て、問いに答えましょう。　(1)1つ5点、(2)10点（25点）
(1) 地図の①〜③にあてはまる言葉をそれぞれ選びましょう。
㋐ カメラ　㋑ 水害　㋒ 水防　㋓ 水位
①（㋑）②（㋓）③（㋐）

五十嵐川の水害にそなえる取り組み

記述 (2) てきたらスゴイ！ 右の絵は、過去の水害でまちがつかった水の深さをしめす標識です。市がこの標識を置く理由を答えましょう。　思考・判断・表現
（(例) 住民に、水害に対する意識を高めてもらうため。）

ふりかえり 2(2)がわからないときは、42ページの2にもどってかくにんしてみよう。
46

ぴったり3 たしかめのテスト　せんたく
3. 自然災害にそなえるまちづくり
火山の噴火にそなえて
雪の災害にそなえて
47ページ　/50　ごうかく40点
教科書 110〜113ページ　答え 24ページ

1 右の図は、火山噴火の防災のしくみを表しています。この図を見て、問いに答えましょう。　1つ10点（50点）
(1) よく出る ①〜④のはたらきをする機関を、図の㋐〜㋓から選びましょう。
① ひなん者の輸送やたき出し、給水など
② 火山にかんする防災の助言など
③ 火山にかんする調査と情報の提供
④ 緊急交通路の整理など
①（㋑）②（㋒）③（㋐）④（㋓）

有珠山火山防災協議会と、関係機関の役割

記述 (2) てきたらスゴイ！ 市で行う救助活動が、ハザードマップをもとに行われる理由を答えましょう。　思考・判断・表現
（(例) 災害によるひがいを予想できるため。）

2 右の図は、大雪の防災のしくみを表しています。この図を見て、問いに答えましょう。　1つ10点（50点）
(1) よく出る ①〜④のはたらきをする機関を、図の㋐〜㋓から選びましょう。
① 国が管理する道路の除雪作業など
② 大雪にかんする調査と情報の提供
③ 住民の救助、食料や水の輸送など
④ 雪による交通規制など
①（㋑）②（㋐）③（㋒）④（㋓）

雪の災害が発生した場合に協力するしくみ

記述 (2) てきたらスゴイ！ 市が除雪ボランティアの方に、雪かきをお願いする理由を答えましょう。　思考・判断・表現
（(例) お年よりなど、一人で雪かきをすることがむずかしい人がいるから。）

ふりかえり 1(1)、2(1)がわからないときは、44ページの1、2にもどってかくにんしてみよう。
47

※学校で学習する内容によって1・2を選んで取り組みましょう。

記述問題のプラスワン

〈水害にそなえるまちづくり〉 2 (2)水害に対する意識を高めるくふうであることが書いてあれば正かいです。
〈火山の噴火にそなえて〉 1 (2)災害によるひがいを予想したり、ひがいをへらしたりするためにハザードマップが使われていることが書いてあれば正かいです。
〈雪の災害にそなえて〉 2 (2)一人では雪かきがむずかしい人がいることが書いてあれば正かいです。

たしかめのテスト 46ページ

〈水害にそなえるまちづくり〉

1 ①〜⑤の矢印が、どこからどこへの連らくなのかをもとに考えましょう。

2 (2)電柱にかかげられた標識には、過去の水害でまちがつかった水の深さが書かれています。住民にこれを見てもらうことで、日ごろから水害に対する意識を高めてもらうようにしています。

たしかめのテスト 47ページ

〈火山の噴火にそなえて〉

1 (2)ハザードマップは、災害時に予想されるひがいなどがしめされた地図です。住民が日ごろから災害を意識しながらくらすのに役立ち、また、災害によるひがいを予想できるため救助にも活用されます。

〈雪の災害にそなえて〉

2 (2)一人ぐらしのお年よりや体の不自由な人などの中には、生活で使う場所の除雪をするのがむずかしい方がいます。そこで、市はボランティアに雪かきをたのみ、住民が安心してくらせるようにしています。

4. 地域で受けつがれてきたもの

地域で受けつがれてきたもの①

学習日　48ページ

めあて　阿波おどりについての学習問題をつくり、調べることをたしかめよう。

教科書 114～123ページ　答え 25ページ

次の（　）に入る言葉や数字を、下から選びましょう。

1 阿波おどり会館で調べよう

教科書 116～117ページ

ワンポイント　阿波おどり

- 徳島県徳島市で、毎年おぼんの時期に行われる（① 年中行事 ）の一つ。
- 約（② 400 ）年も続いていて、他の地域へも広がっていった。

阿波おどり

学習問題と学習計画

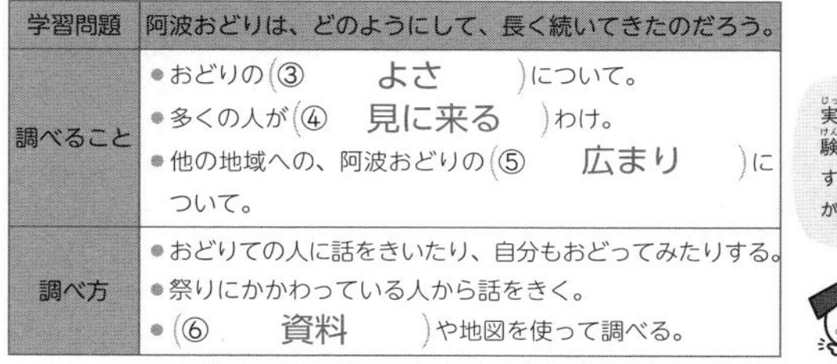

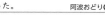

学習問題	阿波おどりは、どのようにして、長く続いてきたのだろう。
調べること	●おどりの（③ よさ ）について。 ●多くの人が（④ 見に来る ）わけ。 ●他の地域への、阿波おどりの（⑤ 広まり ）について。
調べ方	●おどりての人に話をきいたり、自分もおどってみたりする。 ●祭りにかかわっている人から話をきく。 ●（⑥ 資料 ）や地図を使って調べる。

実際に祭りを体験すると、参加する人の気持ちがわかるね。

2 おどりての人に話をきこう／阿波おどりを受けつぐ、広げる

教科書 118～121ページ

おどりての話

- 阿波おどりは、（⑦ 特別な行事 ）として、昔から大切にされてきた。
- 阿波おどりは、（⑧ 特別な思い ）とともに、人から人へ伝えられてきた。

阿波おどり会館の人の話

- おどりの見せ方をくふうしたり、他の地域に宣伝したりして、阿波おどりを見に、多くの（⑨ 観光客 ）が来るようになった。
- 阿波おどりのみりょくが広まると、多くの地域で阿波おどりが行われるようになり、他の地域との（⑩ 交流 ）を深めている。

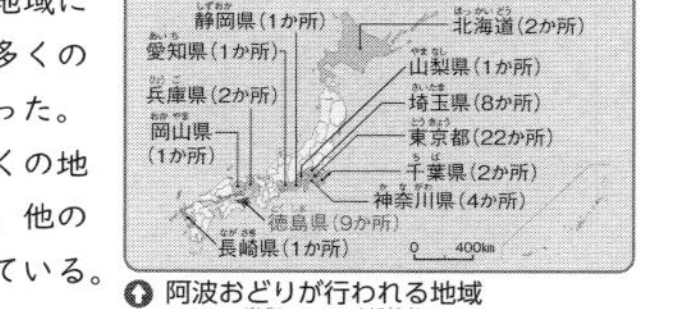

阿波おどりが行われる地域
（2014年現在　徳島市観光協会）

選んだ言葉に✓
□広まり　□交流　□年中行事　□資料　□400
□よさ　□観光客　□特別な行事　□見に来る　□特別な思い

ぴったり2

練習

学習日　49ページ

ぴたトリビア　日本では自然や先祖を思う気持ちを大切にしてきたため、多くの祭りが春の田植えの時期、おぼんの時期、秋のしゅうかくの時期に行われます。

教科書 114～123ページ　答え 25ページ

1 次の年表を見て、問いに答えましょう。

約400年前	阿波おどりのもととなるおどりが、始まったとされる。
約400年から100年前	人々の楽しみとしておどりが広まる。
1937(昭和12)年	戦争が始まり、それまでのように阿波おどりができなくなる。
1945(昭和20)年	徳島市に多数のばくだんが落とされ、多くのぎせい者が出る。
1946(昭和21)年	戦争が終わり、阿波おどりがふたたび始まる。
1957(昭和32)年	阿波おどりが、県外にも広まっていく。
1968(昭和43)年	海外でも阿波おどりが知られるようになる。
1999(平成11)年	阿波おどり会館が完成する。

阿波おどりにかかわる主なできごと

(1) 阿波おどりのもととなるおどりが始まったとされるのは、いつごろのことか答えましょう。（ 約400年前 ）

(2) 阿波おどりが一時できなくなった理由について、次の文の（　）にあてはまる言葉を答えましょう。
- （ 戦争 ）が始まったから。

(3) 阿波おどり会館が完成した年を答えましょう。（ 1999 ）年

2 右の地図のように、阿波おどりが各地で行われるようになった理由について、正しい説明には○を、まちがった説明には×をつけましょう。

①（ ○ ）おどりを他の地域の人に宣伝したから。
②（ × ）もともと各地で行われていたから。
③（ ○ ）より多くの人に楽しんでほしいという思いがあったから。
④（ × ）阿波おどりは、外国で生まれ、古くに日本に伝わってきたおどりだから。
⑤（ ○ ）阿波おどりのみりょくが各地に伝わったから。
⑥（ × ）外国に広まり、今では外国人を中心に受けつがれているから。

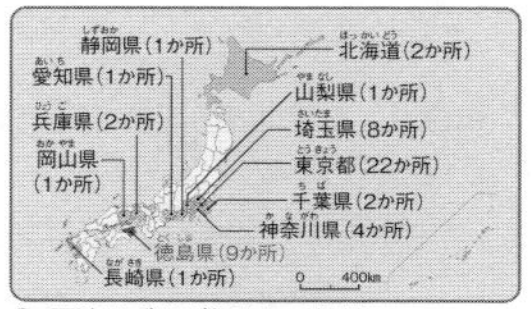

静岡県（1か所）　愛知県（1か所）　兵庫県（2か所）　岡山県（1か所）　徳島県（9か所）　長崎県（1か所）　北海道（2か所）　山梨県（1か所）　埼玉県（8か所）　東京都（22か所）　千葉県（2か所）　神奈川県（4か所）　400km

阿波おどりが行われる地域
（2014年現在　徳島市観光協会）

ヒント　1 (2) 年表の1937年から1946年までに、どのようなできごとがあったのかを読み取って考えましょう。

できたかな？

□阿波おどりが長く続いてきた理由について、何を、どのように調べたらよいか、言ってみよう。

おうちのかたへ

地域で受けつがれてきたものについて調べる単元です。今回の学習は徳島県の阿波おどりについてですが、全国に大小さまざまな伝統行事があるので、今回の学習問題を踏まえて、身近な伝統行事について、図書館やインターネットで調べてもよいでしょう。その中で、豊作に感謝したり、先祖を思ったりする、地域に根差した思いや願いが発見できるかもしれません。

練習　49ページ

1 (1)徳島県徳島市で、毎年8月に行われる阿波おどりは、約400年前にもととなるおどりが始まったとされる伝統芸能で、「三大盆踊り」の一つです。

(2)年表の1937年に「戦争が始まり、それまでのように阿波おどりができなくなる」と書いてあることから、戦争によって阿波おどりができなくなり、戦争が終わったよく年の1946年にふたたび始まったことがわかります。

2 ②④阿波おどりがおこったのは、今の徳島県なので×。

⑥外国の観光客は阿波おどりを見に来ますが、伝統を受けついで、守っているのは徳島市や他の阿波おどりが行われている地域なので×。

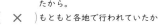

ぴったり1 じゅんび

4. 地域で受けつがれてきたもの

地域で受けつがれてきたもの②

学習日 **50ページ**

◎めあて 阿波人形浄瑠璃の伝統を守る取り組みをたしかめよう。

教科書 124〜129ページ　答え 26ページ

次の（　）に入る言葉を、下から選びましょう。

1 阿波人形浄瑠璃について調べよう

教科書 124〜125ページ

ワンポイント 伝統芸能

- 伝統芸能…古くから伝わる芸術やぎのう。音楽やおどり、絵や工芸品などがあり、国の（① 文化財 ）に指定されている阿波人形浄瑠璃もその一つ。

- 阿波人形浄瑠璃は、約300年から400年前に（② 農民 ）が始めたとされている。
- 約150年前には、徳島県内に70以上の（③ 座 ）という集団があって、主に（④ 農村舞台 ）という建物で人形浄瑠璃がえんじられていた。
- 地域で受けつがれてきた（⑤ 伝統芸能 ）を残したいと願う人々に、（⑥ 県や国 ）も協力して守り伝えられてきた。

人形浄瑠璃の舞台

2 阿波人形浄瑠璃と農村舞台を守るために

教科書 126〜127ページ

阿波人形浄瑠璃を守り伝える

- 県内には80か所以上の農村舞台が残っているが、阿波人形浄瑠璃が行われる回数は（⑦ へって ）きて、約60年前には、ほとんど使われなくなった。
- 農村舞台を守るために、例えば（⑧ 演奏会 ）と阿波人形浄瑠璃を同じもよおしの出し物として、より多くの人に来てもらい、阿波人形浄瑠璃のよさを知ってもらう取り組みをしている。
- 人々の努力によって、阿波人形浄瑠璃が行われる農村舞台の数は（⑨ ふえてきた ）。

農村舞台で行われる阿波人形浄瑠璃

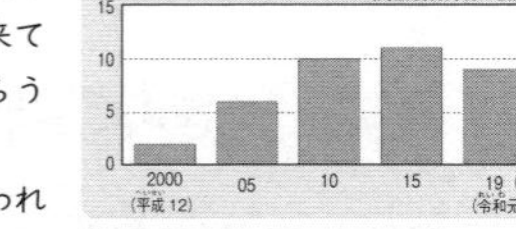

阿波人形浄瑠璃がふたたび行われるようになった農村舞台

選んだ言葉に☑				
□農村舞台	□へって	□座	□ふえてきた	□県や国
□伝統芸能	□文化財	□農民	□演奏会	

ぴったり2 練習

学習日 **51ページ**

ぴたトリビア　伝統芸能には人形浄瑠璃の他にも、おどりや落語などがあります。その多くは、農村などから人々が生み出して今に受けつがれてきたものです。

教科書 124〜129ページ　答え 26ページ

1 右の写真は、徳島県で行われている阿波人形浄瑠璃の様子です。この写真を見て、問いに答えましょう。

(1) 写真で阿波人形浄瑠璃が行われている建物の名前を答えましょう。
（ 農村舞台 ）

(2) 阿波人形浄瑠璃をえんじる集団を何というか答えましょう。
（ 座 ）

(3) 阿波人形浄瑠璃について、次の文の①・②にあてはまる言葉を答えましょう。

音楽やおどり、絵などの古くから伝わる芸術やぎのうを、（ ① ）とよび、国の（ ② ）に指定されている阿波人形浄瑠璃も、その一つである。

①（ 伝統芸能 ）②（ 文化財 ）

2 4人が阿波人形浄瑠璃について話しています。正しい説明には○を、まちがった説明には×をつけましょう。

阿波人形浄瑠璃は、守る人がいなくなって、今ではほとんどえんじられなくなったんだね。　①（ × ）

阿波人形浄瑠璃を残したいと願う人々に、県や国も協力して守り伝えられてきたんだね。　②（ ○ ）

阿波人形浄瑠璃と演奏会をいっしょに行うのは、阿波人形浄瑠璃のよさを知ってもらうためなんだね。　③（ ○ ）

阿波人形浄瑠璃の資料館は、えんじる場所がないためつくられたんだね。　④（ × ）

ヒント 2 阿波人形浄瑠璃を守り伝えるために、いろいろな人が取り組みを行っていることをもとに考えましょう。

練習 51ページ

1 (1)阿波人形浄瑠璃をえんじる場所を農村舞台とよびます。徳島県内には、農村舞台が80か所以上残されています。

(3)国は法律でこれからも残す価値のある文化財を決めて、ほごしています。文化財には人形浄瑠璃の他にもおどりなど、たくさんの伝統芸能が指定されています。

2 ①阿波人形浄瑠璃を守るために、さまざまな人が取り組みを行っているので×。

④資料館は、阿波人形浄瑠璃を守り、広めるためのしせつなので×。

できたかな？

□阿波人形浄瑠璃の伝統がどのように守られてきたのかを、説明してみよう。

おうちのかたへ

地域の伝統芸能がどのように守られてきたのかを調べることで、地域の人々だけではなく、県や国も保存に協力していることを理解します。祭りやお囃子など、お住まいの地域の伝統芸能を調べることで、学習理解がさらに深まります。また、伝統芸能ではなく、七五三や盆踊りなどの年中行事について、由来や地域性などを調べることでも、本単元の学習が深まります。

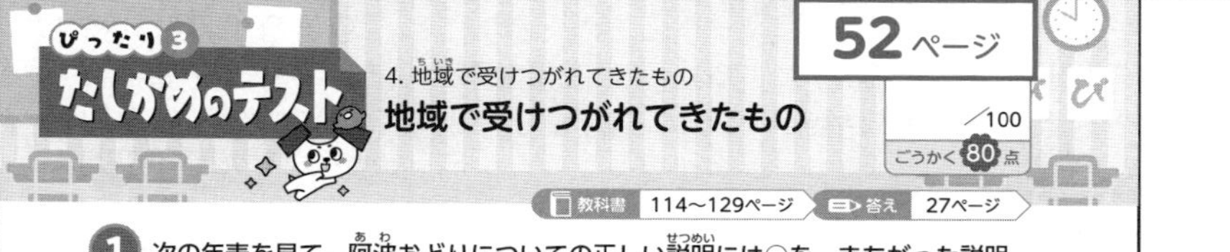

4. 地域で受けつがれてきたもの

地域で受けつがれてきたもの

52ページ

/100 ごうかく80点

教科書 114〜129ページ　答え 27ページ

1 次の年表を見て、阿波おどりについての正しい説明には○を、まちがった説明には×をつけましょう。　技能 1つ5点（30点）

約400年前	阿波おどりのもととなるおどりが、始まったとされる。
約400年から100年前	人々の楽しみとしておどりが広まる。
1937(昭和12)年	戦争が始まり、阿波おどりができなくなる。
1945(昭和20)年	徳島市に多数のばくだんが落とされ、多くのぎせい者が出る。
1946(昭和21)年	戦争が終わり、阿波おどりがふたたび始まる。
1957(昭和32)年	阿波おどりが、県外にも広まっていく。
1968(昭和43)年	海外でも阿波おどりが知られるようになる。
1999(平成11)年	阿波おどり会館が完成する。

阿波おどりにかかわる主なできごと

①（ × ）阿波おどりは、約100年前に始まったとされる。
②（ × ）戦争が始まると、阿波おどりはますますさかんになっていった。
③（ × ）阿波おどりは、これまでとぎれることなく続いてきた。
④（ × ）海外に知られるようになったのは、1940年代である。
⑤（ ○ ）平成になってから、阿波おどり会館が完成した。
⑥（ ○ ）阿波おどりには、約400年の歴史がある。

2 よく出る 次の阿波おどり会館の人の話の①〜④にあてはまる言葉を、㋐〜㋖から選びましょう。　1つ5点（20点）

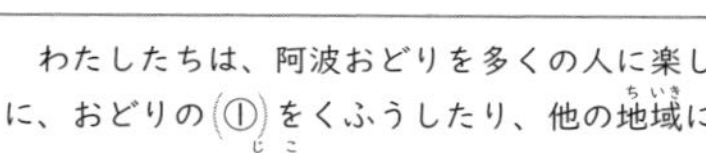

わたしたちは、阿波おどりを多くの人に楽しんでもらえるように、おどりの（①）をくふうしたり、他の地域に（②）したりしてきました。また、事故などが起こらないように、（③）会場づくりにも努めてきました。1950年代になると、阿波おどりをやりたいという県外の地域があらわれ、外国をふくむ他の地域との（④）も深めています。

㋐ 安全な　㋑ 場所　㋒ 見せ方　㋓ 連らく　㋔ 室内の
㋕ 交流　㋖ 宣伝

①（ ㋒ ）②（ ㋖ ）③（ ㋐ ）④（ ㋕ ）

53ページ

3 次の㋐〜㋕を、下の①〜③のグループに2つずつ分けましょう。　技能 1つ5点（30点）

㋐ 大ぜいがいっしょにおどる特別な行事である。
㋑ 座という集団によってえんじられる。
㋒ 古くから伝わる伝統芸能である。
㋓ この芸能に関する建物が、国の重要な文化財に指定されている。
㋔ 各地から100万人をこえる人が見物にやってくる。
㋕ 伝統を守り伝える取り組みが行われている。

（すべて順不同）

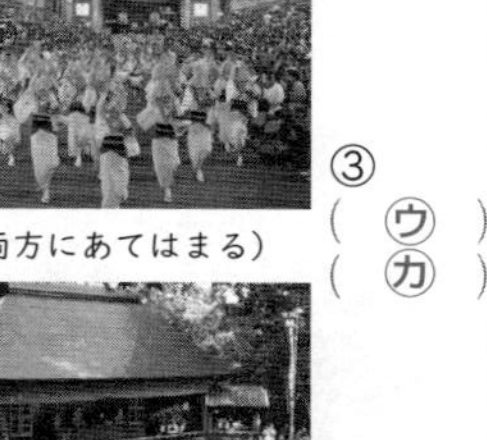

①（ ㋐ ）（ ㋔ ）

阿波おどり

②（ ㋑ ）（ ㋓ ）

農村舞台で行われる阿波人形浄瑠璃

③（両方にあてはまる）（ ㋒ ）（ ㋕ ）

4 農村舞台について、問いに答えましょう。　(1)1つ5点、(2)10点（20点）

(1) 右のグラフを見て、農村舞台で行われる阿波人形浄瑠璃についてわかることを、㋐〜㋓から2つ選びましょう。　技能

㋐ 2000年から阿波人形浄瑠璃が行われる農村舞台の数はへっている。
㋑ 2019年は2000年の約2倍の場所で行われている。
㋒ 2019年は5か所以上で行われている。
㋓ 2000年から2015年まで、阿波人形浄瑠璃が行われる農村舞台の数はふえている。

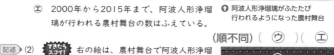

（か所）（阿波農村舞台の会）15 10 5 0　2000(平成12) 05 10 15 19(年)(令和元)

阿波人形浄瑠璃がふたたび行われるようになった農村舞台

（順不同）（ ㋒ ）（ ㋓ ）

記述 (2) てきたらスゴイ！ 右の絵は、農村舞台で阿波人形浄瑠璃の前にバレエの発表を行っている様子です。農村舞台をこのように使っている理由を答えましょう。　思考・判断・表現

（（例）より多くの人に農村舞台に来てもらうため。）

ふりかえり ❹(2)がわからないときは、50ページの❷にもどってかくにんしてみよう。

記述問題のプラスワン

4 (2)答えの例のほかにも、次のように答えても正かいです。
・阿波人形浄瑠璃を知らない人にも、知ってもらうため。
・阿波人形浄瑠璃のよさを、より多くの人にも知ってもらうため。

たしかめのテスト　52〜53ページ

1 ①阿波おどりは、約400年前にもととなるおどりが始まったとされるので×。
②③1937年から1946年まで、戦争によって行われていなかったことが読み取れるので×。
④海外に知られるようになったのは1968年なので×。

2 阿波おどりをよりたくさんの人に楽しんでもらうために、見せ方をくふうしたり、他の地域に宣伝したりしています。

3 ①は阿波おどり、②は阿波人形浄瑠璃の写真です。両方とも、古くから伝わる伝統芸能で、伝統を守り伝える取り組みが行われています。

4 (1)㋐2000年から2015年までは、農村舞台の数はふえているので×。
㋑2019年は2000年の2倍以上の数なので×。
(2)農村舞台を守ろうと、多くの人を集めるために、阿波人形浄瑠璃以外の使い方をしていることが書いてあれば正かいです。

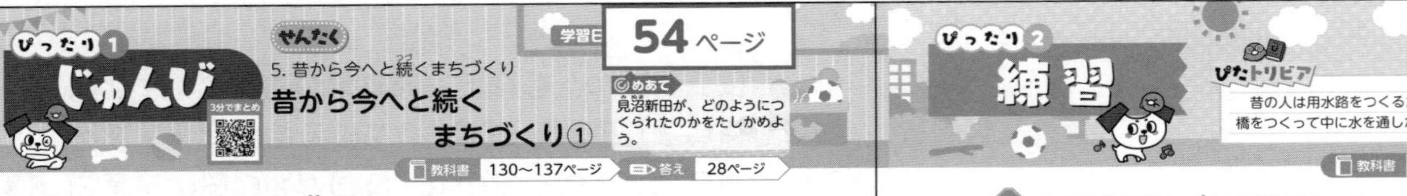

ぴったり1 じゅんび せんたく 5. 昔から今へと続くまちづくり
昔から今へと続くまちづくり①
学習日 54ページ
めあて 見沼新田が、どのようにつくられたのかをたしかめよう。
教科書 130～137ページ 答え 28ページ

次の（　）に入る言葉を、下から選びましょう。

1 米がほしいけれど
教科書 132～133ページ

- 今の埼玉県さいたま市では、大きなぬまの水をぬいて、1728年に新しく見沼（① 新田 ）が開発された。
- 新田が開発される前のぬまは底が浅く、（② 水不足 ）が起きたり、雨が続くと水があふれたりする問題があった。

学習問題

学習問題	昔の地域の人々は、どのようにして、米がたくさんとれる（③ 田 ）を開いたのだろう。

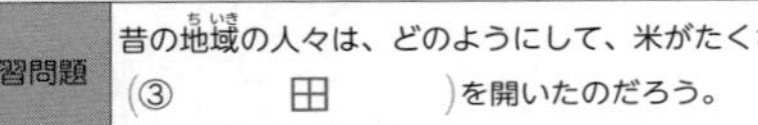

2 見沼代用水と井沢弥惣兵衛―図書館で調べよう どうやって水を引いた？―博物館で調べよう①
教科書 134～137ページ

新田に水を通す
- 新田で米をつくるための水は、見沼代用水という（④ 用水路 ）から引いた。
- 見沼代用水は、井沢弥惣兵衛が中心になり工事が進められ、1728年に完成した。

用水のくふう
- 見沼代用水の水は、（⑤ 水量 ）が安定している（⑥ 利根川 ）から取り入れた。
- 用水路のコースは、水を取り入れる川の水量や土地の（⑦ 高さ ）を調べて決めた。
- もとから流れる星川を利用し、工事の（⑧ 時間 ）をへらすことで、1年もたたないうちに用水路が完成した。
- 用水路がもとからある川をまたぐときは（⑨ かけとい ）、くぐるときは（⑩ ふせこし ）のしくみを用いた。

見沼代用水が流れる地域

川の上にはしをかけわたし、水を通す。
かけといのしくみ

川の底より下に水路を作り、水をくぐらせて流す。
ふせこしのしくみ

上の地図を見ると、見沼代用水がもとから流れる川と重なっていたり、くぐったりする様子がわかるよ。

選んだ言葉に✓	□水量	□新田	□利根川	□ふせこし	□高さ
	□時間	□水不足	□用水路	□かけとい	□田

ぴったり2
練習
学習日 55ページ

ぴたトリビア 昔の人は用水路をつくるために、いろいろなくふうをしました。例えば、橋をつくって中に水を通したり、トンネルをほったりしました。

教科書 130～137ページ 答え 28ページ

1 右の年表を見て、問いに答えましょう。

(1) 井沢弥惣兵衛はどのような人物だったのか、正しいものを２つ選びましょう。

㋐ およそ350年から300年前に活やくした。
㋑ 人々のために、川や池など水に関する工事をした。
㋒ 見沼代用水は、約３年で完成した。
㋓ およそ50才まで生きた。

年	できごと
1663年	紀伊国（今の和歌山県の辺り）で生まれる。
1710年	今の和歌山県海南市にある亀池をつくる。
1722年	江戸の役所にたのまれて、紀伊国から江戸へ来る。
1727年	下総国の飯沼（今の茨城県）に田を開く。秋ごろから、見沼代用水の工事を始める。
1728年	春ごろに、見沼代用水が完成する。見沼新田を開く。
1729年	江戸の中川や多摩川を直す。
1731年	見沼通船堀が完成する。その後、新潟県での干拓や、静岡県の大井川を直す工事を行う。
1738年	弥惣兵衛がなくなる。

井沢弥惣兵衛にかかわる主なできごと

(順不同)（ ㋐ ）（ ㋑ ）

(2) 紀伊国で生まれた井沢弥惣兵衛が、江戸に来た理由を答えましょう。

（（例）江戸の役所にたのまれたから。）

2 右の地図を見て、次の文の①～④にあてはまる言葉を㋐～㋕から選びましょう。

見沼代用水の水は水量が安定している（①）から取りこまれています。用水路はもとから流れる川と合流したり、交差したりして、今のさいたま市にある（②）に水を運び、最後は（③）に流れています。井沢弥惣兵衛が、もとから流れる川と合流する工事を行ったのは、（④）をへらすためです。

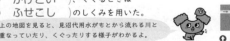

㋐ 荒川　㋑ 利根川
㋒ 星川　㋓ 見沼新田
㋔ 水路の長さ　㋕ 工事の時間

①（ ㋑ ）②（ ㋓ ）
③（ ㋐ ）④（ ㋕ ）

ヒント 1 (2) 年表で、井沢弥惣兵衛が、江戸に来た年をさがしてみましょう。

練習 55ページ

1 (1)㋒見沼代用水の工事は1727年に始まり、完成は1728年なので×。

㋓弥惣兵衛は1663年に生まれ、1738年になくなり、75才まで生きたので×。

(2)年表の1722年に「江戸の役所にたのまれて、紀伊国から江戸へ来る。」と書かれています。江戸とは、東京の昔の名前です。

2 地図から、見沼代用水は利根川から水を引き、見沼新田を通って荒川に流れ出ていることを読み取りましょう。利根川は大きな川で、水量が安定しており、また、もとから流れる川と合流する工事を行ったのは、工事の時間をへらすくふうです。

できたかな？
□見沼新田の工事のくふうを言ってみよう。

おうちのかたへ
地域の発展に尽くした先人の事例について、学習します。本学習によって、先人の苦労や願いを考えます。調べるには年表の読み取りが必要となります。6年生の歴史学習では、本格的な年表が資料として出てきますので、今のうちに年表をしっかり読み取れるようにしておきましょう。

5. 昔から今へと続くまちづくり

昔から今へと続くまちづくり②

めあて　見沼代用水が、どのようなくふうでつくられたのかをたしかめよう。

教科書 138～143ページ　答え 29ページ

次の(　)に入る言葉を、下から選びましょう。

1 ふたてに分かれた用水路－博物館で調べよう② どのようにして工事は行われた？　教科書 138～141ページ

土地の高さを利用した見沼代用水

- ふたてに分かれた見沼代用水は、見沼新田の東西の(① へり)にそって流れている。
- 田へ水を引き入れやすくするために、2つの用水路は田よりも(② 高い)位置を流れるようにし、使った水は(③ 芝川)へ流れこむようにした。

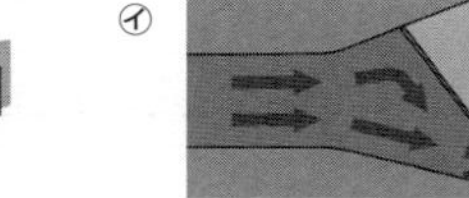

2つの用水路と用水路にはさまれた土地

工事のくふう

- 長いきょりを一気に工事するため、大ぜいの(④ 農民)に参加してもらった。参加する村ごとに担当する工事の(⑤ はんい)を決めて、各村が工事を同時に進めるようにした。
- 工事には、土をほり出すための(⑥ くわ)や、石などを運ぶための(⑦ もっこ)といった道具が使われた。

2 調べてきたことを整理しよう　教科書 142～143ページ

その他のくふう

- 利根川から取り入れる水量を(⑧ 調節)するしせつをつくって、利根川のていぼうの中にうめこんだ。
- 星川と見沼代用水が分かれる場所に(⑨ せき)をつくって、水量や流れを調節した。

ここを上げ下げして、取り入れる水量を調節した。
水を取り入れるしせつ

水を取り入れるしせつのくふう

八間せきを開け、十六間せきをしめている場合

昔の工事は、今のような機械がないので、それぞれの作業がたいへんだったよ。

選んだ言葉に✓　□もっこ　□高い　□くわ　□芝川　□はんい　□農民　□調節　□へり　□せき

ぴたトリビア　約350年前、玉川兄弟は多くの人をやとって、江戸（今の東京）の人口をささえるための飲み水を、多摩川から引く大工事を行いました。

教科書 138～143ページ　答え 29ページ

1 用水工事で使われていた道具について、次の絵を見て問いに答えましょう。

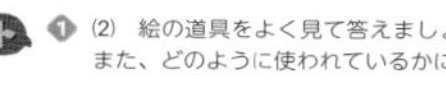

(1) 上の4つの道具のはたらきを、それぞれ㋐～㋓から選びましょう。

㋐ 石などを運ぶ　㋑ あなをほる　㋒ 土などを運ぶ　㋓ 土をほり出す

①(㋐)　②(㋓)　③(㋒)　④(㋑)

(2) 用水工事で使われていた道具について、あてはまるものを、㋐～㋓から2つ選びましょう。

㋐ 道具は、すべて大きな機械である。
㋑ 道具は、すべて手作業で行うものである。
㋒ 道具は、電気を使って動かすものばかりである。
㋓ 道具は、木などでつくられている。

(順不同)　(㋑)(㋓)

2 用水工事について、次の絵を見て問いに答えましょう。

㋐　㋑

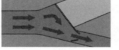

(1) 次の説明にあてはまる絵を、㋐・㋑からそれぞれ選びましょう。

①(㋑)せきで水をせき止め、用水路に取りこむ水の量を調節する。
②(㋐)利根川のていぼうの中にうめこみ、用水路に取りこむ水の量を調節する。

(2) 工事のくふうについて、正しい説明を、㋐～㋒から選びましょう。

㋐ 工事は、少数の用水工事せん門の人によって行われた。
㋑ ぬまのへりにそって用水路をつくり、土地の高さを利用して水が田に流れるようにした。
㋒ 工事は、江戸から来た大工だけで行われた。

(㋑)

ヒント　1 (2) 絵の道具をよく見て答えましょう。道具にはどのような材料が使われているか、また、どのように使われているかに注目しましょう。

できたかな？
□見沼代用水の工事のくふうを言ってみよう。

おうちのかたへ
先人がつくった用水について、工事の工夫を学習します。見沼代用水の工事にかかわった人の数は約90万人と言われています。現在の道路工事などと比較にならない人数を動員していたことをお子さまに伝えることで、先人の行った事業の苦労が実感として理解できると思います。

練習　57ページ

1 (1)①はもっことよばれ、石などの重いものを2人でかついで運びます。②はくわで、かたい土をほることができる道具です。

(2)昔の工事に使われた道具は、手作業で使うもので、木や鉄などを使ってつくられたものが多いです。それにくらべ、今は大型の機械が使われるため、工事にかかる人や時間が少なくてすみます。

2 (1)先人が用水をつくるのに、どのようなくふうをしたかを考えます。

①せきとは、川の水をせき止める場所で、用水路に取りこむ水の量を調整しました。

②見沼代用水の水の取りこみ口では、ていぼうの中にしせつをうめこみ、木の板を上げ下げして、用水路に取りこむ水の量を調整しました。

(2)用水工事は、地域の農民や江戸からまねかれた大工たちによって行われ、その数は約90万人といわれます。

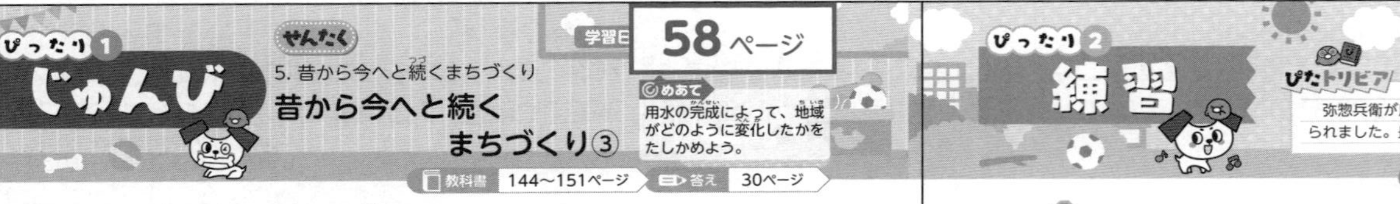

5. 昔から今へと続くまちづくり

昔から今へと続く まちづくり③

学習日 **58ページ**

めあて 用水の完成によって、地域がどのように変化したかをたしかめよう。

教科書 144～151ページ　答え 30ページ

次の(　)に入る言葉や数字を、下から選びましょう。

1 もっと知りたいな、井沢弥惣兵衛　教科書 144～145ページ

- 弥惣兵衛の苦労の一つは、春までに用水路を完成させないと農民が米をつくれなくなるため、(① 短い時間)で工事を終えなくてはいけないことだった。
- 弥惣兵衛は、工事の(② 無事)を願って萬年寺の境内に灯ろうを建て、見沼代用水の水の安定した(③ 流れ)を願って星川弁財天を建てた。

2 そして、ゆたかな土地に／未来に残そう、みんなの見沼　教科書 146～149ページ

地域の変化

- 見沼代用水の完成によって、地域でとれる米の量がふえ、人々の生活は(④ ゆたか)になった。
- 約1200ha[※1]の(⑤ 新田)ができ、江戸の役所に、毎年約5000石[※2]の米がおさめられるようになった。
- 用水路ぞいの田の面積は、約5000haから約(⑥ 14000)haにふえた。

※1「ha」は、1辺が100mの正方形の土地の広さです。　※2「石」は「こく」と読みます。米がとれる量を表す単位で、1石は約180Lです。

- 弥惣兵衛は、ふたてに分かれた用水路と新田の真ん中を流れる芝川をつなぐ(⑦ 見沼通船堀)をつくり、米はふねで江戸まで運ばれるようになった。

現在の見沼

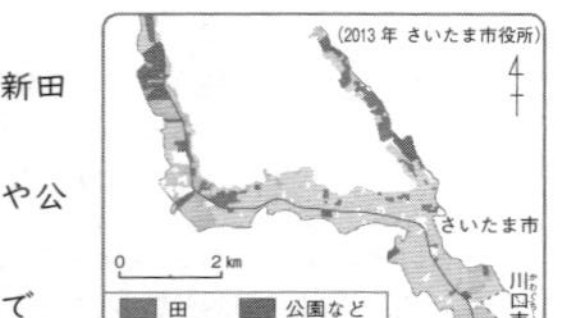

見沼新田が開かれた場所の、今の土地利用

- 見沼代用水の水は今も農業に利用され、見沼新田が開かれた場所の土地利用を見ると現在は(⑧ 畑)が最も広い。他にも田や公園などとして利用されていることがわかる。
- 地域の住民は市と協力して、地域の公園や田で(⑨ もよおし)を行い、参加者に見沼の自然に親しんでもらっている。

選んだ言葉に✔　□流れ　□ゆたか　□畑　□無事　□もよおし　□短い時間　□新田　□見沼通船堀　□14000

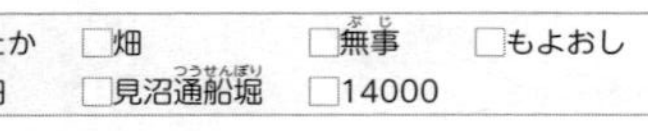

ぴったり2

練習

学習日 **59ページ**

ぴたトリビア　弥惣兵衛が用水工事をしたころ、箱根（今の神奈川県）にも用水がつくられました。長いトンネルをほって水を流す、めずらしい用水路です。

教科書 144～151ページ　答え 30ページ

1 右の地図の ● は、弥惣兵衛が建てたとされるしせつの場所を表しています。弥惣兵衛が、このようなしせつを建てた理由を、㋐～㋓から選びましょう。

㋐ 地域の人々にめいわくがかかるから。
㋑ 工事が冬のきびしい寒さの中で行われるから。
㋒ 工事に反対する人がいたから。
㋓ 工事の無事や、見沼代用水の水の安定した流れを願ったから。

(㋓)

2 右の地図を見て、問いに答えましょう。

(1) 見沼新田が開かれた場所の説明で、正しいものには○を、まちがっているものには×をつけましょう。

①(×)ほとんどの場所が田として利用されている。
②(×)農地として利用されているため、住宅はない。
③(○)公園などとして利用されている場所がある。
④(×)店やビルがたちならび、自然が残されていない。

見沼新田が開かれた場所の、今の土地利用

(2) 見沼代用水による地域の変化について、3人が話しています。正しい考えを話している人を1人選びましょう。(㋒)

㋐ 用水路が完成して田は広がったけれど、人々のくらしはゆたかにはならなかったと思う。
㋑ 見沼代用水は昔の用水路のことなので、現在のくらしには関係ないと思う。
㋒ 見沼通船堀ができて、地域の産物や江戸の商品の行き来がさかんになり、地域はさらにさかえたと思う。

ヒント　**2** (1) 地図の色分けの意味は、はん例にのっています。はん例を見ながら、広く使われている土地は、何に使われているのかをたしかめましょう。

練習　59ページ

1 弥惣兵衛は、用水路に安定した水が流れるか不安であり、同時に短い期間で工事をなしとげなくてはならなかったので、萬年寺や星川弁財天などに願いをかけました。

2 (1)①今は、広いはんいで畑が広がっているので×。
②ところどころに住宅などがみられるので×。
④地図で表されたはんいには、田や畑などが見られるので×。
(2)㋐用水路が完成したことで、米のとれる量がふえ、人々の生活はゆたかになりました。
㋑見沼代用水は今も流れており、自然ゆたかな公園などが広がり、公園や田ではもよおしが行われるなど、市民のいこいの場になっています。

できたかな？

□見沼代用水が完成したことで、地域はどのように変化したかを説明してみよう。

おうちのかたへ

先人の事業によって、地域がどのように変化したか、また、現在の私たちの暮らしにどのような結びつきがあるかを学習します。地域に石碑や古い建物などがあれば、由来を調べることで地域の歴史を知ることができます。どのような先人がいたのか、お子さまと図書館やインターネットで調べることで、本単元の学習の幅がさらに広がります。

ぴったり3 せんたく

たしかめのテスト

5. 昔から今へと続くまちづくり

昔から今へと続く まちづくり

60ページ

/100 ごうかく80点

教科書 130～151ページ　答え 31ページ

1 よく出る 右の年表には、井沢弥惣兵衛にかかわる主なできごとが書かれています。この年表を見て、問いに答えましょう。　1つ5点（45点）

年	できごと
1663年	紀伊国（今の和歌山県のあたり）で生まれる。
1710年	あ
1722年	江戸の役所にたのまれて、紀伊国から江戸へ来る。
1727年	い 秋ごろから、見沼代用水の工事を始める。
1728年	春ごろに、見沼代用水が完成する。
	う
1729年	江戸の中川や多摩川を直す。
1731年	見沼通船堀が完成する。
	え
1738年	弥惣兵衛がなくなる。

(1) 次の文の①・②にあてはまる数字を答えましょう。

●見沼代用水の工事は、（①）年に始まり、（②）年に終わった。

①（ 1727 ）
②（ 1728 ）

(2) 見沼代用水の工事に使われた次の名前が表す道具を、㋐～㋓から選びましょう。　くわ（ ㋑ ）　もっこ（ ㋐ ）

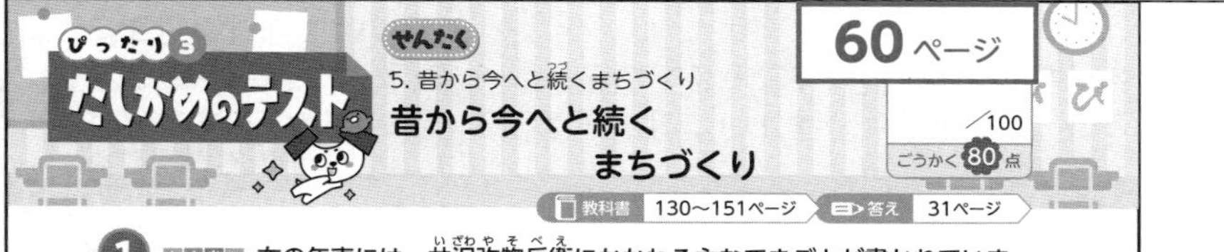

(3) 見沼新田が開かれた時期を、年表のあ～えから選びましょう。（ う ）

(4) 右の図を見て、弥惣兵衛が行った工事のくふうとして、正しい説明には○を、まちがった説明には×をつけましょう。

見沼代用水西縁　見沼新田　見沼代用水東縁　水が流れこむ　芝川

二つの用水路と用水路にはさまれた土地

①（ × ）用水路は新田よりも低い所につくっている。
②（ ○ ）用水路から田へ水を流すために、土地の高さを利用している。
③（ × ）田の水は芝川から引いている。
④（ × ）芝川から取り入れた田の水は、用水路に流れるようにしている。

学習日　**61ページ**

2 よく出る 右の表は、見沼新田が完成した前と後についての変化を表しています。この表を見て、問いに答えましょう。　1つ5点、(2)(4)10点（45点）

	完成前	完成後
土地利用	少ない田とぬま	約1200haの新田
地域の田の面積	約5000ha	約14000ha
とれる米の量	少ない	（あ）

(1) 表を見て、次の文の①・②にあてはまる数字を答えましょう。 技能

●見沼代用水が完成すると、約①（ 1200 ）haの新田がつくられ、地域全体で、田は約②（ 9000 ）haふえた。

(2) 表のあにあてはまる言葉を考えて答えましょう。（（例）多い）

(3) 右の地図は、見沼新田が開かれた場所の、今の土地利用を表しています。この地図を見て、次の文の①～③にあてはまる言葉を㋐～㋔から選びましょう。 技能

> この場所では農地としては（①）が最も多く、（②）もあります。また、各地に住宅地があるほか、北の方には（③）があり、□地域であることがわかります。

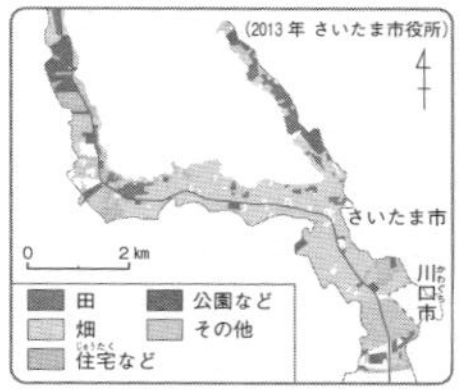

㋐ 果樹園　㋑ 田　㋒ 畑
㋓ 公園など　㋔ 工場

①（ ㋒ ）②（ ㋑ ）③（ ㋓ ）

(4) 上の文の□にあてはまる言葉として、ふさわしいものを、㋐～㋓から選びましょう。

㋐ 便利な　㋑ 工場が多い　㋒ 市の中心　㋓ 自然ゆたかな

（ ㋓ ）

記述 **3** てきたらスゴイ! 右の図は、見沼代用水が星川と分かれる場所にあるせきを表しています。せきのはたらきを、次の2つの言葉を使って答えましょう。　思考・判断・表現（10点）

水量　流れ

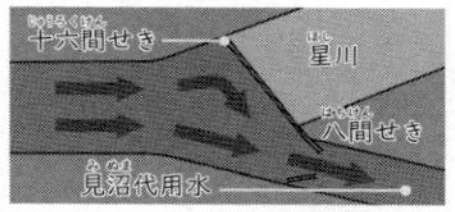

十六間せき　星川　八間せき　見沼代用水

（（例）水の流れを変えて、見沼代用水に取りこむ水量を調節する。）

ふりかえり　3がわからないときは、56ページの2にもどってかくにんしてみよう。

たしかめのテスト　60～61ページ

1 (2)くわは、土をほり出す道具で、もっこは、石などを運ぶ道具です。
(3)見沼新田は、見沼代用水が完成した後に開かれたので、年表のうの時期にあたります。その後、田でとれた米を江戸まで運ぶために見沼通船堀がつくられました。

2 (1)②表の地域の田の面積の行を見ましょう。完成前の約5000haから完成後は約14000haにふえ、その差は、
〈14000−5000＝9000〉なので、9000haとなります。
(3)(4)地図の色分けを見ると、畑が最も広いことが分かります。北の方には公園などがあり、自然ゆたかな地域であると考えられます。

3 用水路に取りこむ水量を調節することを、「水量」「流れ」の二語を使って書いてあれば正かいです。

記述問題のプラスワン

3 せきとは、農業や工業などに使う水を川から取りこむために、川の流れをせき止めるしせつで、今では取水ぜきともよびます。せきは古くからつくられており、井沢弥惣兵衛もせきをつくって、川の流れをせき止め、見沼代用水に取りこむ水量を調節することを考えました。

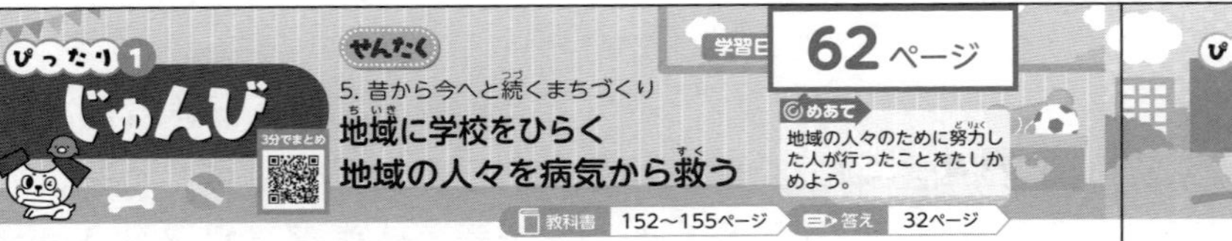

ぴったり1 じゅんび　せんたく

5. 昔から今へと続くまちづくり
地域に学校をひらく
地域の人々を病気から救う

学習日　62ページ

◎めあて 地域の人々のために努力した人が行ったことをたしかめよう。

教科書 152〜155ページ　答え 32ページ

次の（　　）に入る言葉を、下から選びましょう。

1 地域に学校をひらく　教科書 152〜153ページ

小笠原東陽

- 小笠原東陽は、東京から羽鳥村（今の神奈川県藤沢市の一部）にまねかれ、（① 読書院 ）という学校を開いた。
- 東陽は読書院で、村の親たちに子どもの学校への（② 入学 ）をすすめた。
- 国の指示で全国に小学校ができると、読書院は（③ 羽鳥学校 ）となり、東陽はそこの（④ 先生 ）となった。
- 東陽は、自由な教育を行うために読書院を残し、その後、名前を耕余塾に変えた。
- 後に総理大臣になった吉田茂もここで学び、羽鳥村は県の（⑤ 教育 ）の中心地となっていった。

神奈川県藤沢市

2 地域の人々を病気から救う　教科書 154〜155ページ

杉浦健造と杉浦三郎

- 100年以上前、今の山梨県昭和町にあった杉浦健造と三郎の（⑥ 病院 ）には、この地域で昔からみられた病気に苦しむ人々がおとずれていた。
- 研究の結果、この病気は田や川にいる（⑦ ミヤイリガイ ）という貝の中で育つ日本住血吸虫という虫が、体内に入って起きる病気だとわかった。
- 健造たちが日本住血吸虫を駆除するために、ミヤイリガイをえさとする生き物を田や川に放すなどの取り組みを行うと、その取り組みは県や国も協力する大きな（⑧ 運動 ）へと発展していった。
- 二人がなくなった後、この病気が、日本国内から完全に（⑨ 消えた ）ことが発表された。

山梨県昭和町

選んだ言葉に✓　□教育　□先生　□運動　□羽鳥学校　□消えた　□病院　□読書院　□入学　□ミヤイリガイ

ぴったり2 練習

学習日　63ページ

ぴたトリビア　1875年にはほぼ全国に小学校が置かれましたが、学校に通う習慣がなかったため、通学する子どもは半分にも満たないじょうきょうでした。

教科書 152〜155ページ　答え 32ページ

1 次の年表は、小笠原東陽と地域の主なできごとについて書かれています。①〜⑤にあてはまる言葉を、㋐〜㋔から選びましょう。（同じ番号には、同じ言葉が入ります。）

1872年（明治5）	小笠原東陽が、東京から羽鳥村（今の神奈川県藤沢市の一部）にまねかれて、①（ ㋓ ）をひらく。全国に②（ ㋑ ）がつくられることになる。
1873年	羽鳥村に、①をもとにして③（ ㋔ ）がつくられる。 東陽は、④（ ㋒ ）になる。
1875年	羽鳥村に、先生になるための学校がつくられる。 東陽は、その学校の先生にもなる。
1878年	①として残した学校が、耕余塾になる。
1887年	東陽がなくなる（58才）。
1892年	東陽をたたえる⑤（ ㋐ ）がつくられる。
1900年	耕余塾が閉校となる。
1903年	学校が、尋常高等明治小学校へと改められる。

㋐ 石碑　㋑ 小学校　㋒ 学校の先生　㋓ 読書院　㋔ 羽鳥学校

2 次の年表は、杉浦健造と三郎がたずさわった病気にかかわる主なできごとについて書かれています。①〜④にあてはまる言葉を、㋐〜㋔から選びましょう。

1904年	日本住血吸虫が発見される。
1913年	ミヤイリガイが発見される。病気の①（ ㋒ ）がすべてあきらかになる。 杉浦健造と三郎がミヤイリガイの駆除を始め、②（ ㋐ ）がふえていく。
1925年	県、市町村と③（ ㋔ ）が一体となった、④（ ㋓ ）をなくすための組織ができる。
1933年	杉浦健造がなくなる。
1977年	杉浦三郎がなくなる。
1996年	この病気が、日本国内から完全に消えたことが発表される。

㋐ 協力者　㋑ 世界　㋒ 原因　㋓ 病気　㋔ 住民

ヒント　❶❷年表は、「いつ」「だれが」「何をした」の3つに注目して読み取るようにしましょう。

できたかな？
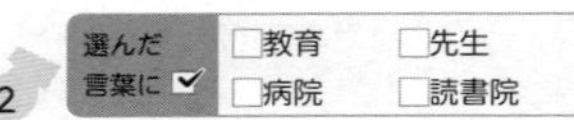
□小笠原東陽、杉浦健造と三郎が行ったことを、年表を見ながら言ってみよう。

おうちのかたへ
地域の人々のために努力をした先人について調べる学習です。ここでは、先人の名前や行ったことを覚える必要はありません。年表などの資料を見て、先人がいつ、どのようなことをしたのかを調べる能力を身につけることで、お住まいの地域での先人調べに役立つことを目標にしています。

練習　63ページ

1. 小笠原東陽は、地域の学校づくりにつくした人物です。問題をといたら、もう一度年表を読み返して、東陽が今の教育とどのようなかかわりがあったかをたしかめましょう。
2. 杉浦健造と三郎は、治すのがむずかしい病気の原因をつきとめ、病気をなくすために努力した人物です。もう一度年表を読んで、地域の住民や、県や国が協力した取り組みをたしかめましょう。

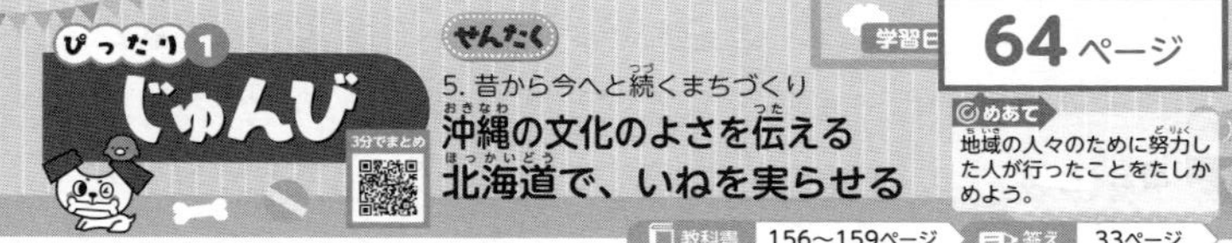

せんたく

5. 昔から今へと続くまちづくり

沖縄の文化のよさを伝える 北海道で、いねを実らせる

3分でまとめ

めあて 地域の人々のために努力した人が行ったことをたしかめよう。

教科書 156～159ページ　答え 33ページ

次の（　　）に入る言葉を、下から選びましょう。

1 沖縄の文化のよさを伝える　教科書 156～157ページ

伊波普猷

- 伊波普猷が生まれた1870年ころ、沖縄にある（① 文化 ）のよさが、人々に認められていない時代だった。
- 普猷は、東京の大学で、約500年前の沖縄でよまれていた歌である「おもろ」の研究をした。
- 普猷は、沖縄県立図書館の（② 館長 ）となり、さらに研究を続けた。
- 普猷は研究してきたことを本や（③ 新聞 ）に発表して、昔の沖縄の人々のくらしや考え方を広く伝える活動を始めた。
- 普猷の活動にえいきょうされ、沖縄の人々は、自分たちの文化に（④ ほこり ）をもつようになり、普猷は（⑤ 沖縄学の父 ）とよばれるようになった。

沖縄県那覇市

2 北海道で、いねを実らせる　教科書 158～159ページ

中山久蔵

- 1869年、中山久蔵が北海道北広島市にうつり住んだころ、北海道では寒さのため（⑥ 南側 ）の地域でしかいねが育たなかった。
- 久蔵は、いねの生育に必要な（⑦ 温かい水 ）を田に送り続けるため、昼間は（⑧ 太陽熱 ）で温めた水を田に引き入れたり、夜はふろでわかした湯を田に注いだりした。
- 努力の結果、「赤毛種」という品種のいねの発芽に成功すると、北海道の農民に（⑨ 無償 ）で赤毛種の種もみを配布した。その後、北海道は日本で有数の米の産地となっていった。

北海道北広島市

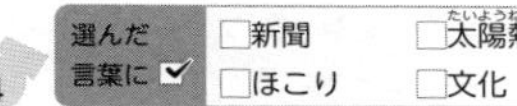

選んだ言葉に✓	□新聞	□太陽熱	□南側	□温かい水	□無償
	□ほこり	□文化	□館長	□沖縄学の父	

ぴたトリビア　いねは、あたたかい地域でよく育つ植物です。現在、生産されている日本の品種の多くは、各地域の気候にあわせて改良されたものです。

教科書 156～159ページ　答え 33ページ

1 次の年表は、伊波普猷にかかわる主なできごとについて書かれています。①～④にあてはまる言葉を、㋐～㋔から選びましょう。（同じ番号には、同じ言葉が入ります。）

年	できごと
1876年	現在の沖縄県那覇市で普猷が生まれる。
1903年	東京の大学に入学し、「①（ ㋑ ）」の研究を始める。
1906年	大学を卒業し、沖縄で、②（ ㋒ ）についての資料を集める。
1910年	沖縄県立③（ ㋐ ）長になる。
1911年	普猷が書いた『古琉球』が④（ ㋓ ）される。
1924年	③長をやめて、ふたたび東京へ行く。
1925年	普猷がかかわった『校訂おもろそうし』が④される。
1935年	東京の大学で「①」について教える。
1947年	普猷が71歳でなくなる。

㋐ 図書館　㋑ おもろ　㋒ 昔　㋓ 出版　㋔ 昔の食べ物

2 右の年表は、中山久蔵にかかわる主なできごとについて書かれています。年表を見て、問いに答えましょう。

年	できごと
1869年	北海道にうつり住む。
1873年	①赤毛種の発芽を成功させる。
1879年	（ ② ）
1919年	92歳でなくなる。

(1) 久蔵が、年表の下線部①の「赤毛種」を開発した理由を、㋐～㋓から選びましょう。
㋐ 北海道の南側の地域で米づくりをさかんにさせたかったから。
㋑ 北海道の人々に、米を食べさせたいという願いがあったから。
㋒ 北海道のような寒い地域では、いねは育たないとあきらめていたから。
㋓ 他の地域で赤毛種のいねが、さかんに生産されていたから。　（ ㋑ ）

(2) 年表の②にあてはまる内容を、㋐～㋓から選びましょう。
㋐ 農民へ赤毛種の種もみを無償で配り始める。
㋑ 米を使った大きな食堂を開く。
㋒ 生まれた大阪にもどり、赤毛種を広める。
㋓ 赤毛種の種もみを売って、大きな会社をつくる。　（ ㋐ ）

ヒント 2 (1) 中山久蔵が北海道にうつり住んだときの、北海道の米づくりの様子と、久蔵の願いをもとに考えましょう。

できたかな？

□伊波普猷、中山久蔵が行ったことを、年表を見ながら言ってみよう。

おうちのかたへ

全国には地域の発展に尽力した先人が多くいます。市町村のホームページにキッズサイトを設けて、過去の偉人を紹介している自治体も少なくありません。ぜひ、お子さまとお住まいの地域の偉人について調べてみてはいかがでしょう。

練習 65ページ

1 伊波普猷は、古くから伝わる沖縄の文化を研究し、世の中に伝えた人物です。普猷の活動によって、沖縄の人々は自分たちの文化のよさに気づき、ほこりをもつようになりました。
①の「おもろ」とは、約500年前の沖縄でよまれていた歌で、普猷は「おもろ」を通して、沖縄学とよばれる沖縄の古い文化を研究し、そのよさを伝えました。

2 (1)中山久蔵は、北海道の特に寒い地域でも育つ赤毛種という品種のいねをつくった人物です。米がつくれない土地で、人々に米を食べさせたいという願いで赤毛種をつくりました。
(2)赤毛種の発芽を成功させた久蔵は、北海道民みんなが米を食べられるように、種もみを無償で配りました。

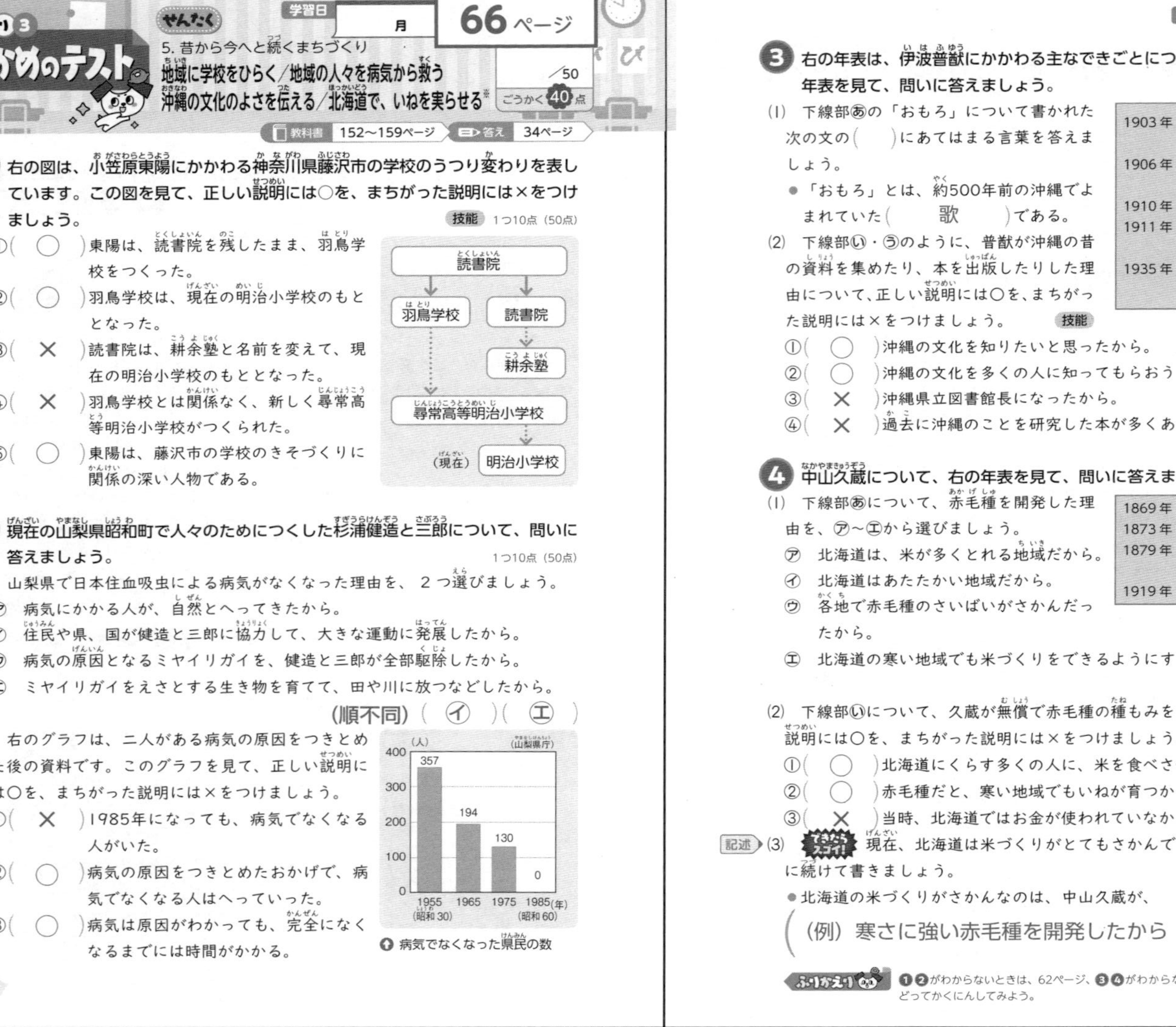

ぴったり3 たしかめのテスト

せんたく

学習日　月

66ページ

5. 昔から今へと続くまちづくり
地域に学校をひらく／地域の人々を病気から救う
沖縄の文化のよさを伝える／北海道で、いねを実らせる

/50
ごうかく40点

教科書　152～159ページ　答え　34ページ

※学校で学習する内容によって❶～❹を選んで取り組みましょう。

1 右の図は、小笠原東陽にかかわる神奈川県藤沢市の学校のうつり変わりを表しています。この図を見て、正しい説明には○を、まちがった説明には×をつけましょう。　技能　1つ10点（50点）

①（○）東陽は、読書院を残したまま、羽鳥学校をつくった。
②（○）羽鳥学校は、現在の明治小学校のもととなった。
③（×）読書院は、耕余塾と名前を変えて、現在の明治小学校のもととなった。
④（×）羽鳥学校とは関係なく、新しく尋常高等明治小学校がつくられた。
⑤（○）東陽は、藤沢市の学校のきそづくりに関係の深い人物である。

2 現在の山梨県昭和町で人々のためにつくした杉浦健造と三郎について、問いに答えましょう。　1つ10点（50点）

(1) 山梨県で日本住血吸虫による病気がなくなった理由を、2つ選びましょう。
㋐ 病気にかかる人が、自然とへってきたから。
㋑ 住民や県、国が健造と三郎に協力して、大きな運動に発展したから。
㋒ 病気の原因となるミヤイリガイを、健造と三郎が全部駆除したから。
㋓ ミヤイリガイをえさとする生き物を育てて、田や川に放つなどしたから。
（順不同）（㋑）（㋓）

(2) 右のグラフは、二人がある病気の原因をつきとめた後の資料です。このグラフを見て、正しい説明には○を、まちがった説明には×をつけましょう。
①（×）1985年になっても、病気でなくなる人がいた。
②（○）病気の原因をつきとめたおかげで、病気でなくなる人はへっていった。
③（○）病気は原因がわかっても、完全になくなるまでには時間がかかる。

病気でなくなった県民の数

66

学習日

67ページ

3 右の年表は、伊波普猷にかかわる主なできごとについて書かれています。この年表を見て、問いに答えましょう。　1つ10点（50点）

(1) 下線部㋐の「おもろ」について書かれた次の文の（　）にあてはまる言葉を答えましょう。
●「おもろ」とは、約500年前の沖縄でよまれていた（歌）である。

(2) 下線部㋑・㋒のように、普猷が沖縄の昔の資料を集めたり、本を出版したりした理由について、正しい説明には○を、まちがった説明には×をつけましょう。　技能
①（○）沖縄の文化を知りたいと思ったから。
②（○）沖縄の文化を多くの人に知ってもらおうと思ったから。
③（×）沖縄県立図書館長になったから。
④（×）過去に沖縄のことを研究した本が多くあったから。

1903年	東京の大学に入学し、㋐「おもろ」の研究を始める。
1906年	㋑大学を卒業し、沖縄で、昔についての資料を集める。
1910年	沖縄県立図書館長になる。
1911年	㋒普猷が書いた「古琉球」が出版される。
1935年	東京の大学で「おもろ」について教える。

4 中山久蔵について、右の年表を見て、問いに答えましょう。　1つ10点（50点）

(1) 下線部㋐について、赤毛種を開発した理由を、㋐～㋓から選びましょう。
㋐ 北海道は、米が多くとれる地域だから。
㋑ 北海道はあたたかい地域だから。
㋒ 各地で赤毛種のさいばいがさかんだったから。
㋓ 北海道の寒い地域でも米づくりをできるようにするため。
（㋓）

1869年	北海道にうつり住む。
1873年	㋐赤毛種の発芽を成功させる。
1879年	㋑農民へ赤毛種の種を無償で配り始める。
1919年	92才でなくなる。

(2) 下線部㋑について、久蔵が無償で赤毛種の種もみを配った理由として、正しい説明には○を、まちがった説明には×をつけましょう。
①（○）北海道にくらす多くの人に、米を食べさせようとしたから。
②（○）赤毛種だと、寒い地域でもいねが育つから。
③（×）当時、北海道ではお金が使われていなかったから。

記述 (3) てきたらスゴイ！ 現在、北海道は米づくりがとてもさかんです。その理由を、次の言葉に続けて書きましょう。　思考・判断・表現
●北海道の米づくりがさかんなのは、中山久蔵が、
（（例）寒さに強い赤毛種を開発したから）です。

この本の終わりにある「冬のチャレンジテスト」をやってみよう！

ふりかえり　❶❷がわからないときは、62ページ、❸❹がわからないときは、64ページにもどってかくにんしてみよう。

67

たしかめのテスト　66～67ページ

1 図の矢印は、関係があることをしめしています。現在の明治小学校は、羽鳥学校→尋常高等明治小学校→明治小学校となったので、③・④は×。

2 (1)杉浦健造と三郎は、それまで治らなかった病気の原因をつきとめ、県や国の協力を得て病気をなくしたので、㋐と㋒は×。
(2)①1985年に病気でなくなった人は0人なので×。

3 (2)③普猷は、沖縄の文化を知ってもらうために研究をしました。沖縄県立図書館長になったから研究をしたわけではないので×。
④普猷が最初に沖縄学の研究を始めたので×。

4 (2)久蔵の願いは、それまで米がつくれずに食べることができなかった人々に、米を食べてほしいことだったので、赤毛種の種もみを無償で配りました。
(3)久蔵が寒さに強い品種の赤毛種のいねをつくったことがもとで、北海道各地で米づくりができるようになりました。

記述問題のプラスワン

4 (3)いねはあたたかい地域で育つ植物なので、寒い北海道ではなかなか育ちませんでした。そこで、久蔵は寒い地域でも育ついねを開発して北海道に広めました。その後、北海道の米づくりはどんどんさかんになり、今では日本で有数の米の産地となっています。ここでは、寒さに強い赤毛種を開発したことが書いてあれば正かいです。赤毛種を開発して広めたことまでを書いても正かいです。

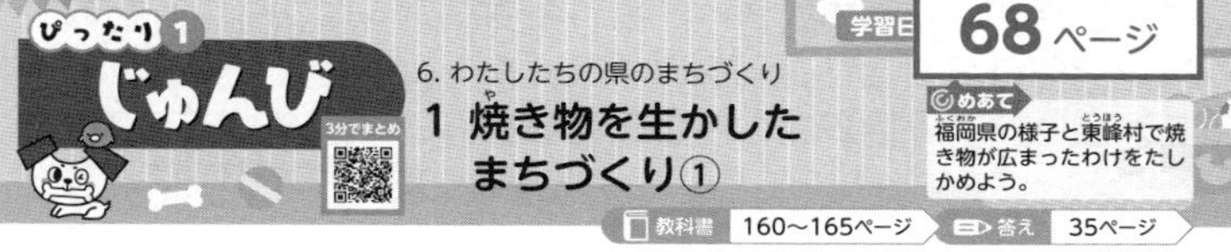

6. わたしたちの県のまちづくり

1 焼き物を生かしたまちづくり①

◎めあて 福岡県の様子と東峰村で焼き物が広まったわけをたしかめよう。

教科書 160〜165ページ　答え 35ページ

次の（　）に入る言葉を、下から選びましょう。

1 焼き物づくりがさかんな東峰村

教科書 160〜163ページ

福岡県と東峰村

- 宗像市と福津市には、（① 世界遺産 ）がある。
- 太宰府市には、（② 太宰府天満宮 ）や九州国立博物館がある。
- 福岡市には、（③ 福岡空港 ）がある。
- 東峰村の小石原地区では、昔から小石原焼という焼き物が作られてきた。
- 小石原焼を多くの人に知ってもらうため、毎年、春と秋に（④ 民陶むら祭 ）が行われている。

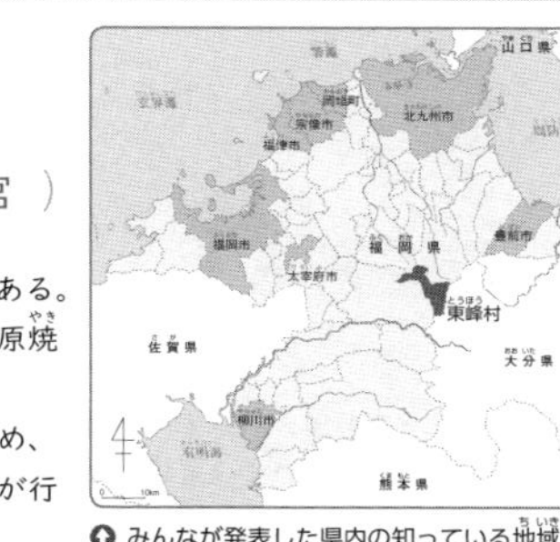

みんなが発表した県内の知っている地域

学習問題

学習問題	東峰村では、なぜ、焼き物づくりが（⑤ さかん ）なのだろう。

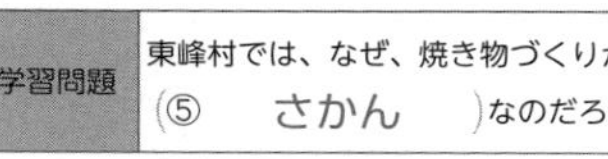

縮尺とは、実際のきょりを地図上でどれくらいの割合で縮めたのかをしめしたものだよ。

縮尺が2万5000分の1の東峰村の地図

2 小石原焼が広まったわけは

教科書 164〜165ページ

小石原焼の歴史

- 約350年前、この土地をおさめていた黒田氏が、今の佐賀県（⑥ 伊万里 ）市あたりから、焼き物づくりの仕事をする人をまねき、明（今の中国）の作り方にならって作らせた。この焼き物と、朝鮮半島から伝えられた高取焼が、小石原焼の（⑦ もと ）になった。
- 約70年前、小石原焼が本などでしょうかいされ、世の中に知られる。
- 約40年前、焼き物で初めて国の（⑧ 伝統的工芸品 ）に指定される。

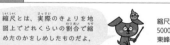

選んだ言葉に ☑　□伊万里　□伝統的工芸品　□世界遺産　□福岡空港　□もと　□太宰府天満宮　□民陶むら祭　□さかん

練習

ぴたトリビア　佐賀県の伊万里焼は、約400年前、日本が朝鮮と戦ったときに、朝鮮半島から連れてきた人たちによって作られ、広まりました。

教科書 160〜165ページ　答え 35ページ

1 右の地図は、みんなが発表した福岡県内の知っている地域に色をぬって表しています。この地図を見て、問いに答えましょう。

(1) 県の西側にあり、太宰府天満宮など、昔にかかわるしせつがある市の名前を答えましょう。

（ 太宰府 ）市

(2) 日本や世界の各地と飛行機で行き来ができる空港のある市の名前を答えましょう。

（ 福岡 ）市

(3) 焼き物がさかんな、東峰村について、正しい説明を、㋐〜㋒から選びましょう。

㋐ 県の北側に位置し、海に面していない。
㋑ 大分県とのさかいにあり、海に面していない。
㋒ 県の西側に位置し、有明海に面している。

（ ㋑ ）

みんなが発表した福岡県内の知っている地域

2 右の年表は、小石原焼の歩みについて書かれています。この年表を見て、問いに答えましょう。

(1) 小石原焼が作られ始めたとされるのは、約何年前でしょう。

約（ 350 ）年前

(2) 小石原焼は、どの国の焼き物の作り方をならったのか、今の国名を、㋐〜㋓から選びましょう。

㋐ アメリカ　㋑ フランス
㋒ 中国　㋓ ブラジル

（ ㋒ ）

約350年前	小石原焼が生まれたとされる。
約70年前	小石原焼が本などでしょうかいされ、知られるようになる。
約60年前	外国の展示会で小石原焼が評価される。民陶祭（今の民陶むら祭）が始まる。
約40年前	焼き物で初めて、国の（　）に指定される。

(3) 小石原焼が、世の中に知られるようになった理由を答えましょう。

（（例）本などでしょうかいされたから。）

(4) 年表の（　）にあてはまる言葉を答えましょう。

（ 伝統的工芸品 ）

ヒント　2 (4) 昔から伝わるぎじゅつや材料を用いて、主に手作業によって作られ、日常生活で使われている物で、国が指定します。

できたかな？

□小石原焼は、いつ、どのようにして作られ始めたのかを説明してみよう。

おうちのかたへ

4年生最後の単元は、県の様子を調べる学習です。最初に扱うのは、県に由来する伝統工芸品です。各県には国が指定した伝統的工芸品の他にも、都道府県が指定した文化財などが多数あります。お住まいの都道府県の伝統工芸品にはどのようなものがあるのか、由来はどのようなものかを調べることで、学習理解がさらに深まります。

練習 69ページ

1 (1)太宰府市には、1000年以上も前につくられた、学問の神様がまつられていることでも有名な太宰府天満宮があります。

(2)福岡県には北九州市にも空港がありますが、世界各地と結ばれた空港は福岡市にある福岡空港だけです。

(3)東峰村は、大分県とのさかいにあり、海には面していないので、㋑が正かいです。

2 (2)小石原焼は、明（今の中国）の作り方にならった焼き物と、朝鮮半島の焼き物がもとになっています。

(3)年表を見て答えましょう。約70年前、小石原焼が本などでしょうかいされ、知られるようになりました。

(4)伝統的工芸品の指定を受けるには、主に手作業で作られ、日常生活で使われているなどの要件があります。小石原焼は、これらの要件を満たしているため指定されました。

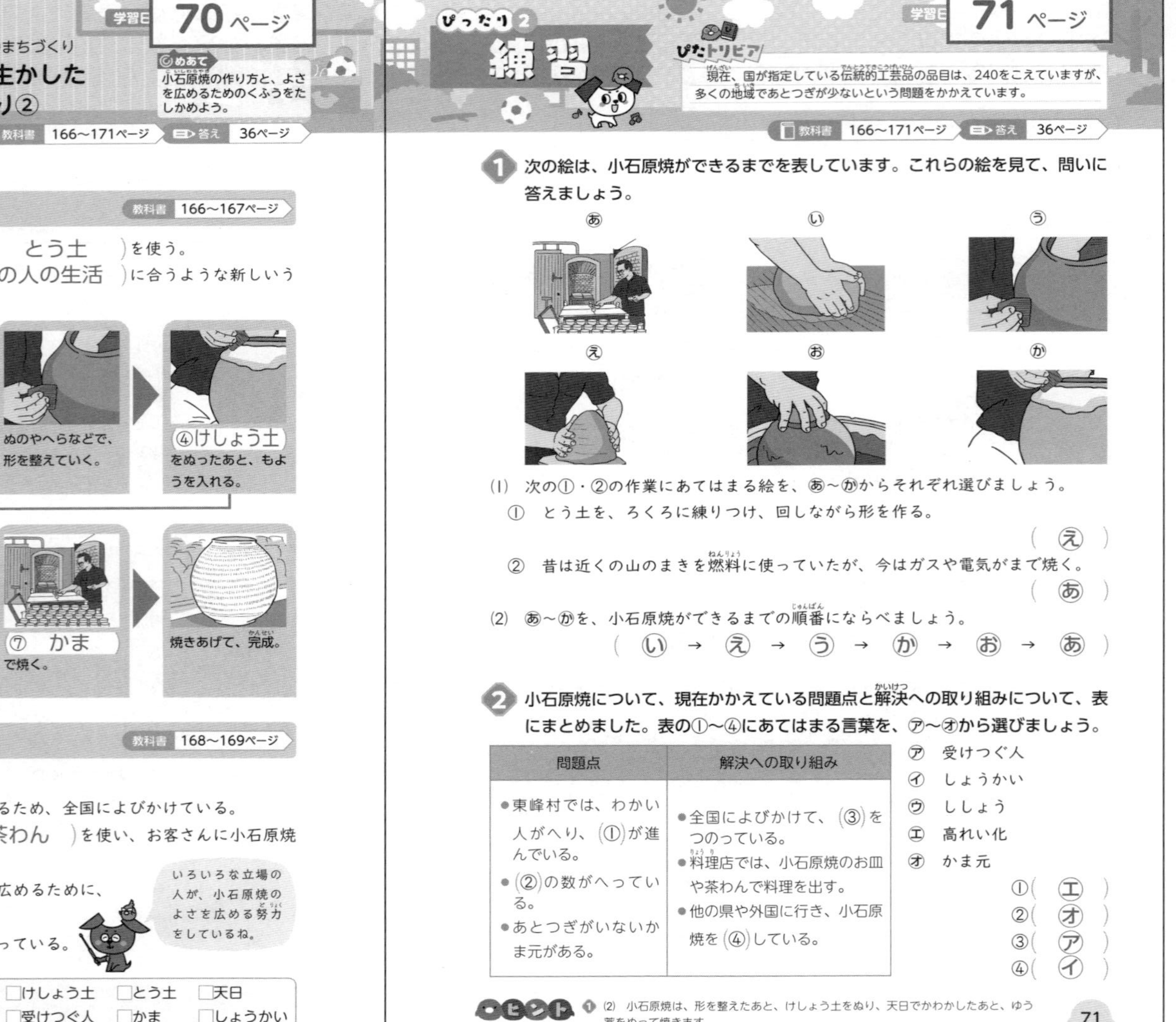

ぴったり1 じゅんび

6. わたしたちの県のまちづくり

1 焼き物を生かしたまちづくり②

学習日 70ページ

めあて 小石原焼の作り方と、よさを広めるためのくふうをたしかめよう。

教科書 166〜171ページ　答え 36ページ

次の（　）に入る言葉を、下から選びましょう。

1 小石原焼ができるまで　教科書 166〜167ページ

- 小石原焼の材料は、東峰村でとれる（① とう土 ）を使う。
- 小石原焼の伝統を守りながら、（② 今の人の生活 ）に合うような新しいうつわづくりにもちょうせんしている。

とう土の固さがちょうどよくなるまでこねる。 → （③ ろくろ ）に練りつけて回しながら、形を作る。 → ぬのやへらなどで、形を整えていく。 → （④けしょう土 ）をぬったあと、もようを入れる。 → （⑤ 天日 ）で、かわかす。 → （⑥ ゆう薬 ）をかける。 → （⑦ かま ）で焼く。 → 焼きあげて、完成。

2 小石原焼のよさを広めるために　教科書 168〜169ページ

小石原焼を守る取り組み

- 小石原焼を（⑧ 受けつぐ人 ）をつのるため、全国によびかけている。
- 料理店では、小石原焼の（⑨ お皿や茶わん ）を使い、お客さんに小石原焼のよさを楽しんでもらっている。
- 小石原焼陶器協同組合では、小石原焼を広めるために、他の県や外国へ行って、小石原焼を（⑩ しょうかい ）する取り組みを行っている。

いろいろな立場の人が、小石原焼のよさを広める努力をしているね。

選んだ言葉に✓　□ろくろ　□お皿や茶わん　□けしょう土　□とう土　□天日　□ゆう薬　□今の人の生活　□受けつぐ人　□かま　□しょうかい

ぴったり2 練習

学習日 71ページ

ぴたトリビア 現在、国が指定している伝統的工芸品の品目は、240をこえていますが、多くの地域であとつぎが少ないという問題をかかえています。

教科書 166〜171ページ　答え 36ページ

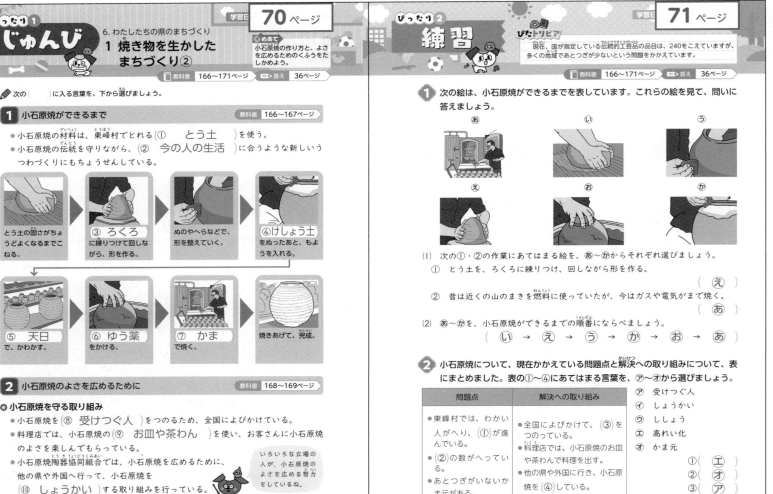

1 次の絵は、小石原焼ができるまでを表しています。これらの絵を見て、問いに答えましょう。

あ　い　う　え　お　か

(1) 次の①・②の作業にあてはまる絵を、あ〜かからそれぞれ選びましょう。

① とう土を、ろくろに練りつけ、回しながら形を作る。（ え ）

② 昔は近くの山のまきを燃料に使っていたが、今はガスや電気がまで焼く。（ あ ）

(2) あ〜かを、小石原焼ができるまでの順番にならべましょう。

（ い → え → う → か → お → あ ）

2 小石原焼について、現在かかえている問題点と解決への取り組みについて、表にまとめました。表の①〜④にあてはまる言葉を、ア〜オから選びましょう。

問題点	解決への取り組み
●東峰村では、わかい人がへり、（①）が進んでいる。 ●（②）の数がへっている。 ●あとつぎがいないかま元がある。	●全国によびかけて、（③）をつのっている。 ●料理店では、小石原焼のお皿や茶わんで料理を出す。 ●他の県や外国に行き、小石原焼を（④）している。

ア 受けつぐ人　イ しょうかい　ウ ししょう　エ 高れい化　オ かま元

①（ エ ）　②（ オ ）　③（ ア ）　④（ イ ）

ヒント 1 (2) 小石原焼は、形を整えたあと、けしょう土をぬり、天日でかわかしたあと、ゆう薬をぬって焼きます。

練習　71ページ

1 (1)(2)小石原焼づくりは、とう土をこねる作業から始めます。とう土とは、焼き物に使う土のことで、東峰村ではよいとう土がとれます。また、形を整えた後にぬるけしょう土やゆう薬も、近くでとれる土や石などを材料にしています。このように、材料が近くにあることも小石原焼が受けつがれてきた理由の一つです。

2 東峰村では高れい化が進み、小石原焼をつくるかま元の中には、あとつぎがなくやめてしまう人もいます。小石原焼を守るために、受けつぐ人をつのる取り組みが進められています。

できたかな？

□小石原焼のよさを広めるために、地域の人はどのようなことを行っているのか言ってみよう。

おうちのかたへ

伝統工芸品が受けつがれる理由の一つに材料が近くで確保できる点が挙げられます。鉄の産地では鉄器づくり、木材の産地では木工製品といった工芸品づくりが古くから行われてきました。また、多くの産地で後継者不足の問題があり、後継者を育成するために自治体が乗り出している地域もあります。単に伝統工芸品の制作工程を知るだけではなく、置かれた社会的環境も理解するようにしましょう。

1 焼き物を生かしたまちづくり

72ページ

／100 ごうかく80点

教科書 160～171ページ　答え 37ページ

1 右の年表は、小石原焼の歩みについて表しています。この年表を見て、問いに答えましょう。　1つ5点（50点）

(1) 下線部あについて、次の文の①・②にあてはまる言葉を、ア～オから選びましょう。　技能

約350年前、今の佐賀県（①）市から焼き物づくりの仕事をする人をまねいて、明（今の（②））の作り方にならって焼き物を作らせた。

約350年前	あ小石原焼が生まれたとされる。
約70年前	小石原焼が本などでしょうかいされ、知られるようになる。
約60年前	外国の展示会で小石原焼が評価される。民陶祭（今のい民陶むら祭）が始まる。
約40年前	焼き物で初めて、国のう伝統的工芸品に指定される。

ア 福岡　イ 伊万里　ウ 博多　エ アメリカ　オ 中国

①（ イ ）②（ オ ）

(2) 下線部いの「民陶むら祭」を行う理由について、正しい説明には○を、まちがった説明には×をつけましょう。

①（ × ）焼き物を焼くかま元がふえすぎたため。
②（ ○ ）より多くの人に焼き物を知ってもらおうとしたため。
③（ × ）国の伝統的工芸品に指定されたため。
④（ ○ ）多くの人にたくさんの焼き物を買ってほしいため。

(3) 下線部うの「伝統的工芸品」について説明した次の文の①～④にあてはまる言葉を、［　］から選びましょう。

昔から伝わる（① ぎじゅつ ）や材料を用いて、主に（② 手作業 ）で作られ、（③ 日常生活 ）で使われている物のうち、国によって指定された工芸品のこと。
焼き物の他に、（④ 織物 ）やそめ物、木工品、和紙、人形などがある。

機械　手作業　集団　日常生活　ぎじゅつ。　パソコン　織物

学習日 **73ページ**

2 次の絵は、小石原焼ができるまでを表しています。これらの絵を見て、問いに答えましょう。　1つ5点（20点）

あ

い

う
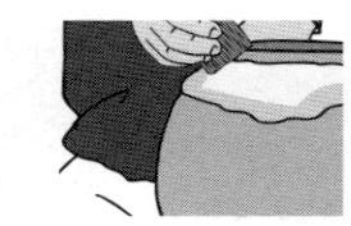
え
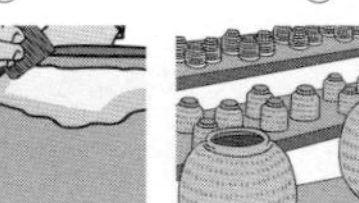

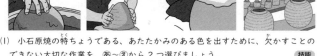

(1) 小石原焼の特ちょうである、あたたかみのある色を出すために、欠かすことのできない大切な作業を、あ～えから2つ選びましょう。　技能

（順不同）（ あ ）（ う ）

(2) あ～えの中で、焼くためにかまに入れる直前の作業を選びましょう。

（ あ ）

(3) 右の絵は、昔のかまを表しています。このかまを何とよぶか答えましょう。

（ 登りがま ）

3 小石原焼とまちづくりについて、資料1・2を見て、問いに答えましょう。　(1)1つ5点、(2)20点（30点）

【資料1】 東峰村の人口の変化

年	1960（昭和35）	70	80	90	2000	10	23（令和5）

（人）0～7000　（東峰村役場）

【資料2】 東峰村役場の人の話

東峰村の人口は、1960年には（①）人以上いましたが、2023年は（②）人を下回っています。小石原焼をますますさかんにしたいのですが、焼き物づくりを受けつぐわかい人もへっています。

(1) 資料1を見て、資料2の①・②にあてはまる数字を答えましょう。　技能

①（ 6000 ）②（ 2000 ）

記述 (2) てきたらスゴイ！ 資料2の下線部の内容について、小石原焼を受けつぐため、焼き物づくりを学ぶ人に村が行っていることを、「生活に必要な費用」という言葉を使って書きましょう。　思考・判断・表現

（（例）生活に必要な費用の一部をえんじょしている。）

ふりかえり ❷(2)がわからないときは、70ページの❶にもどってかくにんしてみよう。

記述問題のプラスワン

3 (2)「生活に必要な費用」という内容から、生活費をえんじょすれば、焼き物づくりを学びたい人が村に来やすくなることを考えるようにしましょう。東峰村の人口はへり続け、高れい化が進んでいます。そのため、村役場では生活費の一部をえんじょすることで、他の地域から焼き物づくりを受けついでくれる人を集めようとしています。

たしかめのテスト 72～73ページ

1 (2)①かま元はへってきているので×。
③「民陶祭（今の民陶むら祭）」が始まったのが、約60年前で、伝統的工芸品に指定されたのが約40年前なので×。
(3)伝統的工芸品とは、古くから伝わるぎじゅつや、主に地域の材料を使って作られる日常で使う物のうち、国が指定した工芸品のことです。全国には国が指定した伝統的工芸品が、小石原焼の他にもたくさんあります。

2 (1)あはゆう薬をかける作業、うはけしょう土をぬる作業で、どちらもあたたかみのある色を出すために欠かせない作業です。
(3)古くは登りがまで焼いていましたが、燃料に使うまきを集めたり、焼き方に手間がかかったりするので、今ではガスや電気がまを使うことが多くなりました。

3 (2)東峰村では、焼き物づくりを受けつぐわかい人をよぶために、全国によびかけたり、他の県や外国にも小石原焼をしょうかいしたりする取り組みを行っています。

ぴったり1 じゅんび

6.わたしたちの県のまちづくり
2 昔のよさを未来に伝えるまちづくり①

めあて 太宰府市に多くの史跡や文化財があるわけをたしかめよう。

学習日 74ページ 教科書 176〜181ページ 答え 38ページ

次の（　）に入る言葉を、下から選びましょう。

1 昔のものが多く残る太宰府市／昔からひらかれていた太宰府市　教科書 176〜179ページ

学習問題
- 太宰府市には、太宰府天満宮などの史跡の他に、仏像をはじめとする（① 文化財 ）がいくつもある。また、昔から続く（② 祭り ）もあり、国内だけではなく、外国からも多くの（③ 観光客 ）がおとずれる。

学習問題　太宰府市には、なぜ、（④ 昔のもの ）が多く残されているのだろう。

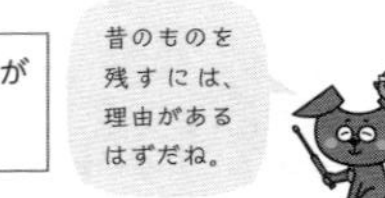

昔のものを残すには、理由があるはずだね。

ワンポイント　大宰府政庁と太宰府天満宮
- **大宰府政庁**…約1300年前におかれた国の（⑤ 役所 ）で、今の中国や朝鮮半島などの外国と交流するための仕事や、九州など広い地域をおさめるはたらきをもっていた。
- **太宰府天満宮**…「（⑥ 学問の神様 ）」として知られる菅原道真をまつる神社で、昔の太宰府の様子を今に伝える数々の文化財や行事を守ってきた。

菅原道真（845〜903年）

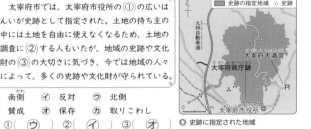

2 昔のものが守られるまでには　教科書 180〜181ページ

地域の人々の変化
- 約60年前、大宰府政庁跡近くの土地で史跡や文化財の調査が始まると、土地の持ち主など、調査に（⑦ 賛成 ）しない住民もいた。
- 調査によって、土の中から昔の中国でつくられたとされる筒や木簡などが出てくると、住民は史跡や文化財の（⑧ 保存 ）の大切さに気づいた。

昔の中国でつくられたとされる筒　木簡

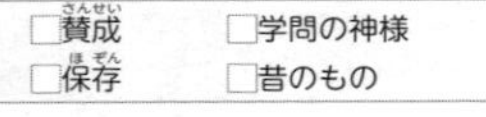

選んだ言葉に☑
□役所　□文化財　□賛成　□学問の神様
□祭り　□観光客　□保存　□昔のもの

ぴったり2 練習

学習日 75ページ 教科書 176〜181ページ 答え 38ページ

ぴたトリビア　太宰府市をふくむ九州北部は、朝鮮半島に近いことから、米づくりや政治のしくみ、文化などが伝わってくる、外国とのげん関口でした。

1 右の地図を見て、問いに答えましょう。

(1) 太宰府市の中心部とその周辺の様子について、正しい説明を、㋐〜㋓から選びましょう。
- ㋐ 太宰府駅の周辺500mだけに史跡が集まっている。
- ㋑ 史跡の他にも、寺院や神社が多い。
- ㋒ 国道3号線にそって、特に多くの史跡が集まっている。
- ㋓ 史跡は全部で3か所ある。

（ ㋑ ）

太宰府市の中心部とその周辺の地図

(2) 次の①〜③の説明にあてはまる場所を、地図の㋐〜㋒から選びましょう。
- ① 約1300年前におかれた、外国と交流するための重要な仕事を行う国の役所があった。（ ㋐ ）
- ② 「学問の神様」として知られる菅原道真をまつっており、多くの人がおとずれる。（ ㋑ ）
- ③ 昔を知るための重要な物が展示されている。（ ㋒ ）

2 右の地図を見て、次の文の①〜③にあてはまる言葉を㋐〜㋕から選びましょう。

太宰府市では、太宰府市役所の①の広いはんいが史跡として指定された。土地の持ち主の中には土地を自由に使えなくなるため、土地の調査に②する人もいたが、地域の史跡や文化財の③の大切さに気づき、今では地域の人々によって、多くの史跡や文化財が守られている。

㋐ 南側　㋑ 反対　㋒ 北側
㋓ 賛成　㋔ 保存　㋕ 取りこわし

①（ ㋒ ）②（ ㋑ ）③（ ㋔ ）

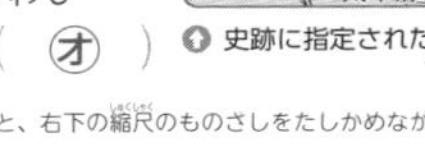

史跡に指定された地域

ヒント 1 (1) はん例に書かれている地図記号と、右下の縮尺のものさしをたしかめながら考えましょう。

できたかな？
□太宰府市に多くの史跡や文化財が残されている理由を、説明してみよう。

おうちのかたへ
県にある昔のよさを伝える史跡や文化財について学習します。史跡や文化財が現在まで残されているのは、国や自治体の他に地域の人々の協力があったからです。どのような協力があったのかを調べることで、お住まいの地域にある史跡や文化財を守ることに興味や関心を持つことがねらいです。

練習　75ページ

1 (1)㋐地図の右下にある縮尺のものさしを見て考えましょう。史跡はもっと広いはんいにあります。
㋒この地図では、国道3号線の北側に多くの史跡があります。
㋓史跡の記号(∴)は、3つ以上あります。
(2)①外国と交流するための重要な仕事を行う国の役所とは大宰府政庁です。
③歴史を知るうえで重要なさまざまなものが展示されているのは、九州国立博物館です。

2 地図の左下にある縮尺のものさしから、史跡の指定地域が数kmにおよぶ、広いはんいだとわかります。史跡の指定地域になると、土地の持ち主は自由に家を建てることなどができなくなるため、調査に反対する人たちもいました。しかし、今では、土地の持ち主は史跡や文化財の保存が大切だと気づき、史跡や文化財は守られています。

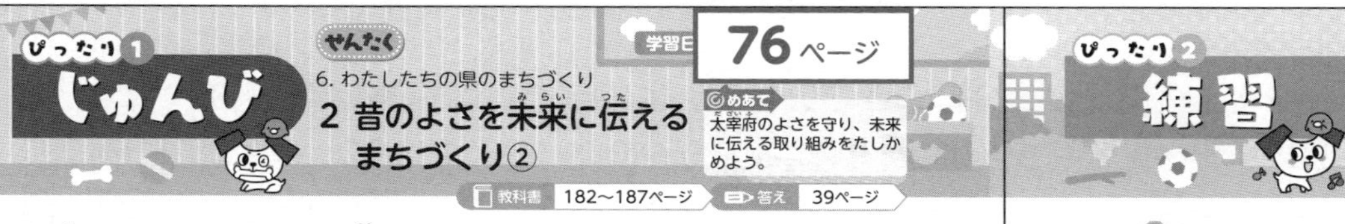

ぴったり1
じゅんび
せんたく
6. わたしたちの県のまちづくり
2 昔のよさを未来に伝える
まちづくり②
学習日
76ページ
めあて
太宰府のよさを守り、未来に伝える取り組みをたしかめよう。
教科書 182～187ページ
答え 39ページ

次の（　）に入る言葉を、下から選びましょう。

1 太宰府のよさを守るために

教科書 182～183ページ

太宰府のよさを守るくふう

- 太宰府天満宮の参道では、景観を守るために、（① 電線 ）は地下にうめ、まわりの建物の（② 高さ ）をおさえ、落ちついた色にするなどのルールをもうけている。
- 太宰府市は、地域が守り伝えてきた文化を（③ 市民遺産 ）に認定して守っている。
- 太宰府は、1000年以上前に、外国との交流の中心地だったことが評価され、（④ 日本遺産 ）に登録された。

参道の様子

2 未来に伝えたい太宰府のよさ

教科書 184～185ページ

地域の人々の取り組み

- ガイドの活動は、日本人と外国人がおたがいの（⑤ 文化 ）のよさを理解し合うよい機会となっている。例えば中国からの観光客には、中国語でガイドをする（⑥ ボランティア ）活動をするなど、太宰府の歴史や文化、太宰府が昔から日本と中国が（⑦ 交流 ）を深めてきた場所であることを知ってもらえるようにしている。
- 太宰府天満宮や参道、九州国立博物館をおとずれる観光客に、太宰府のみりょくをさらに知ってもらうために、（⑧ もよおし ）を開いている。

中国から来た観光客に、日本の文化を説明するガイド

寺のしき地で食事を楽しむもよおし

地域のさまざまな人たちによって、まちのよさが、守られているね。

選んだ言葉に ☑

□日本遺産	□市民遺産	□交流	□もよおし
□ボランティア	□電線	□文化	□高さ

76

ぴったり2 練習

学習日 77ページ

ぴたトリビア
昔の景観を守るために、コンビニエンスストアを町なみに合わせた建物にするなど、市でルールを決めている地域が各地にあります。

教科書 182～187ページ　答え 39ページ

1 4人が絵を見ながら太宰府のよさを守り、伝えるための活動について話しています。それぞれ、どの絵を見て話しているか、㋐～㋓から選びましょう。

- 太宰府天満宮の近くにある寺のしき地でもよおしをすれば、太宰府の新たなみりょくが感じられるね。　①（ ㋒ ）
- 建物の高さをおさえ、電線を地下にうめれば、美しい参道の景観を保つことができるよ。　②（ ㋑ ）
- 市民が大宰府政庁跡の清掃活動をすることで、史跡をずっと守っていこうとしているね。　③（ ㋓ ）
- 中国から来た観光客に、中国語でガイドをすれば、日本の文化をよりわかってもらえるね。　④（ ㋐ ）

㋐　㋑　㋒　㋓

ヒント 1 「もよおし」「建物の高さ」「清掃活動」「ガイド」といったキーワードをもとに、絵を選びましょう。

77

できたかな？
□太宰府のよさは、どのように守られているのか言ってみよう。

おうちのかたへ
まちの伝統がどのように守られているのかを学習します。市町村や都道府県は史跡などを登録して、保全活動を進めています。例えば京都府では景観を保つための条例を定めて、指定地区の建物の高さや形、色などを決めています。また、太宰府市のようにボランティアの活動が盛んな地域もあります。お住まいの地域での取り組みを、お子さまと一緒に調べてみてはいかがでしょう。

練習　77ページ

1 太宰府の史跡や文化財を守るために、市や地域の人々は、いろいろな活動をしています。この問題を通して、たしかめましょう。
㋐外国人に外国語でガイドをしているボランティアの様子です。
㋑昔からの景観を守るために、市は建物の高さを決め、電線を地中にうめることで、電柱をなくしました。
㋒太宰府の新しいよさを知ってもらうために、寺のしき地で食事を楽しむもよおしを開いている様子です。
㋓大宰府政庁跡を、市民が清掃している様子です。

78ページ

ぴったり3 たしかめのテスト　せんたく

6. わたしたちの県のまちづくり
2 昔のよさを未来に伝えるまちづくり

/100　ごうかく80点

教科書 176〜187ページ　答え 40ページ

1 よく出る 次の地図は、太宰府市の中心部とその周辺を表しています。この地図と資料を見て、問いに答えましょう。　1つ5点（40点）

【地図】

【資料1】　【資料2】

(1) 地図のアの地図記号は、何を表しているか答えましょう。　技能
（　博物館　）

(2) 太宰府天満宮は、市役所から見てどの方位にあるか、八方位で答えましょう。
技能（　北東　）

(3) 上の地図でしめした地域で、**資料1**のような昔の文字が書かれた木の板が土の中から出てきました。この木の板を何とよぶか答えましょう。
（　木簡　）

(4) 上の地図でしめした地域で、**資料2**のような昔の中国でつくられたとされる筒が見つかりました。このことから考えられることとして、正しい説明には○を、まちがった説明には×をつけましょう。

①（ × ）太宰府市は、昔、中国の一部だった。
②（ × ）太宰府市をおとずれる中国からの観光客がもちこんだ。
③（ ○ ）太宰府市では、昔、中国などの外国との交流が行われていた。
④（ ○ ）太宰府市には、昔、外国と交流するための重要な仕事をする国の役所があった。
⑤（ × ）太宰府天満宮は、昔、中国をふくむ広いはんいをおさめる中心地だった。

79ページ

学習日

2 右のグラフは、太宰府市をおとずれる人の数の変化を表しています。このグラフを見て、問いに答えましょう。　(1)10点、(2)1つ5点（30点）

(1) 2019年の観光客数を答えましょう。　技能
約（　800万　）人

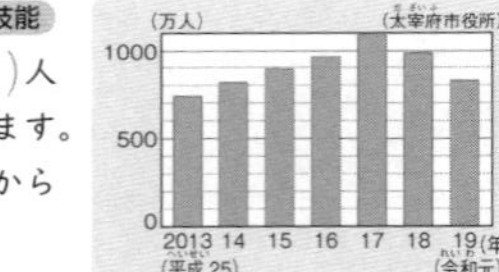

(2) グラフに関連して、市役所の人が話しています。次の文の①〜④にあてはまる言葉を、ア〜クから選びましょう。

太宰府市には史跡や文化財が多く、市民のさまざまな活動によって、2013年から2017年まで、観光客数は（①）きました。例えば、太宰府天満宮の参道では、景観を守るために（②）を地下にうめたり、（③）の高さをおさえたりしました。また、地域が守ってきた文化を（④）に認定して守っています。

ア 世界遺産　イ 電柱　ウ ふえて　エ へって　オ 電線
カ 建物　キ 鳥居　ク 市民遺産

①（ ウ ）②（ オ ）③（ カ ）④（ ク ）

3 次の文は、太宰府の史跡の保存について説明したものです。これを読んで、問いに答えましょう。　1つ15点（30点）

> 約50年前、大宰府政庁跡を住宅地にするという計画がもち上がり、調査を行うことになりましたが、開発を望む土地の持ち主などの中には、①調査に賛成しない人もいました。しかし、実際に調査が進むと、昔の道具などが次々と出てきて、②住民の考えもしだいに変わっていきました。

記述 (1) てきたらスゴイ！ 下線部①のように、調査に反対する人がいた理由を、次の言葉に続くように、［　］の言葉を使って書きましょう。　思考・判断・表現　［自由　使う］
●調査の結果、自分の土地が史跡に指定されてしまうと、
（(例) 土地を自由に使うことができなくなる）から。

記述 (2) てきたらスゴイ！ 下線部②のように、住民の考えが変わった理由を、次の言葉に続くように、［　］の言葉を使って書きましょう。　思考・判断・表現　［保存］
●調査で昔のものが次々と出てくると、開発よりも
（(例) 史跡や文化財を保存するほうが大切だ）と思う人がふえたから。

ふりかえり　3(2)がわからないときは、74ページの2にもどってかくにんしてみよう。

たしかめのテスト　78〜79ページ

1 (3)日本に紙が広まっていないころ、人々は手紙や荷物の内容などを木の板に書いていました。太宰府市の史跡から多くの木簡が出てきました。
(4)約1300年前、今の太宰府市には大宰府政庁とよばれる役所が置かれ、中国などの外国との交流のまど口でした。そのため、昔の中国でつくられたとされる筒が見つかっています。

2 (2)太宰府天満宮には、たくさんの観光客がおとずれます。そこで市では、昔からの景観を守るために電線を地下にうめたり、建物の高さをおさえたりしています。

3 (1)史跡として指定されると、自分の土地が自由に使えなくなることが書いてあれば正かいです。
(2)初めは史跡の指定に賛成しなかった人も、史跡や文化財を保存することの大切さに気づいたことが書いてあれば正かいです。

記述問題のプラスワン

3 (1)(2)この問題に取り組むことで、地域の史跡や文化財、町なみを守ることの大切さをたしかめてください。自分の住む地域にある史跡や文化財、古い町なみなどを調べ、市はそれらをどのように守っているのかを知ることはとても大事です。また、史跡の清掃活動など、自分のできることをさがして、参加してみるのもよいでしょう。

せんたく
6. わたしたちの県のまちづくり

2 自然を生かしたまちづくり

◎めあて
岡垣町の自然を生かした町づくりの様子をたしかめよう。

教科書 188〜197ページ　答え 41ページ

✎次の（　　）に入る言葉を、下から選びましょう。

1 海と山にかこまれた岡垣町／アカウミガメを守る地域の人々

教科書 188〜191ページ

学習問題	岡垣町は、なぜ、アカウミガメがやってきたり、びわづくりがさかんだったりするのだろう。

- アカウミガメの多くは、生まれたすなはまに帰ってきて産卵するが、産卵場所の上を（① 自動車 ）が走ったり、動物が地中のたまごをほり返したりすることがある。また、すなはまが（② 波 ）によってけずられる問題もある。
- 町では、たまごを守るために、産卵場所に（③ 防護さく ）を立てたり、海に（④ 波よけブロック ）を置いたりしている。
- 岡垣町では、住民や小中学生による海岸の（⑤ 清掃活動 ）を行って、アカウミガメのふるさとである海岸を守っている。

2 自然のよさを生かしたびわづくり／「海がめもかえる町」のまちづくり

教科書 192〜195ページ

- 岡垣町のびわは「高倉びわ」とよばれ、100年以上もつくられ続けてきた町の**特産物**である。
- びわ農家の多くは（⑥ 高れい者 ）で、山のしゃ面を行き来する作業が大変なため、びわづくりを（⑦ やめる ）人が出てきている。
- 岡垣町のびわの生産量は、（⑧ へって ）おり、びわ畑の面積もへっている。
- 岡垣町のびわ農家は、町と協力して、びわづくりを受けつぎたいという人をつのり、びわ農家を（⑨ 育てる ）取り組みを行っている。
- 岡垣町では、給食の調理で使った食用油を、そのまま川や海に流さずに回収し、固形の（⑩ 石けん ）を作り、海を守っている。

❶ 高倉びわの生産量

❷ びわ畑の面積

選んだ言葉に✓	□やめる	□波	□防護さく	□高れい者	□石けん
	□育てる	□へって	□清掃活動	□波よけブロック	□自動車

ぴったり2
練習

ぴたトリビア
日本一大きな琵琶湖（滋賀県）がよごれたとき、住民は湖をよごすせんざいの使用をやめ、「石けん運動」を行って、琵琶湖をきれいにしました。

教科書 188〜197ページ　答え 41ページ

1 岡垣町のアカウミガメを守る地域の取り組みについて、次の文や絵を見て、問いに答えましょう。

岡垣町のすなはまには、アカウミガメが産卵に来ます。しかし、① 動物が地中のたまごをほり返したり、② 波によってすなはまがけずられたりするため、町の人たちは、アカウミガメが安心して産卵に来られるすなはまを整えるための取り組みをしています。

(1) 右の絵は、アカウミガメを守る取り組みの一つです。何をしている様子か、かんたんに答えましょう。
（(例) 海岸の清掃活動をしている。）

(2) 上の文の下線部①・②から、たまごを守るために町の人が行っていることを、それぞれ㋐〜㋔から選びましょう。

㋐ 固形石けんをつくる。　㋑ 海に波よけブロックを置く。
㋒ 産卵場所に防護さくを立てる。　㋓ すなはまに木を植える。
㋔ すなはまにアカウミガメのえさを置く。

①（ ㋒ ）②（ ㋑ ）

2 岡垣町のびわ農家について、正しいものには○を、まちがっているものには×をつけましょう。

①（ × ）農家は、びわの畑を農家がはたらきやすい海ぞいに移動した。
②（ × ）びわの生産量がへっているので、農家の高れい化が進んだ。
③（ ○ ）畑のある山のしゃ面を行き来するなどの作業が大変なので、やめる農家が出てきた。
④（ × ）びわ畑の面積はふえているが、農家がへっているため、生産量もへってきた。
⑤（ ○ ）町は、びわづくりを受けつぐ人をつのって、びわ農家を育てる取り組みを行っている。
⑥（ × ）農家はびわづくりをあきらめ、新しい作物をつくる研究を始めて、新しい特産物をつくろうとしている。

ヒント ❷ 岡垣町のびわ農家の多くは高れい者です。びわ畑は、山のしゃ面にあるため、畑への行き来は高れい者にとって負担が大きいです。

できたかな？
□岡垣町の人々は、どのようにしてアカウミガメを守っているのか言ってみよう。

おうちのかたへ
自然を生かしたまちづくりのために、地域の人々はどのような取り組みをしているのかを学習します。びわづくりを守る取り組みでは、びわの生産量とびわ畑の面積の変化を示したグラフと、びわ農家の高齢化との関連を考えます。内容的に少し難しいかもしれませんが、5年生からの社会科で多く扱う考察手法なので、今のうちから考えることができるようにしておくことが大切です。

練習 81ページ

1 (1)清掃活動を「そうじ」と書いても正かいです。単にそうじをしていることだけを書かずに、アカウミガメの産卵場所である「海岸」「すなはま」という言葉を使いましょう。

(2)岡垣町の人たちは、アカウミガメを守るためにさまざまな取り組みを行っています。

①動物が卵をほり返すのをふせぐために、防護さくをつくりました。

②産卵場所となるすなはまが波によってけずられるのをふせぐために、波よけブロックをつくりました。

2 ①びわは、あたたかい、水はけのよい山のしゃ面でよく育つので×。

②農家の高れい化が進んだため、やめる人も出てきてびわの生産量がへっているので×。

④びわ畑の面積はへっているので×。

⑥岡垣町のびわ農家は、特産物であるびわを未来に残したいと願っているので×。

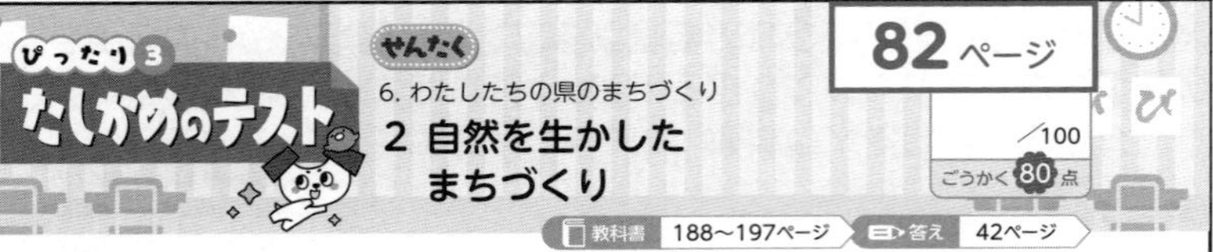

ぴったり3 たしかめのテスト

せんたく 6. わたしたちの県のまちづくり
2 自然を生かしたまちづくり

/100 ごうかく80点

教科書 188〜197ページ　答え 42ページ

1 次の資料を見て、問いに答えましょう。　1つ10点、(1)1つ5点（45点）

【資料1】 岡垣町役場の人の話

岡垣町の（①）側には、山が連なっていて、町全体には（②）が広がっています。また、町役場の（③）側にある海岸には、毎年アカウミガメが産卵に来るので、産卵できるかんきょうを整えるさまざまな取り組みが行われています。

【資料2】 岡垣町の土地の様子と土地利用

【資料3】 アカウミガメを守る取り組み

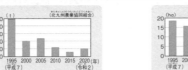

【資料4】 アカウミガメを守る取り組み

(1) 資料1の①〜③にあてはまる言葉を、資料2を参考に㋐〜㋔から選びましょう。

㋐ 東　㋑ 西　㋒ 北　㋓ 工場　㋔ 果樹園　技能

①（ ㋑ ）②（ ㋔ ）③（ ㋒ ）

(2) 資料1の下線部について、次の文の①・②にあてはまる言葉を答えましょう。

●アカウミガメのたまごをほり返す動物がいるので、資料3のような①（ 防護さく ）を置いている。また、たまごをうみやすいすなはまにするため、資料4のような②（ 清掃活動 ）をしている。

記述 (3) 岡垣町について調べたあおいさんは、アカウミガメがやってくる理由を次のようにまとめました。（　）にあてはまる言葉を「協力」という言葉を使って書きましょう。　思考・判断・表現

アカウミガメが岡垣町のすなはまにやってきて産卵するのは、岡垣町の自然と（ (例) 人々の協力 ）があるからだと思いました。

2 よくでる 次のグラフを見て、問いに答えましょう。　1つ5点（30点）

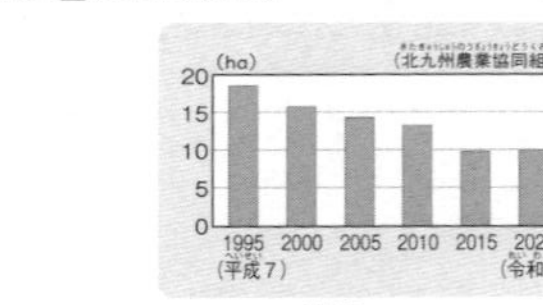

高倉びわの生産量

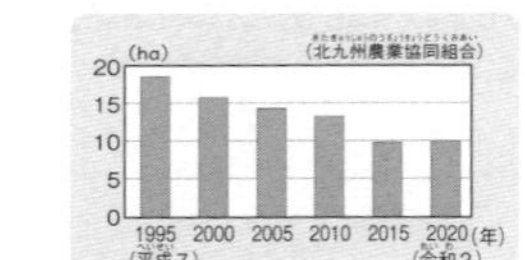

びわ畑の面積

(1) 上のグラフからわかることについて、正しいものには○を、まちがっているものには×をつけましょう。　技能

①（ ○ ）びわの生産量は、1995年から2020年までの間、おおまかに見ればへってきている。

②（ × ）1995年のびわの生産量は、2020年の約4倍である。

③（ × ）2020年のびわ畑の面積は、1995年よりもふえている。

④（ ○ ）1995年はびわ畑の面積が広く、生産量も25年間で最も多い。

⑤（ × ）びわ畑の面積がふえているので、生産量もふえている。

(2) 岡垣町では、100年以上つくり続けてきたびわを未来に残すため、どのような取り組みをしていますか。次の文の（　）にあてはまる言葉を考えて書きましょう。

●びわづくりを受けつぎたいという人をつのり、びわ農家を（ (例) 育てる ）取り組みを行っている。

3 右の地図を見て、問いに答えましょう。　(1)1つ5点、(2)15点（25点）

(1) びわ畑がある場所について、次の文の①・②にあてはまる数字を答えましょう。

●びわ畑のある場所は、主に標高①（ 20 ）から②（ 200 ）mの間である。

びわ畑のある場所と岡垣町の地形

記述 (2) てきたらスゴイ！ 高れい者が多いびわ農家の中には、びわづくりをやめる人もいます。その理由を、びわ畑のある場所に注目して答えましょう。　技能　思考・判断・表現

（(例) 畑のある山のしゃ面を行き来するのは、高れい者には大変だから。）

ふりかえり ❸(2)がわからないときは、80ページの2にもどってかくにんしてみよう。

たしかめのテスト 82〜83ページ

1 (1)地図の方位記号に注目しましょう。上が北となります。

(2)すなはまの清掃は、アカウミガメがあやまってビニールなどを食べてしまうことをふせぐために行っています。

(3)町役場をはじめ、「ウミガメ倶楽部」や住民らの協力があって、アカウミガメが守られているので、みんなが協力していることが書いてあれば正かいです。

2 (1)①「高倉びわの生産量」のグラフを見ると、2005年と2020年はふえていますが、おおまかに見ると全体的にへっているので○。

②1995年の生産量は約150 t、2020年は約30 tで、5倍となるので×。

(2)「育成する」など、育てると同じ意味の言葉が書けていれば正かいです。

3 (1)地図の標高を表す色分けを見て答えましょう。びわ畑は、標高が低い所にはなく、主に20m〜200mの間にあることが読み取れます。

(2)高れいの農家は、農作業のために山をのぼりおりすることは、負担となることを考えましょう。

記述問題のプラスワン

3 (2)ここでは、「畑が高い所にある」ことと「高れい者には負担になる」ことが書いてあれば正かいです。次のように書いても正かいです。

・びわ畑は高い所にあって、高れい者にとってのぼりおりがたいへんだから。

・高れい者が、高い所にあるびわ畑で仕事をするのはたいへんだから。

6. わたしたちの県のまちづくり

3 国際交流がさかんなまちづくり

学習日 **84ページ**

◎めあて 福岡市で国際交流がさかんなわけをたしかめよう。

教科書 200～211ページ　答え 43ページ

次の(　)に入る言葉を、下から選びましょう。

1 多くの人がおとずれる福岡市／二つのげんかん　教科書 200～203ページ

学習問題

- 福岡市では、外国からも選手が参加する(① スポーツ)の大会や祭りを通して、国際交流が行われている。
- 会場となる大型のしせつがあるため、(② 国際会議)も多く開かれている。

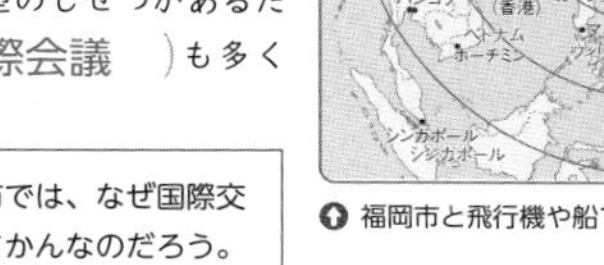

福岡市と飛行機や船でつながる主な国や地域※

※福岡空港は左の地図でしめされた地域以外に、ホノルル（アメリカ合衆国）とも結ばれています。

学習問題	福岡市では、なぜ国際交流がさかんなのだろう。

外国を結ぶ交通

- (③ 福岡空港)は、アジアのいろいろな都市と飛行機でつながり、(④ 博多港)と韓国のプサン（釜山）市とは、高速船で結ばれている。

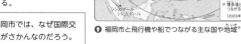

2 アジアの中の福岡市／交流を続けていくために　教科書 204～207ページ

- 福岡市では、「アジアンパーティ」というもよおしや、「博多どんたく港まつり」などを通して、国際交流を行っている。
- 特に、福岡市と近い(⑤ 中国)や韓国との交流が昔からさかんである。
- 福岡市は、八つの外国のまちと(⑥ 姉妹都市)や友好都市の関係を結んでいる。
- さまざまな国や地域から来る子どもたちを(⑦ ホームステイ)として受け入れたり、バス乗り場の案内を(⑧ 外国語)で表示したりしている。

福岡市の姉妹都市や友好都市

選んだ言葉に☑　□姉妹都市　□福岡空港　□国際会議　□中国　□スポーツ　□博多港　□外国語　□ホームステイ

ぴったり2 **練習**

学習日 **85ページ**

ぴたトリビア　約750年前、福岡県の博多湾に、元という国の大軍が2度せめこんできました。日本の兵士の戦いや暴風雨のおかげで、元軍は去りました。

教科書 200～211ページ　答え 43ページ

1 右の地図を見て、問いに答えましょう。

(1) 博多港から高速船で約3時間で結ばれている外国の都市をカタカナで答えましょう。
(プサン)

(2) 福岡空港と飛行機で結ばれているホンコンまでのきょりを答えましょう。
約(2000)km

(3) 地図からわかることを、㋐～㋒から選びましょう。

㋐ 福岡空港から飛行機で行ける都市は、すべて3000km以内である。
㋑ 福岡県と最も近い韓国は、1000km以上はなれている。
㋒ 福岡空港と飛行機で結ばれている中国の最も近い都市は、福岡市から1000km以内である。
(㋒)

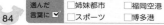

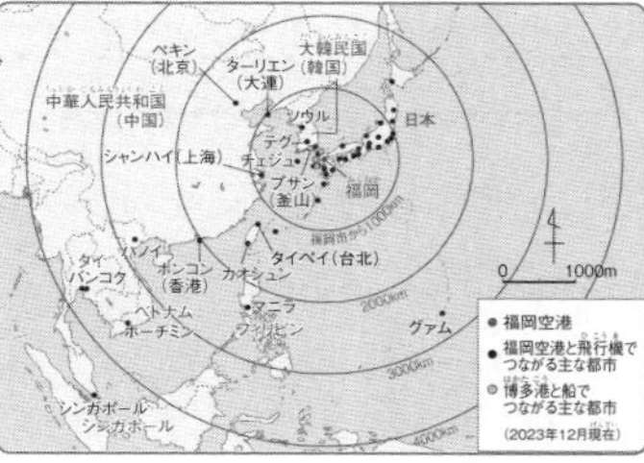

2 福岡市で行われている国際交流について、4人が話しています。正しい取り組みには○を、まちがったものには×をつけましょう。

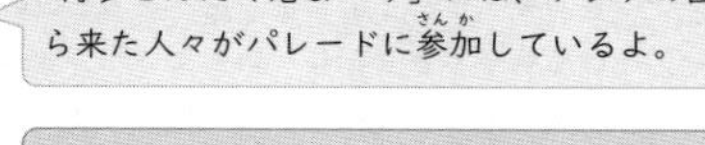

「博多どんたく港まつり」には、アジアの国から来た人々がパレードに参加しているよ。

①(○)

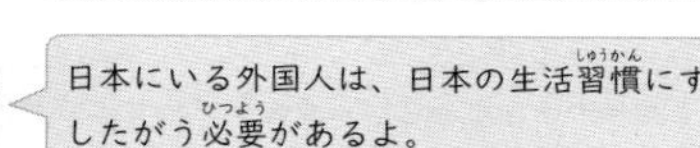

外国の人は、バスの案内が日本語なので、乗り方がわからないみたいだよ。

②(×)

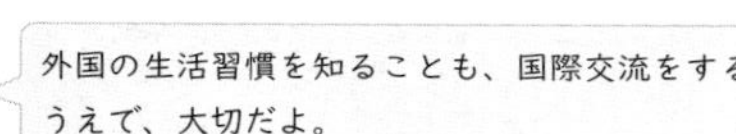

日本にいる外国人は、日本の生活習慣にすべてしたがう必要があるよ。

③(×)

外国の生活習慣を知ることも、国際交流をするうえで、大切だよ。

④(○)

ヒント 1 (2)(3) 地図にかかれた赤い円は、福岡市を中心にした円です。円にかかれたきょりを見て答えましょう。

できたかな？
□福岡市では、どのような国際交流が行われているのか言ってみよう。

おうちのかたへ
福岡市を例として、外国との結びつきを学習します。この学習によって、広い視野で都道府県をとらえることをねらいとしています。また、各国に国旗があり、いずれの国も国旗を大切にしていると知ることや、外国の文化を尊重する心を持つことも、この単元の目標の一つです。機会があれば、お子さまと一緒に各国の国旗を見て、地図や地球儀上で国名や位置を確認してみてください。

練習 85ページ

1 (1)中国や韓国、タイやフィリピンなど、地図にしめされたはんいをアジアとよびます。博多港と福岡空港は、アジアのげんかん口として交通が発達してきました。博多港と韓国のプサン（釜山）市は、高速船で結ばれています。

(2)地図にかかれた赤い線に注目しましょう。ホンコン（香港）の近くを通る線には、2000kmと書かれているので、ホンコン（香港）は福岡市から約2000kmはなれていることが読み取れます。

(3)㋐タイのバンコクやシンガポールは福岡市から3000km以上はなれているので×。
㋑大韓民国（韓国）は、日本に最も近い国で、福岡市からは1000km以内にあるので×。

2 ②外国からおとずれる人のために、バス乗り場には、外国語でも案内が書かれているので×。
③日本の生活習慣を教えてあげることは大切ですが、無理にしたがわせるべきではないので×。

ぴったり3 たしかめのテスト

6. わたしたちの県のまちづくり

3 国際交流がさかんなまちづくり

/100 ごうかく 80 点

教科書 200〜211ページ　答え 44ページ

1 よく出る 右の地図を見て、問いに答えましょう。 技能 1つ5点（40点）

(1) プサン（釜山）と高速船で結ばれている福岡市にある港の名前を答えましょう。

（ 博多港 ）

(2) 福岡空港から飛行機で結ばれている外国の都市のうち、福岡市から3000km〜4000kmにある都市を2つ答えましょう。

(順不同)（ バンコク ）（ ホーチミン ）

❶ 福岡市と飛行機や船でつながる主な国や地域

(3) 右の資料は、福岡空港から入国した外国人の数を表しています。表の①は日本に最も近い国で、②はとても面積の大きな国です。それぞれの国名を地図に書かれている国名で答えましょう。

国名	入国者数(人)
①	1057845
②	775515
タイ	58056
フィリピン	44789
マレーシア	36225
その他	169526

(2019年 法務省)

①（ 大韓民国（韓国） ） ②（ 中華人民共和国（中国） ）

(4) 地図にしめされた地域を何とよぶか、カタカナ3文字で答えましょう。

（ アジア ）

(5) 右の資料は、国内の主な都市で行われる国際会議の数を表しています。福岡市での数が多い理由を、㋐〜㋓から2つ選びましょう。

行われる都市	件数
東京(23区)	561
神戸市	438
京都市	383
福岡市	313
横浜市	277

(2019年 日本政府観光局)

㋐ 福岡市には、外国と行き来ができる空港や港があるから。

㋑ 福岡市で、博多どんたく港まつりや福岡国際マラソンが行われるから。

㋒ 福岡市には、会議会場となる大型のしせつがあるから。

㋓ 福岡市には、全国で最も多くの外国人が住んでいるから。

(順不同)（ ㋐ ）（ ㋒ ）

2 右の地図は、福岡市と交流している外国のまちを表しています。この地図を見て、問いに答えましょう。 1つ10点、(3)1つ5点（50点）

(1) 地図を見て、次の文の①〜③にあてはまる言葉や数字を答えましょう。 技能

● 福岡市とまちぐるみで、交流することをみとめた外国の都市を（①）、または友好都市とよぶ。福岡市は（②）か国にある（③）つの都市と、このような関係を結んでいる。

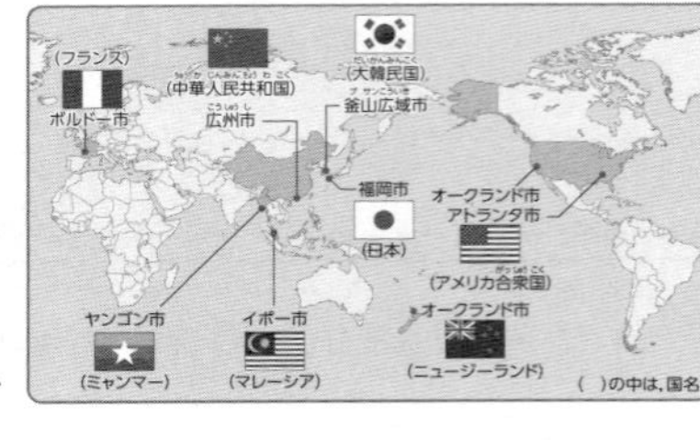

①（ 姉妹都市 ） ②（ 7 ） ③（ 8 ）

(2) 福岡市では、地図で表した国々の子どもを市民の家で生活体験させる取り組みをしています。このような取り組みを何とよぶか答えましょう。

（ ホームステイ ）

(3) 外国の人を自分の住むまちによぶときに、気をつけなければならないことを、㋐〜㋕から2つ選びましょう。

㋐ 相手の国の国旗を大切にする。

㋑ 相手の国の料理は、口に合わないはずなので、食べないほうがよい。

㋒ 言葉が通じないときは、会話をあきらめるのがよい。

㋓ 着物や和食など、日本の文化を教えてあげるとよい。

㋔ 日本にいるのだから、相手の生活習慣を知る必要はない。

㋕ 宗教上の理由で、ぶた肉を食べられない外国人には、日本のぶた肉を食べるようにすすめるとよい。

(順不同)（ ㋐ ）（ ㋓ ）

この本の終わりにある「春のチャレンジテスト」をやってみよう！

記述 **3** てきたらスゴイ！ 福岡県柳川市では、右の写真のようなバッジを、市内をおとずれる外国人につけてもらう取り組みをしています。この取り組みを行う理由を、次の文に続けて答えましょう。 思考・判断・表現（10点）

● 市をおとずれる外国人には、日本語を勉強してくる人がいて、そのような人にバッジをわたしています。なぜなら、

（（例）外国人の、日本語で話したいという願いをかなえるためです。）

やさしい日本語、おねがいします●

この本の終わりにある「学力しんだんテスト」をやってみよう！

ふりかえり ❶(5)がわからないときは、84ページの1にもどってかくにんしてみよう。

記述問題のプラスワン

3 答えの例は、外国人から見た場合の理由ですが、受け入れる側の日本人から見た理由を書いても正かいです。

・バッジを見た市民が、やさしい日本語で話しかけることができるからです。

・市民が日本語で話したい外国人を、すぐに見つけることができるからです。

たしかめのテスト 86〜87ページ

1 (2)福岡市を中心にかかれたきょりを表す円で、3000km〜4000kmにある都市をさがしましょう。

(3)①日本に最も近い国は韓国です。正式な国名は大韓民国です。

②中国はとても面積が広い国で、日本の約25倍あります。正式な国名は中華人民共和国です。

(4)地図で表された地域をアジアとよびます。日本はアジアの中でも東のはしにある国です。

2 (1)国旗のかいてある国々は、全部で7か国あります。都市別に見ると、アメリカ合衆国には2つの姉妹都市（友好都市）があるので、福岡市の姉妹都市（友好都市）は、全部で8都市となります。

(3)外国の人と交流するときは、おたがいにわかり合うことが大切です。国旗には国をきずいてきた人々の思いやほこりなどがこめられているので、大切にあつかわなくてはなりません。

3 外国人を受け入れるための柳川市の取り組みについて考えます。日本に来たら日本語で話したいという外国人のために、つくられたバッジです。

名前　　　月　　日

時間 40分

知識・技能	思考・判断・表現	ごうかく80点
/70	/30	/100

答え45ページ

6については、学習の状況に応じてA〜Cのうちどれかを選んでやりましょう。

知識・技能　70点

1 次の問いに答えましょう。

1つ6点(30点)

(1) 日本には、いくつの都道府県がありますか。数字で答えましょう。
（ 47 ）

(2) 地図中の㋐〜㋓の都道府県の名前を、下の説明を参考にして答えましょう。

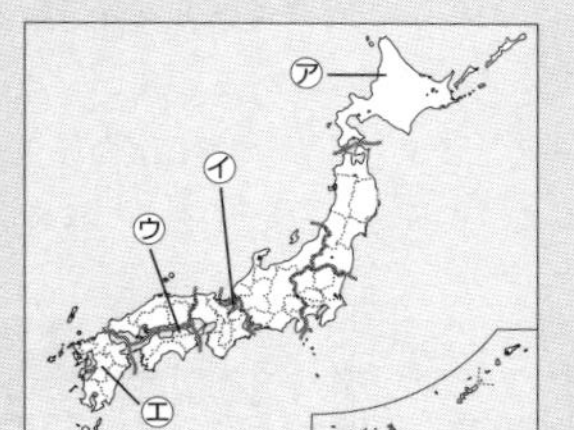

㋐ 都道府県の中でもっとも広い。
㋑ 琵琶湖がある。
㋒ 讃岐うどんや瀬戸大橋が有名である。
㋓ 都道府県名に動物の名前が入っている。

㋐（ 北海道 ）　㋑（ 滋賀県 ）
㋒（ 香川県 ）　㋓（ 熊本県 ）

2 福岡県の地図を見て答えましょう。

1つ5点(10点)

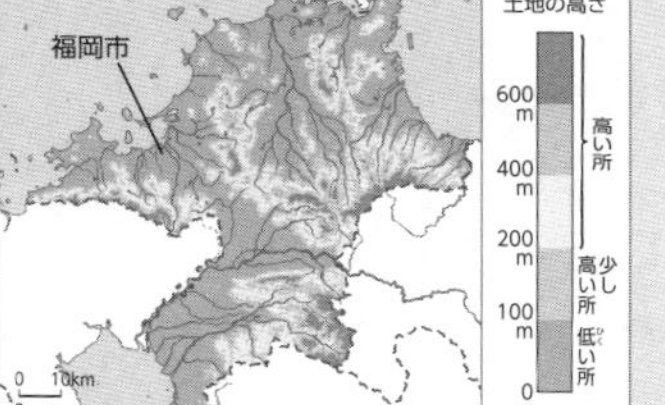

(1) 福岡市のように、都庁、道庁、府庁、県庁の本庁舎が置かれている場所を何といいますか。
（ (都道府)県庁所在地 ）

(2) 地図から、㋐、㋑のどちらのことがわかりますか。
㋐ 福岡県の土地利用
㋑ 福岡県の地形
（ ㋑ ）

3 次の問いに答えましょう。

1つ5点(10点)

(1) 右の図の★の土地の高さは、およそ何mですか。①〜③から選びましょう。
① およそ150m
② およそ250m
③ およそ350m
（ ② ）

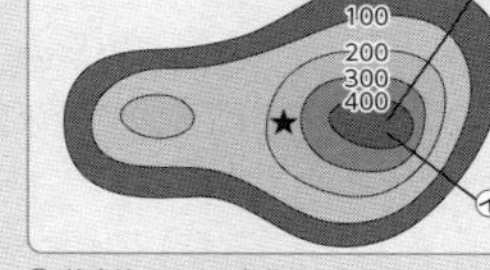

等高線にそって色分けした地図

(2) 右上の図の㋐、㋑のどちらが、土地のかたむきが急ですか。
（ ㋑ ）

4 次の問いに答えましょう。

1つ5点(10点)

(1) もやすごみは、収集車で㋐、㋑のどちらに運ばれ、処理されますか。
㋐ 清掃工場
㋑ うめ立て処分場
（ ㋐ ）

(2) ごみの処理について、正しい説明を㋐〜㋒から選びましょう。
㋐ もやせずに残ったごみは灰にする。
㋑ 資源は、うめ立て処分場にうめて処理される。
㋒ ごみ処理のしせつをつくるには、多くの費用がかかる。
（ ㋒ ）

うらにも問題があります。

夏のチャレンジテスト　表

1 (1)東京都、北海道、京都府、大阪府と、43の県があります。
(2)㋑滋賀県にある琵琶湖は、日本でもっとも広い湖です。
㋒瀬戸大橋は、岡山県と香川県を結んでいます。
㋓熊本県は、九州地方にふくまれます。

2 (2)㋑地形を表す地図からは、土地の高さや海や川の場所などを知ることができます。

3 (1)★は200mと300mの等高線の間にあるので、およそ250mとなります。
(2)等高線は、線の間かくがせまいとかたむきが急になり、広いとかたむきがゆるやかになるので、間かくがせまい㋑が正しいです。

4 (1)もやすごみは、清掃工場に運ばれてもやされ、灰になります。灰の一部はうめ立て処分場にうめます。
(2)㋐もやせずに残ったごみは、うめ立て処分場にうめます。
㋑資源は、回収工場でリサイクルされます。

おうちのかたへ 都道府県の面積は、大きい順に①北海道②岩手県③福島県④長野県⑤新潟県となり、東日本に広い県が集まっています。反対に、面積の小さい都道府県は、①香川県②大阪府③東京都となります。特徴を知ることで、都道府県が覚えやすくなります。

5 次の問いに答えましょう。

1つ5点(10点)

(1) 次の取り組みは、㋐～㋒のどれにあてはまりますか。

・食べ残しをしないように心がけ、生ごみの量をへらす。

㋐ 資源を原料に変え、もう一度利用する。

㋑ ごみそのものをへらす。

㋒ くり返し使う。

（㋑）

(2) (1)の㋐～㋒の3つの取り組みは、まとめて何とよばれていますか。2字で書きましょう。

（3R）

思考・判断・表現　30点

6のA　次の図を見て答えましょう。

(1)1つ5点、(2)15点(30点)

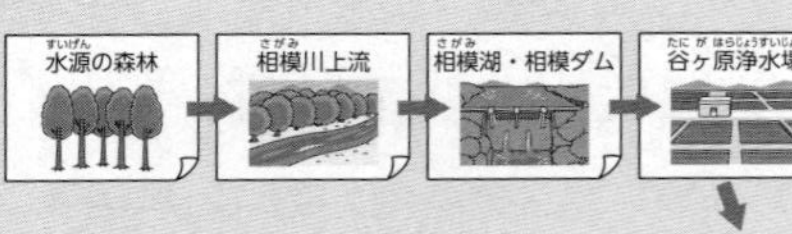

水の流れ

(1) 次の(　)にあう言葉を□から選びましょう。

・浄水場は、(①)から取り入れた水を、薬品などを使ってよごれを取りのぞいて(②)な水にし、(③)や工場、家庭に送っている。

学校　川　安全　下水処理しせつ

①（川）　②（安全）　③（学校）

(2) 川から海に流れこんだ水は、そのあとどうなりますか。「蒸発」「雨」という言葉を使って書きましょう。

（(例) 蒸発して雲となり、雨となってふる。）

6のB　次の問いに答えましょう。

(1)1つ5点、(2)20点(30点)

(1) 風力・地熱・太陽光発電の特ちょうについて、正しい言葉を㋐、㋑からそれぞれ選びましょう。

・太陽光発電は、火力発電や原子力発電とくらべ、住宅の屋根などの小さなしせつで発電することが①{ ㋐できる　・　㋑できない }。

・自然の力を利用しているので、いつでも発電することが②{ ㋐できる　・　㋑できない }。

①（㋐）　②（㋑）

(2) 現在、自然の力を使った発電への取り組みが進んでいます。それは、どのような理由からですか。次の文に続くように、「利用」という言葉を使って、書きましょう。

・火力発電などとくらべると、燃料をほとんど使わないので、

（(例) 長く利用し続けることができるから。）

6のC　次の問いに答えましょう。

(1)10点、(2)20点(30点)

(1) 世界各地から運ばれてくる、ふだん使うガスのもととなるものを□から選びましょう。

石油　天然ガス　二酸化炭素

（天然ガス）

(2) ガス会社は、ガスを学校や家庭に送りとどけるときに、ガスににおいをつけ、右の絵のような切れにくい素材でつくったガス管を使います。ガスににおいをつける理由を考えてかんたんに書きましょう。

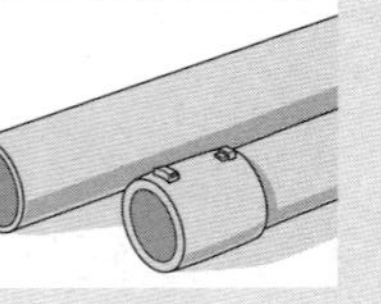

（(例) ガスがもれたときに、すぐに気づけるようにするため。）

夏のチャレンジテスト　うら

5 (1)㋐はリサイクル、㋑はリデュース、㋒はリユースの取り組みです。

(2)リデュース、リユース、リサイクルをあわせて3Rとよびます。

6のA　(2)蒸発して雨雲となり、雨となってふることで、水はわたしたちのもとにもどってきます。

6のB　(1)①屋根に太陽光で発電できるしせつを取りつけ、太陽熱を利用して湯をわかすなど、家庭でも発電することができます。

②風力発電は、風が弱いときには十分な発電ができません。太陽光発電も、くもりや雨の日は発電量がへるため不安定になります。

(2)火力発電や原子力発電はかぎりある資源を燃料にしていますが、自然の力は利用し続けることができます。

6のC　(2)ガスもれが起きた場合には、保安指令センターに通報が入り、すぐに緊急自動車がかけつけるようになっています。

おうちのかたへ　安全な水やエネルギーの供給は、健康で住みよいくらしを守るために欠かせないものです。事業を支える多くの人々の協力や資源の大切さを理解し、自分たちにできることを考えていきます。

冬のチャレンジテスト

教科書 80〜159ページ

名前　　月　日

時間 40分

知識・技能	思考・判断・表現	ごうかく80点
/70	/30	/100

答え47ページ

1については学習の状況に応じてA〜D、4についてはA〜Eのうちのどれかを選んでやりましょう。

知識・技能　70点

1のA (　)にあう言葉を、□から選びましょう。　1つ8点(24点)

・(①)には、地震が起こったときに、市や県などがどのように協力するかが定められている。
・地域の取り組みとして、災害時に使う食料や発電機などをおさめた(②)がある。
・家庭でも、家をじょうぶにしたり、災害時に必要な食料を準備したりするなど、地震への(③)が必要である。

ハザードマップ　防災倉庫　地域防災計画　そなえ

①(地域防災計画)　②(防災倉庫)　③(そなえ)

1のB (　)にあう言葉を、□から選びましょう。　1つ8点(24点)

・(①)には、水害が起こったときに、市や県などがどのように協力するかが書かれている。
・地域の取り組みとして、水害時に使うシャベルやくい、なわなどを入れた(②)がある。
・過去に起こった水害を知ることも、水害への(③)として大切である。

ハザードマップ　水防倉庫　地域防災計画　そなえ

①(地域防災計画)　②(水防倉庫)　③(そなえ)

1のC 有珠山のまわりの地域の取り組みについて、正しい文には○を、まちがっている文には×をつけましょう。　1つ8点(24点)

① 噴火にそなえて、まわりの市や町が、共同で火山防災マップを作成している。
② この地域のハザードマップには、火山灰がふるおそれのある場所が書かれている。
③ 有珠山のまわりの市や町は、合同ではなく別々にひなん訓練をするようにしている。

①[○]　②[○]　③[×]

1のD 雪の災害の特ちょうを、①〜④から3つ選びましょう。　1つ8点(24点)

① 雪の重みで、家がこわれるおそれがある。
② 道路に雪が積もり、自動車が通行できなくなる。
③ 雪の災害のあとに、津波が起こる。
④ 雪おろしをしている人が屋根から転落することがある。

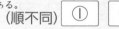

(順不同)[①] [②] [④]

2 次の問いに答えましょう。　1つ8点(24点)

(1) 徳島県徳島市の年中行事である「阿波おどり」のように、古くから伝わる特別な行事を何といいますか。

(伝統行事)

(2) 阿波おどりが長く続いてきたのはなぜですか。その理由を㋐〜㋒から2つ選びましょう。

㋐ おどりの見せ方をくふうしてきたから。
㋑ 地域の人たちだけが見ることができる、特別なおどりとして守られてきたから。
㋒ 自由におどりに入って、みんなでいっしょに楽しめるから。

(順不同)[㋐] [㋒]

うらにも問題があります。

冬のチャレンジテスト　表

1のA ①市は地震や津波にそなえて、地域防災計画を毎年見直しています。
②地震はいつ起こるかわからないので、防災用品をいつでも使えるように、定期的に防災倉庫の点検を行っています。

1のB ハザードマップは、自然災害のひがいを予想した地図です。水害の多い地域のハザードマップでは、川がはんらんしたときにつかると予想される水の深さなどがしめされています。

1のC ③噴火が起こると早くひなんすることが大切です。火山のまわりの市や町は、協力して早くひなんや救助ができるよう噴火にそなえています。

1のD ③津波は、地震のあとに起こりやすい災害です。

2 (2)阿波おどりを、地域の人だけでなく遠くからも多くの人が見に来て楽しんでもらえるよう、おどりの見せ方をくふうしたり、他の地域に宣伝したりしています。

おうちのかたへ 自然災害の多い日本では、小学校の社会科においても防災教育が重要視されています。災害発生時に国や地域をはじめ、様々な機関が連携して対応することを学習します。

3 次の問いに答えましょう。 (1)10点、(2)12点(22点)

(1) 阿波人形浄瑠璃のように、古くから伝わる芸術やぎのうを何といいますか。

（伝統芸能）

(2) ふたたび阿波人形浄瑠璃を行うようになった農村舞台がふえてきたわけを、「新しい使い方」という言葉を使い、右の絵を参考にして書きましょう。

バレエの発表に使われる農村舞台

（(例) もよおしを行うなど、新しい使い方をして農村舞台にきてもらうきっかけをつくったから。）

思考・判断・表現 30点

4のA 次の問いに答えましょう。 (1)10点、(2)20点(30点)

(1) 土地に手を入れて、新たに田を開くことを何といいますか。

（新田開発）

(2) 見沼新田は、右の★のような、2つの用水路にはさまれた土地に開かれました。このような場所に新田を開いた理由を書きましょう。

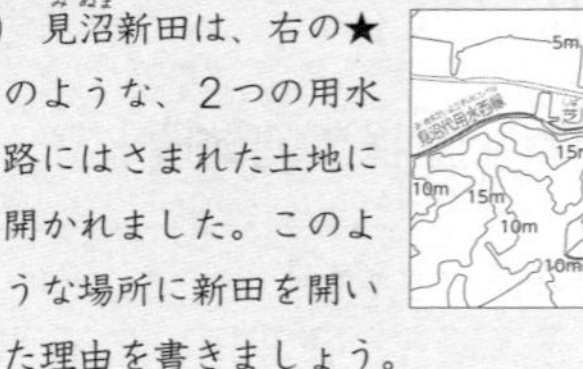

（(例) 土地の高さがまわりより低く、用水路から田に水を引き入れやすかったから。）

4のB 次の問いに答えましょう。 (1)10点、(2)20点(30点)

(1) 小笠原東陽が、神奈川県藤沢市のあたりで初めてつくったものを、㋐〜㋒から選びましょう。

㋐ ダム　㋑ 病院　㋒ 学校

（㋒）

(2) 東陽が村の親たちを集めて行ったことを、「入学」という言葉を使って書きましょう。

（(例) 子どもたちを学校へ入学させることをすすめた。）

4のC 次の杉浦健造と杉浦三郎の年表を見て答えましょう。 (1)10点、(2)20点(30点)

1913年	杉浦健造と三郎が病気の原因であるミヤイリガイの駆除を始め、地域の協力者がふえていく。
1925年	県、市町村と住民が一体となった、病気をなくすための組織ができ、やがて国も協力する運動となる。
1933年	杉浦健造がなくなる。
1977年	杉浦三郎がなくなる。
1996年	この病気が日本国内から完全に消えたことが発表される。

(1) 杉浦健造と三郎が取り組んだことを、㋐〜㋒から選びましょう。

㋐ 水路を整えた　㋑ 貝を育てた
㋒ 病気をなくそうとした

（㋒）

(2) 三郎がなくなったあと、どのような人たちが(1)の取り組みに長い期間協力しましたか。

（(例) 国や県、市町村や地域の住民。）

4のD 次の問いに答えましょう。 (1)10点、(2)20点(30点)

(1) 伊波普猷が研究した「おもろ」とは、何のことですか。

（(沖縄でよまれていた)歌）

(2) 普猷は、どのようにして沖縄の文化のすばらしさを多くの人に知らせましたか。「発表」という言葉を使って書きましょう。

（(例) 研究したことを、本や新聞で発表した。）

4のE 中山久蔵について、次の問いに答えましょう。 (1)10点、(2)20点(30点)

(1) 中山久蔵が米作りを成功させた場所を、㋐〜㋒から選びましょう。

㋐ 外国　㋑ 北海道　㋒ 沖縄

（㋑）

(2) 右の絵を見て、川から田までの水路のきょりを長くしている理由を書きましょう。

川から田へ水を引き入れる様子

（(例) 川から引いた水を、太陽の熱で温めるため。）

冬のチャレンジテスト　うら

3 (2)阿波人形浄瑠璃とバレエの発表会を同じもよおしの出し物として楽しんでもらうなど、今まで農村舞台に来たことのなかった人にも知ってもらうくふうをしています。「新しい使い方」で農村舞台のよさを人々に知ってもらったという内容が書けていればよいです。

4のA (2)等高線に注目すると、2つの用水路にはさまれた土地は、まわりの土地よりも高さが低いことがわかります。水は高いところから低いところに流れるので、用水路から田へ水を楽に引き入れることができました。

4のB (2)小笠原東陽は、読書院という学校をひらいて、村の親たちに教育の大切さを伝え、子どもの学校への入学をすすめました。

4のC (2)1913年に杉浦健造と三郎がミヤイリガイの駆除を始めて、1996年に病気が完全に消えるまで、およそ80年かかっています。健造と三郎がなくなったあとも、国や地域の住民などが協力して病気をなくすことに取り組みました。

4のD (2)伊波普猷はそれまで知られてこなかった昔の沖縄の人々のくらしや考え方を研究し、本や新聞に発表して多くの人に広めました。

4のE (1)中山久蔵は、寒い土地でも育ついねをつくり出しました。
(2)水路を長くして太陽の光があたる時間を長くし、温まった川の水を田に引き入れています。

おうちのかたへ ここでは、教育、医療、文化、産業など、さまざまな分野で地域の発展に尽くした先人の業績を取り上げています。図書館の郷土資料や地域の郷土資料館などで、地域の発展に貢献した人を調べると、郷土への理解を深めることができます。

春のチャレンジテスト

教科書　160〜211ページ

月　日　名前

時間 40分　知識・技能 /60　思考・判断・表現 /40　ごうかく80点 /100

答え49ページ

2については、学習の状況に応じてA・Bどちらかを選んでやりましょう。

知識・技能　60点

1 福岡県東峰村で行われている㋐〜㋕の小石原焼づくりの絵を見て、あとの問いに答えましょう。

1つ4点、(3)10点(完答)(26点)

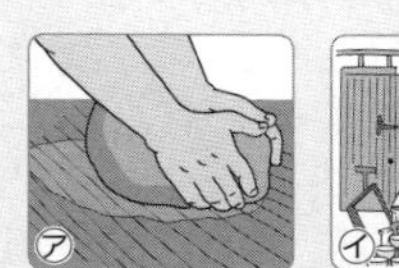

(1) 昔から伝わるぎじゅつや材料を使って、主に手作業でつくられる焼き物や織物などのうち、国からの指定を受けたものを何といいますか。（伝統的工芸品）

(2) 次の(　)にあう言葉を□から選びましょう。

・かま元の数や東峰村の人口が(①)いるため、全国に小石原焼を(②)をつのったり、焼き物のよさを(③)にもしょうかいしたりして、守り伝えようとしている。

受けつぐ人　へって　外国　ふえて

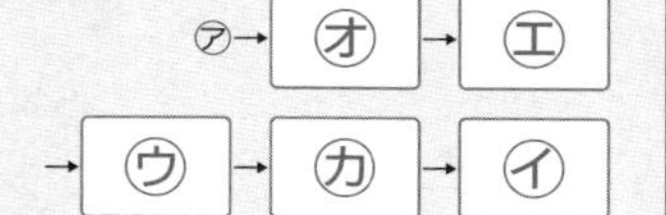

①（へって）　②（受けつぐ人）　③（外国）

(3) ㋑〜㋕を、焼き物がつくられる順にならべかえましょう。

㋐→㋔→㋓→㋒→㋕→㋑

2 のA　次の問いに答えましょう。

1つ4点、(2)10点(34点)

(1) 福岡県太宰府市に残るものを説明した文の、(　)にあう言葉を□から選びましょう。

・太宰府政庁跡の辺りから、木の板に文字を書いて記録するための(①)が出土した。

・(②)は「学問の神様」をまつっている。

・(③)は、安全や幸福を願って行われる。

観世音寺　太宰府天満宮　木簡　おにすべの祭り

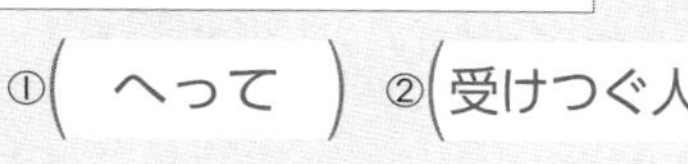

①（木簡）　②（太宰府天満宮）　③（おにすべの祭り）

(2) 大宰府政庁跡から、昔の中国でつくられたとされる筒が見つかったわけを、「交流」という言葉を使って書きましょう。

（(例) 大宰府政庁では昔、中国との交流が行われていたから。）

(3) 次の太宰府市の文化財などを守る取り組みの絵にあう説明文を、㋐〜㋒から選びましょう。

①㋒　②㋐　③㋑

㋐ 太宰府の参道のまわりの店は、建物の高さをおさえたり、電線を地下にうめたりしている。

㋑ 外国から来た観光客に、その国の言葉でガイドをしている。

㋒ 寺のしき地で食事を楽しめるようにし、寺の新しいよさを伝えている。

うらにも問題があります。

春のチャレンジテスト　表

1 (2)東峰村ではわかい人がへり、高れい化が進んでいるため、村は小石原焼を受けつぐ人をつのるために全国によびかけています。

(3)小石原焼は一つ一つ手作業でつくられています。

2 のA　(1)②「学問の神様」とは、約1100年前に国の重要な仕事をし、太宰府でなくなった菅原道真のことです。すぐれた政治家、学者として活やくしました。

(2)太宰府には昔、大宰府政庁という国の役所がおかれており、今の中国や朝鮮半島から来た人をもてなしていました。

(3)①太宰府のみりょくをさらに知ってもらい、より多くの人に観光に来てもらおうと、新たなもよおしを開いています。

②昔ながらの景観を守るため、参道のまわりの建物の高さをおさえ、落ちついた色にするなどのルールをもうけています。

おうちのかたへ　伝統的な技術を受け継ぐ産業の学習では、特色ある地域の自然環境や歴史的背景、人々の協力関係などについて考え、地域の伝統や文化への関心を深めていきます。5年生では、国の自然環境や産業など、より広い範囲について学習していきます。

2 のB　次の問いに答えましょう。

(1)1つ5点、(2)1つ3点(34点)

(1)　右の地図を参考に、福岡県岡垣町を説明した文の(　)にあう言葉を、□から選びましょう。

○ 岡垣町の土地の様子と土地利用

・(①)に川が流れ、町の北側にはきれいな(②)があり、絶滅危惧種の(③)が産卵にやって来る。
・町全体に(④)が広がっている。
・町の南側と(⑤)に山がある。

果樹園　アカウミガメ　南北　海　西側　東側

①(南北)　②(海)
③(アカウミガメ)　④(果樹園)
⑤(西側)

(2)　岡垣町のまちづくりの絵にあう説明文を、㋐～㋒から選びましょう。

①

②

③

①(㋑)　②(㋒)　③(㋐)

㋐　ウミガメのたまごを守るため、海岸に防護さくを立てたり、波よけブロックを海に置いている。
㋑　町でとれるびわの葉から作ったお茶や果物、ジャムなどの特産品を売り出している。
㋒　住民などが集まって、海岸の清掃活動を行っている。

思考・判断・表現　40点

3 表を見て、問いに答えましょう。

1つ8点(24点)

国名	入国者数（人）
韓国	1057845
(　)	775515
タイ	58056
フィリピン	44789
マレーシア	36225
その他	169526

○ 福岡空港から入国した外国人の数

国名	入国者数（人）
(　)	450037
韓国	81499
アメリカ	4657
イギリス	2895
カナダ	1652
その他	11810

○ 博多港から入国した外国人の数
(2019年　法務省)

(1)　表中の(　)には同じ国が入ります。その国名を□から選びましょう。

ロシア　中国　ブラジル

(中国)

(2)　福岡市には、飛行機と船のうち、どちらでやって来る外国人のほうが多いですか。

(飛行機)

(3)　(1)の国と韓国（大韓民国）からの入国者が多いのはなぜですか。□の言葉のうちどちらかを使って、そのわけをかんたんに書きましょう。

遠い　近い

（例）福岡市（日本）に近い国だから。

4 国際交流について答えましょう。

1つ8点(16点)

(1)　国を表す印として使われる旗のことを何といいますか。

(国旗)

(2)　福岡市では、イスラム教の人のためのレストランガイドをつくっています。これはどのような目的でつくられていますか。

（例）宗教上の理由で食べ物にきまりのあるイスラム教の人が、安心して食事をできるようにするため。

春のチャレンジテスト　うら

2 のB　(1)地図の右下の方位記号を見ると、この地図は上が北になっていることがわかります。川は海に向かって流れるため、南から北に流れていることがわかります。
(2)①町の特産品をつくるなど、多くの人に岡垣町のことを知ってもらい、楽しんでもらう取り組みをしています。
②アカウミガメが産卵に来る時期に、町内の人たちがすなはまをきれいにする活動を行っています。

3 (1)福岡空港や博多港には、アジアとよばれる地域から来ている人が多く、特に中国（中華人民共和国）と韓国（大韓民国）から多くの人が来ています。
(2)表のタイトルに注目しましょう。博多港よりも福岡空港から入国した人の数のほうが多いことから、船よりも飛行機でやって来る外国人が多いことがわかります。
(3)中国や韓国は、福岡市から近い位置にあるため、人々が行き来しやすくなっています。福岡市と韓国のプサンとのきょりは、福岡市と東京都のきょりよりも近いです。

4 (2)「イスラム教の人は食べられるものが決まっているから（日本でこまらないようにするため）」という内容が書けていればよいです。

おうちのかたへ　イスラム教では豚を不浄とみなしており、食べることを禁止されています。また、インドで多くの人に信仰されているヒンドゥー教では、牛を神聖な生きものとしているため、牛肉を食べません。国際交流では、異なる生活習慣をもつ人たちへの理解と取り組みの大切さを学習します。

4年 社会のまとめ　学力しんだんテスト

月　日
名前

時間 40分
ごうかく70点　／100
答え51ページ

1については、学習の状況に応じてA・Bどちらかを、**2**についてはA〜Cから選んでやりましょう。

1のA　ごみのしょりについて、（　）にあう言葉を書きましょう。③はカタカナで書きましょう。 1つ5点(15点)

・もえるごみは、（ ① ）に運ばれてしょりされ、はいになる。はいは（ ② ）にうめられたり、アスファルトの材料などに再利用される。使わなくなったものを原料にもどして、ふたたび使えるようにすることを（ ③ ）という。

①（せいそう工場）　②（うめ立て）しょぶん場（うめ立て場）
③（リサイクル）

1のB　下水しょりについて、次の文にあう言葉を㋐・㋑からそれぞれ選びましょう。 1つ5点(15点)

・下水は、①｛ ㋐川 ・ ㋑下水道管 ｝を通って水再生センターに運ばれ、しょりされる。しょりされた水は②｛ ㋐川や海に放流 ・ ㋑飲み水に ｝している。また、③｛ ㋐トイレ ・ ㋑プール ｝の水などにも利用している。

① ㋑　② ㋐　③ ㋐

2のA　水について、正しいものには○を、まちがっているものには×をつけましょう。 1つ5点(15点)

① じょう水場は川から水を取り入れて、安全できれいな水をつくっている。　○
② 雨水をたくわえることから、湖は「緑のダム」とよばれる。　×
③ 安全な水をたくわえておくため、ダムでは毎日、水質けんさをしている。　×

2のB　次の文にあう発電方法を、㋐〜㋔から選びましょう。 1つ5点(15点)

① 水不足のとき、必要なだけの発電ができない心配がある。　㋑
② 広い土地や家の屋根などに、パネルを置いて発電する。　㋒
③ ウランを燃料とした発電で、はいき物の取りあつかいがむずかしい。　㋓

㋐ 火力発電　㋑ 水力発電　㋒ 太陽光発電
㋓ 原子力発電　㋔ 風力発電

2のC　ガスについて、（　）にあう言葉を㋐〜㋔からそれぞれ選びましょう。 1つ5点(15点)

・家で使われるガスには、（ ① ）からつくられる都市ガスと、プロパンガスなどからつくられる（ ② ）がある。
・どちらも（ ③ ）とよばれるしげんで、かぎりがある。

㋐ 天然ガス　㋑ 化石燃料　㋒ LPガス
㋓ 二酸化炭素　㋔ 石油

① ㋐　② ㋒　③ ㋑

3　伝統的な産業について、正しいものには○を、まちがっているものには×をつけましょう。 1つ2点(6点)

① 工場で機械を使って、大量に生産されている。　×
② 原料の多くは、地いきで手に入れやすいものを使っている。　○
③ 一人前の職人（ぎじゅつ者）を育てるのに、長い年月がかかる。　○

4　次の写真のように、市民と外国人住民が共に防災活動について学ぶ理由を、かん単に書きましょう。 1つ10点(10点)

写真提供：仙台観光国際協会

（例）災害時に力を合わせられるようにするため。

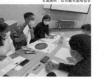

学力診断テスト（表）

うらにも問題があります。

学力しんだんテスト　表

1のA　もえるごみ（もやすごみ）は、せいそう工場に運ばれてもやされます。最近では、もやして残ったはいのほとんどを、アスファルトなどの材料として再利用しています。再利用できないものは、しょぶん場に運ばれてうめられます。

1のB　水再生センターでしょりされた水は、川や海に放流するほか、トイレの水に再利用したり、近くのビルの冷ぼうやだんぼうの熱源にしたりしています。

2のA　②「緑のダム」とよばれるのは、湖ではなく森です。
③毎日水質けんさをしているのは、じょう水場です。

2のB　①水力発電は水が流れる力を利用して発電するため、長い間雨がふらず水が不足すると、必要な量の発電ができなくなることもあります。

2のC　都市ガスは道路の下のガス管を通じてとどけられます。LPガスは大きなボンベに入れてとどけられ、家ののき下などに置かれます。化石燃料は、大昔の生物の死がいや植物などが地中に長期間うまって変化したものです。化石燃料には、石油や石炭、天然ガスなどがあります。

3　伝統的な産業では、昔から伝わってきたぎじゅつを使って、主に地いきで手に入れやすい原料をもとに、手づくりでせい品づくりを行っています。近年、伝統的なぎじゅつを受けつぐわかい人がへってきているという課題があります。

4　外国人住民の中には、日本語に不なれな人や、習かんや宗教がことなる人もいるため、災害時におたがいこまることもあります。そのため、いざというときに力を合わせられるよう、ふだんからいっしょに活動し、話し合いを行っているのです。

おうちのかたへ　4年生では、住みよいくらしをつくるために欠かせない、水道やごみの処理などについて学習しました。5年生では、くらしを支える食料生産や、工業生産などについて学んでいきます。

5 次の地図を見て、答えましょう。

1つ3点(24点)

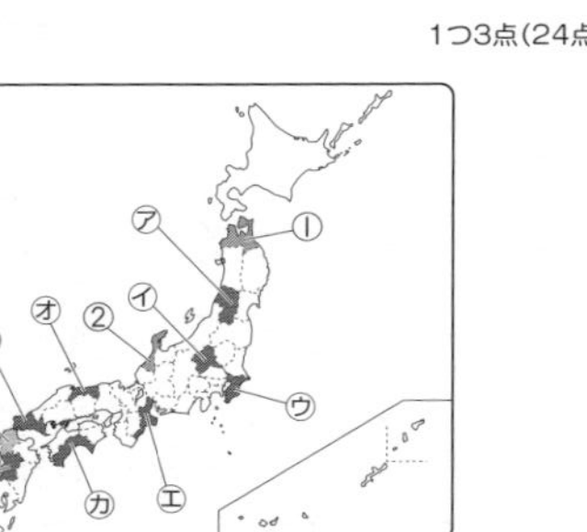

(1) 日本には、いくつの都道府県がありますか。数字で答えましょう。 （ 47 ）

(2) ⓐの県からみて北海道はどの方位にありますか。八方位で書きましょう。 （ 北東 ）

(3) 次の２つの文は、ある都道府県について説明しています。それぞれの都道府県名を書きましょう。

① 日本一大きな湖である琵琶湖がある。 （ 滋賀県 ）

② 日本の首都があり、名前に方位の一つがふくまれている。 （ 東京都 ）

(4) 地図中の①・②の都道府県名を、□からそれぞれ選びましょう。

栃木県　石川県　福井県　青森県　岩手県

①（ 青森県 ）　②（ 石川県 ）

(5) 次の□の説明すべてにあう都道府県を、地図中のア～クから選びましょう。また、その都道府県庁所在地名を書きましょう。

- 海に面している。
- 都道府県名に動物の名前がつかない。
- 都道府県名と都道府県庁所在地名がことなる。

記号 エ　都道府県庁所在地（ 津（市） ）

活用力をみる

6 次の問いに、答えましょう。

1つ6点、(3)12点(30点)

(1) Ⓐの宮城県の地図から読み取れることとして正しいものを、ア～エから２つ選びましょう。

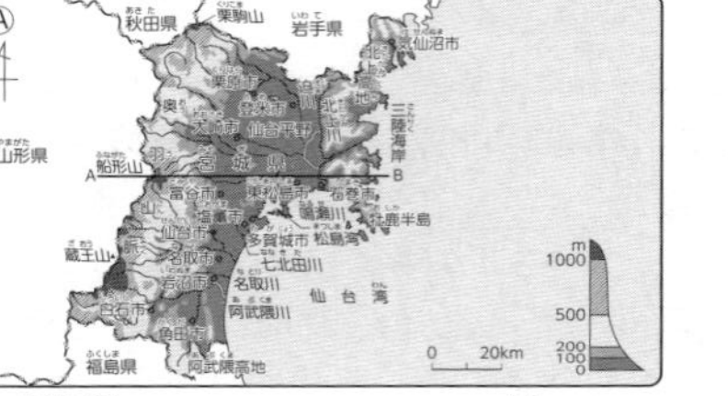

ア 仙台湾に面した地いきは土地が低くなっている。
イ 栗原市は海に面している。
ウ 県の北には、阿武隈川が流れている。
エ 県の西の方は、山が多く見られる。

（順不同）

ア

エ

(2) Ⓐの地図中のＡ－Ｂの断面図として正しいものを、ア～ウから選びましょう。

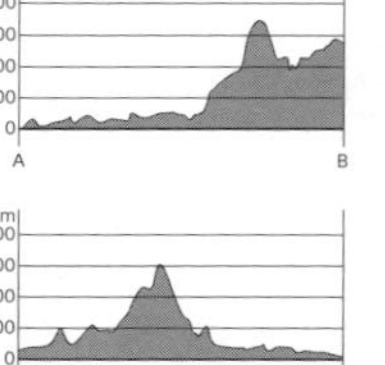

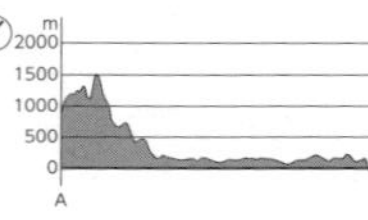

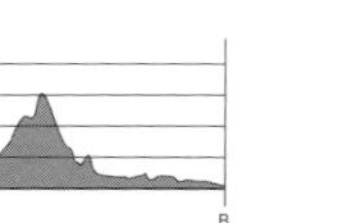

イ

(3) Ⓑの地図は、宮城県の土地利用図です。この地図とⒶの地図をもとに、宮城県の土地利用の特色を、土地の高さに注目して１つ書きましょう。

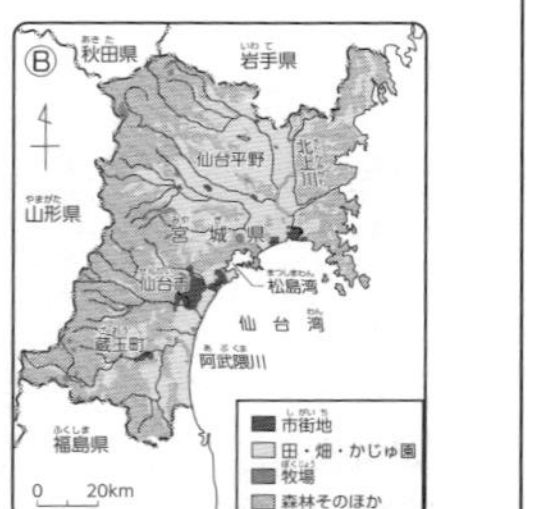

（（例）市街地は、土地の低いところに多く集まっている。）

学力しんだんテスト　うら

5 (1)１都、１道、２府と43県からなっています。

(2)ⓐの福岡県から見て、北海道は北東に位置しています。

(4)①は東北地方の青森県です。りんごの生産量が日本でいちばん多い県として知られています。

②は中部地方の石川県です。日本海に半島がつき出し、南北に細長い形をしているのが特ちょうです。

(5)アは山形県、イは群馬県、ウは千葉県、エは三重県、オは鳥取県、カは高知県、キは山口県、クは熊本県です。このうち、海に面しているのは、ア、ウ、エ、オ、カ、キ、ク。都道府県名に動物の名前がつかないのは、ア、ウ、エ、カ、キ。都道府県名と都道府県庁所在地名がことなるのは、イ、エ。３つの説明すべてにあうのは、エの三重県で、県庁所在地は津市です。

6 (1)ア仙台湾に面した地いきは、０～100mの低い土地が広がっています。

イ栗原市は、海からはなれたところに位置しています。

ウ阿武隈川は、県の南側を流れています。

エ宮城県の西には奥羽山脈があり、船形山、蔵王山などの山が見られます。

(2)地図を見ると、Ａの近くは土地が高く、真ん中からＢの近くにかけては土地が低くなっています。断面図のアは、Ｂに近いところが高くなっているため、あてはまりません。また、断面図のウは、真ん中が最も高くなっているため、こちらもあてはまりません。

(3)「森林は土地の高いところに多い」「田・畑・かじゅ園は土地の低いところに多い」など、２つの地図からわかることが書けていればよいです。

おうちのかたへ ４年生では、都道府県の場所や、住んでいる県の地形や土地利用、交通などについて学習しました。５年生では、より広い範囲である国土の様子や地形、気候などについて学んでいきます。

付録　取りはずしてお使いください。

社会 白地図ドリル

4年

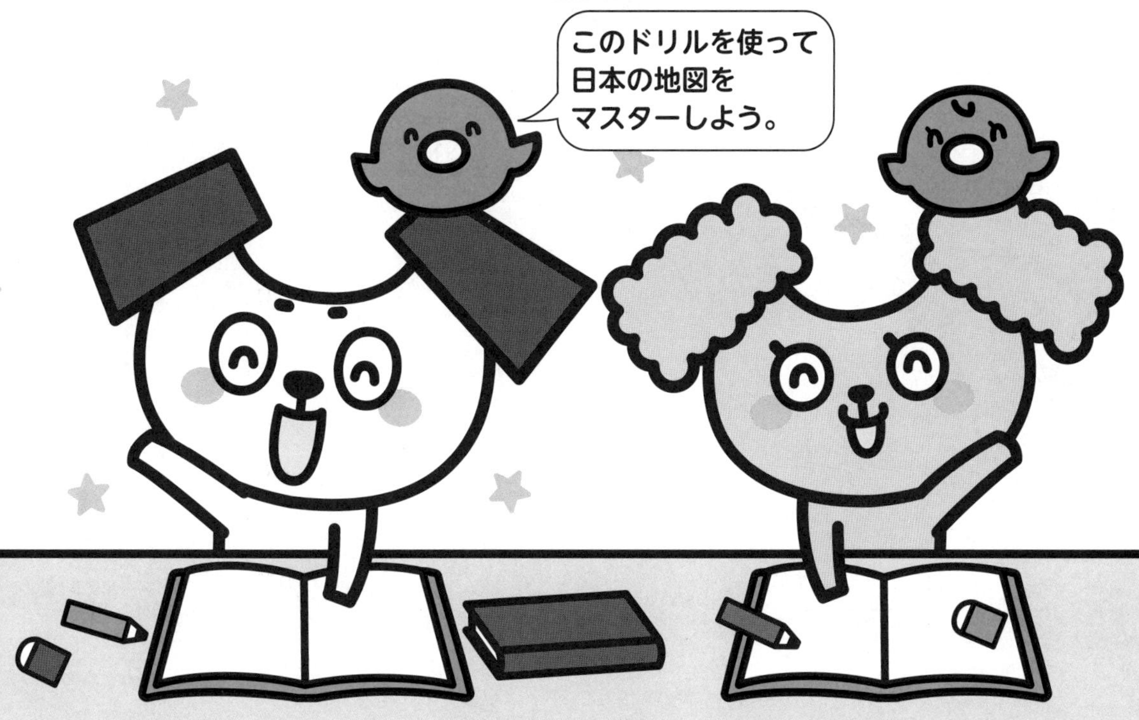

このドリルを使って
日本の地図を
マスターしよう。

年　　組

① 日本地図①

やってみよう！

- 自分が住んでいる場所はどこか書いてみましょう。
- これまでに行ったことがある場所を書いてみましょう。

0 200km

日本地図②

やってみよう！

- 色分けのルールを決めて、地図に色をつけましょう。
- それぞれの都道府県の特産品（とくさんひん）や特ちょうを調べて書きこみましょう。

色分けのルール

「　　　　　　　　　　　　　　　　」

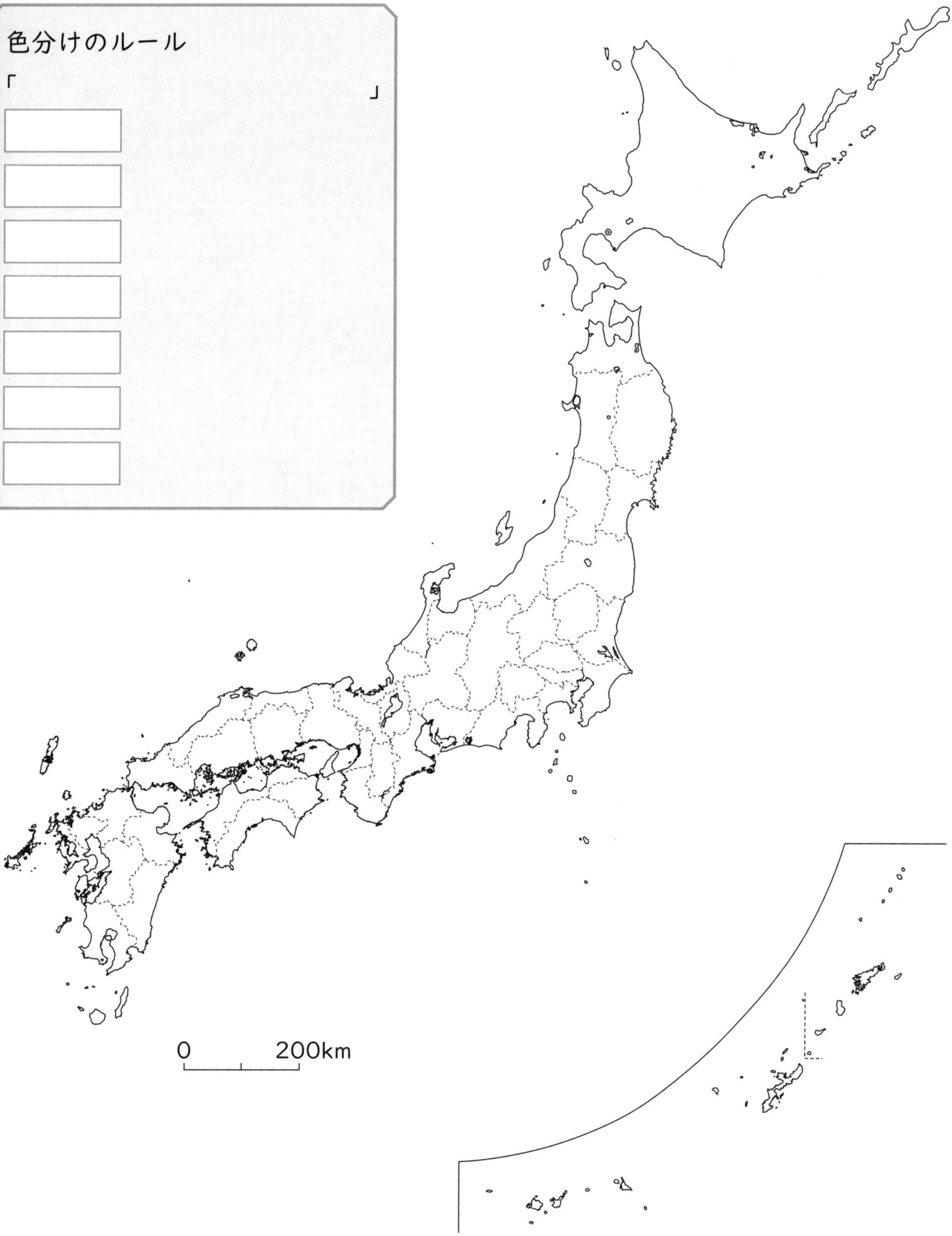

0　　200km

③ 47都道府県（とどうふけん）

やってみよう！

- 47ある都道府県の名前を表に書きましょう。
- それぞれの都道府県の場所をかくにんしましょう。

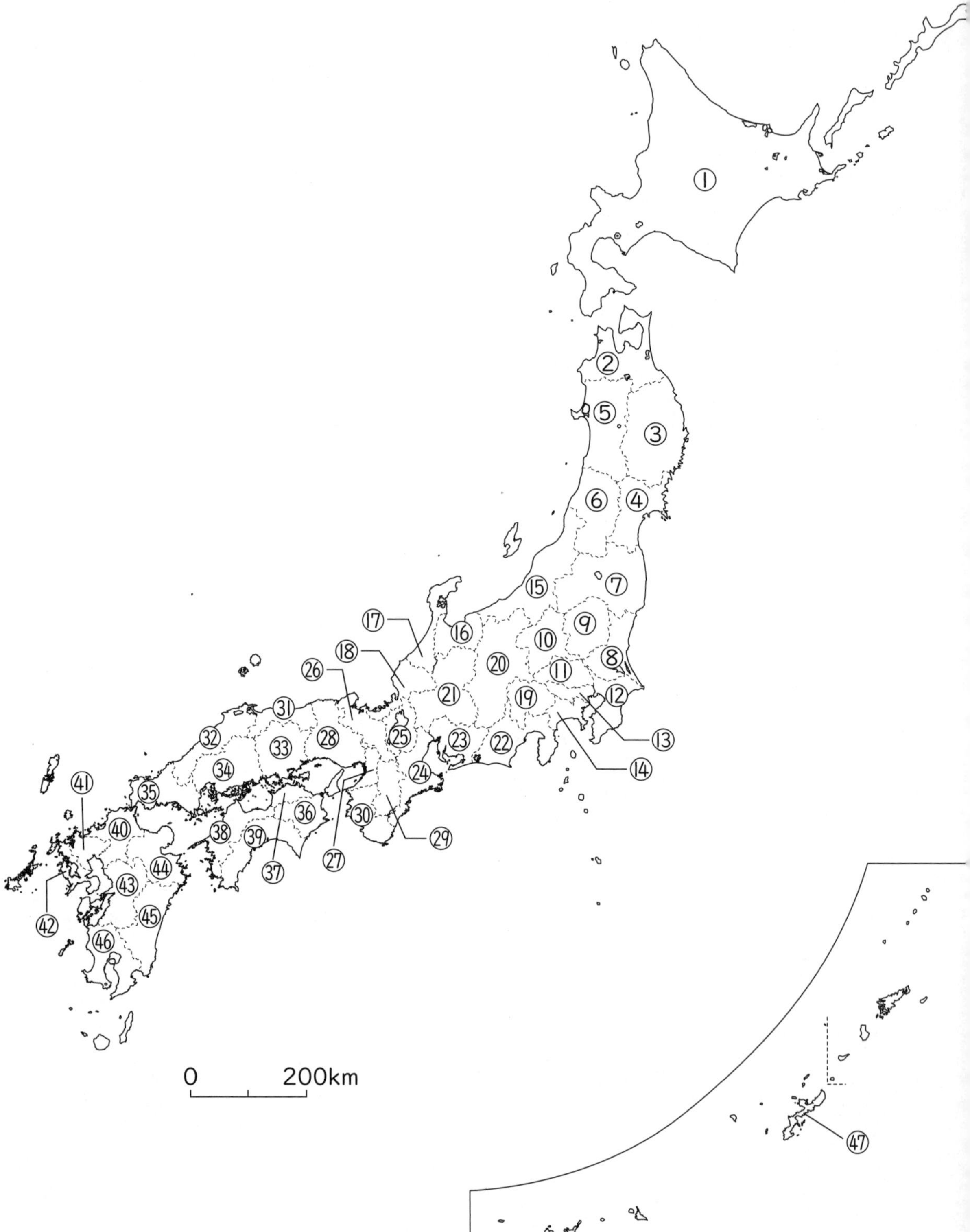

① ② ③ ④ ⑤ ⑥ ⑦ ⑧ ⑨ ⑩ ⑪ ⑫ ⑬ ⑭ ⑮ ⑯ ⑰ ⑱ ⑲ ⑳ ㉑ ㉒ ㉓ ㉔ ㉕ ㉖ ㉗ ㉘ ㉙ ㉚ ㉛ ㉜ ㉝ ㉞ ㉟ ㊱ ㊲ ㊳ ㊴ ㊵ ㊶ ㊷ ㊸ ㊹ ㊺ ㊻ ㊼

0　200km

番号	都道府県の名前
①	
②	
③	
④	
⑤	
⑥	
⑦	
⑧	
⑨	
⑩	
⑪	
⑫	
⑬	
⑭	
⑮	
⑯	
⑰	
⑱	
⑲	
⑳	
㉑	
㉒	
㉓	
㉔	

番号	都道府県の名前
㉕	
㉖	
㉗	
㉘	
㉙	
㉚	
㉛	
㉜	
㉝	
㉞	
㉟	
㊱	
㊲	
㊳	
㊴	
㊵	
㊶	
㊷	
㊸	
㊹	
㊺	
㊻	
㊼	

④ 都道府県庁所在地

やってみよう！

- それぞれの県庁所在地の名前を表に書きましょう。
- 都道府県名と県庁所在地名がちがう都道府県をかくにんしましょう。

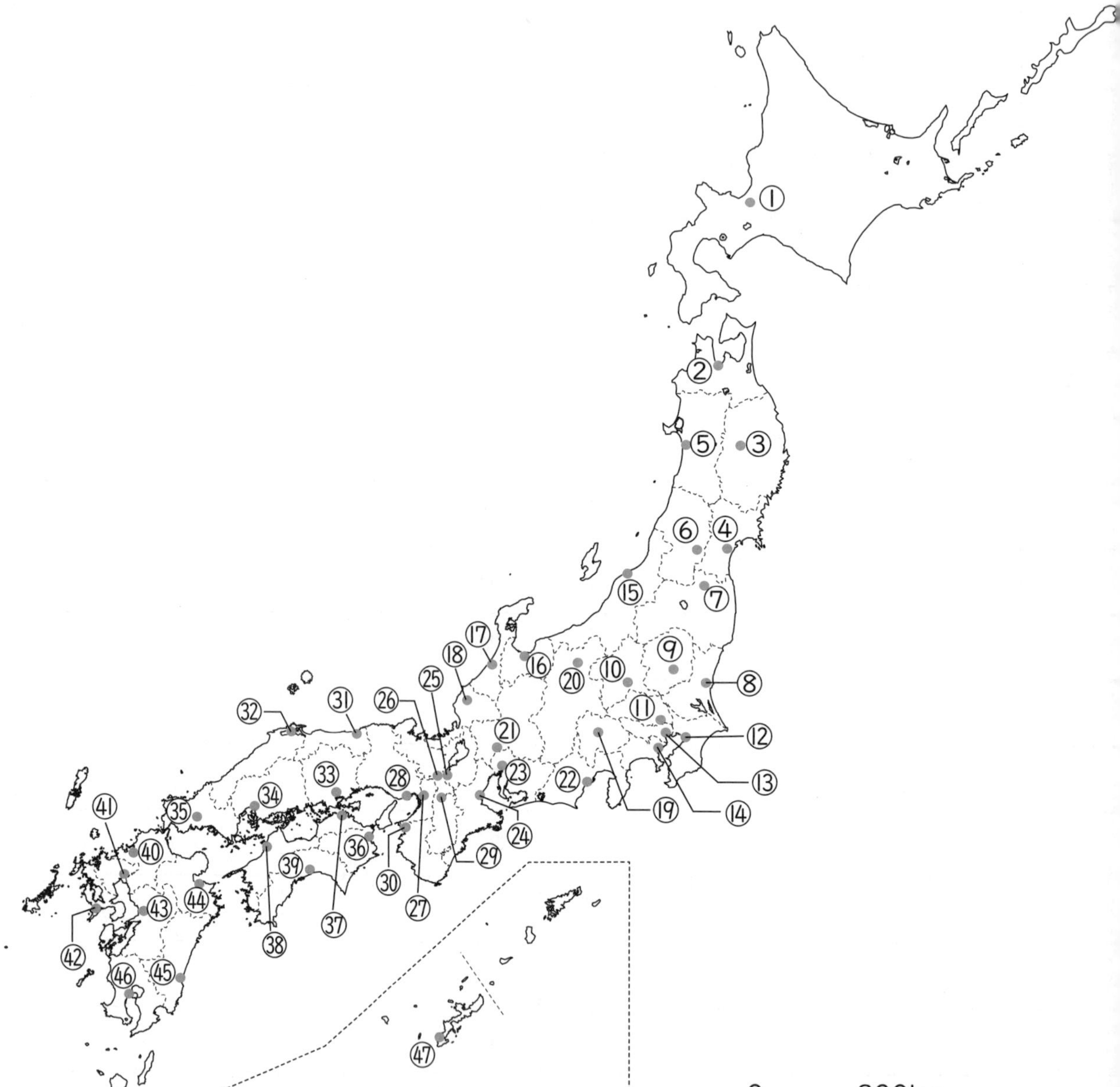

0　200km

都道府県名と県庁所在地名がちがう都道府県は、18つあるよ！（東京都はのぞきます）

番号	都道府県庁所在地の名前
①	市
②	市
③	市
④	市
⑤	市
⑥	市
⑦	市
⑧	市
⑨	市
⑩	市
⑪	市
⑫	市
⑬	
⑭	市
⑮	市
⑯	市
⑰	市
⑱	市
⑲	市
⑳	市
㉑	市
㉒	市
㉓	市
㉔	市

番号	都道府県庁所在地の名前
㉕	市
㉖	市
㉗	市
㉘	市
㉙	市
㉚	市
㉛	市
㉜	市
㉝	市
㉞	市
㉟	市
㊱	市
㊲	市
㊳	市
㊴	市
㊵	市
㊶	市
㊷	市
㊸	市
㊹	市
㊺	市
㊻	市
㊼	市

⑤ 日本の地方区分

やってみよう！

- ７つの地方区分名を表に書きましょう。
- それぞれの地方の都道府県も調べて表に書きましょう。

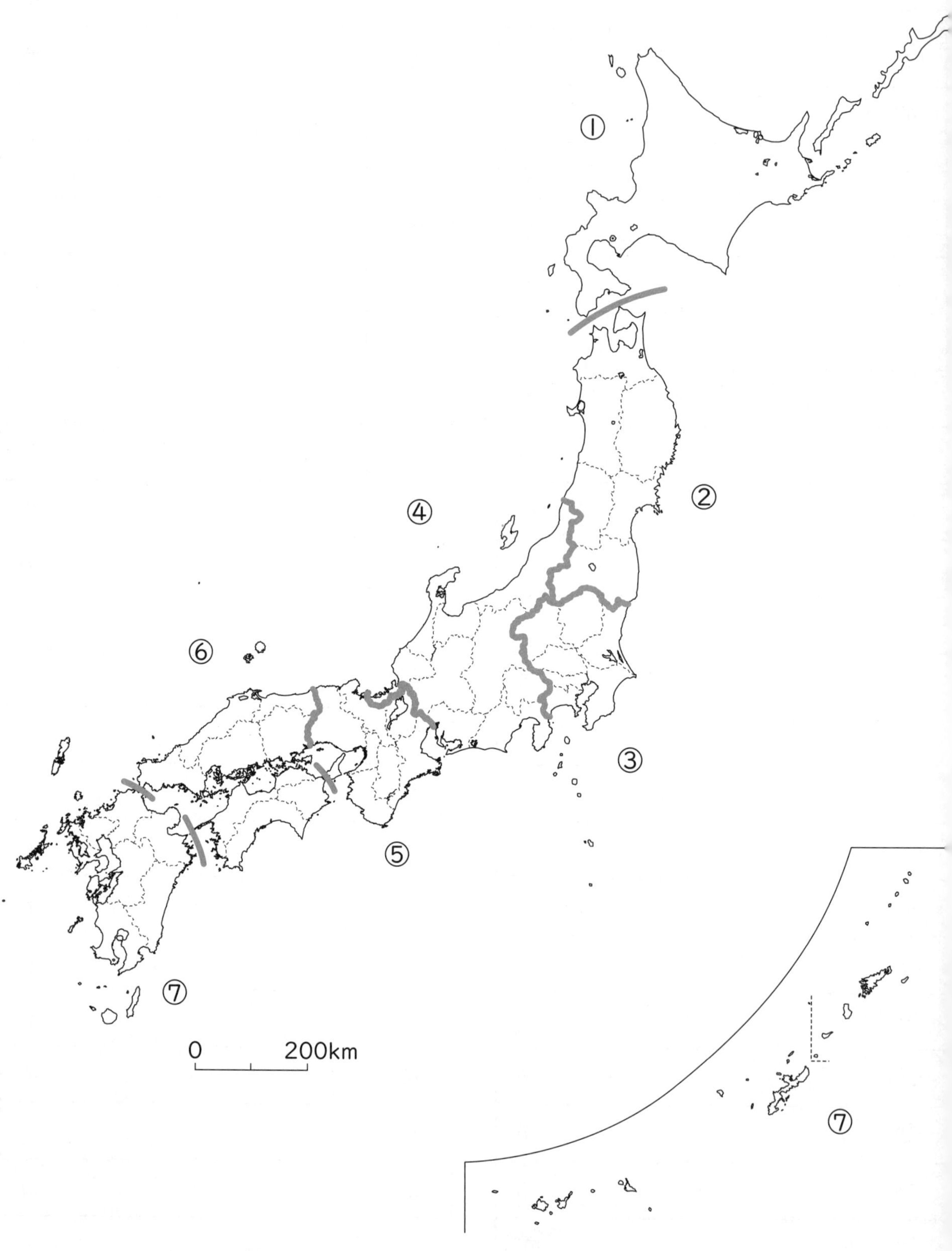

①

②

④

⑥

③

⑤

⑦

0　200km

⑦

番号	地方区分名	都道府県名
①	地方	
②	地方	
③	地方	
④	地方	
⑤	地方	
⑥	地方	
⑦	地方	

①は１道、②は６県、③は１都６県、
④は９県、⑤は２府５県、⑥は９県、
⑦は８県で成(な)り立っているよ。

⑥ 北海道・東北地方

やってみよう！

- 地図にある道や県の名前を表に書きましょう。
- 色分けのルールを決めて、地図に色をつけましょう。

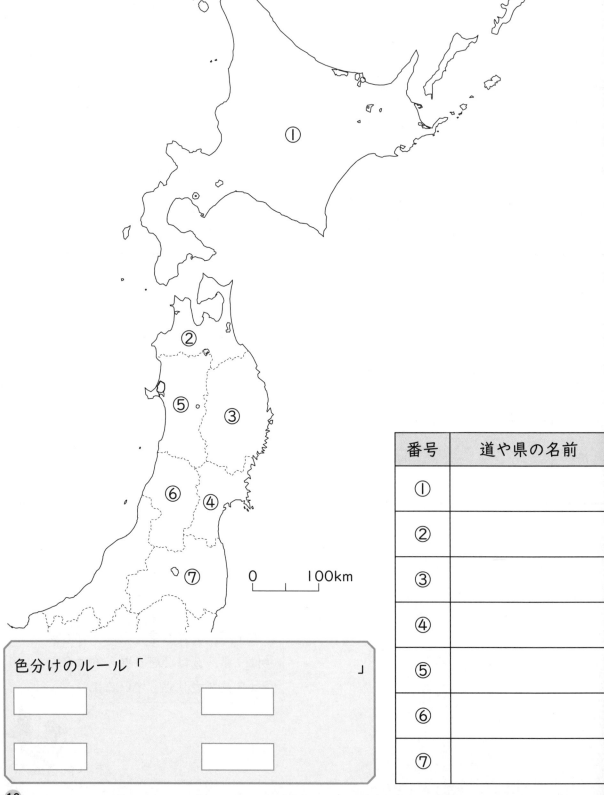

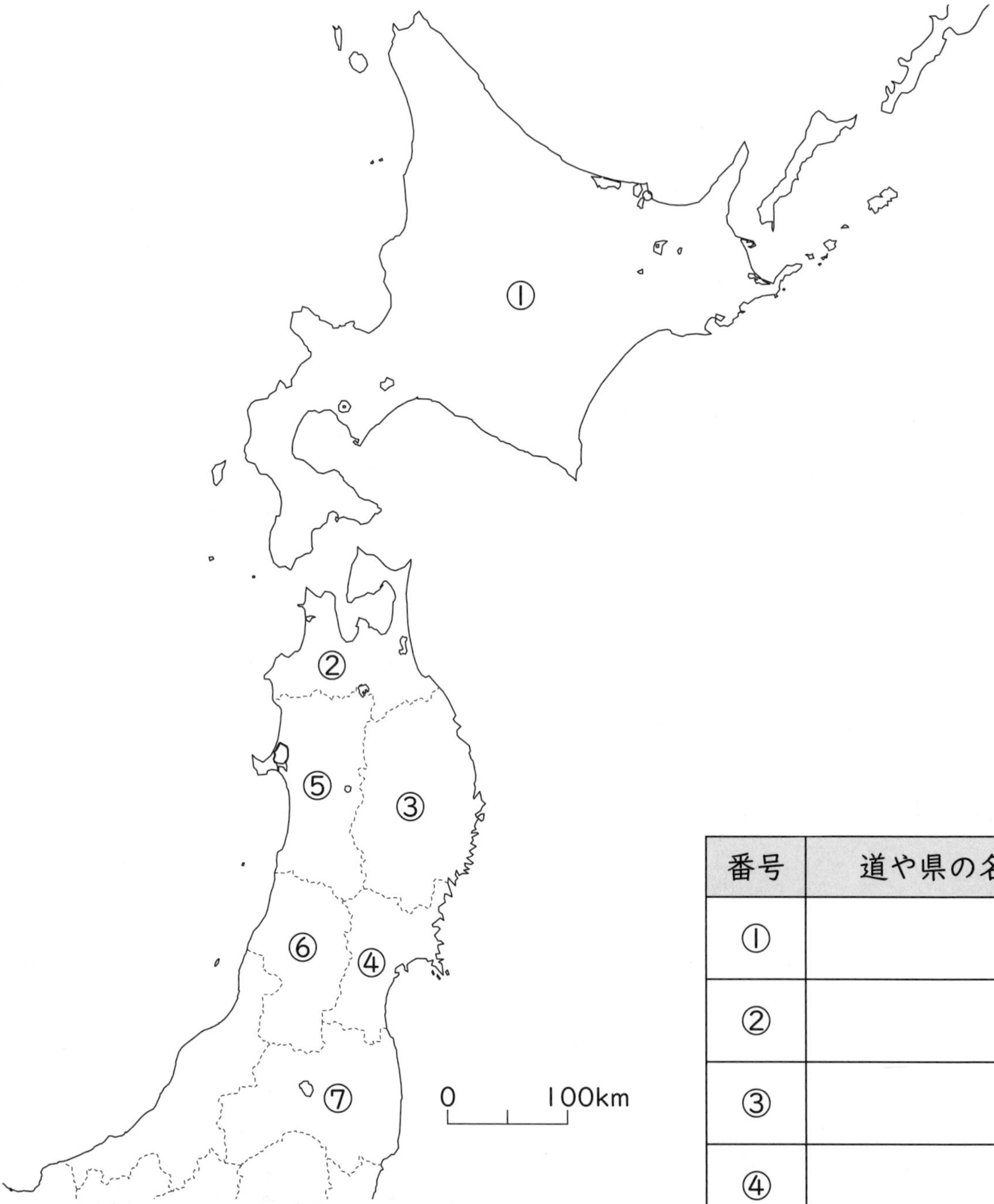

①
②
③
④
⑤
⑥
⑦
0　100km

番号	道や県の名前
①	
②	
③	
④	
⑤	
⑥	
⑦	

色分けのルール「　　　　　　　　　」

⑦ 関東地方（かんとう）

やってみよう！

- 地図にある都や県の名前を表に書きましょう。
- 色分けのルールを決めて、地図に色をつけましょう。

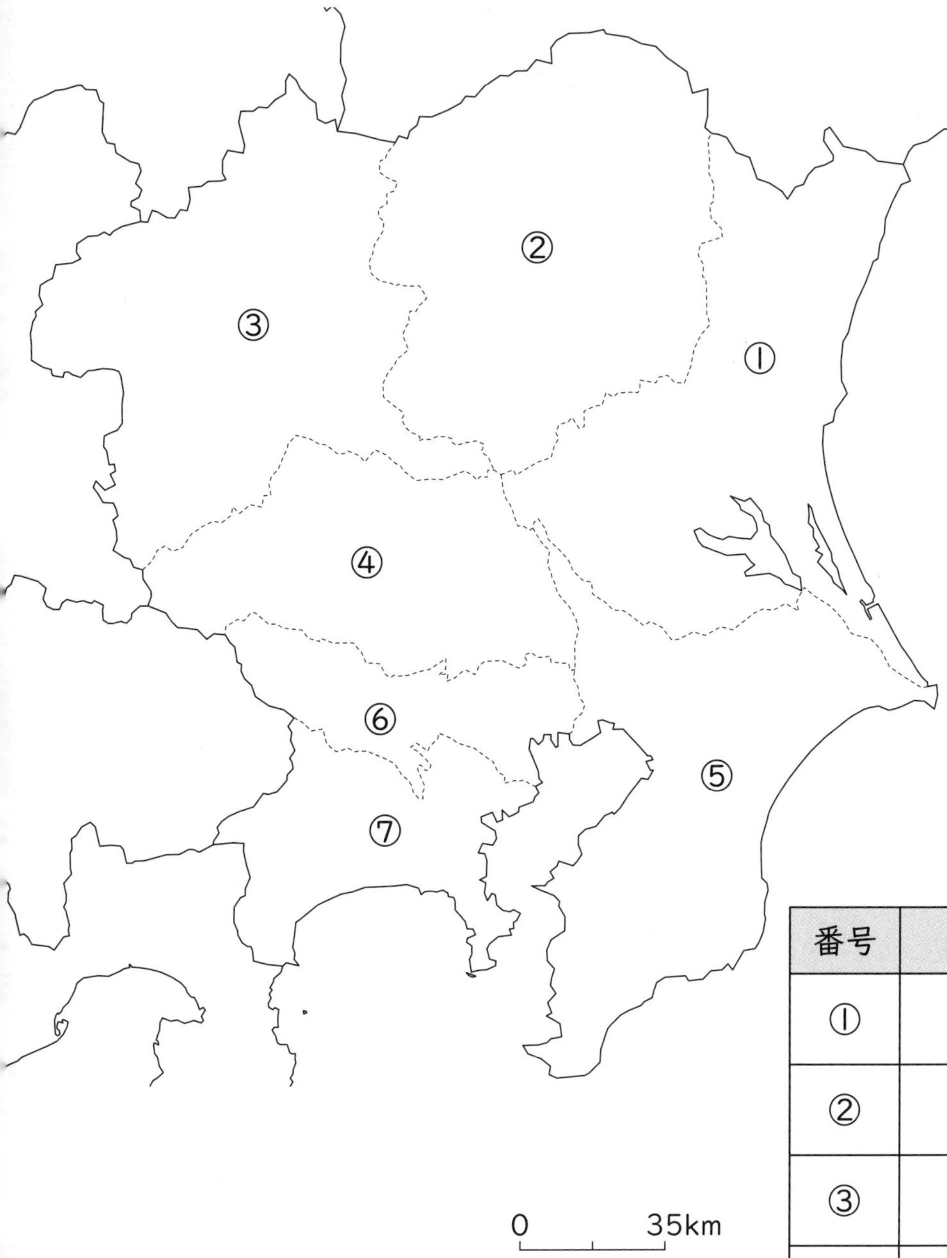

色分けのルール「　　　　　　　　」

番号	都や県の名前
①	
②	
③	
④	
⑤	
⑥	
⑦	

8 中部(ちゅうぶ)地方

やってみよう！

- 地図にある県の名前を表に書きましょう。
- 色分けのルールを決めて、地図に色をつけましょう。

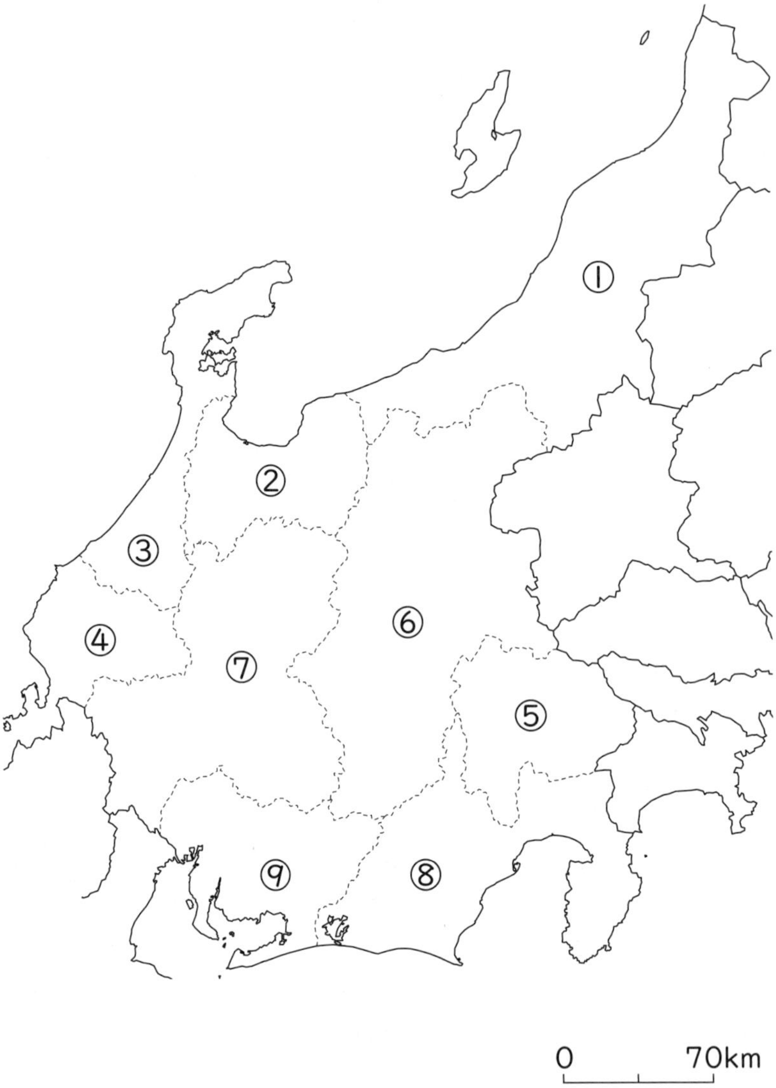

番号	県の名前
①	
②	
③	
④	
⑤	
⑥	
⑦	
⑧	
⑨	

色分けのルール「　　　　　　　　　　」

⑨ 近畿(きんき)地方

やってみよう！

- 地図にある府や県の名前を表に書きましょう。
- 色分けのルールを決めて、地図に色をつけましょう。

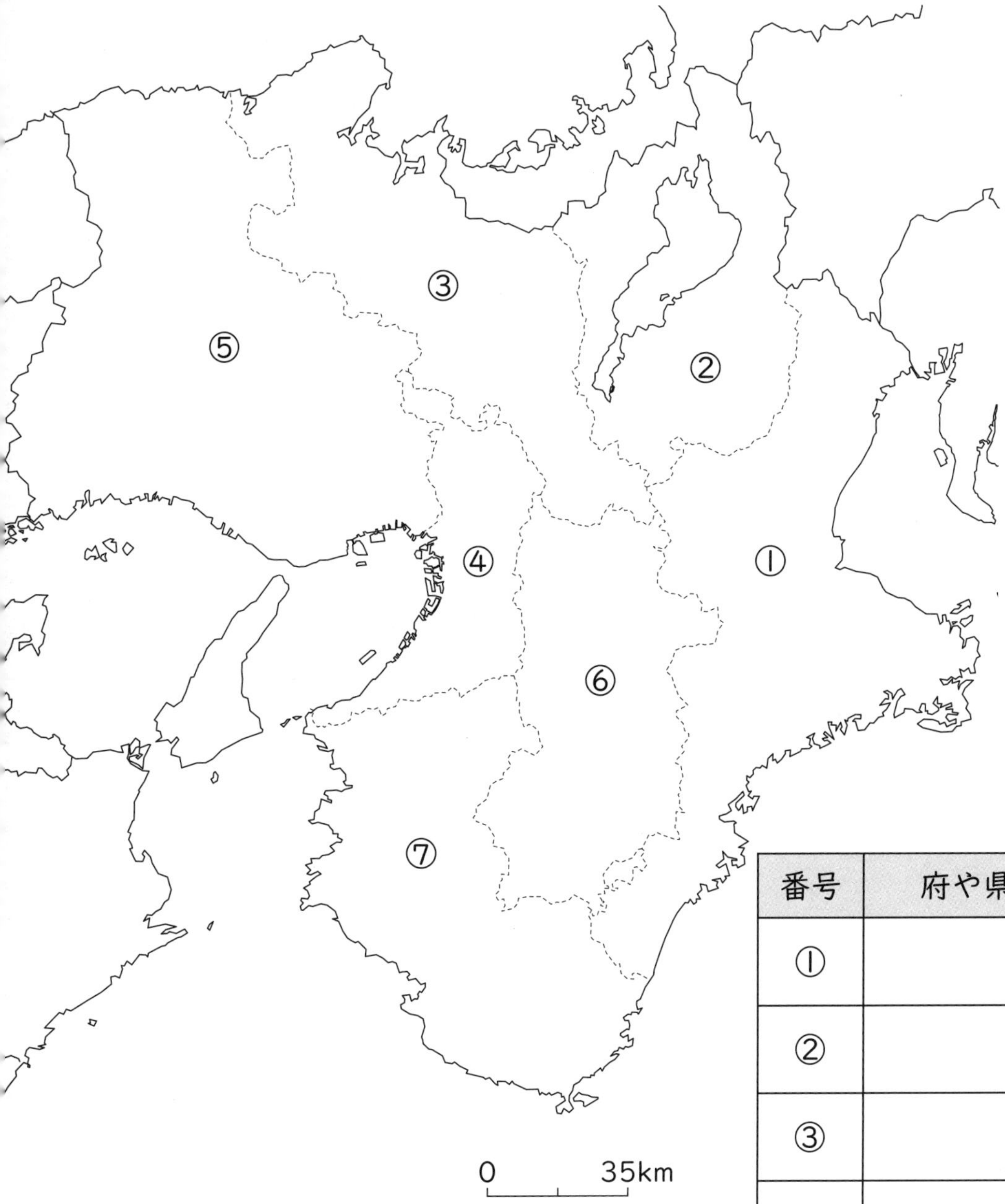

①
②
③
④
⑤
⑥
⑦

0　35km

番号	府や県の名前
①	
②	
③	
④	
⑤	
⑥	
⑦	

色分けのルール「　　　　　　　　　　」

⑩ 中国・四国地方

やってみよう！

- 地図にある県の名前を表に書きましょう。
- 色分けのルールを決めて、地図に色をつけましょう。

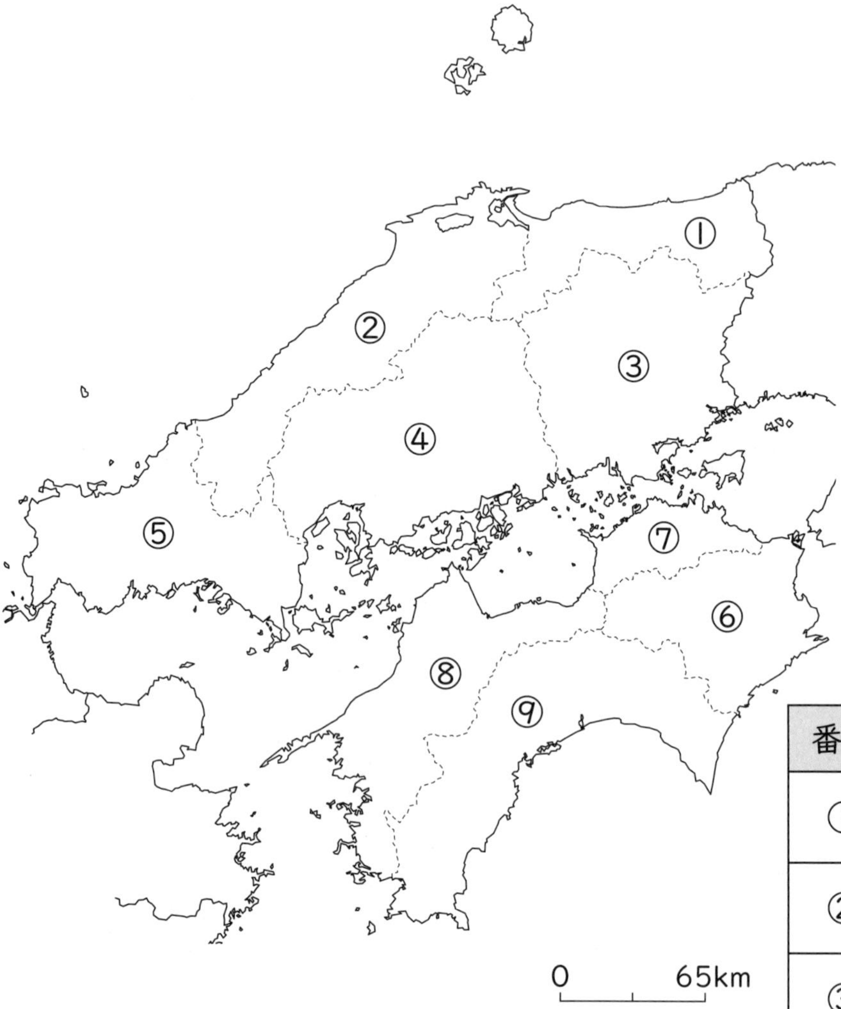

①
②
③
④
⑤
⑥
⑦
⑧
⑨

0　65km

番号	県の名前
①	
②	
③	
④	
⑤	
⑥	
⑦	
⑧	
⑨	

色分けのルール「　　　　　　　　　　」

11 九州地方

(きゅうしゅう)

やってみよう！

- 地図にある県の名前を表に書きましょう。
- 色分けのルールを決めて、地図に色をつけましょう。

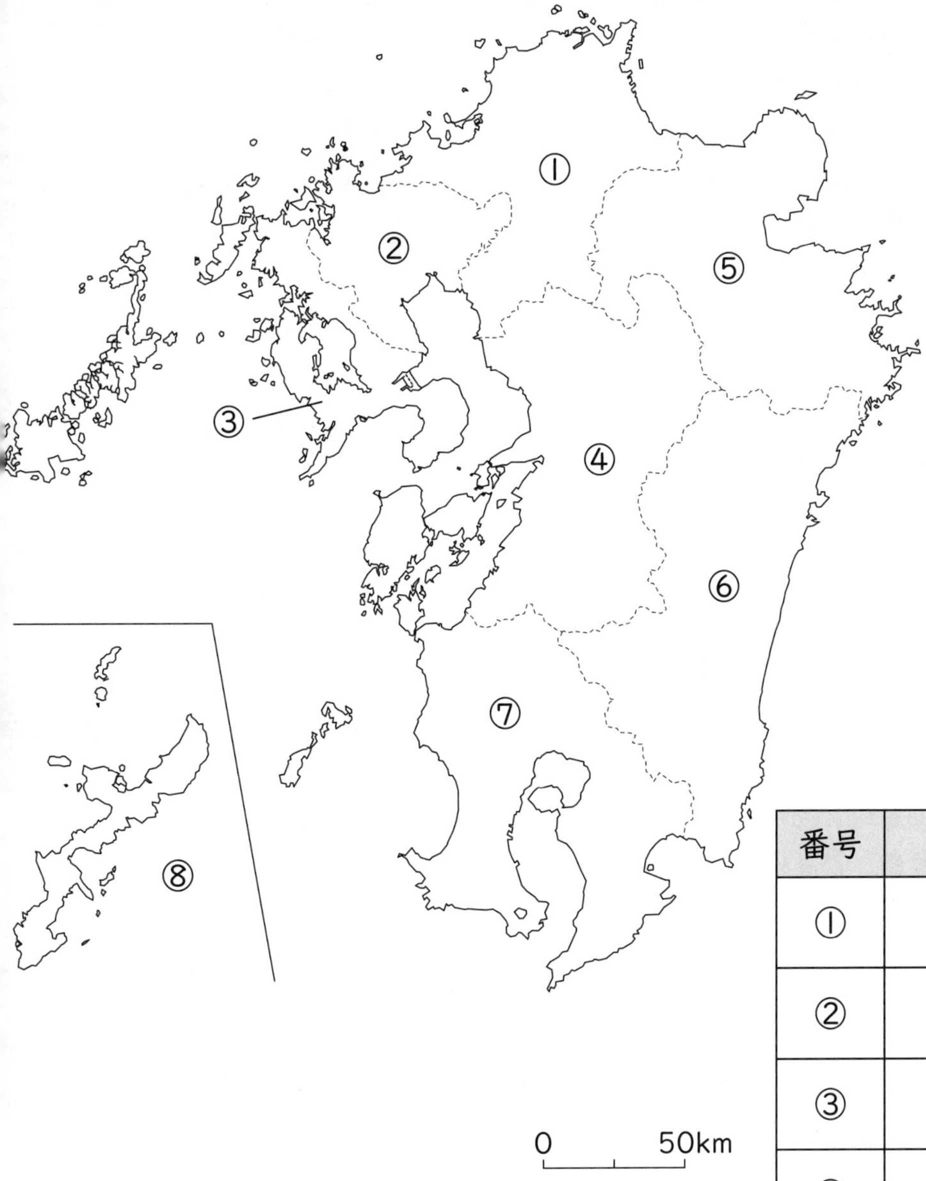

①
②
③
④
⑤
⑥
⑦
⑧

0 50km

番号	県の名前
①	
②	
③	
④	
⑤	
⑥	
⑦	
⑧	

色分けのルール「　　　　　　　　　　　　　」

答　え

p.5 ③ ①北海道　②青森県　③岩手県
④宮城県　⑤秋田県　⑥山形県　⑦福島県
⑧茨城県　⑨栃木県　⑩群馬県　⑪埼玉県
⑫千葉県　⑬東京都　⑭神奈川県　⑮新潟県
⑯富山県　⑰石川県　⑱福井県　⑲山梨県
⑳長野県　㉑岐阜県　㉒静岡県　㉓愛知県
㉔三重県　㉕滋賀県　㉖京都府　㉗大阪府
㉘兵庫県　㉙奈良県　㉚和歌山県　㉛鳥取県
㉜島根県　㉝岡山県　㉞広島県　㉟山口県
㊱徳島県　㊲香川県　㊳愛媛県　㊴高知県
㊵福岡県　㊶佐賀県　㊷長崎県　㊸熊本県
㊹大分県　㊺宮崎県　㊻鹿児島県　㊼沖縄県

p.7 ④ ①札幌　②青森　③盛岡　④仙台
⑤秋田　⑥山形　⑦福島　⑧水戸　⑨宇都宮
⑩前橋　⑪さいたま　⑫千葉　⑬東京
⑭横浜　⑮新潟　⑯富山　⑰金沢　⑱福井
⑲甲府　⑳長野　㉑岐阜　㉒静岡　㉓名古屋
㉔津　㉕大津　㉖京都　㉗大阪　㉘神戸
㉙奈良　㉚和歌山　㉛鳥取　㉜松江　㉝岡山
㉞広島　㉟山口　㊱徳島　㊲高松　㊳松山
㊴高知　㊵福岡　㊶佐賀　㊷長崎　㊸熊本
㊹大分　㊺宮崎　㊻鹿児島　㊼那覇

p.9 ⑤

地方区分名	都道府県名（順不同）
①北海道	北海道
②東北	青森県、岩手県、宮城県、秋田県、山形県、福島県
③関東	茨城県、栃木県、群馬県、埼玉県、千葉県、東京都、神奈川県
④中部	新潟県、富山県、石川県、福井県、山梨県、長野県、岐阜県、静岡県、愛知県
⑤近畿	三重県、滋賀県、京都府、大阪府、兵庫県、奈良県、和歌山県
⑥中国・四国	鳥取県、島根県、岡山県、広島県、山口県、徳島県、香川県、愛媛県、高知県
⑦九州	福岡県、佐賀県、長崎県、熊本県、大分県、宮崎県、鹿児島県、沖縄県

p.10 ⑥ ①北海道　②青森県　③岩手県
④宮城県　⑤秋田県　⑥山形県　⑦福島県

p.11 ⑦ ①茨城県　②栃木県　③群馬県
④埼玉県　⑤千葉県　⑥東京都　⑦神奈川県

p.12 ⑧ ①新潟県　②富山県　③石川県
④福井県　⑤山梨県　⑥長野県　⑦岐阜県
⑧静岡県　⑨愛知県

p.13 ⑨ ①三重県　②滋賀県　③京都府
④大阪府　⑤兵庫県　⑥奈良県　⑦和歌山県

p.14 ⑩ ①鳥取県　②島根県　③岡山県
④広島県　⑤山口県　⑥徳島県　⑦香川県
⑧愛媛県　⑨高知県

p.15 ⑪ ①福岡県　②佐賀県　③長崎県
④熊本県　⑤大分県　⑥宮崎県　⑦鹿児島県
⑧沖縄県